# WTO법상
## 실질적 공정성

# WTO법상
## 실질적 공정성

김나영 지음

# ■ 책머리에

    2001년 11월 WTO 제4차 각료회의에서 도하선언을 채택하고 도하개발아젠다가 출범하게 되었다. 그러나 DDA 협상에서 진통과 난항이 거듭되고 세계적으로 신자유주의에 관한 비판적 시각이 확산되면서, 그렇다면 국가들 간의 무역이익이 보다 공정하게 확보될 수 있는 방안은 무엇인가에 대한 물음을 갖게 된다. 국제기구로서 출범한 WTO체제에서 수차례 걸친 각료회의 결렬과 계속되는 국가들 간의 치열한 다툼, NGO의 시위 그리고 그들에 의한 비판적 문제제기 속에서 더 이상 진전된 성과를 기대할 수 있는 것인가에 대한 의문들까지 쏟아지면서 이러한 혼란과 갈등해결을 위한 대안의 절실함이 요청되고 있다.

    이러한 문제와 관련하여, 본 저자는 감히 공정성 문제와 공정한 개발 메커니즘(Fair Development Mechanism)의 필요성에 관해 논해 보고자 한다. WTO법이 동등한 국가들 간의 관계에서 형성된 무역협정의 형식을 갖고 있는 것이라면, 공정성을 논하는 데 있어 공정한 게임규칙을 위해 정교하게 다듬는 노력만을 다하면 될 것이다. 그러나 WTO법은 다양한 이해를 가진 동등하지 아니한 국가 간 협력의 필연적 요청에 의해서 형성된 규범이기 때문에, 상이한 개발단계를 가진 국가들 간의 관계를 고려하지 않은 방식은 자칫 국가들 간의 마찰만 키우게 된다는 점을 기존 수차례에 걸친 협상을 통해 증명해왔다. 그렇다면 국제무역질서에서의 공정성이란 무엇인가? 이에 관해 명확한 개념이 정립되어 있지 않으며, 학자들 간의 견해차도 뚜렷하다. 본 연구는 공정성 문제에 다가가기 위해 공평·형평원리의 중요성과 합리적 차별의 필요성에 관한 법리적 내용을 구성해 보고자 한다. 보다 논리적이고 정교한 작업을 하지 못한 부족함은 후속 연구를 해 나갈 것이라는 스스로의 다짐과 기대감 속에 남겨둔다.

본 저자의 학문적 역량과 인성 함양에 많은 가르침을 주신 이장희 교수님께 깊은 감사의 말씀을 드리고 싶다. 또한 연구함에 있어 많은 조언과 격려를 해주신 김진현 박사님을 비롯한 여러 선배님들께 감사의 마음을 전한다. 그리고 항상 묵묵히 희생을 감수하시는 부모님과 아낌없는 격려와 배려를 해준 배우자 강달모 박사와 아들에게 고마움을 표하고 싶다.

2013년 7월

김나영

# CONTENTS

책머리에 4

## I. 서론 / 11
### 1. 논의의 목적 및 범위 / 13
1.1 논의의 목적 / 13
1.2 논의의 범위 / 18

## II. 실질적 공정성에 관한 법적 논의 / 21
### 2. 공정성과 합리적 차별 / 23
2.1 논의 필요성 / 23
2.2 공정성 개념의 불명확성 / 24
2.3 국제통상규범에서의 공정성 / 26
2.4 상호주의 관점에서의 차등대우 / 32
2.5 실질적 공정성 / 40

### 3. 실질적 공정성 관련 법적 논쟁의 개관 / 43
3.1 신국제경제질서(NIEO)에 관한 논쟁 / 43
3.2 S&D 대우에 관한 논쟁 / 45

### 4. 법적 쟁점의 검토 / 71
4.1 비차별주의 / 71
4.2 최혜국대우 / 72
4.3 내국민대우 / 77
4.4 보조금 및 상계관계협정 / 78
4.5 반덤핑관세협정 / 91
4.6 기술장벽협정 / 93
4.7 지적재산권협정 / 99
4.8 소결 / 107

Ⅲ. 실체적 규정분석: (WTO법상)
   환경규제에서의 실질적 공정성 / 111
   5. 지속가능한 개발과 실질적 공정성 간의
      연관관계 / 113
      5.1 WTO법상의 지속가능한 개발 / 113
      5.2 무역자유화의 수행조건 / 125
      5.3 지속가능한 개발의 주요원리 / 141
      5.4 소결 / 159

   6. MEAs상의 무역규제와
      WTO법과의 관계 / 161
      6.1 MEAs 무역관련 규정의
          적합성 논의 / 161
      6.2 WTO규범과 MEAs 연계논의 / 169

   7. 차별적 환경규제의 정당성 확보 논쟁 / 174
      7.1 1994년 GATT 제20조상의 예외적
          허용의 판단기준 / 174
      7.2 1994년 GATT 제20조 Chapeau
          해석의 기존관점 / 184
      7.3 환경규제에 따른 차등대우의 적용가능성 / 188

   8. 기술무역장벽과 PPMs / 199
      8.1 PPMs 관련 무역조치와
          차등대우의 필요성 / 199
      8.2 미국-Tuna Ⅱ 사건과
          PPMs 무역규제 / 203

# CONTENTS

Ⅳ. 실질적 공정성 제고를 위한
   법제도 개선방안 / 219

9. DDA 협상의 난항과 시사점 / 221

   9.1 DDA 협상과 국가들 간의
       이익보호 문제 / 221
   9.2 국가들 간의 지원목적의 합의부재 / 229

10. 사례: DDA 환경상품 논의 및 쟁점 / 233

   10.1 Doha 선언의 의의 / 233
   10.2 DDA 환경논의에 관한 비판적 관점 / 235
   10.3 환경상품의 접근방식에 관한 논쟁 / 238
   10.4 지속가능한 개발 관점에서의
        쟁점사항 / 255
   10.5 비관세장벽에 관한 불확실성 / 257
   10.6 환경상품과 비환경상품 간의
        차별성 문제 / 259
   10.7 사회경제적 요인의 수용여부 / 265

11. 기술이전과 능력배양 지원 / 268

   11.1 기술협력에 관한 유엔차원의 논의 / 268
   11.2 기술협력과 능력배양에 관한
        WTO체제에서의 논의 / 271

12. 「공정한 개발 메커니즘」 정립 방향성 / 279

   12.1 메커니즘의 제안 배경 / 279
   12.2 메커니즘의 법적 성격 / 282
   12.3 기본원리 / 288
   12.4 지속가능한 개발목표 / 294

12.5 법적·경제적 이익 존중 / 299
12.6 비관세장벽에 관한
     대응지원의 필요성 / 303
12.7 재정·기술지원의 통합적
     접근의 필요성 / 305
12.8 실질적 공정성 제고 / 310

**V. 결론** / 313

**참고문헌** / 325

APPENDIX I / 340
APPENDIX II / 342
**약어표** / 352
GATT/WTO 패널 및 상소 보고서 / 355

# I. 서론

# 1. 논의의 목적 및 범위

## 1.1 논의의 목적

국제사회가 당면한 인류공동의 과제인 핵문제, 생태계 파괴, 인권, 빈곤 등은 국가들의 개별적인 노력에 의존하여 해결하기 불가능한 것들이다. 그러한 문제에 대한 공동의 책임을 인정하고 상호신뢰의 기반을 형성해 나가는 과정 속에서, 국제협력의 중요성을 인정하는 것이 국제질서의 유지와 발전의 요체일 것이다. 이러한 인식은 과거 1920년대 후반~1930년대 대공황의 경험과 제2차 세계대전 전후 피폐된 경제의 회복을 위한 대안을 모색하는 데 있어 다자간 경제협력의 필요성을 고조시키는 데도 중대한 영향을 미친 것으로 보인다. 특히 그 당시 국가들 간의 무역차별(trade discrimination)은 공정하지 아니한 경쟁과 그에 따른 보복이 반복되는 양상의 결과를 낳고 있었다. 결국 이러한 차별이 국가들 간 분쟁의 주요 원인이 되었다는 점을 인식하고, 이와 같은 갈등을 해결하기 위한 국가들 간의 논의가 전개된 것이다. 그 결과는 선진국을 중심으로 한 국제경제 활성화를 목적으로 하는 다자무역체제 수립의 시도로 나타났다. 무역자유화에 입각한 다자무역체제 구축을 위한 협상이 본격적으로 시작되면서, '1947년 관세 및 무역에 관한 일반협정'(General Agreement on Tariffs and Trade of 1947: 이하 '1947년 GATT')이 처음으로 채택되었다.[1] 이러한 다자간 규율체제의 특징은 상호주의(reciprocity)와 비차별원칙(non-discrimination principle)을 주요원리로 삼고 국가들 간의 협상과 그 합의된 사항에 기초한 동등한 경쟁조건을 규범화하는 형태로 발전해왔다는 점이다.

더욱이 1980년 전후부터 시장경제원리를 중시하려는 국제적 흐름 속에서 신자유주의(neo-liberalism)는 '무역자유화'(trade liberalization)를 가속화시키는 이론적 기초가 되었다. 예컨대 자유무역협정(Free Trade Agreement: FTA) 확산에 주요한 동인이 되기도 하였다. 무역자유화를 촉진하려는 이러한 움직임 속에서 국가들에 요구된 통상개방의 압력은 GATT체제에서의 제8차 우루과이라운드 다자간 무역협상을 개시하는 데 직접적인 영향을 주었다. 세계무역기구(World Trade Organization: WTO)의 출범으로 WTO법상 무역자유화 대상은 서비스, 정부조달, 투자, 경쟁 등 광범위한 규율범위에 포함되었고, '1947년 GATT'에 비해 복잡한 권리의무관계를 창설하였다. GATT체제보다 발전된 형태로 설립된 WTO의 주요한 특징은 자유롭고 공정한 무역질서(free and fair trade system)를 구축하는 데 있어 확고한 규범체제(rule-based system)를 수립하고자 하였다는 점이다. WTO법상 '무역자유화'는 국가들 간의 통상을 강화하고 이익추구를 향상시키는 데 그 목적을 두고, 국가들 간의 협상과 조율의 필요성을 강조한다. 이와 동시에 WTO법상 무역의 '공정성'(fairness) 보장은 무역조건의 투명성과 예측가능성을 확보하는 데 필수적인 조건이다. 그러나 공정성 개념과 그 판단기준은 부재하기 때문에, 공정성 적용문제와 그에 따른 평가는 국가 간에 논란의 대상이 되어 왔고, 향후 해결해나가야 할 과제로 남아 있다. 예컨대 일방국가의 보호무역조치를 불공

---

1) 국제무역기구(International Trade Organization: ITO) 출범의 무산으로 잠정의정서 형식으로 채택되었음에도 불구하고, '1947년 GATT'는 다자간 무역규범의 첫 번째 공식적인 협정이었다는 점에서 의의를 가진다.

정행위로 판정하는 데 기준설정이 불명료하고, 무역왜곡 가능성을 낮추고 불공정한 무역관행을 시정하는 관점에서의 공정성 적용에 치중되고 있다는 점을 지적해볼 수 있다.

일반적으로 공정성은 '동등한 자들 간'의 관계에서 공정한 게임의 원칙에 따라 상호 신뢰의 바탕 위에서 행위자들 간에 투명하고 일관된 행위를 유도하여 지속성을 유지하는 데 요구되는 원칙이라 보인다. 그러나 상이한 여건 속에 놓여 있는 국가들 간에 이루어지는 무역 및 경제 제반영역에서의 법규의 형성 및 발전은 상호주의에 입각한 접근에서 평등·불평등에 관한 근원적 문제와 관련된 사항들이 제기됨에 따라 제동이 걸릴 수 있다는 점에 관한 고찰도 필요하다. 이와 관련, 동등하지 아니한 조건을 갖진 국가들 간의 차이에서 비롯된 제반 사항을 고려하지 않은 결과로서 제기되는 합리적 차별에 관한 문제를 검토하기 위해 국가들 간의 상이한 여건을 실질적으로 반영한 법리의 발견이 요청된다. 예컨대 다수 개발도상국들은 WTO 협정상 적용범위 확대로 제 의무이행과 조정비용부담의 가중에 관한 비판적인 견해를 보인다. 또한 이들은 선진국들과 동일한 경쟁조건 속에서 경쟁해야 하는 부담이 경감되고 경제적 및 사회적 여건의 차이에 따른 차등대우를 위한 실질적 방안모색을 위한 논의를 기대하기도 한다.[2] 예컨대 앞서 언급된 우루과이라운드 무역협상 결과는 이행능력과 경쟁력을 갖추지 못한 개발도상국의 실질적 시장접근 향상의 실패와 같은 문제점을 드러냈다. 이와 관련 WTO법상 형평

---

[2] WTO체제는 동등한 여건을 가진 국가들 간의 협력체가 아닌, 상이한 경제적 여건을 가진 국가들 간에 합의를 바탕으로 형성된 국제기구로의 기능도 가진다. 이러한 측면에서 동 등하지 아니한 능력을 가진 주체들 간의 관계를 고려한 '공정한 무역'(fair trade)의 보장이 필요하다. 개발도상국들은 형식적 공정성 보다는 경제적 사회적 여건의 차이를 고려한 실질적 공정성을 주장한다. 최승환, "공정무역과의 조화: 자유무역을 위한 선행조건인가", [서평: Fair Trade and Harmonization: Prerequisites for Free Trade? Vol II: Legal Analysis, Edited by J. N. Bhagwati and R. E. Hudec, (London, Cambridge MA: MIT Press/ASIL, 1996), p.471], 『통상법률』(통권 제12호, 1996.12).

의 원리에 기초한 공정성의 적용을 주창하는 개발도상국들은 공평한 대우를 위한 이론적 근거로 배분적 정의를 강조한다.[3] 이에 공정성에 관한 접근은 형식적 관점(formal perspective)뿐 아니라, 국가들의 상이한 경제적 여건과 특수한 사정을 반영한 합리적 차별에 따른 차등대우(differential treatment)에 관한 실질적 관점(substantive fairness)에서의 논의가 요청된다. 후자에 관해서 구체적으로 WTO법상의 실질적 공정성을 추구하는 데 요구되는 차등대우에 관한 실체적 내용의 구성은 어떠한 접근에 따라야 하는가에 대한 논의가 수반되어야 한다.

특히 신통상의제의 하나로 통상-환경연계 문제가 쟁점화됨에 따라, 개별국가의 규제활동이 전통적인 국경조치의 범위를 넘어서면서 공정한 무역이 무엇인가에 관한 논의가 새롭게 주목을 받게 되었다. 이것은 공정무역이 자유무역보다 강조되는 국제통상규범의 최근 추세를 반영하는 것이기도 하다.[4] 특히나 환경관련 무역규제가 확산됨에 따라 보호주의 혹은 위장된 무역제한조치를 둘러싼 무역분쟁이 심화됨에 따라 나타나는 갈등원인에서 근원적 문제인 공정성 논의가 화두로 제시되고 있는 것으로 보인다. 이것은 도하개발아젠다((Doha Development Agenda: DDA)[5]에서 채택된 'Doha선언'에서도 언급되어 있다.

---

[3] 아리스토텔레스는 정의의 두 가지 종류를 구별했는데, 평균적 정의(*iustitia commutativa*)와 배분적 정의(iustita distributiva)가 그것이다. 전자는 본질적으로 평등하지 않지만, 법률에 의해 동등한 것으로 만들어진 것들 사이의 급부와 반대급부 간의 절대적 평등을 의미하며, 후자는 다수의 사람들의 대우에 있어서의 비례적 평등을 의미한다. 즉, 모든 것을 동일하게 만드는 균등성(egalität)으로서 이해되어서는 안 된다. 아르투어 카우프만 (김영환 譯), 『법철학』(나남, 2007), pp.341~342.

[4] 최승환, 전게서평, p.192.

[5] '개발'라운드(Development Round)는 다자간 무역에서 창출되는 균등한 기회부여와 배분적 정의를 반영하기 위한 법적 장치를 모색하려는 의도를 내포한다고 보인다. 이로써 DDA는 이러한 관점에서의 공정성을 제고하기 위한 적절한 논의의 장이 되고자 하는 데 중요한 목표를 두어야 하며, DDA 협상은 WTO법상의 공정성 제고를 위한 전환점이 되어야 한다.

이러한 맥락에서 공정성 원칙을 적용하는 데 요구되는 국가들 간의 갈등완화와 상호협력을 유도하기 위한 기회균등과 배분적 정의를 포괄하는 정의개념[6) 위에서 신자유주의적 세계화에 따른 불공정성의 갈등원인을 완화하기 위한 합리적 차별을 수용하는 법리의 구성이 요청된다.

현 WTO법상 허용되는 차등대우에 관한 선진국의 일방적 행위 및 관행을 비판적인 관점에서 바라보고, 실질적 공정성 원칙이 실현 가능한 방안으로 구체화될 수 있도록 해야 할 것이다. 규범적 기준이 국가들 간의 관계에서 상호 평등하다는 전제에서 비차별주의가 적용되어 왔는데, 그동안의 협상과 규범의 적용과정에서 드러난 국가들 간의 갈등과 불신을 불러온 원인의 하나는 상이한 수준에 머물러 있는 국가들 간의 '격차'일 것이다. WTO체제가 국가들 간의 협력을 바탕으로 보다 발전적인 체제를 지향하기 위해서는 제반원칙의 정립과 구체적 실현방안에 관한 복합적인 논의가 요구된다. 이와 관련, WTO법상 실질적 공정성 기준의 마련뿐만 아니라 이것이 어떠한 가치를 내포하고 있기 때문에 인정되어야 하는지에 관한 논의가 필요하다. 구체적으로 무역에 관한 제반 영역을 규율하는 WTO법상 규정의 적용과 해석은 상이한 조건에 놓여 있는 국가들 간의 차등대우를 고려할 수 있는 공평·형평원칙을 적용해보는 것이 요청될 수 있다. 아울러 제반원칙에 관한 논의와 더불어 실질적으로 실현가능한 방안에 대한 모색이 필요하다. 적용 가능한 원칙을 바탕으로 법규범의 적용 및 해석에 관한 논의뿐만 아니라, 기존의 법규 내에서 해결할 수 없었던 사항들에 대한 방안에 관한 구체적인 논의가 요청된다. 따라서 본 연구는 WTO법상 합리적 차별을 의미하는

---

6) John Rawls, *The Law of Peoples* (Cambridge, Mass.: Harvard University Press, 2003), p.7.

차등대우 관련 규정분석과 실질적 공정성 제고 방안으로 '공정한 개발 메커니즘'(Fair Development Mechanism)의 법제도적 방향성 제안을 주된 목적으로 한다.

## 1.2 논의의 범위

본 연구는 WTO법상 지속가능한 개발목표를 추구하는 방향에서, 실질적 공정성 제고를 위한 'S&D 대우' 규정에 관한 분석과 그 해결방안의 필요성을 검토한다. 특히 구체적 사례로 DDA 환경상품에 관한 논의 내용을 분석하고, 이에 기초하여 실질적 공정성 확보를 위한 법제도적 방안으로 '공정한 개발 메커니즘'을 제안한다. WTO 체제가 다양한 국가들이 협력할 수 있는 공존의 장으로 유지 및 발전해 나아가는 데 있어 당면한 법적 과제는 우선적으로 다양한 국가들의 충분한 의견수렴을 반영하는 것이다. 또한 WTO법상 실체적 규정들의 법리적 해석에서 공정성 확보를 위한 법적 기준의 마련과 제 적용이 보장되는 것이다. 예컨대 전 지구적 차원의 기후변화 문제가 심각해지는 현 시점에서 환경보호의 보편적 가치 존중을 위한 적극적 협조 및 무역전반에 걸쳐 국가들 간의 상호협력과 공존의 필요성 인식과 환경문제의 국제적 관심을 실천으로 옮기기 위한 제도적 이행이 필요하다. WTO법상 환경보호 의무는 개별국가의 국내정책 채택과 이행을 예외적으로 허용하는 규정을 둠으로써 구체화하고 있는데, WTO 협정상의 환경보호에 관한 예외 규정들은 보호무역을 위한 수단으로 악용되거나 남용될 소지를 안고 있다.

이러한 면에서, '상이한 개발단계에 있는 국가들 간의' 공정한 대우에 관한 보다 엄격한 요건이 요청된다. 특히 WTO법상 실질적 공정성에 기초한 'S&D 대우' 논의는 개발도상국들의 참여를 증진하기 위한 중요한 실질적 이행장치로의 가치를 가진다. 그러나 WTO법상 적용되고 있는 'S&D 대우'의 이행 수준에서는 실효성을 확보하는 데 한계를 가지고 있기 때문에, 공정성 제고의 일환으로 'S&D 대우'의 실효성을 보완하기 위한 '공정한 개발 메커니즘의 방향성'을 개괄적으로 제시해보고자 한다. 다만 현재 진행되고 있는 DDA 협상에서 'S&D 대우'에 관한 세부적 논의가 진전을 보이지 못하고 있다는 점을 감안하여, 동 메커니즘에 관한 세부적인 사항의 구체적인 제시는 향후 연구과제로 남겨둔다. 아울러 본 연구는 WTO 협정상의 'S&D 대우' 관련 실체적 규정의 분석과 대응방안 연구를 무역－환경연계논의로 한정하여 논해보고자 한다.

주제어: 관세 및 무역에 관한 일반협정(GATT), 도하개발아젠다(DDA), 비차별주의, 신자유주의, 상호주의, 실질적 공정성, 세계무역기구(WTO), 지속가능한 개발, 차등적 특별대우, 환경상품

# Ⅱ. 실질적 공정성에 관한 법적 논의

# 2. 공정성과 합리적 차별

## 2.1 논의 필요성

　국제사회의 법질서에서 추구하는 목표는 단순히 정치 현실을 반영한 협의와 조정을 통한 일정한 수준의 합의가 이루어지는 정도에 그쳐야 하는 것인가? 아니면 국내법 질서와 유사하게 사회정의로서의 '공정성'이라는 공동체 유지의 필수적인 요건을 확립하기 위한 일정한 책무를 짊어져야 하는가? 이에 대한 물음은 국제법 질서의 성격을 어떻게 바라볼 것인가에 관한 문제로 귀결될 수 있다.

　특히 오늘날 국제 공동체, 국제 거버넌스(global governance) 등으로 언급되는 국제사회질서는 국가들 간의 경쟁뿐만 아니라 공동의 이익을 위한 협력도 요청된다. 이것은 국제법의 한 영역을 구성하는 국제경제법에서도 핵심과제로 삼아야 한다. 국제통상질서에서 공정성 문제가 중요한 이유는 국가들 간의 경제적 불평등성의 심화가 국제적 협력을 저해할 수 있는 요인이 되기 때문이다. 이러한 측면에서 국제법상 법의 일반원칙인 평등원칙이 모든 규범의 기초가 되는 것과 유사하게, 국제경제법상 공정성 원칙도 중요한 원리로 적용되어야 한다. 구체적으로 공정성 원칙은 불공정한 관행의 시정이라는 형식적 접근과 더불어 상이한 여건을 가진 국가들 간에 발생하는 불공정한 대우의 치유를 위한 실질적 접근이 필요하다. 예컨대 WTO 협정상 권리의무관계는 선진국들의 이익뿐만 아니라 개발도상국과 최빈개도국의 이익도 충분히 고려되어야 한다.

따라서 WTO법상의 공정성 원칙은 형식적 공정성과 실질적 공정성이라는 양 측면을 모두 반영한 실체적 규범의 기초원리가 되어야 한다. 즉, 무역자유화 목표실현을 위한 시장경제 원리의 존중과 더불어 공정성 원칙의 제고라는 관점에서 WTO법을 검토해보는 것은 의의가 있을 것이다.

## 2.2 공정성 개념의 불명확성

일반적으로 공평한(impartial), 공정한(just), 형평한(equitable), 객관적인(disinterested) 등과 동의어로 사용되는[7] '공정한'(fair)에 관한 명확한 개념정의가 부재하다. 이것은 '공정성'(fairness) 개념을 이해하는 주체에 따라 규율대상에 적용하는 판단기준이 달라질 수 있다는 점을 내포한다. 이에 공정성은 상이한 여건을 가진 국가들 간의 갈등을 완화하고, 특정체제의 지속가능한 존속을 위한 '정당성'을 확보하려는 차원의 접근도 가능할 것이다. 특히 국제사회의 법체계가 국가들의 참여의지와 선택에 따라 좌우된다는 특성을 고려할 때, 공정성 원칙에 관한 논의는 필수적이다. 왜냐하면 국제법 영역에서도 공정성 개념을 이해하는 관점이 학자들마다 다르며, 개별국가의 국가관행에 따라 공정성 적용방식이 상이하기에 그렇다. 대표적으로 Thomas Franck는 "공정성은 정당성(legitimacy)과 배분적 정의(distributive justice)라는 두 요인의 통합"이라고 하였다.[8] 정당성(legitimacy)은 참

---

7) Bryan A. Garner, *Black's Law Dictionary* (St. Paul: Thomson/West, 2004), p.633.

8) Thomas M. Franck, *Fairness in International Law and Institutes* (Oxford: Clarendon Press, 1995), pp.7~8.

여당사국이 수락가능한 적절한 절차에 따라 이루어진 합리적인 결정에 기초하고, 배분적 정의(distributive justice)는 실질적 복리실현을 위한 법적 효과의 발생을 의미한다. 또한 국가들 간의 욕구충돌 내지 갈등의 존재인식 위에서, 공정성은 이러한 변인(變人)들의 통합을 추구하는 법 혹은 입법과정이라고 정의한다.[9] 이러한 관점에서 공정성의 판단요건은 절차적 및 실체적 정당성을 모두 포함하는 것으로 이해된다.

추상적인 관념인 공정성은 국제사회의 법질서를 유지 및 발전시키기 위해서 어떠한 판단기준으로 구체화되어야 하는가의 물음에 쉽게 결론을 내릴 수 없다. 다만 법적 정당성을 확보하기 위해서 실질적 형평성의 입각한 공정성을 고려하는 것은 국가들 간의 상이한 여건의 차이에서 발생하는 갈등을 최소화하는 방향과 지침을 제공할 수 있다고 판단된다. 더욱이 국가들 간의 경제관계는 국제사회의 빈곤, 경제성장, 사회복지와 관련한 국가 간의 '불평등성'(inequality)과 깊게 연계되어 있다. 즉, 합리적 차별을 정당화하는 차등대우에 관한 논의는 바로 불평등성에 관한 시정을 위한 원리로 이해할 수 있으며, 이러한 관점에서의 공정성 제고는 실질적 평등을 목표로 하여 현실 속에서 드러난 쟁점들을 해결하는 데 적절한 방안을 제시할 수 있다.[10]

---

9) 그는 국제사회에서 상이한 경제적 여건을 가진 국가들 간에 공정성 개념을 논할 수 있는 절대적인 원칙은 존재하지 않는다(no trumping principle)고 하였다. *Ibid.*, p.434.

10) 이러한 관점에서 롤즈의 정의론에서 제시된 사회경제적 불평등은 최소 수혜자의 입장을 개선시키는 한도 내에서 정당화될 수 있는 '차등원리'(difference principle)를 이론적 배경으로 참작해볼 수 있다; 그러나 롤스의 국제사회정의 문제에 대한 접근은 현실주의적이면서 소극적인 최소주의 접근을 채택하고 있는 것으로 평가된다. 이러한 최소주의 접근은 국제사회의 규범성 문제에 대한 근본적 논의를 피하는 회피전략으로 이해될 수 있다. 반면, 이에 대한 긍정적 평가로서 이러한 접근이 오히려 매우 현실성을 갖는다고 주장할 수 있다. 롤스는 각 국가의 주권이 유효하게 작동하고 있다는 현실과 현 국제사회의 사회 상호간의 문화 및 신념의 현실적 다양성을 감안하여 최소한의 국제사회의 정의의 근거를 모색하는 시도로 볼 수 있다. 장동진, "롤즈의 국제사회 정의관: 「만민법」을 중심으로", 『국제정치논총』(제41집 4호,

## 2.3 국제통상규범에서의 공정성

### 2.3.1 국제기구에서의 공정성

무역자유화 목표를 추구하기 위해서 무역개방 확대를 위한 국가들의 다자간 무역협상은 새로운 국제기구로서 국제무역을 규율하는 WTO 창설을 가져왔다. 1995년 1월에 정식 출범한 WTO는 국제기구로서의 기능과 국제통상질서를 규율하는 법규범의 역할을 가진다. WTO법상 무역자유화는 참여국가들 간의 협력과 경쟁을 유도하고 복지증진이라는 거시적 목표를 실현하기 위한 수단이며, WTO법의 창설 목적이다. WTO법상 의무불이행 내지 불공정한 이행에 따른 분쟁해결판정은 모든 국가들의 복지증진과 무역자유화를 추구하고, '공정성'이라는 중요한 법적 기준에 근거해야 한다. 일방그룹이 접근하는 공정성 개념에 국한되지 않아야 한다. 또한 크게 선진국과 개발도상국 모두의 복리증진을 위한 결과적 공정성 확보를 위한 합의가 요청된다는 것을 의미한다. 특히 신자유주의 관점이 반영된 WTO법상 통상범위 확대는 경제적 불평등성을 완화하기 어렵다는 우려감도 나타났다. 예컨대 WTO상 선진국들은 경제제재 압력, 시장접근 금지, 수출통제 위협 등 많은 수단을 동원하여 상이한 경제적 여건을 가진 국가들에 대한 무역자유화 규범의 이행을 강요해왔다.[11] 또한 무한한 정보력을 바탕으로 선진국들은 국제기구 내 의사결정에 절대적인 영향력을 가져왔다. 더욱이 WTO의 무역협상에서 주로 선진국들이 어떤 원칙과 규범을 주요원칙으로 확립할지 여부

---

2001.12), p.334.

11) 최철영, "국제법체제에 있어 거버넌스 연구", 『법과 정책연구』 (제7집 제1호, 2007.6), pp.15~16.

에 관한 논쟁에서 주도권을 가져왔다는 점도 개발도상국과의 갈등을 드러낸 원인이 될 것이다.[12] 이러한 측면을 고려할 때, 공정성 제고에 관한 노력은 기회의 균등과 배분적 정의를 포함하는 실질적 접근의 논의가 요청된다. Stern은 다자무역체제의 공정성이 도덕적 원칙으로 이해되는 것뿐 아니라, 중요한 기준이 된다고 주장하였다.[13] 즉, 기회의 평등(equality of opportunity)과 분배적 형평(distributive equity)은 공정한 협정(fair agreements)의 체결조건이 되어야 한다는 것이다.[14] 이러한 맥락에서 WTO체제의 국제 거버넌스 역할은 이익조정을 위한 합의체의 성격보다는, 보다 적극적인 역할을 담당하는 기구로서의 책임론이 강조된다. 결국 WTO법상 공정성 원칙의 실현은 상이한 경제적 여건을 가진 국가들이 보다 공정한 대우를 받기 위한 다자체제의 지속성을 위한 핵심조건이 되어야 한다.

이는 WTO체제를 국제정치이론의 하나로 구성주의(constructivism) 관점과 유사한 관점에서 접근이 가능하다. 국가들 간의 동의에 따른 계약형식으로 국제법과 국제기구를 이행하는 현실주의 시각과는 달리, 구성주의는 포괄적인 절차로서의 법(law as process)을 강조한다.[15] 구성주의 시각에서, 국제관계를 지속하는 규범은 현실주의자가 주장하는 강제(coercion)도 아닌 신자유주의자가 강조하는 이익(interest)도 아니며 공유된 이념을 바탕으로 전개하는 '정당성'(legitimacy)이다.[16] 국제기구로의 기능과 역할 범주에 '정당성 확보'가 포함된다고 본다

---

12) *Ibid.,* 참조.

13) Geoff Moore (ed.), *Fairness in International Trade* (New York: Springer, 2010), p.118.

14) *Ibid.*

15) Christian Reus-Smit (ed.), *The Politics of International Law* (Cambridge: Cambridge University Press, 2004), pp.33~42; 문돈, "비교문헌연구: 국제정치 이론의 시각에서 본 국제법", 『한국정치학회보』 (제45집 제1호, 2011 봄), p.281.

16) 김형국, 『국제제도론: 정치와 법의 만남』 (한울아카데미, 2008), p.70.

면, WTO법의 규범적 성질을 논하는 데 있어서 공정한 대우를 위한 공정성 기준을 활용하는 것은 정당성을 강화하기 위한 법리적 접근으로 타당하다. WTO법의 정당성을 확보하기 위한 측면에서, 공정성 원칙은 상이한 경제여건을 가진 국가들 간의 상이한 이행조건이 허용되는 원리를 긍정적으로 뒷받침할 수 있다.

한편 WTO체제는 부속된 무역협정에 관계된 사안에 대한 회원국 간 무역관계의 수행을 위한 제도적 구조를 제공한다는 내용을 명시한다.[17] '모든 국가들의 복리증진을 위한 협력의 제도화'로의 접근으로서, 동 규정은 '기회의 균등과 배분적 정의 추구의 관점에서' 상호 협조적인 태도가 요청된다는 것으로 해석이 가능하다고 본다. 이와 관련 상호협력에 기반을 두고 있는 WTO체제의 특성상 국내에서 추구되는 배분적 정의를 실현하기에는 한계가 있다는 점은 일정 부분 인정될 수 있다. 또한 배분적 정의 추구는 국내적 이행을 통해 가능하며, WTO법질서는 그러한 정책 내지 법규를 이행하는 데 지원할 수 있다는 의견이 일견 타당하다. 더욱이 개발도상국은 자국의 복지증진을 위해서 무역자유화 협상에 적극적으로 참여하지 않는다는 비판도 수긍이 가능하다.[18] 이러한 관점에 비추어보면, WTO법의 정당성 문제가 복지정책을 함께 수반할 여력이 부족한 개발도상국에서 주로 제기될 수밖에 없다는 논리가 다소 긍정된다. 유사한 맥락에서 WTO체제에서 분배적 정의를 실현하는 데 국가들의 적극적인 역할이 요구되며, 사회정책과 내부조정에 관한 의무를 이행하

---

17) WTO 설립협정 제3조 1항의 내용은 다음과 같다: The WTO shall facilitate the implementation, administration and operation, and further the objectives, of this Agreement and of the Multilateral Trade Agreements, and shall also provide the framework for the implementation, administration and operation of the Plurilateral Trade Agreements.

18) Thomas Cottier, "The Legitimacy of WTO Law", *Swiss National Centre of Competence in Research (NCCR)* Trade Working Paper No. 2008/19 (November 2008), pp.21~22.

지 못한 개발도상국의 책임도 일정 부분 인정된다.[19]

하지만 개발도상국이 무역자유화의 확대를 통해 가질 수 있는 기회가 축소될 수 있다는 점이 소홀히 다루어져서는 안 된다. 또한 WTO 협정상 의무이행능력의 부족에 따른 개발도상국의 부담과 특수한 상황의 고려가 필요하다. 이것은 WTO법상의 모든 국가들이 공정한 대우에 근거한 무역자유화의 이익을 얻기 위한 중요한 요소가 될 것이다. 즉, 개발도상국의 국내적 구조개혁과 법규 내지 정책적 개선 노력도 반드시 수반되어야 하지만, WTO법상 공정성 원칙을 확립하기 위한 논의가 절실하다고 본다. 구체적으로 상이한 경제적 여건을 가진 국가들이 관계가 고려된 실질적 형평성에 입각한 공정한 대우를 위한 실질적 공정성의 확보 논의가 요청된다.

이와 관련하여, 브라질에서 개최된 유엔무역개발협의회(United Nations Conference on Trade and Development: UNCTAD) 제11차 회의에서 "국제무역은 빈곤완화와 지속가능한 개발 추구, 개방적이고 형평하고 비차별적이어야 한다"는 새천년개발목표(Millennium Development Goals: MDG)를 달성하는 데 기여해야 한다고 밝힌 바 있다.[20] 국가들 간의 상호 경쟁을 유도하고 자유무역을 지향하는 국제무역시장의 개방과 통합은 사회복지의 극대화라는 목표에 기여하는 것뿐 아니라, 선진국과 개발도상국 간의 갈등을 완화하고 협력을 강화하여 국제사회의 발전에 기여해야 하는 것으로 여겨진다. WTO체제의 근본목표가 경제성장, 빈곤완화, 사회복지의 증대와 환경적으로 지속가능한 개발의 추구라는 보편적 가치를 지향하고 있다는 점에서, 상기 언급된 UNCTAD의 개발목표를 일정한 정도에서 수용하려는 노

---

19) *Ibid.*

20) UNCTAD, Assuring Development Gains from the International Trading System and Trade Negotiations, TD/397 (4 May 2004).

력이 요청된다. UNCTAD는 WTO체제의 국가들 간에 동등하지 아니한 역량을 고려하고 개발도상국의 개발목표를 달성하는 데 필요한 무역이 이루어져야 한다는 점을 강조한다. 이것은 WTO법상 개발도상국이 주장하는 실질적 공정성 확보를 위한 논리적 근거가 될 수 있다.

## 2.3.2 WTO법에서의 공정성

WTO법상 공정성에 관한 이론적 논의에 있어서 주로 선진국은 형식적 공정성을 추구하려는 반면, 개발도상국은 실질적 공정성을 추구해야 한다고 주장한다.[21] 물론 실질적 공정성과 형식적 공정성 논의에서 공정성 개념은 추상적이고 복합적이어서 여러 형태로 분류되고, 그 개념 자체의 의미가 다면적으로 해석될 수 있다. 그러한 이유로, 법적 측면에서 의무위반의 근거로 공정성 기준을 활용하는 데 있어 WTO 분쟁해결패널의 유권해석에 의존해야 하는 어려움이 따르기도 한다. 전술한 바와 같이 공정성을 형식적 공정성과 실질적 공정성의 두 가지 형태로 구분해볼 수 있다.[22] 예컨대 전자는 주로

---

21) 최승환, 『국제경제법』 (법영사, 2006), p.174; 주로 선진국은 공정무역을 '동등한 대우'(equal treatment)를 보장하기 위한 '동등한 경쟁조건'(level playing field)으로 파악하는 데 비해, 개발도상국은 무역당사자 간에 수출과 수입의 적절한 규모유지라는 공정한 배분으로 파악하고, 경제후진국에 대한 차별적 특혜를 정당화하는 근거로 공정무역주의를 제창하고 있다. 자세히는 상게서, pp.167~169 참조.

22) 법 원칙들의 실질적인 내용이 어떤 것이든 법과 제도가 공정하고 일관되게 운용되는 것을 가리켜 '형식적 정의'(formal justice)라고 부른다. 만약 정의가 언제나 일종의 평등을 나타낸다고 생각한다면 형식적 정의는 법과 제도가 그 운용에 있어서 그것들이 규정하고 있는 각 계층에 속하는 모든 사람에게 평등하게 적용되어야 한다고 요구한다. 그러나 법과 제도가 평등하게 집행될 수 있으나 부정의할 수 있다. 이러한 측면에서 유사한 경우는 유사하게 취급한다는 것만으로는 '실질적 정의'(substantive justice)에 대한 충분한 보장이 되지 않는다. John Rawls (황경식 飜譯), *A Theory of Justice* (이학사, 2003), pp.102~103; 공정으로의 정의에 기초하여 공정성 원칙을 이해하면, 형식적 공정성과 실질적 공정성의 구분이 가능할 것이다.

선진국 중심의 논리로서 양자적 차원에서 균형적인 거래를 보장하는 것을 의미한다.[23] 형식적 공정성은 국가들의 동의나 합의를 전제로 창설된 WTO법상 국가들의 동등성을 전제로 하여 관련 규정들을 적용하고 분석하는 데 중점을 둔 것이라 할 수 있다. 그러나 이것은 국가들 간의 상이한 여건을 고려하지 않은, 동등한 국가들 간의 관계를 전제로 하는 WTO 협정상의 법리적 해석을 통한 공정성 확립은 형식적 측면의 강조였다고 판단된다. 후자는 무역의 당사국 간에 교역상품의 수량과 형태에 있어서 적절한 수출의 보장을 의미하는 경우이다. 주로 개발도상국 무역상품의 특혜관세를 정당화하기 위해서 주장되는데, 이러한 논리에 따르면 경쟁조건이 상이한 국가들의 무역상품에 특혜관세를 적용하여 시장의 접근성을 보장하는 것이 가능하다. 개발도상국들은 특혜관세 적용이 실질적 공정성을 확보하는 데 이롭다고 보고 있으며, 국가들 간의 상이한 경제적 여건을 반영하지 않는 것은 형식적 공정성을 강조한 것에 불과하다고 지적한다.[24] 이러한 맥락에서 상호주의와 교환적 정의(commutative justice)가 아닌 형평(equity)과 배분적 정의(distributive justice)에 기초한 접근방식은 합리적 차별을 수용하기 위한 실질적 공정성의 이론적 뒷받침이 된다고 보인다.

유사한 관점에서 국제사법재판소(International Court of Justice: ICJ) Bedjaoui 판사는 "연대성(solidarity)과 협력(cooperation)에 기초한 국제법은 평등원칙(principle of equality)보다 불평등성(inequality)을 바로 잡는 형평원칙(principle of equity)에 무게를 더 두어야 하며, 그렇게

---

23) 미국과 일본 간 무역분쟁의 중심이 되기도 하였다. M. R. Czinkota, "US Trade Policy and Congress", *20(4) Columbia Journal of World Business 71* (Twentieth Anniversary Issue), 1986, pp.71~77.

24) Americo Beviglia Zampetti, *Fairness in the World Economy: US Perspectives on International Trade Relations* (Cheltenham, UK; Northampton, MA: Edward Elgar, 2006), p.168.

함으로써 소수 선진국과 다수 개발도상국 간의 격차를 줄이고자 하는 목표를 유지해야 한다"고 주장하였다.[25] 이러한 관점을 원용하면, WTO법상 국가 간 갈등을 완화하고 개발도상국들의 참여를 확대하기 위해서는 동등하지 아니한 국가들 간에 비차별적 원칙의 적용에 따른 결과적 불공정성 치유와 합리적 차별을 긍정하는 법적 장치의 마련이 설득력을 얻을 수 있다. 즉, 개발도상국의 이익보호를 위한 합리적 차별을 정당화하는 차등대우의 법리를 실질적 공정성 제고를 위해서 검토가 요청된다.

## 2.4 상호주의 관점에서의 차등대우

### 2.4.1 국제무역에서의 상호주의

국제통상질서에서 협력의 필요성은 제2차 세계대전 이후 제국주의적 무역질서의 와해와 자본주의 체제의 확고한 정착을 위해서 요청되었다. 19세기의 국제통상질서는 경제문제를 개별국가의 자유로운 행위에 방임하고 통상조약의 규정에 관여하는 데 불과하였다면, 제2차 세계대전 전후의 세계경제는 세계적 차원의 계획을 필요로 하였다는 특징을 가졌다.[26] 국제적 차원의 경제재건을 위해서는 각국의 경제적 및 사회적 활동을 협동시키기 위한 구체적 목표를 우선적으로 정하고, 그 방향을 향하여 개별국가의 활동력을 집중시킬 것이 요망되었던 것이다.[27]

---

25) M. Bedjaoui, Towards a New International Economic Order (New York: Holmes and Meier, 1979), p.119.

26) 이한기, 『국제법강의』 (박영사, 2002), p.216.

이에 국제통상규범의 목적은 상이한 경제질서를 가진 국가들 간의 상호적 경제활동을 조절하는 역할을 수행할 뿐만 아니라 국제사회의 확대균형이나 개발과 같은 새로운 개념을 실현하기 위한 법규범으로서의 성격을 갖는다고 보인다.[28] 즉, 경제협력의 구체적인 동인은 경제적 부의 증대와 사회복지의 확대를 위한 경제 활성화에 있으며, 이는 국가 간의 국경선을 넘나드는 자유로운 통상질서의 확립을 위한 법적 제도화의 필요성을 가져왔다.

경제적 및 사회적 재건, 실업, 무역장벽에 관한 문제를 해결하는 데 경제협력의 필요성을 절감하게 되면서, 그 방안은 경제적·사회적 환경의 진보와 발전, 완전고용, 생계수준의 향상 등 전반을 포괄하는 다자간 협정체결을 추진하는 것으로 자연스럽게 귀결되었다. 1948년 하바나 헌장(Havana Charter)의 채택을 위한 국제적 노력은 새로운 국제통상질서를 창설하기 위한 최초의 시도였다는 점에서 의의가 있었다.[29] 이러한 노력의 일환으로, 1947년 제네바회의에서 국제무역기구(International Trade Organization: ITO) 헌장에 관한 제네바초안이 완성된 바 있다. 'GATT 잠정적용의정서'(Protocol of Provisional Application of the General Agreement on Tariffs and Trade)에 관한 준비위원회의 최종안이 통과되고, 8개국의 서명을 거쳐 불완전하지만 최초의

---

27) 이한기, 전게서, p.216.

28) 상게서, p.601.

29) 1944년 개최된 브레튼우즈 회의에서 국제통화기금(International Monetary Fund: IMF)과 국제부흥개발은행(International Bank for Reconstruction and Development: IBRD) 창설초안이 작성되었는데, 이 회의에서 "통화기구만으로는 모든 목적을 충분히 달성할 수 없다는 것을 확인하고, 국제무역의 장벽을 제거하여 상호적 통상관계를 촉진시킬 수 있는 국제협정 체결에 관한 각국 정부의 협력을 필요로 한다"고 권고한 바 있다. 비슷한 시기에 미국은 영국과 협력하여 새로운 무역기구의 창설을 위한 준비작업을 진행하여 국제무역기구(International Trade Organization: ITO)의 설립초안(Suggested Charter of an International Trade Organization)을 발의하였는데, 이 헌장 안이 1948년 하바나 헌장의 기초가 되었다. John H. Jackson (무역협회 飜譯), *World Trade and the Law of GATT* (무역협회, 1988), pp.3~4.

다자무역규범으로써, 1948년 1월 GATT체제가 출범하게 되었다. 국제통상질서에서 '1947년 GATT' 이전의 협정들은 특정국들 간의 이해관계만을 규율하기 위해 한정된 분야만을 다루는 데 그쳤기 때문에, 다자간 협력에 기초한 다자간 협정의 시발점은 '1947년 GATT'라 할 수 있다.[30] 초기 GATT체제 설립에 주도적이었던 미국은 자국의 정책기조를 그대로 '1947년 GATT'로 수용하고자 하였다.[31] 그 당시 미국 Cordell Hull 국무장관의 주창으로 입법화된 '1934년 상호주의무역협정법'(Reciprocal Trade Agreements Act of 1934)을 그 모체로 하여 상호주의 협정을 추진했던 미국의 무역정책 기조는 GATT체제에서 '상호주의' 원칙을 적용하는 데 영향을 미치게 되었다.[32]

일반적으로 상호주의는 개인 간 혹은 집단 간에 '상호이익이 되는 협력관계'를 창출하고 유지하기 위한 기본적인 행동규범 또는 원리라고 할 수 있다.[33] 특히 주권국가 간의 이해관계를 다루는 영역인 국제정치와 국제무역 분야에서 상호주의를 적극적으로 적용해왔다는 점은 전혀 이상할 것이 없으며, 바로 이러한 분야에서 용어의 개념인식의 혼란이 심한 것도 쉽게 이해할 수 있다.[34] 즉, 상호주의는

---

30) GATT체제의 기구화에 관해 미국의회에서 승인을 얻지 못하자, 미국협상대표부는 제네바에서 GATT체제의 기구화에 관한 일반조항을 재구성하였다. 이러한 배경에서 GATT체제에서의 다자간 결정(multilateral decision)을 기구에서가 아닌 '공동으로 이행하는 체약당사국'(Contracting Parties acting jointly)에 의해서 수행된 것으로 보았다. John H. Jackson, *Restructuring the GATT system* (New York: Council on Foreign Relations, 1990), p.12.

31) 미국의 공정성 접근은 주로 동등한 대우(equal treatment)와 상호주의(reciprocity) 개념에 착안한다. 국내적 영역에서 공정성은 보호와 조정의 관점에서 쟁점이 제기되며, 국제적 영역에서는 상기 두 개념을 직접적으로는 외국시장에서 무역증진을 위해 적용하고, 간접적으로는 시장개방을 유도하는 데 있었다. 또한 상호주의와 동등한 대우는 상호연계성을 가지는 것으로, 공정성은 관세대우로 얻게 되는 이익뿐만 아니라, 특권, 특혜대우, 특정권리 등에 관한 부분까지도 이익균형(the balancing of benefits)의 시각에서 바라보는 것이다. Americo Beviglia Zampetti, *Fairness in the World Economy: US Perspectives on International Trade Relations* (Cheltenham, UK; Northampton, MA: Edward Elgar, 2006), pp.73~85.

32) *Ibid.*

33) 최병선, "국제무역에 있어서의 상호주의 고찰", 『통상법률』 (통권 제14호, 1997.4), p.48.

34) 상계논문, p.48.

불명확한 특성에 따라 상대적인 개념으로 적용된다는 점에서 이론적으로 상호주의 개념 발전에 의존하지 않고, 개별영역의 목적에 부합하는 개념으로 적용되어 온 것이다.[35] Elizabeth Zoller는 "국제법의 모든 법적 기준에 연관되어 있는 이론상의 조건이 바로 상호주의"라고 밝힌 바 있다.[36] 이것은 국제사회에서의 주권평등에 기초한 국가들 간의 관계를 형성하고 협력증진을 위한 주요원리로 적용되어 왔기 때문이다.[37]

고대와 중세시대를 거치면서 국가들 간의 경제관계에 영향을 준 상호주의는 무역에서 주요한 원칙으로 적용되어 왔고, 비차별 원칙과 더불어 처음으로 1947년 GATT에서 법적 형태로 규정되었으며,[38] GATT체제의 주요원칙이 되었다. 국제무역에서의 상호주의는 각국이 양자적으로 제공하는 호혜적 양허가 국가들 간에 전반적인 또는 전체적인 균형을 이루도록 하는 것을 의미한다.[39] 즉, 상호주의 개념은 아직 국제적으로 합의되지 않았으나, 상호 동등한 가치의 교환에 기초한 무조건부 최혜국대우(unconditional MFN treatment)로 구체화되거나 혹은 분야별 협상에서 적용되어 왔다. 하지만 정치적 힘과 경제권력을 가진 국가와 그렇지 아니한 국가들 간의 상호주의 적용은 상이한 기회비용을 발생시킨다. 또한 국제사회의 힘에 의한 지배구조는 얼마만큼의 교환이 상호주의에 따른 등가성이 있는

---

35) Robert O. Keohane, "Reciprocity in International relations", 40(1) *International Organization* 1, 1986, p.3.

36) Elizabeth Zoller, *Peacetime Unilateral Remedies* (Dobbs Ferry, N. Y.: Transnational, 1984), p.15 참조.

37) Robert O. Keohane(1986), *supra* note 35, p.1 참조.

38) Meinhard Hilf and Goetz J, Goettsche, "The Relation of Economic and Non-Economic Principles in International Law", 5 *European Community Studies Association of Austria Publication Series (ECSA Austria)* 5, 2003, pp.15~17.

39) GATT체제의 사무총장은 상호주의를 양허의 등가성(equivalence of concessions)으로 간주하였다. Robert Axelrod, *Evolution of Cooperation* (New York: Basic, 1984), p.137.

것으로 판단될 수 있는지를 평가하기 어렵게 만든다. 즉, 어느 정도의 균형을 국가 간에 수용가능한 동등한 균형으로 볼 것인가에 대해 여전히 명확한 논리가 없다고 볼 수 있다. 이와 관련하여 상호주의는 특정적 상호주의(specific reciprocity)와 포괄적 상호주의(diffuse reciprocity)로 구분되는 두 가지 이론에 의해서 설명된다. 그러나 각각의 방식은 국제무역의 패턴을 완전히 충족시키는 단일원칙으로 적용되지 못하는 한계를 가진다.[40] 이러한 논의와 관련하여, 국제경제학자 Bhagwati는 상호주의를 전면적 상호주의(full reciprocity)와 일차적 상호주의(first-difference reciprocity)로 나누어 설명한 바 있다.[41] GATT체제에서 협상원칙으로 적용된 상호주의를 일차적 상호주의로 단정할 수도 없다며, 전체적인 양허의 수준을 평가하고, 이를 바탕으로 그다음의 협상을 진행하였다는 점은 전면적 상호주의 의미도 포함하기 때문이다. 이러한 면에서 GATT체제가 추구하는 목표는 회원국들의 일방적인 무역자유화가 아닌, 회원국 간의 대칭적 또는 동등한 권리의무의 확보와 유지라고 할 수 있다.[42]

---

40) 예컨대 조건부 최혜국대우는 특정적 상호주의를 반영하는 반면, 무조건부 최혜국대우는 포괄적 상호주의를 구현하는 것으로 이해할 수 있다. 무조건부 최혜국대우를 적용하면 양자적 관계에서는 동등한 양허수준의 균형에 관한 정립은 불필요하다. 하지만 무조건부적 최혜국대우의 단순한 적용은 무임승차(free-rider) 문제가 나타난다. 이러한 문제를 해결하기 위해 '1947년 GATT'는 원칙적 공급자 규칙(principal supplier rule)을 무조건적 최혜국대우의 보충수단으로 채택한 바 있다. Ibid., pp.4~7; 구체적 상호주의는 특정한 요인들 간의 양자적 균형을 요구한다. 반면, 포괄적 상호주의는 그룹 내에서의 전체적 균형을 강조한다.

41) Jagdish Bhagwati, *Protectionism* (Cambridge: The MIT Pr., 1988), pp.35~36; Bhagwati는 상호주의의 구성요소로서 국가 간에 균형을 이루어야 할 구체적 대상을 무엇으로 볼 것인가에 대한 두 가지의 서로 다른 개념으로 구분한다. '1947년 GATT'가 설립된 이래로 우루과이라운드협상에 이르기까지 무역협상에 채택되어 온 상호주의는 특정 협상라운드에서 협상대상이 된 모든 상품부문에서 각국이 제공한 부문별 양허의 수준을 종합하여 포괄적으로 평가해 협상국 간에 대략적 균형이 이루어진 경우에 그 요건이 달성되었다고 본다. 이 점에서 전통적 의미의 상호주의는 전면적 상호주의(overall reciprocity)로 불린다. GATT에서 진행된 모든 협상을 통해 얻은 국가 간 시장개방 정도의 차이를 한꺼번에 완전히 해소하려고 시도한 적은 없으며, 협상에서 회원국들이 상호 간에 납득하고 수용할 수 있을 만한 수준으로 추가적인 양허를 주고받을 수 있도록 하여, 세계무역이 더 확대되고 더 자유화되는 방향으로 나아가는 데 일차적인 관심을 기울여왔다는 것이다. 자세한 논의는 최병선, "국제무역에 있어서의 상호주의 고찰", 『통상법률』(통권 제14호, 1997.4), p.48~50 참조.

그런데 상호주의 방식에 따른 GATT체제의 창설은 개발도상국이 중요시하는 경제개발의 필요와 욕구 및 개발촉진에 관해 GATT의 규정내용으로 포함하는 것을 어렵게 하였다. 일부 개발도상국들은 GATT의 실체적 규범이 모든 국가에게 동일한 방식으로 적용되지 않아야 한다고 주장한다. 상호주의 협상방식에 따른 권리의무의 형성은 상이한 여건을 가진 국가들 간의 관계를 충족할 수 있는 원리로서 적용되기에는 한계점을 내포할 수밖에 없기 때문이다.

### 2.4.2 한계점

이러한 관점에서 보면 상호주의에 따른 협상방식은 다음과 같은 몇 가지 한계점이 분명하게 드러난다. 첫째, 회원국 간의 무역자유화 협상을 통해 국가들은 무역이익을 얻을 수 있는 기회를 창출한다고 가정하는데, 포기한 만큼 얻을 수 있다는 신념으로 양허의 개념만을 지나치게 강조하는 것은 부적절하다는 것이다.[43] 둘째, 특히 우루과이라운드에서 1994년 4월 15일 타결된 WTO 협정은 일괄타결(single undertaking)방식[44]으로 채택되었고, 최혜국대우 의무에 크

---

42) 궁극적으로 GATT체제는 회원국 간의 시장개방 의무의 전반적 균형(a broad balance of market access obligations)유지라는 의미에서 상호주의 개념을 적용한다. Jagdish Bhagwati(1988), *supra* note 41, pp.35~36.

43) John H. Jackson(1988), *supra* note 29, p.43.

44) 일괄타결(Single Undertaking)방식은 우루과이라운드 협상을 개시할 당시 최초로 푼타 델 에스테 선언에서 "The launching, the conduct and the implementation of the outcome of the negotiations shall be treated as parts of a single undertaking"이라고 명시하였다. GATT, Punta del Este Declaration (20 Set. 1986) 'UR 최종의정서'(Final Act Embodying the Results of the Uruguay Round of Multilateral Trade Negotiations)의 para.4에서는 "The representatives agree that the WTO Agreement shall be open for acceptance as a whole, by signature or otherwise, by all participants pursuant to Article XIV thereof"라고 명시한다. 이는 도하협상을 개시하게 된 도하선언에서 "the conduct, conclusion and entry into force of the outcome of the negotiations shall be treated as parts of a single undertaking"라고 사실상 거의 동일하게 채택된 바 있다. WTO, WT/MIN(01)/DEC/1, para.47. 일괄타결원칙은 WTO 분쟁해결패널에서도

게 의존해야 한다는 점에서 일방국가에 제공한 '양허'를 모든 다른 국가들에게도 동등하게 제공하여야 한다. 그러나 양허수준의 결과에도 상호주의가 반영되어야 함을 요구하지 않는다. 셋째, 상호주의는 개발도상국의 특별한 상황을 고려한 상호적 약정을 기대하지 않는다는 '비상호주의'(non-reciprocity)로 설명되는 것과 대조적이다.[45) 즉, 상호주의를 완전하게 적용할 수 없는 상황에서는 적용상의 수정이 필요하다. 상호주의는 협상의 수단으로써 유용하지만, 다자간 협력을 유지하기 위한 체제에서는 본래적 의미를 그대로 적용하는 것이 용이하지 않다. 왜냐하면 유사하거나 동등한 주체들 간의 관계는 상호 간의 대등한 교환이 가능하지만 그렇지 아니한 국가들 간의 상호적 관계는 협력이 지속되기 어렵기 때문이다. 또한 상호주의 협상 원칙은 국가 간의 동등성을 전제로 하는 것인데, 국가주권이라는 정치적 동등성에만 의존하기에는 경제적 및 기술적 차이 등 현실적 조건을 고려하지 않아 발생할 수 있는 예측하지 못했던 결과가 국가 간의 관계에서 도출될 가능성을 배제할 수 없기 때문이다.

생각건대 상호주의 협상결과가 국제사회의 법체계의 형성으로 구체화되어 왔다는 점에 비추어 보면, 상호주의는 신중하게 접근되어야 하며 동등하지 아니한 주체 간의 관계도 고려되어야 할 것이다. 상호주의의 전제조건인 '동등한 당사자 간'은 경제적 여건이 유사한 선진국들 간의 협상관계에서는 유용한 수단이 되지만, 동등하지 않은 주체들 간의 관계에서는 상호주의를 적용한 협상방식은 재고되

---

확인되었다. '한국-특정 유제품의 수입에 대한 한정적 세이프가드 조치 사건'에서 패널은 "It is now well established that the WTO Agreements is a 'Single Undertaking' and therefore all WTO obligations are generally cumulative and Members must comply with all of them simultaneously"라고 밝혔다(WT/DS98/R, para.7.38). 안덕근, "WTO체제 거버넌스의 구조적 문제점과 개선방안 분석", 『통상법률』(통권 제97호, 2011.2), pp.196~198.

45) John H. Jackson(1988), *supra* note 29, p.43.

어야 한다. 예컨대 양허교환을 이익균형의 논리에 따라 진행하는 방식은 협상력이 우월하고 이미 무역여건이 성숙된 선진국에게 유리할 수밖에 없는 상황이다.

한편 상호주의에 따른 협상방식을 배제한다면, 더 효과적인 수단이 강구되어야 하지만 그것도 불가능하다. 이러한 의미에서 공정하고 자유로운 무역은 다자무역체제에 대한 개별국가들의 선택과 결정을 존중해야 한다. 다만 각자의 교역조건에 따라 다자간 무역에 참여하되 기계적인 상호주의의 적용이 재고되어야 한다고 판단된다.[46] 이에 생각건대 상호주의에 따른 교환방식과 그 결과가 정확한 주고받기 식에서 벗어나 협상주체들의 개별적 상황을 고려하는 '상호주의 완화'(flexible reciprocity)가 요청된다. 전술한 바와 같이, 양자관계가 아닌 다자간 관계에서는 기존의 무역협상에서 적용된 상호주의 방식의 한계점이 이미 지적되었다. WTO 설립협정 전문 첫 단락의 "각 체약국의 다양한 필요에 맞게"(in a manner consistent with their respective needs and concerns at different levels of economic development)의 의미는 국가들 간의 상이한 요건에 부합하는 방향에서 합리적 차별의 논리를 수용하는 원리의 적용가능성을 열어두고 있다고 보인다. 이는 비슷한 맥락에서 'Doha 선언'에 명시된 완화된 상호주의와 유사한 접근이다.[47]

아울러 생각건대 상호주의는 절차적 공정성(procedural fairness)과

---

46) 백종국, "자유무역, 공정무역과 국제체제: 19세기 유럽무역체제 분석을 통한 한국적 의의 고찰을 중심으로", 『한국과 국제정치』(제16권, 1992.12), pp.287~290 참조.

47) We agree to negotiations which shall aim, by modalities to be agreed, to reduce or as appropriate eliminate tariffs, including the reduction or elimination of tariff peaks, high tariffs, and tariff escalation, as well as non-tariff barriers, in particular on products of export interest to developing countries. Product coverage shall be comprehensive and without a priori exclusions. The negotiations shall take fully into account the special needs and interests of developing and least developed country participants, including through less than full reciprocity in reduction commitments. (강조 필자) WTO, Ministerial Declaration, WT/MIN(01)/DEC/1, para.16.

도 관련지어 고려해볼 수 있다. 일반적인 협상과정에서 투명하고 개방적인 상태에서 통상협상이 이루어진다면 그 결과는 공정하게 될 가능성이 크다. 바꾸어 말하면, 다자간 무역협상과 같이 국가 간의 동등하지 않는 관계를 형성하고 있는 경우에는 투명하고 공개적인 협상이 이루어진다고 하여도 협상에 참여하는 주체들 간에 모두가 만족할 만한 이익을 기대하기가 어렵다. 왜냐하면 경제적·정치적 힘의 차이로 인해 상호 이익이 고르게 배분될 수 있는 결과적 공정성(outcome fairness)까지 기대할 수 없기 때문이다.

## 2.5 실질적 공정성

실체적 규범의 해석에 있어 공정성 원칙이 정의 관념을 반영해야 한다는 당위론적 접근은 국제적으로 합의된 것이 아니기 때문에, 공정성처럼 자의적 의미를 포함할 수 있는 용어들은 해석방식, 용어의 본래적 의미수용 정도, 그러한 원칙에 따른 대응방안을 놓고 이견대립을 발생시킨다. 이는 반복해서 강조하면, 공정성 개념이 여전히 불확정성을 가진다는 것에 기인한다. 여기서는 규범의 공정성 확보를 위한 접근으로 기회의 균등과 그 결과로 배분적 정의가 존중되는 실질적 평등의 관점에서 논해보고자 하는 시도를 강조하고자 한다.[48] 법질서의 근본이념인 정의 추구라는 관점에서 본다면, 이는

---

48) 모든 국가는 평등하며, 국제공동체는 모든 국가에게 일률적으로 적용되는 원칙과 규범에 기초하고 있어야 한다는 것은 하나의 이념일 따름이다. 모든 국가들이 평등해야 된다는 것은 이상일 뿐이며, 평등하지 않은 국가에게 형평의 대우란 곧 불평등을 뜻하는 것이다. 자유무역질서의 성립이 국가 간의 형식적 평등에서 출발하였다면, 실질적 평등은 상이한 개발단계에 놓여 있는 국가들 간의 관계에서 동등대우를 부여하는 것이 평등의 실현에 부합하는 것이 아니라는 점에서 차별을 없애기 위한 동등대우가 형식법적으로 이행됨으로써 발생할 수 있는 차별을 시정하거나 제거하기 위한 것으로 이해할 수 있다. 즉, 평등원칙의 구체화는 경제발전의 정도가 다른 국가들을 형식법적인 동등대우에서 비롯되는 차별의 제거를 의미한

곧 국제통상규범도 규범으로서 반드시 공정성을 수반해야 함을 의미하는 것이라 볼 수 있다. 특히 WTO는 법적 가치를 추구하는 기능을 수행해야 한다. 그 법적 수행의 목적을 WTO 설립협정 전문에서 "생활수준의 향상, 완전고용의 달성, 높은 수준의 실질소득의 증대"라고 명시한다. 이에 준하여, WTO법상의 결과적 불공정성을 시정해야 한다는 개발도상국의 강력한 주장이 계속 제기되어 왔다.[49] 즉, 개발도상국의 경제적 여건과 특별한 상황을 인정하고, 개발목표에 부합하는 차등대우의 실효성이 요구된다는 의미이다. 개발도상국에 대한 차등대우는 실질적 공정성의 확보를 위한 규범화 방안으로[50] 개발도상국들은 차등대우가 법적 구속력이 약한 약정(commitment)의 형식이 아닌, 법적 실효성을 갖는 형태가 되어야 한다고 주장한다.[51]

　　WTO 협정상 'S&D 대우' 관련 규정들이 주요한 일부가 되고 있다는 점은 합리적 차별의 수용이라는 면에서 실질적 공정성을 반영하기 위한 노력이었다고 볼 수 있다. 하지만 차등대우의 실질적 이

---

다. 이러한 관점에서 구체적 평등을 장기적이고 제도적으로 실현시켜줄 법적 기준의 확립이 필요하다. G. Myrdal, *An International Economy* (New York: Harper & Brothers Pub., 1956), p.176, 289, 291; 이장희, "국제개발법의 개념과 법적기준", 『국제법학회논총』(통권 제58호, 1985.12), pp.11~14, 73.

49) 단적인 예로, 선진국의 다국적 기업이 개발도상국에서 상대적으로 낮은 수준의 노동기준과 열악한 환경기준을 이용하여 기업의 이윤을 도모하고자 한 경우에, 그 이윤은 개발도상국의 공장에서 일하는 노동자들의 저임금과 낙후된 노동환경을 교환한 것이 된다. 즉, 선진국과 개발도상국 간의 소득편차는 변화 불가능한 상태가 계속 유지될 수 있다는 우려를 가져오게 된다.

50) 규범적 관점에서, Clara는 '우호적인'(favourable) 혹은 '특혜대우'(special treatment) 개념은 잠재적으로 문제를 함의하고 있다고 하였다. 우호적 혹은 특혜적 대우로 용어를 사용하는 것은 그러한 대우를 받는 이는 불공정한 이익을 받게 된다는 비판이 가능하다고 지적한다. 또한 상이한 요구와 상이한 능력을 가진 국가에 대한 차별대우는 유예기간 연장과 같은 우호적 조건의 적용을 허용하는 것으로 특혜대우로 간주하는 것보다는 차등적 대우(differential treatment)로 보는 것이 타당하다는 점을 지적한다. Clara Brandi, "Development, International Organizations and Fairness as Justice: Normative Perspectives on the WTO", Doctoral Workshop, Annual Bank Conference on Development Economics (ABCDE), 2008, pp.17~18.

51) Mark A. Drumbl, "Poverty, Wealth, and Obligation in International Environmental Law", 76 *Tulane Law Review* 843, 2002, p.898.

행이 선진국의 자발적 선택사항의 범주에 속한 재량적 허용에 의존하고 있다는 점은 무역협상에서 개발도상국의 비우호적 참여의 원인이 되기도 한다는 점을 유념해야 한다. 더욱이 WTO법은 무역과 환경, 무역과 노동, 무역과 경쟁과 같은 신통상의제에 관한 논의로까지 확대되면서, 'S&D 대우'의 실효적 이행에 관한 구체적 논의가 필요한 시점이 되었다고 본다.[52]

상이한 여건을 가진 국가들 간의 합리적 차별을 긍정하는 실질적 공정성을 확보하기 위한 차원에서 개별국가의 특수성과 정체성을 존중하는 데 차등대우는 비중 있게 고려되어야 한다. 이러한 맥락에서 WTO법상 개발도상국의 이익보호를 위해 형평원리 위에서 실체적 규정의 법리적 해석이 가능할 수 있으며, 개발도상국의 이익을 담보하기 위해서는 공평한 대우에 입각한 차등대우의 실질적 이행을 위한 법적 장치에 관해 논하는 것이 필요하다고 본다.

---

52) *Ibid.*

# 3. 실질적 공정성 관련 법적 논쟁의 개관

## 3.1 신국제경제질서(NIEO)에 관한 논쟁

1974년 유엔총회(United Nations General Assembly: UNGA)에서 '신국제경제질서'(New International Economic Order: NIEO)에 관한 선언이 채택되었다.[53] 이와 더불어 1974년 12월에 채택된 '국가의 경제적 권리의무 헌장'(Charter of Economic Rights and Duties of States)[54]은 국제경제규범의 변화 필요성을 강조하였다.[55] 동 결의 (Resolutions)는 천연자원에 관한 주권, 주권평등, 평화적 분쟁해결, 불간섭, 평화적 공존 등을 주요원칙(제1장)에 관해 명시하고 있으며, 개발도상국의 무역이익 증진 및 국제개발 협력증진(제17조), 국가적 책임으로의 환경보호(제30조) 등을 언급하였다. 즉 여기서 언급된 주요 쟁점사항은 경제적 주권의 존중, 개발도상국의 무역증진에 대한 기대, 환경보호의무의 책임을 강조하는데 있어 개발도상국의 개발이익을 훼손하지 않아야 한다는 것이다. 이것은 국제경제질서에서 개발도상국의 실제적인 여건을 충분히 고려하도록 요청하기 위한 의도를 담고 있다고 여겨진다. 더욱이 동 헌장은 법적 구속력이 없이 권고적 효력을 가지고 있으나,[56] 선진국에 대한 방어의 논리로서

---

53) UNGA res, 3202, 3201 (S-VI), (1 May 1974).

54) UNGA res, 3281(XXIX) (12 Dec. 1974).

55) Charter of Economic Rights and Obligations of States, UNGA res. 3281 (XXIX) (12 Dec. 1974).

그리고 법적 구속력을 확보하기 위해 개발도상국이 의도한 것이기 때문에,[57] 동 헌장이 갖는 함의는 상당한 의미를 갖는다고 볼 수 있다. 특히 실질적 평등의 실현을 위한 접근이라는 점에서 개발도상국들의 주장은 선진국들이 주도하는 평등 개념과는 다소 상이할 수 있다. 결국 이것은 상이한 경제적 여건을 가진 국가들 간의 합리적 차별의 수용에 관한 논의와 연계된다고 보인다.

---

56) 이한기, 전게서, p.257.

57) 동 헌장은 그 제안자들에 의해 국제법의 진보적 발전 및 법전화의 수단으로 받아들여졌다. NIEO 개념을 국가의 새로운 경제적 권리와 의무라는 법적 구속력을 가진 체제로 전환시키려 했던 목표는 OECD 국가들에 의해 거부되어 실패하였다. 동 헌장의 조항들이 비록 법적 구속력이 있는 것처럼 구성되고 있으나, 개도국들이 총회의 다수결이라고 해서 OECD 국가, 그들의 뜻에 어긋난 새로운 법적 의무를 부과한다는 것은 불가능한 것이다. 이장희, "신국제경제질서와 국제개발법", 『안동대학 논문집』(제4집, 1982.12), p.10; *Texaco Overseas Petroleum et al.* v. Libyan Arab Republic 사건(1977)에서 유엔총회 결의에 관한 효력문제를 다룬 바 있다. 1973년과 1974년에 리비아는 석유의 양허(oil concession) 계약에 관한 미국석유회사의 재산 및 권리를 국유화하였다. 석유회사들은 양허계약 위반임을 주장하며 중재의 대상으로 보았으나, 리비아는 국유화가 주권행사에 관한 것이라는 입장을 보였다. 결국 리비아는 중재재판에 참여하지 않았지만, 중재판사는 석유회사와의 양허계약은 리비아 정부에게도 구속력을 가지기 때문에 리비아 정부의 국유화 조치는 동 계약의 위반이라고 판정한 바 있다. 동 사건의 판정과정에서 리비아가 주장하는 '권리의무헌장에 관한 유엔 총회결의의 법적 효과'를 다투게 되었다. 동 헌장의 법적 구속력에 관한 내용은 다음과 같다. In fact, while it is now possible to recognize that resolutions of the United Nations have a certain value differs considerably, depending on the type of resolution and the conditions attached to its adoption and its provisions. …… the Tribunal notes that only Resolution 1803(XVII) of 14 December 1962 was supported by a majority of Member States representing all of the various groups. By contrast, the other Resolutions mentioned above, and in particular those referred to in the Libyan Memorandum, were supported by a majority of States but not by any of the developed countries with market economies which carry on the largest part of international trade. (강조 필자) ILM vol.17, 1978; 유엔총회 결의는 일반적으로 법적 효력 여부를 확정하기 어렵고, 그 당시의 상황과 내용에 따라 국제관습법으로 간주될 수 있는지 여부가 결정되며, 특히 다수의 국가들이 지지한 결의라 하더라도 다양한 국가그룹의 지지를 받지 못한다면 법적 구속력을 가질 수 없다는 입장이다.

## 3.2 S&D 대우에 관한 논쟁

### 3.2.1 S&D 대우의 도입 및 배경

　국제통상규범의 목적은 무역자유화를 통해 경제성장과 개발을 촉진하여 국가들의 생계수입 증가, 빈곤의 완화 등 경제적 이익의 증대에 주안점을 두는 것이라면, 'S&D 대우'의 목적은 합리적 차별을 수용하는 법리 위에서 '개발도상국의 개발목표 달성'이 하나의 목표일 것이다.[58] 물론 빈곤의 완화, 개발도상국의 하부구조의 개선과 강화, 생계수준의 향상과 같은 경제적·사회적 목표를 구체화할 수 있는 방안을 개발목표에서 추론하는 것은 어려운 과제이다. 또한 개발문제는 상이한 정치적·경제적 체계를 가진 국가들 간의 공존 원칙만으로는 해결될 수 없다. 개발도상국의 개발목표를 이루는 데 국가들의 지원과 협력이 필요하고, 차등대우의 제공에 대한 이행가능성의 책무가 주어져야 한다.[59] W. Verwey는 국가 간의 경제적 불평

---

[58] 개발의 개념은 그 자체가 복합적이고 동태적인 성격을 내포하고 있어, 국가마다 정책결정자의 결정과 성향에 따라 그 개념을 이해하고 관련 정책을 이행하는 수단이 다양하다. 개발은 상이한 요소들의 조화로운 상호작용에서부터 이루어진다. 개발이 이렇게 복잡한 상황 및 요체들을 포용한다면, 그리고 개발이 인간을 보다 행복하게 하기 위한 시도에 기초한다면, 또 개발이 단순한 결과 또는 정태적 상황보다 오히려 꾸준한 노력으로 보이는 미래를 향한 약속이라면, 개발은 불확정적인 개념이지만 범세계적 차원에서 핵심 인적인 수단이면서 동시에 목적이 되어야 할 것이다. 이장희, "국제개발법의 개념과 법적기준", 전게논문, pp.65∼71 참조; 개발의 개념은 국제개발법상의 개발과 유사한 개념으로 이해할 수 있다. 국제개발법은 평등한 주권을 가지나 경제적으로는 불평등한 국가로 간주되는 개발도상국 혹은 저개발국과의 관계를 규율하는 법질서인 것이다. 전통국제법 혹은 국제경제법이 주권평등의 원리에 기초를 두고 있는 반면에, 국제개발법은 경제적 불평등하의 평등은 불평등을 합법화하는 데 지나지 않는다는 입장에서 출발한다. Petar Sarcevic, Hans van Houtte (ed.), *Legal Issues in International Trade* (Boston: Martinus Nijhoff Publishers: 1990), pp.4∼5; 국제개발법은 일반국제법의 일부이며, 경제적 혹은 법적 국제관계의 형성을 위한 도구로서 그리고 진정한 평등의 기초 위에서 국제질서에 참여할 수 있는 기회를 모든 국가에게 부여하는 수단으로서 인식된다. Milan Bulajic, Principles of International Development Law (Boston: Martinus Nijhoff Publishers: 1986), p.50.

[59] *Ibid.*, p.51 참조.

등에서 유래하는 특혜 및 비상호주의 대우의 원칙은 국가의 주권평등 원칙에 기초를 둔 현재의 국제법상 국제경제 관계에 있어서 개발도상국에 대한 법적 불평등대우를 시정하기 위해 긍정적 내지 합리적 차별을 도입한 것이라 하였다.[60] 즉, 개발도상국들도 문명화된 국제사회의 동등한 당사국으로서 존재하고 발전해야 할 권리를 가져야 한다는 법적 필요성의 기초 위에서 출발한 것이다.[61]

이러한 개발의 불평등이 법규범의 문제와 연결되어 개발도상국에 의해 구체적으로 주장된 것은 제1차 UNCTAD 회의에서 1947년 GATT에 대한 비판에서 비롯되었다.[62] 개발도상국들은 국가들 간의 불균형을 시정하기 위한 노력으로 특혜대우를 요구하게 되었으며, 이는 GATT체제에서 특혜대우를 비차별적 원칙의 예외로서 도입하는 계기가 되었다.

개발은 생계수준의 향상과 무역이익을 증가시키고, 국가 간의 삶의 수준에서 오는 차이를 좁히기 위한 목적을 수행한다. 개발은 사회적·경제적 측면을 고려한 것으로, GATT체제에 도입된 '제4부 무역과 개발'에 관한 목적과 기능은 낙후된 국가들의 특수한 상황을 충분히 반영하는 내용을 담고 있다. GATT체제에서 개발목표와 이행장치로서 차등대우의 도입은 불공정한 관계의 개선을 위한 가능성을 보여주는 것이다. WTO체제에서 계속되는 무역협상에서 차등대우 논의의 진전이 실질적 공정성을 확보하는 데 주요한 역할을 수행할 것이다.

---

60) Willem Dirk Verwey, "The Principle of Preferential Treatment for Developing Countries", 23 *Indian Journal of International Law*, 1983, pp.343~344 참조.

61) Paul De Waart, Paul Peters, Erik Denters (ed.), *International Law and Development* (The Hague: Kluwer Law International: Martinus Nijhoff Publishers: 1988), p.xxiv.

62) 김태천, "국제개발법의 기본원리", 『법조』(제438호, 1993.3), p.56.

## 3.2.2 이론적 검토 및 판정의 태도

### 3.2.2.1 EC – 관세특혜 사건에서의 S&D 대우

#### 3.2.2.1.1 사건 개요 및 당사국 주장

EC는 개발도상국에 관한 특혜 규정(이하 규정)[63]을 채택하여 일반규정, 노동보호에 관한 특별규정, 환경보호에 관한 특별규정, 최빈개도국에 대한 특별규정, 마약 생산 및 판매금지에 관한 특별규정을 적용하여, 동 규정에 포함된 개발도상국 및 체제전환국에 대한 특혜관세를 부여하였다. 인도는 EC의 마약 생산 및 판매금지에 관한 특별규정의 적용이 '1994년 GATT' 제1조 1항의 위반이며 허용조항에 관해서도 정당화되지 않는다고 주장하였다.

허용조항에 관해 EC는 '1994년 GATT' 제4부를 이행하는 특별한 결정으로 보고, 제4부와 동 조항은 '1994년 GATT'의 예외가 될 수 없다고 주장하였다. 즉, WTO 회원국들 간에 불평등을 시정하기 위한 취지에서 '개발도상국을 위한 특별한 제도'(special regime)를 구성하는 것으로 보았다.[64] EC의 허용조항의 차등적용에 관한 견해는 'S&D 대우'의 가장 구체적이고 포괄적이고 중요한 적용이며, 'S&D 대우'를 예외로 간주하는 것은 오히려 선진국들에 차별적인 대우를 하는 것이라는 점이다.[65] 또한 EC는 'S&D 대우'가 국가들 간의 '실질적인 평등'(effective equality)을 달성하기 위해 고안된 것이며, 그러한 대우가 WTO 대상협정의 근본적 목적의 하나를 달성하기 위해서 중요한 것이라고 하였다. 따라서 허용조항의 목적과 대상은 명

---

63) EC Council Regulation No.2501/2001.

64) European Communities' appellant's submission, para.51.

65) *Ibid.*, para.48.

백하게 일반적으로 정당한 정책목표를 채택할 수 있는 국가의 권리를 허용하는 '1994년 GATT' 제20조의 예외규정과는 구분되어야 한다고 하였다.[66] 즉, 허용조항은 '긍정적인 의무'(positive obligations)이지 예외가 아니라고 주장하였다.[67]

반면, 인도는 허용조항의 2항에서 선진국들은 일정한 조건하에서 조건적 권리(conditional right)를 부여받는 것이기 때문에 제1조 1항의 예외로 적용되어야 한다고 주장하였다.[68] 인도는 개발도상국들이 제1조 1항의 권리로부터 면제되는 것이 아니라 두 조항 간의 충돌이 있는 정도에서 허용조항을 "특별규칙(special rule)으로 일반규칙(general rule)에 우선하여 적용하는 것"(lex specialis derogat leg igenerali)이라 주장하였다.[69] 인도는 '브라질 – 항공기 보조금 사건'을 언급하면서, 'SCM 협정' 제27조 2항에 관한 주장은 다른 조항을 배척하는 것인 반면, 허용조항은 제1조 1항을 배척하는 것이 아니고, 둘 간의 관계는 그와 동일하게 적용될 수 없다고 하였다.[70]

동 사건과 관련하여 제3국으로 참여한 안데스 공동시장에 따르면, 차별금지는 동등한 상황을 다르게 대우하는 것도 아니고 다른 상황을 동등하게 대우하는 것도 아니라고 주장하였다.[71] 파나마의 경우, 허용조항은 개발도상국에게 보다 우호적인 대우를 부여하는 것을 허용하는 것으로, '1994년 GATT' 제1조 1항의 일반원칙에 연계된 독자적인 메커니즘이라고 하였다.[72] 파라과이는 제1조 1항이 WTO

---

66) *Ibid.,* para.20.

67) *Ibid.*

68) India's appellee's submission, para.36.

69) *Ibid.,* para.76.

70) *Ibid.,* para.51.

71) Andean Community's third participant's submission, para.64.

72) Panama's third participant's submission, para.4.

법의 기본원칙을 형성하는 것이며 타당한 법적 규칙에 기초하고 있는 반면, 허용조항은 제1조 1항의 예외로써 '1994년 GATT'의 일부라고 하였다.[73] 미국은 허용조항은 그 자체로 의무를 창설하는 긍정적인 규범이라고 언급하고, 이는 '1994년 GATT'에 포함된 것으로 제1조 1항과 무관하다고 보았다.[74]

### 3.2.2.1.2 패널과 항소기구의 판정 검토

### 3.2.2.1.2.1 GATT 제1조 1항과 허용조항의 내용에 관한 판정

패널은 '1994년 GATT'의 일반규정과 예외조항의 관계는 서로의 적용을 배척하는 것이 아니라는 견해를 나타냈다.[75] 이러한 입장에서 패널은 WTO법을 바탕으로 제1조 1항은 허용조항의 대상이 되는 조치에 적용되고, 허용조항과 충돌하는 범위 내에서 제1조 1항보다 우선한다고 판정하였다.[76] 또한 패널은 그러한 대우가 WTO법에서 비차별적 원칙과 같은 동등한 지위를 가질 수 있는지에 관해서 허용조항은 비차별적 원칙의 예외로 인정되어야 한다는 입장을 취하였다.[77] 패널은 조약에 관한 비엔나 협약(Vienna Convention on the Law of Treaties: VCLT) 제31조 1항의 의미상 'S&D 대우'의 주

---

73) Paraguay's third participant's submission, para.12.

74) United States maintains that, contrary to the finding of the Panel, the Enabling Clause is "a positive rule establishing obligations in itself." The United States emphasizes that several aspects of the Enabling Clause are unrelated to Article I:1 and that the Enabling Clause is incorporated into the GATT 1994. United States' third participant's submission, para.4.

75) WT/DS246/R, para.7.49.

76) As the Panel found in paragraph, the Enabling Clause is an exception to Article I:1 and it does not exclude the application of Article I:1 but prevails over Article I:1 to the extent of a conflict between the two provisions. *Ibid.*

77) [t]he Panel has provided a detailed reasoning for its determination that the legal function of the Enabling Clause is that of an exception to Article I:1 of GATT 1994, without prejudice to its unquestioned importance as a means of promoting the trade of developing country Members. *Ibid.*, p.7.51.

요 목적, 대상, 관련 내용에 관한 해석에서 조심스러운 접근을 하려는 경향을 보였다.[78] 아울러 패널은 제1조 1항이 허용조항에 따른 조치에 적용되는지 여부를 평가하였다. 우선 허용조항 1항에 사용된 "그럼에도 불구하고"(notwithstanding) 용어의 일반적인 의미를 고려해보고, "두 조항 간의 갈등이 존재하는 범위에서"(to the extent of conflict between the two provisions) 제1조보다 우선하여 적용된다는 결론을 내렸다.[79] 어느 경우에서든 사전적 정의(dictionary definition)는 그 자체로 수권조항이 제1조 1항의 적용을 배제하는지 여부에 관해 결정적인 의미로는 적용되지 않는다고 평결한 것이다.[80] 반면, EC는 허용조항이 '1994년 GATT' 제1조 1항의 예외(exception)로 규정된 것이라는 패널 판정을 비판하였다.[81] EC는 허용조항이 '1994년 GATT' 제1조 1항의 예외로서 의무를 창설하는 적극적인 규칙(positive rules)으로 제공되지 않는다고 한 패널의 판정을 지적하면서, 선진국이 특혜제도를 이행해야 할 법적 의무가 없다는 점을 두고 허용조항이 '1994년 GATT' 제1조 1항에 예외로 적용되거나 적극적인 의무를 부과하는 것이 아니라는 패널의 평결을 수용하지 않았다.[82] EC는 허용조항이 개발도상국에게 선진국의 특혜관세 부여를 장려하기 위한 "개발도상국을 위한 특혜제도"(special regime of developing countries)의 일부라는 의견을 제출했다. 즉, 제1조 1항과 "동등한 수준에서"(on an equal level) 허용조항이 존재하며, 예외조항이 아닌 배제(exclusion)조항으로 적용된다고 하였다.[83] 반면, 인도는 EC의 주

---

78) Andrew D. Mitchell, *Legal principles in WTO disputes* (New York; Cambridge: Cambridge University Press, 2008), p.264.

79) WT/DS246/R, para.8.3.

80) *Ibid.*, para.7.44.

81) WT/DS246/AB/R, para.9.

82) *Ibid.*, para.10.

장을 반박하면서, '1994년 GATT' 제1조 1항의 예외조항으로 허용 조항이 존재한다는 패널의 평결을 지지하였다. 허용조항에서 부여하는 권한에 따른 조치를 채택하는 국가들에만 적용되어야 하는 조건이기 때문에 예외의 성격을 갖는다고 보고, 허용조항은 '1994년 GATT' 제1조 1항의 최혜국대우 의무와는 다르다는 견해를 보였다.[84)

이와 관련 항소기구는 '미국-강판 사건'을 언급하면서, 'S&D 대우' 관련 대부분의 조항은 당해 의무요건의 모호성을 가지고 있으며, 회원국들은 일정한 한도 내에서 정립되지 않은 의무를 준수해야 하는 것으로 고려하지 않기 때문에, '반덤핑관세협정' 제15조의 "특별한 고려"(special regard)는 회원국이 특정행위를 이행해야 하는 특별하거나 일반적인 의무를 부과하는 것으로 볼 수 없다고 판정하였다.[85) 항소기구는 허용조항이 '1994년 GATT' 제1조 1항의 예외에 속하는지 여부에 관해서 관련 조항의 본문내용을 참작하였다. '1994년 GATT' 제1조 1항은 각 국가의 원산지에 관계없이 동종상품을 동등하게 대우해야 한다는 명백한 의무를 부과한다는 내용을 규정한다.[86) 허용조항은 '1994년 GATT'의 일부가 되었음을 인정하되,[87) 동 조항의 para.1은 동 조항에 의해 권한이 부여된 모든 조치에 적용되는 것으로 보았다.[88) 결론적으로 항소기구는 동 조항의 1항은 그러한 대우

---

83) European Communities' appellant's submission, para.22.

84) India's appellee's submission, paras.36, 39.

85) WT/DS206/R, para.7.110.

86) WT/DS27/AB/R, para.190.

87) In response to questioning at the oral hearing, the participants and third participants agreed that the Enabling Clause is one of the "other decisions of the CONTRACTING PARTIES" within the meaning of paragraph 1(b)(iv) of the language of Annex 1A incorporating the GATT 1994 into the WTO Agreement. That provision stipulates that:
1. The General Agreement on Tariffs and Trade 1994 ('1994 GATT') shall consist of:
(b) the provisions of the legal instruments set forth below that have entered into force under the GATT 1947 before the date of entry into force of the WTO Agreement: (iv) other decisions of the CONTRACTING PARTIES to GATT 1947.

가 허용조항에 규정된 조건을 충족하는 경우에는 개발도상국에 차등적이고 더 우호적인 대우를 제공할 목적에서 '1994년 GATT' 제1조 1항에 규정된 의무를 준수하는 것을 예외로 한다고 평결하였다.[89]

### 3.2.2.1.2.2 WTO 설립협정의 대상 및 목적과 허용조항

항소기구는 WTO 설립협정 전문에 언급된 긍정적 노력의 일부로 허용조항을 고려하면서, 개발도상국의 경제개발을 증진하는 데 요구되는 특혜는 선진국이 허용하는 범주 내에서 활용될 수 있는 것으로 보았다. 이러한 관점에서 '1994년 GATT' 제1조 1항에 규정된 최혜국대우원칙은 WTO체제의 한 축을 이루는 주요원칙임을 강조하고,[90] 허용조항의 범주 내에서 국가들이 상대방국가에게 차등적이고 더 우호적인 대우를 제공할 수 있는 권리를 인정한다고 평결하였다.[91]

아울러 항소기구는 허용조항은 "선진국이 개발도상국의 원산지 상품에 시장접근기회를 부여하는 것을 재량적 권한으로 허용할 수 있고, 개발도상국의 경제개발을 촉진하기 위한 수단으로 특혜적 시장접근을 부여할 수 있다"는 내용을 구성한다고 하면서 허용조항이 '1994년 GATT' 제20조와 같은 성격의 전형적인 예외규정은 아닌 것이라고 평결하였다.[92]

---

88) 특히 "그럼에도 불구하고"(notwithstanding)의 용어를 사용하면서, 동 조의 para.1은 회원국들에게 '1994년 GATT' 제1조 1항 최혜국대우 의무에도 "불구하고"(in spite of) 개발도상국에 "차등적이고 보다 우호적인 대우"(differential and more favourable treatment)를 제공하도록 허용한다. 그렇지 않은 경우라면 'S&D 대우'는 WTO 모든 회원국에게 "즉각적이고 무조건적으로"(immediately and unconditionally) 확대되어 적용될 수 있기 때문에 제1조 1항에 불일치하는 것으로 분석하였다.

89) WT/DS246/AB/R, para.90.

90) WT/DS142/AB/R, para.69: [t]he "most-favoured-nation" ('MFN') principle that has long been a cornerstone of the GATT and is one of the pillars of the WTO trading system.

91) [W]e recognize that Members are entitled to adopt measures providing "differential and more favourable treatment" under the Enabling Clause. *Ibid.*, para.101.

92) *Ibid.*, para.106.

### 3.2.2.1.2.3 검토

'EC－관세특혜 사건'은 비차별적 원칙과 특혜대우 간의 관계를 규명하는 것을 주요 법적 쟁점의 다룬 것으로, EC의 주장은 특혜대우는 비차별적 원칙의 예외가 아닌 적극적인 의무를 규정하는 것으로 '원칙'(principle)임을 주장한[93] 반면, 인도의 주장과 같이 패널과 항소기구는 특혜대우를 '1994년 GATT' 제1조 1항의 예외로 평결한 사례이다.[94] 특혜대우가 '원칙'으로 인정되면 더 이상 비차별적 원칙과의 관계에서 예외적 사유로 인정될 수 없다는 유권해석을 내린 것이다. WTO 설립협정 전문상의 취지에 비추어 허용조항의 적용은 주요한 법적 임무로 창설된 것이라 하면서, 특혜대우 제공을 국가들의 '자율적 권리'(autonomous rights)로 인정해야 한다는 EC의 주장과는 상반된 평결이다. 생각건대 이러한 EC의 관점은 허용조항이 선진국의 법적 의무를 부과하는 '보편적 의무를 구성해야 한다는 것'과는 다소 상이하다. 즉, 허용조항은 선진국이 개발도상국에 대한 혜택을 부여하는 것으로 특혜부여가 법적 의무가 아닌 선진국의 특정 국가들에 대한 특혜를 부여하는 권리로서의 접근을 긍정하는 것이기 때문에, EC의 허용조항에 관한 원칙론은 개발도상국의 적극적인 권리로 활용되어야 한다는 접근과 유사한 관점이 아니라고 본다. 유사한 맥락에서 당해 사건에서 쟁점대상이 된 'S&D 대우'에 관한 개발도상국의 실체적 권리부여가 아닌 선진국들의 재량적 책임을 전제로 한 특혜제도의 이행에 관한 의무를 부과하는 것으로 접근하려는 EC의 관점과 '1994년 GATT' 제1조 1항의 예외로 보려는 항소기구의 유권해석도 'S&D 대우'에 관한 선진국과 개발도상국 간의

---

93) WT/DS142/AB/R, para.90.

94) We uphold the Panel's finding, in paragraph 7.53 of the Panel Report, that the Enabling Clause is an "exception" to Article I:1 of the GATT 1994. *Ibid.*, para.9.

갈등완화를 위한 근본적인 문제를 해결하는 데 미흡하였다고 본다. 이에 개발도상국의 무역촉진과 개발증진이라는 허용조항의 핵심적 목적에 비추어, 공여국으로의 권리를 강조하는 것이 아닌 상이한 경제적 요건을 가진 국가들에 대한 법적 의무로 접근하려는 노력이 요청된다. 선진국의 권리로서 'S&D 대우'의 접근방식은 개발도상국에 대한 보편적이고 일반적인 특혜를 제공하려는 것이기보다는 특정 국가들에 대한 특혜를 제공하는 것에 한정될 수 있다는 것을 참작해야 한다.

더욱이 "모든 국가들의 실질적인 이익증대와 사회복지의 향상을 위한 노력"을 명시하는 WTO 설립협정 전문의 취지에 비추어, 'S&D 대우'는 동등하지 아니한 국가들 간에 형평성에 의한 공정한 경쟁을 유도하고 실질적 공정성을 확보하기 위한 보다 명확한 의도와 목적을 가진 원리로 구체화되어야 한다. 다만 그러한 대우가 적용되는 개발도상국 간의 불합리한 차별을 조장하지 않아야 하며, 무역자유화를 훼손하지 않기 위해서는 S&D 대우의 활동이 일정한 수준에서 제한되어야 한다는 점도 긍정되어야 한다. 왜냐하면 무역규범 본래의 취지는 국가들 간의 무역자유화를 달성하기 위한 목적에서 창설된 것이기 때문에, 개발도상국에 대한 'S&D 대우'가 본래의 목적을 훼손하고 또 다른 형태의 보호무역을 조장하는 결과가 유도되어서는 안 되기 때문이다.

### 3.2.3 1947/1994 GATT 및 WTO 협정

### 3.2.3.1 1947/1994 GATT에서의 특혜대우

초창기 다자간 무역협상의 주도적 역할을 한 미국은 개발도상국에 대한 특혜대우를 부여하지 않는 '비차별적 원칙'을 적용하는 체제를 추구하고자 하였다. 미국의 의도는 개발도상국의 특별한 사정을 고려하는 특혜대우는 국제연합(United Nations: UN) 내지 세계은행(World Bank)에서 해결되어야 하는 문제로 간주하였던 것이다.[95] 이러한 바탕에는 '미국의 스뭇－홀리 관세법'(Smoot-Hawley Tariff Act of 1930)과 같은 보호주의적 정책으로부터 부정적인 영향을 최소화하기 위한 의도에서 포함된 것이라 보인다.[96] 이러한 맥락에서 초기 GATT체제에서 미국은 자국시장의 개방을 조건으로 동등한 수준에서 다른 체약당사국의 시장접근을 요구하는 등 상호주의 원칙에 따른 협상을 강력히 주장하였다. Hudec은 미국의 '절대적 상호주의'(fixation with reciprocity)는 국제무역에 국가의 중상주의적 관점을 반영하려는 의도라고 해석하였다.[97] 반면, 유럽은 개발도상국의 지원이 필요하다는 것을 인식하였는데, 이는 유럽의 재건을 위해서 낙후된 국가에 대한 특혜대우를 확대하려는 의도에서 비롯된 것이다.[98] 한편 개발도상국은 특혜관세, 비상호주의, 자원 및 기술 이전을 포함한 포괄적인 특혜대우를 다자무역체제에서 확보하고자 노력하였다.

이러한 가운데 초기 ITO 창설초안과 '1947년 GATT'의 구체적 논의과정에서 개발도상국과 선진국 간의 치열한 의견대립이 있었다. 특히 개발도상국들은 1946년 런던회의에서 ITO 헌장초안에 그들과 관련된 문제가 포함되지 않았다는 점에 대해서 강력히 반발하였다. 그 결과로 '1947년 GATT'에서 국가들은 개발도상국이 달성하고자 하는 경제개발의 목적을 인정하는 별도의 장을 마련하는 데 합의하

---

95) Robert E. Hudec [foreword by] Joseph Michael Finger, *Developing countries in the GATT legal system* (Cambridge; New York: Cambridge University Press, 2011), pp.28～29.

96) *Ibid.*

97) *Ibid.*, p.34.

98) *Ibid.*, p.29.

였다. 이것은 개발도상국이 경제개발과 재건을 촉진하기 위해 ITO 내지 '1947년 GATT'상의 적절한 승인절차를 거치면, 적절한 수준의 범주 내에서 규정상 벗어난 행동도 허용되는 것을 주요내용으로 한다. ITO 헌장초안에 규정된 경제개발에 관한 내용의 도입을 주장하는 개발도상국의 요구에 따라, 관련 문제는 복잡하고 미묘한 분위기를 가져왔다.[99] 결국 다자무역체제를 주도하였던 미국은 다수의 개발도상국들을 GATT체제로 편입시키기 위해,[100] 개발도상국에 대한 특혜대우를 받아들였다. 결국 GATT체제의 목적 달성을 원활하게 할 수 있는 범위 내에서 경제개발에 관한 지원을 인정하는 조항이 '1947년 GATT' 제18조로 삽입되었다. 아울러 '1947년 GATT'가 발효되었을 당시, 그 전문에서 체약당사국들은 동 협정의 목표 중 하나가 "생활수준을 높이는 것"(raise standards of living)이라고 하였다.[101] 이는 상이한 경제적 여건을 가진 개발도상국의 개발을 위한 특혜대우의 도입이 정당화될 수 있다는 것이다.

GATT체제의 체약당사국들은 1954~1955년 검토회의(Review Sessions)에서 비차별적 원칙의 예외로 개발도상국에 대한 특혜대우 제공에 관해 구체적인 내용을 검토하고자 하였다. 동 회의에서 인도 대표는 '평등 대우'(equality of treatment)는 단지 '동등한 자들'(equals) 간에 공평할 수 있는 것이라고 주장한 바 있다.[102] 같은 취지로 우루과이

---

99) Americo Beviglia Zampetti, *Fairness in the World Economy* (MA: Edward Elgar, 2006), p.128.

100) Robert E. Hudec, *Developing Countries in the GATT Legal System* (London: Trade Policy Research Centre, 1987), p.26.

101) Recognizing that their relations in the field of trade and economic endeavour should be conducted with a view to raising standards of living, ensuring full employment and a large and steadily growing volume of real income and effective demand, developing the full use of the resources of the world and expanding the production and exchange of goods. (강조 필자).

102) K. Kock, *International Trade Policy and the GATT 1947~1967* (Stockholm: Almqvist and Wiksell, 1969), p.289.

대표는 국가들 간의 경제적 불평등성 문제는 형평한 대우를 필요로 하는 것이기 때문에, 최혜국대우는 저개발에서 벗어나기 위한 국가들에게까지 일률적으로 적용할 수 있는 적절한 수단이 아니라고 주장한 바 있다.[103] 이와 관련 경제규모가 크고 효율적인 선진국과 그렇지 못한 개발도상국을 동일하게 취급하는 것은 결국 개발도상국의 경쟁이 용이하지 않게 만드는 행위라 주장하였다. 반면, 선진국들은 현실적으로 최혜국대우 규정이 존재하지 않더라도 자신이 원하는 바를 얻을 수 있기 때문에 그러한 규정은 개발도상국들의 최소한의 이익을 보장하기 위한 수단이라는 의견이 있었다.[104] 후자의 관점에서 '형평한 대우 원칙'(principle of equitable treatment)이 주장될 수 있다.[105] 이것은 내국민대우 또는 최혜국대우만큼 엄격하지 않고, 따라서 평등 비차별 대우는 아니나 적어도 공평과 형평을 잃지 않는 대우를 요구하는 것이다.[106]

한편 1964년 UNCTAD 제1차 회의에 앞서 Raul Prebisch 사무국장은 "개발을 위한 새로운 무역정책을 향하여"(Towards a New Trade Policy for Development)라는 보고서를 통해, 무역협상에서의 상호주의는 경제적으로 동등하지 않는 국가들 간의 협상방식으로 맞지 않는다고 주장한 바 있다.[107] 선진국으로부터 특혜대우 부여를 주장한 개발도상국은 특혜대우 관련 GATT체제에서뿐만 아니라 UN체제에

---

103) Hector Gros Espiell, "The Most-Favoured-Nation Clause: Its Present Significance in GATT", 5 *Journal of World Trade Law* 29, 1971, p.29.

104) 이상덕, "최혜국대우: 역사적 발전 과정과 그 개념", 『서울국제법연구』 (통권 20호, 2004.6) p.84.

105) 이한기, 전게서, p.605.

106) 상게서.

107) UNCTD, Towards a New Trade Policy for Development, reproduced in Proceedings of the United Nations Conference on Trade and Development, Vol.II: Policy Statements, E/CONF.-46/141 (1964), pp.18~19.

서도 상당한 쟁점을 야기한 바 있다.[108] UNCTAD 제1차 회의에서 제시된 특혜대우의 필요성은 1947년 GATT에 관한 비판적 시각을 반영한 것이다. 1965년 체약당사국들은 개발도상국들의 개발욕구와 협상에서의 불리한 위치를 반영하여 제4부 '무역과 개발'의 세부규정으로 제36조, 제37조, 제38조를 도입하였다. 특히 제36조는 제4부의 도입의 목적과 원칙을 밝히면서, "다각적인 협력의 필요와 개별적 그리고 공동의 활동 및 노력의 필요성"을 인정하였다. 또한 개발도상국들은 국제무역을 통해 경제성장을 이루고 실질적 몫을 확보하기 위한 협력과 지원을 규정하였다. 하지만 1947년 GATT의 제4부 '무역과 개발'에서 일률적으로 적용되는 약정 형식의 규정은 경제개발의 각기 다른 수준을 가진 체약당사국들이 각기 다른 경제적 목표를 달성하는데 한계를 갖게 되었다. 즉, GATT체제의 기본구조 변화가 수반되지 않은 채, 제4부 '무역과 개발'의 적용만으로는 개발도상국의 이해를 충분히 반영하지 못하였다는 비판이 있었으며,[109] 이러한 규정의 적용에서 법적인 강제력의 부재가 현재까지 개발도상국의 주요한 불만사항이 되어왔다.[110] 하지만 케네디 라운드를 통해 개발도상국에 대한 지원을 강화하기 위한 목적에서 '무역개발위원회'(Committee of Trade and Development: CTD)가 창설되었다는 점은 긍정적인 결과를 이끌어낸 것으로 볼 수 있다. 아울러 1964년에 GATT체제와 UNCTAD는 개발도상국의 무역증진과 시장

---

108) [P]rompt undertaking to facilitate the expansion of trade of the developing countries ⋯⋯ and [to achieve] the extension by economically developed countries to the less developed countries of advantages not necessarily requiring full reciprocity of commitments. UN Resolution 1707 (1961).

109) Markus W. Gehring, Marie-Claire Cordonier Segger (ed), *Sustainable Development in World Trade Law* (The Hague: Kluwer Law International, 2005), p.7.

110) 김대원, "WTO법상 개발도상국의 법적 지위에 관한 고찰", 『국제법학회논총』 (통권 제48권 제3호, 2003), pp.28~29.

형성을 용이하게 하고자 공동으로 국제무역센터(International Trade Centre: ITC)를 창설하여 1968년부터 운용해오고 있다.[111] 또한 GATT체제에서 개발도상국의 개발목표의 달성을 용이하게 하기 위한 시도로 10년간 개발도상국에 대한 특혜관세부여를 승인한 바 있다.[112] 이는 1971년 면제결정(1971년 Waiver Decision)을 통해 일반 특혜관세제도(Generalized System of Preference: GSP)[113]의 인정과 개발도상국을 위한 특혜관세의 승인을 통해서 확보되었다.[114] 그 후 1973~1979년간 진행된 도쿄라운드에서 골격협정(Framework)인 "개발도상국에 대한 'S&D 대우', 상호주의와 보다 더 완전한 참여"(1979 Decision on Differential and More Favorable Treatment, Reciprocity and Fuller Participation of Developing Countries)라는 긴 명칭의 협정, 소위 '허용조항'(enabling clause)에 관한 결정문이 채택되었다.[115] 허용조항은 1947년 GATT에서 선진국과는 상이한 개발

---

111) http://www.wto.org/english/thewto_e/coher_e/wto_itc_e.htm, (최종방문일: 2012년 5월 28일).

112) GATT, 1971 Waiver Decision, para. (a), BISD 18S/24 (25 June 1971).

113) 1964년 UNCTAD에서 유엔 사무총장은 개발도상국의 무역을 위한 특별 규정을 요구한 점에 대해 국제적 관심을 촉구하는 보고서 채택을 유도한 바 있다. 특히 동 보고서는 개발도 상국으로부터 선진국으로 수출할 때는 낮은 관세율 적용이 요구된다고 하였다. 이러한 특혜는 MFN과 불일치하지만, 개발도상국을 위해 동 조항의 예외가 인정되어야 한다고 언급하였다. 이를 계기로, 일반특혜관세가 도입되기 시작하였다. Jackson, supra note 31, p.322~323; GSP는 "개발도상국의 수출증대와 산업화를 촉진하기 위하여 선진국들이 개발도상국 으로부터 수입하는 제품에 대하여 MFN 관세율보다 낮은 관세를 부과하거나 관세를 면제하는 등 관세특혜를 일방적으로 부여하는 제도"를 말한다. GSP를 긍정하는 입장은 무역특혜가 일반적으로 새로운 시장기회를 개척하기 때문이라는 것인데, 선진국이 개발도상국에 공여하는 특혜로 인해 개발도상국의 자원이 수출산업으로 집중되어 신기술이 개발되고 생산성이 향상된다는 점에서다. 반면, GSP의 비판적 입장은 공여국이 일방적으로 부여하기 때문에 수혜조건이 빈번히 변동되는 경우가 많다는 점을 들었다. 강문성, "개도국 특혜침식", 『OECD Focus』(통권 제11호, 2004.1.), pp.115~122 참조.

114) We recognize that an exemption for developing countries from certain GATT obligations also resulted from the 1954~1955 Review Session, where the Contracting Parties amended the GATT by adding Article XVIII for the benefit of developing countries facing balance-of-payments difficulties or seeking to nurture an infant industry, GATT, L/332/Rev.1 and Addenda, BISD, 3S/170 (2, 4 and 5 March 1955), paras.3, 35, 36, 44, 52.

115) GATT, Differential and More Favourable Treatment Reciprocity and Fuller Participation of

단계에 있는 개발도상국의 특별한 지위를 인정하며, 1971년 면제결정에 따라 제공된 특혜를 확대한 규정이라고 볼 수 있다. 도쿄라운드 협상의 결과로, 그 당시 사무총장은 "허용조항은 1947년 GATT 로부터 면제를 요구하는 것이 아닌, GATT체제의 중요한 일부로 차등적이고 보다 우호적인 대우를 포함하는 것은 개발도상국의 기본적 관심을 충족하는 것"에 있다고 밝힌 바 있다.[116] 이는 개발도상국의 이익보호를 위한 'S&D 대우' 발전과정의 중요한 의의를 가진다고 볼 수 있다.

그런데 그 후 1985년, Leutwiler Report에서 GATT체제의 Dunkel 사무총장은 "다자무역체제에서 완전한 참여를 바탕으로 개발도상국들이 적절한 권리와 책임을 갖고, 무역상품의 비교우위를 최대한 이용하도록 장려하는 데 특혜대우(special treatment)의 필요성을 언급하면서, 그러한 대우는 '제한된 가치'(limited value)를 가진다"라고 주장하였다.[117] 즉, 특혜대우는 개발도상국의 권리로서가 아닌, 선진국이 허용하는 범위 내에서만 적용될 수 있다는 한계가 있음을 지적하는 것이다. 예컨대 '1947년 GATT' 제4부에서 개발도상국이 협상과정에서 선진국으로부터 상호주의를 요구받지 않는다고 명시함으로, 형식적 상호주의 협상방식에 예외로 인정될 수 있는 근거가 되었지만, 개발도상국의 개발목표를 진작시키기 위해서는 미흡하다. 왜냐하면 동 협정 제4부는 선진국이 '특정'국가에게 특혜를 부여하

---

Developing Countries, L/4903, (Decision of 28 November 1979).

116) The enabling clause meets a fundamental concern of developing countries by introducing differential and more favourable treatment as an integral part of the GATT system, no longer requiring waivers from the GATT. It is also provides the perspective against which the participation of developing countries in the trading system may be seen. The Tokyo Round of Multilateral Trade Negotiations Vol. I, 1979, p.99.

117) Arthur Dunkel, *Trade Policies for a Better Future: the 'Leutwiler Report', the GATT and the Uruguay Round* (Dordrecht: Martinus Nijhoff Pub., 1987), p.44.

도록 허용하는 권리를 부여한 것에 불과한 것이며,[118) 보다 우호적이고 차등적인 대우를 개발도상국에 제공해야 할 법적 의무가 선진국에게 없다는 것은 Dunkel 사무총장이 언급한 취지와 유사한 접근에서 논의된 것으로 판단된다.

## 3.2.3.2 WTO 협정에서의 S&D 대우

### 3.2.3.2.1 S&D 대우의 의의

국제경제협력과 관련된 모든 분야에서 개발도상국에 대한 특혜적 비상호주의 대우(preferential and non-reciprocal treatment)는 법적 불평등성과 개발도상국의 이익보호를 위한 긍정적 차별(positive discrimination)을 정당화하기 위해 국제법의 차원에서의 주권평등에 기초한 원칙을 원용한 것이다.[119) 유사한 관점에서 WTO법상의 'S&D 대우'는 동등한 관계(equal footing)에서 경제적으로 취약한 국가가 선진국과 경쟁하는 사회에서 자유와 법적 평등이라는 자유주의적 두 원리의 불평등한 효과를 시정하기 위한 목적에서 생성된 원리이다.[120) 즉, 'S&D 대우'는 WTO 협정상의 개발도상국의 상대적으로 낮은 개발정도를 감안한 경감된 의무나 가중된 권리를 인정하는 규정을 지칭하는 것이다.[121) 'S&D 대우'를 부여받는 대상으로서 '개발도상국'[122)의 지위는 법적으로 정의된 바는 없으며, 정치적 혹은 경제적

---

118) Abdulqawi A. Yusuf, "Differential and More Favourable Treatment: The GATT Enabling Clause", 14(6) *Journal of World Trade Law* 488, 1980, p.505; Antonio Cassese (강병근·이재완 飜譯), International Law (Oxford: Oxford University Press, 2001), pp.672~673.

119) Milan Bulajic(1986), *supra* note 50, p.268.

120) *Ibid.*

121) 김대원, 전게논문, p.25.

122) 1947년 GATT에서는 '저개발체약 당사자'(less-developed contracting parties)의 용어가 사용되었으나, 이후 '개발도상국'(developing countries)으로 대체되었고 WTO 협정의 제반 문서에서는 '개발도상국회원'(developing country Members)으로 사용한다. 고준성, "WTO/GATT체

지위, 양자의 혼합적 개념으로 이해할 수 있다.[123] 개발도상국의 구분을 위한 기준은 단일하게 제시될 수 있는 기준은 없으며, 이러한 분류상의 어려움 때문에 개발도상국 77그룹의 회원가입방식인 자기선언(self-election)방식의 관행에 따르고 있다.[124]

WTO법의 창설을 위한 논의과정에서 국가들은 '허용조항'의 중요성을 재확인하고 개발도상국 특혜대우에 관한 기존 합의를 그대로 인정하였으나, WTO 협정상의 'S&D 대우'의 효과는 미미해졌다. 각 협상 그룹에서 진행된 대상협상별 협상방식은 개발도상국 개발목표의 필수적 요건에 관한 요구로써 무역조치의 허용과 관련한 어떠한 합의도 이루어지지 않았기 때문이다. 더욱이 무역자유화를 촉진하기 위한 협상 목적은 특혜관세 부여 효과를 약화시킬 수밖에 없었다. 다수의 개발도상국들은 선진국에 비해서 특정 관세인하 폭이 컸다는 점과 농업과 섬유무역에서 관세양허, 서비스 및 지적재산권 협정의 도입 등 개발도상국의 기대가 WTO 대상협정에 충분히 반영되지 않았다는 점 등에 불만을 제기하였다.[125] 또한 'S&D 대우' 관련 다수의 규정에서 '최선의 노력'에 관한 내용이 구성되어 있다는 점에서, 국가들 간의 협력을 장려하는 이러한 조항은 구속력이 약한 연성법적인 성격을 갖는 것으로 이해할 수 있다. 연성법(soft law)은 "서면의 형식으로 규정된 규범이지만 그 해석에 있어서 상당

---

제에 있어서 개발도상국에 대한 특별대우", 『통상법률』 (통권 제9호, 1996.6), p.123.

123) Oliver Long, *Law and Its Limitations in the GATT Multilateral Trade System* (Dordrecht: Graham & Trotman, 1987), p.93.

124) *Ibid.*, p.94; '자기결정원리'(principle self-defined)에 따른다. WTO, "Participation of Developing Countries in World Trade: Recent Developments, and the Trade of the Least-Developed Countries", WT/COMTD/W/65 (15 February 2000); '자기분류'(self-classification)방식이라고도 한다. Amin Alavi, Legalization of Development in the WTO: between Law and Politics (Austin: Wolters Kluwer Law & Business, 2009), pp.7~8; 개발도상국의 지위에 관한 더 자세한 논의는 김대원, 전게논문, pp.22~25.

125) Markus W.(2005), *supra* note 109, p.8.

한 자유재량을 허용하고 '그 성립조건이 적용되는 방식은 참여국들의 자유의사에 의존하는 성질을 지닌' 것"으로서,[126] 이러한 형태의 규정은 국가들 간의 갈등을 방지하기 위한 차선의 수단이자 정치적 고려를 반영한 것으로 볼 수 있다. 예컨대 특정한 쟁점에 관해 구체적 협력을 이루어내기 위한 합의가 이루어지지 않는 경우에도 연성법적 형태로 채택하게 되며, WTO법상의 'S&D 대우'에 관한 규정은 이러한 성질을 잘 드러낸 규범의 범주에 속하는 것으로 볼 수 있다.[127]

한편 WTO 사무국은 'S&D 대우'에 다음과 같은 내용이 WTO 협정으로 포함되었음을 밝힌 바 있다.[128] 'S&D 대우'는 WTO 대상협정상에 155개의 규정으로 구성되어 있다. WTO 협정은 상품무역에 관한 협정, 서비스무역에 관한 협정, 무역관련 지적 재산권에 관한 협정, 분쟁해결에 관한 양해, 다양한 각료선언을 포함한다. 145개의 규정 중에서 107개의 규정은 우루과이라운드 협상을 통해 채택된 것이며, 22개의 규정은 최빈개도국에만 적용된다. 하지만 WTO법상의 일부로 존재하는 'S&D 대우' 관련 규정들은 분쟁 절차를 통해 실현할 수 있는 법적 강제성의 부족 내지는 결여라는 특성을 가지고 있고, 이러한 측면이 'S&D 대우'를 둘러싼 논쟁에서 가장 중요한 요소라고 할 수 있다.[129] 이와 관련, 개발도상국의 요구와 관심을 충족할 수 있는 협상의 필요성에서 출범한 도하개발라운드에서 무역과 개발의 관계에서 'S&D 대우'에 관한 논의가 WTO체제의 중요한 의

---

126) Patricia W. Birnie & Alan E. Boyle, *International Law and the Environment* (Oxford: Clarendon Press, 1992), p.27.

127) 최원기, "기후변화 대응 국제협력체제에 대한 국제법적 검토: 주요국 포럼(Major Economies Forum)을 중심으로", 『서울국제법연구』 (제31호, 2009.12.), pp.32~36 참조.

128) WTO, Implementation of Special and Differential Treatment Provisions in WTO Agreements and Decisions, WT/COMTD/W/77 (25 October 2000).

129) 김대원, 전게논문, p.26.

제로 채택되었다.[130] 이러한 바탕에는 최혜국대우 의무는 경제개발을 촉진하기 위해서 충분한 시장접근을 개발도상국이 확보하는 데 실패했다는 비판적 시각이 존재한다. 또한 WTO 협정상 의무가 개발도상국의 경제개발을 촉진하고 개발목표를 달성하는 데 방해가 될 수 있다는 비판적 요구에 따른 것이다. 즉, 'S&D 대우'는 WTO 법이 추구하려는 목적의 일부로 규범형성의 중심이 되어야 하며, 일반규정의 예외로 간주되어서는 안 된다고 주장한 'S&D 대우에 관한 골격협정의 제안서'(Proposal for a Framework Agreement on Special and Differential Treatment)[131]의 의미를 수용하여 'Doha 선언'에 명시하였다고 볼 수 있다.[132] 하지만 'S&D 대우'에 관한 모든 조항들은 보다 정확하고 효과적이고 운용 가능한 형태가 되도록 검토되어야 한다는 정도에서 모두가 동의하였다는 것에서 의의를 찾을 수 있다.[133] 그러나 'S&D 대우'에 관한 '원칙론'(theory of principle)에 관한 논의는 의제로 상정되는 단계에까지 이르지 못하고 있다는 점을 상기할 필요는 있다. 같은 맥락에서 이해하면, 'S&D 대우'는 실질적 공정성 확보를 위한 법규범을 형성하는 데 중요한 법적 근거가 될 수 있으나, WTO법에서 'S&D 대우'의 성격, 의미, 내용 등에 관한 합의가 이루어지지 않았다는 점을 지적한다. 이로써 현재까지 'S&D

---

130) para. 1(b)(iv) of the language of Annex 1A to the WTO Agreement incorporating the GATT 1994 into the WTO Agreement. Ministerial Decision of 14 November 2001, Implementation-related Issues and Concerns, WTO, WT/MIN(01)/17, paras.12.1, 12.2.

131) WTO, General Council, "Preparations for the Fourth Session of the Ministerial Conference: Proposal for a Framework Agreement on Special and Differential Treatment", WT/GC/W/442 (31 July 2001).

132) We reaffirm that provisions for special and differential treatment are an integral part of the WTO agreements. WTO, WT/MIN(01)/DEC/1, para.44.

133) We agree that all special and differential treatment provisions shall be reviewed with a view to strengthening them and making them more precise, effective and operational. In this connection, we endorse the work programme on special and differential treatment set out in the Decision on Implementation-Related Issues and Concerns. (강조 필자) Ibid., para.44.

대우'에 관한 규정은 실효적 이행을 위한 실질적 기준을 제공하는 데 실패하였으며, 이행문제를 논의하는 단계에 이르지 못하고 있다.

아울러 'S&D 대우'에 관한 논의는 공정성을 그 규제원리로 적용하는 WTO법상의 실체적 의무요건의 논의와도 연계되어 있다.[134] 공정성 원리는 동등한 조건을 가진 국가들 간의 불공정성 문제를 시정하기 위한 규제원리로 적용되어 왔다. 이에 상이한 조건을 가진 국가들 간의 권리의무에 관한 공정성 확보 노력이 미흡하였다는 점을 지적한다. 즉, 'S&D 대우'의 실효적 이행여부는 실질적 공정성의 원리 구현이 제대로 되고 있는지에 관한 판정문제로 연관 지어 볼 수 있다. 이와 관련 공정성의 규제원리를 적용하는 데 있어서 동등하지 아니한 국가들 간의 불평등성을 완화하기 위한 이론적 근거로 실질적 평등을 의미하는 형평원리를 제시한다. 형평은 공정성과 정의의 개념과 유사한 의미로 볼 수 있으며, 개발도상국에 대한 'S&D 대우'는 법질서에 추구하는 정의에 부합하도록 국가가 처한 상황과 현실을 참작하는 것이다. 또한 'S&D 대우'는 의무이행 조건에 차등을 두어 그 행위의 결과에서 균형성이 유지되도록 형평에 맞는 유연성을 부여하는 것이다.

이와 관련 UNCTAD에서는 비차별적이고 개발관점을 반영하는 'S&D 대우'는 다음과 같은 요소들을 포함해야 한다고 밝히고 있다.[135] 첫째, 최혜국대우와 비차별적 대우를 강화하고, 가능한 경우에 개발도상국에 대한 특혜대우(preferential treatment)와 완화된 상

---

134) WTO법은 무역자유화를 기본목적으로 하되, 제 요건을 정비하는 데 궁극적 목적을 두고 공정성을 그 규제원리로 한다. Georg Schwarzenberger, "The Province and Standards of International Economic Law", 2(3) *International Law Quarterly* 402, 1948, p.405; Pieter VerLoren van Themaat, The Changing Structure of International Economic Law (Hague: Martinus Nijhoff Publishers, 1981), p.16.

135) WTO, Assuring Development Gains from the International Trading System and Trade Negotiations, TD/397 (4 May 2004).

호주의(less than full reciprocity)를 유지해야 한다. 둘째, 'S&D 대우' 의 안정성과 예측가능성을 높여야 한다. 셋째, 현재의 불균형적인 구조를 개선하여 개발도상국에 대한 수출이익을 제공하는 상품, 제조업, 서비스에 대한 시장진입과 시장접근성을 강화해야 한다. 넷째, 무역조건을 이행하는 과정에서 발생하는 광범위한 쟁점을 해결하기 위해서는 적절한 유연성을 부여해야 한다. 다섯째, 새로운 쟁점에 관한 논의는 개발관점의 충분한 고려가 요구된다. 상기 언급된 UNCTAD 상의 개발도상국들의 주장내용은 기존 무역질서의 불공정성을 시정하기 위한 노력의 일환으로, 'S&D 대우'에 관한 의무의 강제성을 요구하는 것이며, 개발도상국의 특수한 여건에 대한 적극적인 고려를 요청하는 것이기도 하다.[136] 이러한 관점은 WTO의 무역협상에서 개발도상국의 입장을 뒷받침해주는 논리로서, 실질적 공정성의 측면을 강화하기 위한 국가들 간 협력의 증진을 요청하는 것이다.

### 3.2.3.2.2 S&D 대우에 관한 유형별 논의

전술한 바와 같이, WTO 회원국들은 개발도상국의 경제적 상황을 향상시키기 위한 목적을 계속 강조한다. 이것은 마라케쉬협정의 전문과 각료회의 선언에서 이미 확인된 바 있다.[137] WTO 대상협정에는 'S&D 대우'에 관한 155개의 조항을 명시하고 있다.[138] WTO체

---

136) 특히 아프리카 국가들은 'S&D 대우'에 높은 관심과 기대감을 갖고 있으며, 'S&D 대우'에 관한 개념은 새로운 정의의 개념으로 받아들인다. 또한 그들은 분배적 정의에 관한 재정립이 국제무역규범에서 받아들여지지 않는다면, 국제경제에서 통합의 진전을 기대할 수 없을 것이라고 주장한다. 분배적 정의는 상품과 서비스의 분재를 규율하는 사회경제적 정의의 형태이다. 그러한 분배의 결과는 정의의 개념과 밀접한 관련성을 가진다고 설명한다. 보다 공평하게 이익의 배분을 추구하는 것으로 분배적 정의의 개념을 주장하는 것이다. 제6장 Fair Global Trade: A Perspective from Africa, in Geoff Moore(ed.)(2010), *supra* note 13, pp.99~116 참조.

137) WTO, WT/MIN(01)/DEC/1, paras.42~44; Hong Kong Ministerial Declaration, 2005, WT/-MIN(05)/DEC (adopted on 18 Dec. 2005), paras.35~38.

제에서 'S&D 대우'의 도입 취지는 개발도상국이 산업화를 이룰 수 있도록 일정 기간을 부여하고, WTO 협정상의 권리·의무의 주체로서 적극적으로 활동하고 규범의 이행가능성을 높일 수 있도록 하는 데 있다. 특히 산업화 단계에 머물러 있는 개발도상국은 여전히 WTO체제 내에서 요구하는 시장개방에 따른 국내적 경제 비용을 감당해야 하는 상황에 처해 있다. 그러한 여력이 부족한 개발도상국들의 사정을 배려하여 비용부담의 최소화를 위한 방향에서 'S&D' 대우에 관한 논의는 진전이 필요한 것이다. 예컨대 'S&D 대우' 조항은 '보조금 및 상계조치 협정'(Agreement on Subsidies and Countervailing Measures: 이하 'SCM 협정'), '기술무역장벽협정'(Agreement on Technical Barriers to Trade: 이하 'TBT 협정'), '무역관련 지적재산권협정'(Agreement on Trade-Related Aspects of Intellectual Property Rights: 이하 'TRIPS 협정') 등에서 여러 가지 유형으로 분류되어 다루어지고 있다. 하지만 최선의 노력 규정은 구속력을 갖지 못하며, 불명확한 용어를 사용하고 있기 때문에 특정한 결과를 법적 이행의 효과로 간주하기 어렵다.

이러한 'S&D 대우'에 관한 WTO 대상협정상의 규정은 다음과 같은 다음과 같은 기준에 의해서 분류될 수 있다.[139] 첫째, 개발도상국의 이익보호에 관한 것이다. '1994년 GATT' 제36조 2항에서 7항까

---

138) WTO, Implementation of Special and Differential Treatment Provisions in WTO Agreements and Decisions, Note by the Secretariat, WT/COMTD/W/77/Rev.1 (21 Sep. 2001), p.14; WTO 의 CTD에서의 논의된 WTO 사무국 문서(Note by the Secretariat)에 따르면, WTO법상의 'S&D 대우'에 관한 활용(utilisation)은 두 가지 방식으로 접근되었다. 첫 번째는 개발도상국들은 약정(commitments), 행위(action), 정책수단의 사용(use of policy instruments)에 관한 유연성(flexibility)을 허용하는 특별한 규정에 관한 호소가 가능하며, 유예기간의 연장에 관해 요구할 수 있으며, 기술이전에 관한 공식적인 요청이 가능하다. 두 번째는 선진국들이 개발도상국에 무역기회, 이익보호, 기술이전에 관한 WTO 규정 적용에 관한 내용을 중심으로 하여 접근한다. WTO, Note by the Secretariat, Information on the Utilization of Special and Differential Treatment Provisions, WT/COMTD/W/77/Rev.1/Add.4 (7 Feb. 2002).

139) WTO 문서에서는 저개발국에 관한 부문까지 총 여섯 가지 기준에 의해서 분류하였는데, 여섯 번째 논의는 다음의 자료를 참조. WTO, WT/COMTD/W/77/Rev.1 (21 Sep. 2001).

지는 합의된 목적과 원칙을 포함하지만 특정행위를 의무화하지 못한다. 허용조항 2항은 허용조항의 적용범위를 설정하고 있다. 하지만 적용범위 내의 의무를 부과하는 목적을 가지지 않고, 제 의무를 강제하지 못한다는 점에서 한계가 드러난다. 둘째, 개발도상국의 무역기회 증진에 관한 규정이다. 예컨대 'SCM 협정' 제27조 1항은 합의된 원칙을 포함하되, 특정 의무를 규정하지는 않는다. '분쟁해결절차에 대한 양해'(Understanding on Rules and Procedures Governing the Settlement of Disputes: DSU)의 제21조 2항은 "특별한 관심은 분쟁의 대상이 되는 조치에 관해 개발도상국의 이익에 영향을 주는 문제에 주어져야 한다"고 규정하였다. 그러나 동 규정이 직접적 법적 효과를 얻기 위해서는 "개발도상국의 이익에 영향을 주는 문제"(matters affecting the interests of developing country Members)에 관한 명확한 해석을 통해 강제적 의무를 부과하는 것이 필요하다. 셋째, 기술지원에 관한 내용이다. 'TBT 협정' 제11조 1항, 제11조 2항, 제11조 3항, 제11조 4항, 제11조 5항, 제11조 6항, 제11조 7항, 제12조 7항에서 기술이전에 관한 내용을 규정한다. 넷째, 개발도상국은 WTO 대상협정 이행을 위한 '유예기간'을 부여받는다. 개발도상국의 이익보호를 위한 유예기간은 최소 2년에서 최장 10년 사이에서 결정된다. 다섯째, WTO 협정상의 규정을 적용하는 데 있어서 개발도상국들은 '유연성'이 허용된다. 그러한 유연성은 일반적으로 적용되는 수준보다 낮은 정도의 의무를 약정받거나 면제를 부여받는 것이다. 위와 같이 'S&D 대우'에 관한 규정은 개발도상국의 무역증진과 이익보호를 위한 세부규정들을 다양한 형태로 WTO 협정상의 일부로 도입해왔다. 하지만 개발도상국의 이익보호와 개발목표의 증진과 같은 도입취지를 충분히 반영하기에는 규정들의 적용상 강제성이 약하다는 점에서, WTO 협정에 포함된 개발도상국에 대한 'S&D 대우'의 규정들은 법적 효과를 구현하기에는 한계점을 가진다. 이것은 'S&D 대우'가 WTO법상의 일부로써는 인정될 수 있으나 여전히 그러한 대우는 '불확정적인 법적 지위'를 가지기 때문이기도 하다. 또한 개발도상국의 이익을 위한 'S&D 대우'에 관한 실체적 규정의 법적 구속력이 약하다는 것은 선진국들의 입장에서 그러한 규정들의 실효적 이행에 대한 책임을 가질 필요가 없다는 점을 나타낸 것으로, 'S&D 대우'에 관한 법적 구속력을 기대하기 어렵다. 이는 WTO법상 'S&D 대우'에 관한 법적 효과를 기대할 수 없다는 것을 의미하기 때문에, 실질적 공정성을 확보하는 데 효과적인 이행을 담보하지 못한다는 비판을 받을 수 있다. 아울러 'S&D 대우'는 상당히 모호하고 추상적인 내용으로 구성되어 있기 때문에 구체적인 적용이 어렵고 관련 분쟁이 발생 시에도 이를 적극적인 의무를 부여하는 법적 논거로 활용할 수 없다는 점에서 개별규정들에 대한 해석지침 내지 구체적 운용을 위한 보충적인 대안이 강구되어야 한다.

### 3.2.3.2.3 법적 의무로 변경 검토

#### 3.2.3.2.3.1 개정

WTO 협정의 'S&D 대우' 규정들은 비의무 조항을 의무조항으로 개정(amendment)할 수 있다. 관련 조항의 개정은 'should'의 사용을 'shall'로 변경하고 내용은 그대로 적용한다. WTO 협정의 개정에 관한 규정은 WTO 협정 제10조에서 규정한다. 일반적으로 개정은 회원국들의 공식적인 수락으로 이루어진다. 개정의 효과여부와 모든 회원국에 적용되는지 혹은 수락한 국가에만 적용되는지 여부는 해당 조항에 관한 WTO 협정상의 법리적 해석에 따른다.

WTO 협정이 발효되기 전에만 개정이 가능하며, 조항을 개정할 수 있는 법적 기한은 협상의 진행기간으로 한정한다. 개정으로 해결하는 방안은 현 협정의 내용이 협상에서의 이익균형을 반영하고 있는바, 일반조항을 재협상하는 것은 전체 협정의 재협상을 요구하는 것과 같다는 국가들의 주장에 따라, 특정조항에 관한 개정은 합의를 얻기가 용이하지 않다.[140]

### 3.2.3.2.3.2 유권해석

WTO법의 'S&D 대우' 규정에 관한 '유권해석'(authoritative interpretation)[141]은 비의무조항을 의무조항으로 개정할 수 있는 권한이 없다. 유권해석에 관한 WTO법상의 규칙을 정한 제9조 2항은 제10조의 개정조항의 효력을 약화시키는 방식으로 적용될 수 없다고 규정한다. 한편 '캐나다 - 항공기 보조금 사건'에서 항소기구는 'should'가 사용된 조항은 권고(exhortation)적 성격보다는 법적 의무를 내포하는 것으로 평결하였다.[142] 이것은 'should'를 사용하여 법적 강제력이 약한 조항 'S&D 대우' 규정은 의무적 성격으로 적용될 여지를 남겨두는 것이다.

---

140) 예컨대 수입허가절차에 관한 협정에서 제3.5(j)상의 "In allocating licences, the Member should consider …… consideration should be given as to whether licenses issued to applicants……"에서 'should'보다는 'shall' 용어를 사용하는 방식으로 동 문장의 내용을 개정함으로써 강제적 의무조항으로 변경될 수 있다.

141) 각료회의와 일반이사회는 유일하게 WTO 협정의 조항에 관한 해석을 채택할 수 있는 권한을 가진다. 해석 채택에 관한 결정은 회원국 3분의 2의 찬성에 의한다.

142) We note that Article 13.1 of the DSU provides that "A Member *should* respond promptly and fully to any request by a panel for such information as the panel considers necessary and appropriate." (emphasis added) Although the word should is often used colloquially to imply an exhortation, or to state a preference, it is not always used in those ways. It can also be used "to express a duty [or] obligation." (강조 필자) WT/DS70/AB/R, para.187.

# 4. 법적 쟁점의 검토

## 4.1 비차별주의

상호주의와 함께 비차별주의는 국제무역규범의 주요한 원리로 적용되어 왔다. 비차별은 통상질서를 왜곡시키는 모든 차별의 철폐를 의미하는 것으로, 자의적 내지 비합리 차별에서 오는 불공정성을 차단하고 공정한 경쟁질서를 확립하기 위한 기본원칙이다. 이는 국가 간의 무역증진 및 경제적 이익을 확보하는 데 있어 적절한 수준의 균형을 이루는 데 중요한 수단이다. 또한 규범체계의 확립을 통해 이익의 법적 보호를 실현하는 데 차별적 요소들을 제거하기 위한 합리적이고 효과적인 성격을 가지고 있다.

이렇듯 국제통상질서에서 국가 간의 차별로 인한 무역분쟁을 차단하기 위해 제시된 것이 비차별적 원칙이다. 동 원칙은 국가들 간에 차별을 두지 않고, 동등한 무역조건을 부여해야 한다는 것을 의미한다. 그런데 오늘날의 국제통상질서에서는 비차별적주의가 유일한 무역의 공정성을 확보할 수 있는 원칙이 되고 있는 것인가에 관한 물음이 제기될 수 있다. 물론 국제사회에서의 소득분배와 실질적 평등을 구현하기는 매우 어려우며, 실현 불가능한 목표라 여겨질 수 있다. 그런데 국가들 간에 상이한 수준의 격차에서 오는 문제를 간과하고는 국가들 간의 상호협력을 기대하기 어려운 실정에 와 있다는 점도 상기해볼 필요가 있다. 국제통상질서에서 공정하고 공평한 대우의 필요성에 관해 논의되고 있는 것도 이러한 현실의 한 측면을 반영하고 있다고 보인다. 이로써 비차별주의에 따른 국가들 간의 평등을 존중하되, 이러한 원칙을 절대적인 것으로 보지 않고 실질적으로 국가들 간에 불평등성이 발생할 수 있다는 점을 고려하는 것에서 논의를 개진해보는 것이 필요하다.

이것은 공정한 질서를 추구하고 있는 WTO법상 실질적 공정성의 원리 위에서 접근하는 것이 가능하다고 본다. 비차별적 원칙에 의한 공정성 추구는 국가들 간의 불평등성에서 오는 문제를 실질적으로 해결하기에 한계점을 가질 수 있기 때문이다. 공평한 대우를 위한 실질적 공정성의 확보는 이러한 난점을 해결하는 데 이론적으로 수용 가능할 것이라 본다. 이러한 원리 위에서 국가들 간의 상이한 수준과 격차를 고려하는 합리적 차별의 수용은 차등대우를 긍정할 수 있게 된다. 이것은 '같은 것은 같게' 대우하는 것을 의미하는 공정성 개념은 곧 '다른 것은 달리' 대우해야 한다는 합리적 차별을 인정하는 논리도 가능하기 때문이다. 즉, 이러한 측면을 고려한 실질적 공정성의 개념을 WTO법상에서 추구하는 공정성 원칙에 내포된 하나의 이론적 원리로의 검토가 요구된다.


## 4.2 최혜국대우

### 4.2.1 배경 및 의의

최혜국대우원칙(most-favoured-nation: MFN)이 국제무역에서 적용된 것은 17세기에서부터 18세기에 걸쳐 비롯된 것으로 알려지고 있으며,[143] Hudec은 동 원칙이 일반화된 것은 19세기 후반부터라고 하였다. 하지만 그 당시에 최혜국대우원칙은 특정국가들 간에 효력이 미치는 제한적 성격을 지녔으며, 적용범위도 관세만으로 특정하거나, 기타의 무역장벽까지도 포괄하는 보다 넓은 범위에 적용되는 협정이 채택되어 일괄된 원칙으로 확립되지 못하였다. 예컨대 미국의 최혜국대우원칙은 1992년까지 조건부 대우의 의미로 적용되었다. 미국과 A국 사이의 양허특혜를 B국이 받기 위해서는 B국도 그에 상응하는 양허를 제시할 때만 동등한 특혜를 적용받았다. 최혜국대우원칙의 정립에 관한 다자간 논의는 제1차 세계대전 직후 국제연맹의 창설과 함께 시작되었다. 1918년 월슨대통령이 제창한 평화헌장에는 "평화를 원하는 모든 국가들 사이에 공평한 무역조건을 수립할 것"이라는 내용을 포함하였는데, 이는 "각국이 자국의 경제적 목적을 위해 제정한 관세율은 관세수준의 고저를 막론하고 모든 나라에 동등하게 적용되어야 한다"는 의미로 해석하였다. 이에 따라 국제연맹규약(The League of Nations Covenant)에서는 "모든 가맹국가의 적용에 있어서 공평한 대우"가 연맹의 목적에 명시되었고, 1919년 평화조약에서 최혜국대우조항을 규정하였다.

그러나 그 당시의 국제무역은 국가들의 보호무역정책으로 활기를 띄지 못했으며, 비차별적이고 호혜를 기본원칙으로 하는 국제무역의 발전적 성과를 얻을 수 없었다. 제2차 세계대전 이후 주요 선진국들은 ITO헌장 및 다자간무역협정에서 최혜국대우조항을 구체화하였다. 국제무역에서 비차별 원칙의 정립이 필요하다는 미국의 제안에 대해 대부분의 국가들은 기본적으로 동조하였다. 다만 그 구체적 내용인 적용범위, 특혜적 예외에 관한 내용, 특정 용어의 해석 등에 관해서는 입장을 달리하였다.

---

143) John H. Jackson, *supra* note 30, p.66~71.

국제무역질서의 기본원칙인 최혜국대우는 비차별적 무역규범의 실현을 위한 필수요건이 되어왔다.144) 최혜국대우는 비차별적 원칙을 실현하기 위한 것이지만, 국가평등의 원칙에 근거를 두고 있는 일반규칙으로서의 비차별적 원칙과는 구분된다.145) 국제무역질서의 기본원칙인 최혜국대우는 비차별적 무역규범의 실현을 위한 필수요건이 되어왔다.146) GATT 제1조상의 최혜국대우 의무는 관세, 과징금, 수출입에 관한 규칙 및 절차 등 통상관계에서 제3국에 부여하고 있는 대우보다 불리하지 않은 대우를 다른 국가들에게도 부여해야 한다고 규정한다. 어떤 회원국이 타국이 원산지이거나 타국으로 향하는 물품에 대하여 부여한 이익, 혜택, 특권, 면제는 그 외의 국가가 원산지이거나 그들 국가를 향하는 동종상품(like product)에 대하여 즉각적이고, 무조건적으로 부여되어야 한다.147) 예컨대 A국이 B국에 대해 최혜국대우를 부여한 경우, C국으로부터 수입되는 상품에 A국이 B국 상품보다 낮은 관세의 대우를 부여했다면, B국에서 수입되는 '동종상품'에 관해 국내상품과의 동등한 대우 수준의 범위를 어디까지 정하는지에 따라 최혜국대우의 위배여부가 결정될 수 있기 때문이다.

GATT 제1조상의 최혜국대우 의무는 관세, 과징금, 수출입에 관한 규칙 및 절차 등 통상관계에서 제3국에 부여하고 있는 대우보다

---

144) John H. Jackson, Legal Problems of International Economic Relations, West Publishing, 1995, p.158.

145) 이상덕, "최혜국대우: 역사적 발전 과정과 그 개념", 『서울국제법연구』(제11권 제1호 통권 20호, 2004. 6) p.83.

146) 상게논문.

147) GATT 제1조 1항의 원문은 다음과 같다: With respect to customs duties and charges of any kind of imposed on or in connection with importation or exportation or imposed on the international transfer of payments for imports or exports, and with respect to the method of levying such duties and charges, and with respect to all rules and formalities in connection with importation and exportation, and with respect to all matters referred to in paragraph 2 and 4 of article III, any advantage, favour, privilege or immunity granted by any contracting party to any product originating in or destined for any other country shall be accorded immediately and unconditionally to the like product originating in or destined for the territories of all other contracting parties.

불리하지 않은 대우를 다른 국가들에게도 부여해야 한다고 규정한다. 어떤 회원국이 타국이 원산지이거나 타국으로 향하는 물품에 대하여 부여한 이익, 혜택, 특권, 면제는 그 외의 국가가 원산지이거나 그들 국가를 향하는 동종상품(like product)에 대하여 즉각적이고, 무조건적으로 부여되어야 한다.[148] 동 원칙은 상품의 원산지에 관계없이 정부의 무역규제를 획일적으로 적용함으로써 상품의 생산과 분배를 담당하는 시장제도의 자유경쟁체제를 최대한도로 유지·운용할 수 있다. 즉, 최혜국대우원칙은 특정 국가와 교역관계를 맺고 있는 모든 국가들에게 동일한 교역조건을 부여함으로써, 이를 국가들이 교역상의 공정한 경쟁을 할 수 있는 기회를 주어야 한다. 특정 국가가 일부 국가에만 유리한 교역조건을 부여하는 경우, 이는 일부 국가에만 상품의 경쟁력을 갖추게 함으로써, 다른 국가와 경쟁을 하는 경우 우월한 지위를 점하게 된다. 따라서 특정 국가가 일부 국가에 유리한 조건을 부여하는 경우, 이러한 유리한 조건은 다른 국가에도 당연히 부여하여야 공정한 경쟁기회가 생기는 바, 이러한 기회를 부여하는 원칙이다. 즉, 최혜국대우는 모든 관련국가들 간의 차별 없는 본질적인 평등을 확립하고 유지하는 것을 의도하는 규정이다.

## 4.2.2 공평한 대우

비차별적 원칙의 '동등한 대우'의 의미에 있어 그 대상이 되는 주

---

148) GATT 제1조 1항의 원문은 다음과 같다: With respect to customs duties and charges of any kind of imposed on or in connection with importation or exportation or imposed on the international transfer of payments for imports or exports, and with respect to the method of levying such duties and charges, and with respect to all rules and formalities in connection with importation and exportation, and with respect to all matters referred to in paragraph 2 and 4 of article III, any advantage, favour, privilege or immunity granted by any contracting party to any product originating in or destined for any other country shall be accorded immediately and unconditionally to the like product originating in or destined for the territories of all other contracting parties.

체가 유사한 내지 같은 조건 위에 놓여 있지 않을 경우에, 국가들 간의 불평등성에 관한 원론적 문제가 제기될 수 있다.[149] 최혜국대우 규정은 경제규모가 크고 효율적인 선진국(강대국)과 그렇지 못한 개발도상국을 동일하게 취급하는 것은 결국 개발도상국(약소국)의 경쟁이 불가능하다고 주장하는 반면, 현실적으로 최혜국대우 규정이 존재하지 않더라도 선진국들은 원하는 바를 얻을 수 있기 때문에 그러한 규정은 개발도상국들의 이익을 보장하기 위한 것으로 적용된다는 견해의 차이가 있다.[150]

과거 GATT체제상의 1954~1955년 검토회의(Review Sessions)에서 체약당사국들은 GATT협정상의 특혜대우에 관한 실체적 규정에 관한 내용을 검토한 바 있다. 동 회의에서 인도 대표는 동등한 대우(equality of treatment)는 단지 동등한 자들(equals) 간에 공정하고 공평할 수 있는 것이라고 주장한 바 있다.[151] 이와 같은 논리에서, 우루과이 대표는 국가들 간의 경제적 불평등은 궁극적으로 공평성을 추구하기 위해 필연적으로 차등대우를 요청하기 때문에, 최혜국대우가 저개발에서 벗어나기 위해 노력하는 국가들에게 일률적으로 적용할 수 있는 최적의 법적 장치는 아니라고 주장한 바 있다.[152]

이와 관련 공평·평등대우의 원칙(principle of fair and equitable treatment)이 제시된 바 있으며, 이것은 내국민대우 또는 최혜국대우

---

149) 동등경쟁조건(level playing field)의 예외 없는 무차별적 적용은 개발도상국의 경제적 여건을 충분히 고려하지 못한다는 점에서 불공정성 문제를 야기할 수도 있으며, 남북문제와 관련하여 국제적인 차원에서 소득재분배 문제를 간과한다는 점을 지적한다. 최승환, "공정성 개념이 국제통상법 발전에 미친 영향", 『서울국제법연구』(6,2, '99.12) p.409.

150) 이상덕, 전게논문, p.84.

151) K. Kock, International Trade Policy and the GATT 1947~1967, (Almqvist and Wiksell; Stockholm, 1969), p.289.

152) H. Gros Espiell, "The Most-Favoured-Nation Clause: Its Present Significance in GATT", Journal of World Trade law, 1971, p.29.

만큼 엄격하지 않고 따라서 평등 비차별 대우는 아니나 적어도 공평과 형평을 잃지 않는 대우를 요구하는 것이다.[153]

## 4.3 내국민대우

내국민대우원칙(National Treatment: 이하 NT)은 한 국가 내의 조세 및 정부규제 등에 있어서 수입품을 국내상품과 '같게' 취급해야 함을 의미한다.[154] 최혜국대우원칙이 수입상품들 간의 경쟁에 있어서 동등한 대우를 부여함을 의미하는 것이라면, 내국민대우는 수입상품과 국내상품 간의 '동등한 경쟁조건'을 충족하도록 대우하는 것을 의미한다. 가령 A국과 C국으로부터 상품을 수입하는 동시에 A국도 '동종상품'을 생산 및 판매하고 있을 경우, B국과 C국의 상품이 A국의 상품과 동등한 대우를 받아야 함을 의미한다. 최혜국대우원칙이 각국의 수출상품 간에 경쟁상의 기회균등을 보장한다면, 내국민대우원칙은 수입국 내에서의 국내상품과 수입상품 간의 균등한 경쟁조건을 보장하여 무역장애를 제거하는 데 궁극적 목적을 두고 있다.[155] GATT 제3조에서 규정된 여러 의무 중에서 각 회원국의 국내정책과 가장 직접적으로 충돌의 가능성을 갖고 있는 것이 제3조에 집결되어 있는 내국민대우에 관한 의무이다.[156]

GATT상의 내국민대우란 각국은 조세 및 정부규제 등에 있어 수

---

153) 이한기, 전게서, p.605.

154) 자유무역 증진(free trade)과 '국가의 정당한 국권행사(regulatory autonomy)' 간의 피할 수 없는 대립과 충돌이 벌어지는 분야가 되었다. 성재호, 『국제경제법』(박영사, 2005), p.133.

155) John H. Jackson, William J. Davey, "Legal problems of international economic relations: cases, materials, and text on the national and international regulation", (West publishing Co, 1986), 133~136; 이상윤, 국제경제법: 국제통상법을 중심으로, 중앙경제사, 1995, p.135; 김성준, WTO법의 형성과 전망 제1권, 삼성출판사, 1996, p.117.

156) John H. Jakson(1990), *supra* note 30, 참조.

입품을 국내물품과 똑같이 취급해야 한다는 의무를 의미하는 것으로서 모든 수입품을 공평하게 취급하되 국내물품은 유리하게 취급될 수도 있는 최혜국대우원칙에 비해 훨씬 넓은 개념이다. 예를 들면 A라는 나라가 X국과 Y국으로부터 어떤 상품을 수입하고 있는 A국도 동종상품을 생산하고 있다고 할 때 최혜국대우에서는 A국은 X국과 Y국과의 상품을 동일하게 취급하기만 하면 되는 데 비해 내국민대우 의무는 A국으로 하여금 X국과 Y국의 상품을 자국생산품과 동일하게 취급해야 할 것을 요구하고 있다. 만약 수입품에 대한 차별적인 내국세가 부과된다면 이는 관세에 버금가는 보호주의적 조치가 될 수 있다. 이와 마찬가지로 여러 가지 형태의 정부제도가 국내물품을 보호하고 수입품을 시장에서 몰아내는 데 있어 관세보다 더욱 유용하게 사용될 수 있다. 흔한 예로서 수입품에 대해 특별한 상표표시방법 등의 행정적 규제가 수입을 제한할 목적으로 사용되고 있다.

## 4.4 보조금 및 상계관계협정

### 4.4.1 의의

자유무역에서 경쟁조건의 불공정성 문제를 발생시키는 가장 중요한 이유의 하나는 개별국가 내에서의 정부에 의한 보조금 지급이다. 정부가 무역에 개입할 수 있는 범위와 한계는 보조금 지급의 허용범위를 설정함에 따라 달라질 수 있으며, 허용될 수 없는 보조금의 지급은 국제무역의 왜곡효과를 가져오거나 공정성 훼손을 가져올 수 있다. 더욱이 보조금 개념에 관한 명확한 정립에도 국가 간의 이해관계를 조정하여 그 합의점에 도달해야 개념정립이 가능할 수 있기 때문에 여전히 논의과정에 있는 분야이기도 하다. GATT은 보조금의 본질적 측면을 다루고자 노력해왔지만, 그 논의는 아직 끝나지 않았다.

과거 1950년대 중반 '1947년 GATT'에 도입된 제16조는 수출보조금에 관한 금지를 규정하였지만 금지대상에 농산물은 포함하지 않았고, 비농산물은 동일상품에 대한 국내시장가격과 수출가격의 차이가 보조금의 지급결과로 나타난 경우에만 그 대상으로 하였다.[157] 이후 도쿄라운드에서 보조금 협상은 가장 중요한 쟁점이 되었고, 동 협상에서 'SCM 협정'이 채택되었다. 실제로 1979년 보조금 규약(1979 Subsidies Code)은 성공적이라 할 수 없었다. 왜냐하면 동 협정의 이행은 국가의 선택적 의무에 불과한 복수국가 간 협정의 양식으로 채택되었기 때문에 소수의 국가만이 동 협정의 당사국이 되었기 때문이다.[158] 그 후 진행된 우루과이라운드에서 보조금 문제에 관한 쟁점은 다시 중요한 쟁점이 되었다.[159]

보조금은 수입의 형태나 가격지지를 포함하는 개념으로 이해된다. '1994년 GATT'의 규율대상인 보조금은 직간접적으로 수출 증감의 원인이 되거나 수입을 억제할 수 있는 수단이 되기도 한다. 보조금 사용에 관한 개발 및 운영 원리는 국제경제정책 및 규정의 제정과정에서

---

157) 동 문제에 관해 1954~1955년 GATT 검토회의에서 집중적으로 논의가 되었다. 체약당사국들이 채택한 동 조항의 추가로 paras.2-5이나 새로 도입된 조항은 관련 규정의 적용을 수락한 국가들에게만 효력이 발생하였다. 이를 받아들인 체약당사국들은 수출품에 관한 보조금 지급이 다른 체결당사국의 손해를 유발할 수 있다고 하였다. 더욱이 그러한 보조금은 다른 체결당사국들의 통상이익에 부적절한 장벽(undue disturbance)으로 작용할 수 있고, '1947년 GATT'의 목적 달성에 장애요소로 작용할 수 있다는 점에 동의하였다. 하지만 의무의 이행에 있어서는 완전히 확립된 규정이 도출되지 못하였다. 아울러 제16조 4항에 도입된 비농산물에 관한 기준은 덤핑에 관한 규정을 고려할 것을 제안했다. 자세하게 Andreas F. Lowenfeld, *International Economic Law* (Oxford: Oxford University Press, 2008), pp.217~222 참조.

158) 상기 보조금 규정에서는 규제대상 보조금의 범위와 기준이 모호하고 상계관세부과의 기준 및 절차 등이 불명확하기 때문에, 각국은 보조금지원을 경쟁적으로 사용해왔다. 자세한 논의는 최승환, 『국제경제법』, 전게서, p.315.

159) 하지만 '1979년 보조금협정'에 대한 수정작업이 진행되었으나 제16조와 제6조는 사실상 변경되지 않았다.

다루기가 힘든 분야 중 하나이다.[160] 특히 국제무역에 영향을 미치는 정부의 산업보조금은 심각한 문제가 되기도 한다. 모든 정부는 여러 방법으로 어떠한 산업적 목표 혹은 사회적 정책목표를 달성하기 위하여 국내경제에 간섭하게 된다. 정부보조금은 안보 및 건강, 사회복지, 저임금노동 및 고용문제, 저개발지역에 대한 재정적 지원 등을 포괄적으로 지원하는 것을 목적으로 하기 때문에 그 논의가 용이하지 않았다.

지난 우루과이라운드에서 주요한 성과 중의 하나는 'SCM 협정'[161]상의 보조금의 정의에 관한 합의를 도출한 것이라 할 수 있다.[162] 동 협정 제1조 보조금 정의에 관한 부문에서 특히 고려되어야 할 쟁점은 보조금 정의에 포함되지 않은 내용이 무엇인지를 검토해보는 것이다. 예컨대 정부로부터 받은 재정지원이 수혜국의 이익과 관련이 없다면 보조금을 구성하는 것으로 판정하지 않는다.[163] 동 협정은 세 가지 유형의 보조금 관련 원칙을 규정하고 있다.[164] 금지보조금에 관해서는 두 가지 유형을 규정하고 있다. 수출에 관한 보조금과 국내 및 수입 상품의 사용에 관한 보조금이다. 이러한 원

---

160) Debra P. Steger, "The Subsidies and Countervailing Measures Agreement: Ahead of its Time or Time for Reform?", 44 *Journal of World Trade* 779, 2010, p.779.

161) 동 협정은 WTO 회원국에 의한 보조금 및 상계조치의 적용을 규율하는 규정 및 절차를 포함한다. 제1부에서는 동 협정의 대상 및 범위를 제한하는 일반규정을 두고 있다. 협정의 목적상 보조금과 '특정성'에 관한 세밀한 규정을 두고 있다. 제2부에서는 수출에 관한 보조금을 '금지보조금'으로 규정한다. 제3부에서는 다른 WTO 회원국의 이익에 부정적 영향을 초래하는 보조금인 '적용가능 보조금'에 관한 원칙을 규정한다. 마지막 제5부에서는 국내 산업에 손실을 초래하는 보조금이 지원된 수입품에 관해 회원국이 부과한 상계조치의 적절성에 관한 실질적이고 절차적인 조건을 규정한다. 다만 제4부에 규정된 연구 & 개발, 환경 및 지역발전 보조금에 관한 허용보조금은 1999년 12월 31일에 효력이 만료되었다.

162) 제1조 정의는 보조금의 존재에 관한 (1) 회원국 역내에서 정부 혹은 공공기관에 의한 재정적 기여, (2) 수혜국에 관한 이익의 부여에 관한 재정적 기여라는 두 가지 요건을 규정하고 있다. '재정적 기여'로 간주될 수 있는 리스트는 지급보증, 재정적 인센티브, 상품 및 서비스의 제공, 상품의 구매에 이르는 정부관행을 포함한다.

163) '캐나다-Aircraft 사건'에서 항소기구는 혜택의 존재는 시장과 비교하여 결정되어야 한다고 판정했다. WT/DS70/R, para.157.

164) 금지보조금, 허용가능보조금, 허용보조금의 세 가지 보조금으로 분류하는데, 흔히 교통신호 접근방식이라 부른다.

칙은 선진국에만 적용되는 것이 아니라, 개발도상국에도 적용된다. 단, 개발도상국은 제27조의 '유예기간' 동안 'S&D 대우'로 혜택을 얻을 수 있고 반면, 선진국은 금지보조금의 적용을 받는다. 허용가능보조금은 타방 회원국의 이익에 부정적 영향을 초래하는 보조금을 규율하는 것을 목적으로 한다.

### 4.4.2 개정논의

#### 4.4.2.1 도하개발라운드 이전의 논의

'SCM 협정'의 개정논의는 제4차 도하 각료회의에서 처음 논의가 된 대상은 아니며, 이미 1999년 12월에 개최된 제3차 시애틀 각료선언 초안에서 동 협정의 개정문제가 협상의제로 포함되었다. 그러나 동 초안은 WTO 회원국들의 상반된 주장으로 아무런 타협 없이 최종 합의안 도출에 실패하였다.[165] 그 후 보조금일반이사회는 WTO 협정상의 이행문제와 관련된 특별회의를 2000년 6월 23일과 7월 3일 개최하여 WTO 협정상의 이행문제를 검토하기 시작하였다. 여러 차례의 공식 및 비공식 일반이사회 특별회의를 거쳐 일반이사회는 2000년 12월 15일 9개 항목의 합의사항을 담고 있는 이행관련 이슈에 관한 결정을 채택하였다.[166] 이 중 3개 항목이 보조금과 관련되어 있는데 그 주요내용은 다음과 같다.[167] 첫째, 동 협정 제7부속서 (b)에 기술적 착오로 누락된 온두라스를 포함하도록 WTO 사무총장

---

165) 김규태, "도하개발아젠다(DDA)에서의 보조금협정 개정논의 동향과 대응방안", 『KIET산업경제』 (통권 45호, 2002.6), pp.58~68.

166) WTO, WT/L/384 (2000.12.19).

167) 김규태, 전게논문, pp.59~60.

에게 요청하여야 하며, 둘째, 개발도상국과 관련하여 품목별 수출경
쟁력 판정기준을 규정하고 있는 동 협정 제27조 5항 및 6항을 보조
금 및 상계조치위원회(Committee on Subsidies and Countervailing Measures)
에서 검토하도록 하며, 셋째, 개별 투입요소의 산정이 불가능할 경우,
일반적 포괄적 관세 환급을 개발도상국에 인정하는 문제와 '생산과
정에서 소비된 투입재'의 정의를 보조금위원회에서 검토하도록 한다.

### 4.4.2.2 도하라운드에서의 논의

제4차 WTO 각료회의 기간 중 보조금과 관련되어 다음의 3가지 문
서들이 채택되었다.[168] 첫째, 2001년 11월 14일 채택된 각료선언문
(Ministerial Declaration)이다.[169] 동 선언문에서 규정하고 있는 규범분
야 중 보조금과 관련하여, WTO 회원국들은 'SCM 협정'의 규율 원칙
들을 명확히 하고 개선할 목적으로 개정협상을 해야 하며, 수산보조금
도 동 개정협상의 일환으로 포함되었다. 둘째, 각료선언문과 별도로 2001년
11월 14일에 채택된 '이행관련 쟁점'(Implementation-related Issues and
Concerns)에 관한 결정문이다.[170] 동 결정문 중 현행 'SCM 협정'에서 이
행과 관련된 사항은 특히 개발도상국 및 최빈개도국에 대한 우대(수
출보조금 지급금지 의무에 대한 유예기간 연장)에 관한 부분으로 관
련 쟁점을 고려해야 한다. 셋째, 보조금 이행관련 이슈와 관련하여 채
택된 개발도상국을 위한 동 협정 제7조 4항의 연장절차이다.[171]

2001년 11월 14일 채택된 각료선언문은 규범분야와 무역 및 환경

---

168) 상계논문, pp.59~60.

169) WTO, WT/MIN(01)/DEC1 (2001.11.20).

170) WTO, WT/MIN(01)/17 (2001.11.20).

171) WTO, Procedures for Extensions under Article 27.4 for Certain Developing Country Members,
G/SCM/39 (2001.11.20).

분야에서 보조금을 언급함으로써 향후 DDA의 협상의제로 삼았다. 이와 관련된 내용은 다음과 같다. '도하선언' para.28은 규범분야와 관련하여 동 협정의 개정을 언급하고 있다. 즉, 동 협정의 기본개념, 원칙 및 효과성, 수단 및 목표들을 보전하면서, 그리고 개발도상국 및 최빈개도국의 개발목표를 고려하면서, 회원국들에 의한 동 협정의 운영경험과 적용 증가에 비추어, 규율에 관한 사항들을 명확히 하고 이를 개선하기 위한 협상에 합의하는 것이다.

DDA 협상에서 보조금에 관한 다양한 제안서를 제출해왔는데, 합의는 아직 이루어지지 못하고 있다. 이는 선진국과 개발도상국 간의 뚜렷한 입장차이가 존재해왔기 때문이다. DDA 협상 초기에 미국과 유럽은 재정적 기여의 유형에 관해 제시하였다. 즉, 정부가 위탁하거나 직접 지시하는 보조금 지급관행은 명확해야 하고 그 범위가 확대되어야 한다고 하였다. '정부통제에 관한 결정은 미래의 발전에 가치가 있다'는 점을 강조하였고, 동 협정의 제1조상에서 사용된 용어인 공공기관(public body)의 개념이 보다 명료해야 한다고 지적하였다.[172] 유럽공동체는 보조금과 상품 수혜국 간의 연계는 모호하기 때문에, 이러한 부분을 판정하는 데 어려움이 따르기 때문에 '위장된' 보조금을 중요한 문제로 제시하였다. 또한 유럽공동체는 사단 및 재단 법인과 같이 비상업적 기관으로 활동하는 재정적 기관을 통한 재정적 지원과 융자 지원과 같은 정부의 전환지시(convert direction) 하에 보조금을 제공할 수 있는 사기관의 행태를 논제로 제시하였다.[173] 제1조상의 재정적 기여에 해당하는 목록에 관해, 유럽공동체는 동 규정이 정부에 의한 지시의 명확한 확인을 요구한다고 주장했

---

172) WTO, TN/RL/W/78 (2003.3).
173) WTO, TN/RL/W/30 (2002.11).

다. 그러나 이는 증명하기 어렵기 때문에, 유럽공동체는 동 협정의 제1조를 명확히 해야 한다고 주장하였다. 그래서 정부에 의해 효과적으로 통제되는 기관과 비상업적 기관에 의한 활동은 동 규정에 의해서 다루어져야 한다고 지적하였다. 미국과 유럽공동체가 동 협정의 초기단계에 너무 많은 요건을 요구해왔다. 동 협정의 긍정적 특징 중의 하나는 제1조상의 재정적 기여를 구성할 수 있는 활동 및 정부관행의 유형에 관한 목록에서 보다 높은 확실성과 예측가능성을 요구했다는 점이다. 정부에 의한 '지시'(direction)의 개념범위를 확대함으로써, 본질상 사적 활동인 '회색지대'(grey area) 활동의 범위는 동 협정상의 원칙에 의해 포함될 수 있다.

허용보조금에 관해서는 다자간 합의가 이루어지기는 어려울지라도, 그러한 분류를 재구성하기 위한 노력은 필요하다. 재분류에 관한 문제에서 중점을 두는 것은 모든 WTO 회원국들에게 적용될 수 있는 포괄적인 규정을 논의하는 데 있어야 한다. 예컨대 유럽공동체는 DDA에서 환경을 보호하기 위한 보조금 문제를 제기하였다. 우루과이라운드 체결과정에서 멕시코와 같은 개발도상국은 확실한 환경정책이 허용보조금에 포함되어야 한다고 지적하고, 국내 상계조사로부터 보호받아야 한다고 주장하였다.

### 4.4.2.3 이행관련 쟁점

'SCM 협정'의 이행문제는 개발도상국들의 주요 관심 대상이 되는 중요한 쟁점사안이다. 왜냐하면 개발도상국들은 기존 'SCM 협정'상의 규정은 선진국들에 유리하게 규정되어 있고, 개발도상국들에 대한 'S&D 대우'는 부족하다고 인식하고 있기 때문이다. 개발도상국들은 동 협정의 이행문제를 계속 제기하여 왔으며, 최종적으로 2001

년에 '쟁점에 관한 결정문'이 Doha 각료회의에서 채택된 바 있다.

동 협정의 이행에 관한 결정에서 관련된 사항의 내용은 다음과 같다.[174]

첫째, 동 협정 제7부속서 (b)에서 규정하는 개발도상국 지위의 유지여부에 관한 기준에 합의하였다. 둘째, 개발도상국들의 정당한 개발목표의 달성을 위한 보조금은 허용보조금으로 보아야 한다는 개발도상국들의 제안과 관련된 것이다.[175] 즉, 개발도상국들이 지역성장, 기술에 대한 R&D 자금조성, 생산의 다각화, 환경 친화적 생산기법의 개발과 그에 따른 이행과 같은 정당한 개발목표의 달성을 위해 시행한 조치를 허용보조금으로 인정해줄 것을 요구한다. 동 문제는 해결되지 못하였으며, 'Doha 선언' para.12에서 규정하고 있는 이행 관련 쟁점에서 다룰 것에 국가들 간의 합의가 있었다. 셋째, 동 협정 제27조 5항 및 6항의 요건으로 최빈개도국들은 동 협정 제3조 1항 (a)호에 규정된 수출보조금 금지의무에서 면제되며, 개발의 필요와 욕구에 관한 한, 자국의 수출업자들을 지원할 수 있는 '유연성'을 가지고 있다는 점을 재확인한다. 넷째, 개발도상국들의 특별한 상황을 고려하면서, 보조금위원회는 수출보조금 지급금지 의무에 대한 유예기간연장 절차[176]에 따라 당해 개발도상국들에 제공되는 수출보조금에 관해 동 협정 제27조 4항에서 규정하는 유예기간을 연장할 수 있다. 더욱이 보조금위원회는 상기 유예기간의 연장요청에 대한 심의과정에서 유사한 개발단계에 있고 세계무역에서 비슷한 점유율을

---

174) 김규태, 전게논문, pp.61~62.

175) 각료회의는 지역발전, 기술개발기금, 생산다양화, 환경적으로 건전한 생산수단의 개발 및 이행과 같은 합법적인 개발목표를 달성할 목적으로 개발도상국에 의해 시행되고 있는 조치들을 허용보조금으로 취급되어야 한다는 개발도상국들의 제안을 고려하고, 동 이슈를 이행관련 쟁점(implementation-related issues and concerns)에서 다루기로 합의한 바 있다.

176) WTO, Committee on Subsidies and Countervailing Measures, Procedures for Extensions under Article 27.4 for Certain Developing Country Members, G/SCM/39 (2001.11.20).

가지고 있는 국가들이 동일한 적격프로그램에 대해 연장여부 및 연장기간 허용 관련하여 덜 우호적인 대우를 받는 것을 방지해야 한다. 즉, 동 유예기간의 연장요청을 한 개발도상국과의 관계에서 상대적 경쟁력을 고려하여, 유사한 여건을 가진 개발도상국들에 대한 유예기간 연장도 허용되어야 한다.

### 4.4.3 제27조의 의미

'SCM 협정' 제27조 4항에 따르면, "개발도상국은 동 8년의 기간 동안 가급적 점진적인 방법으로, 수출 보조금을 단계적으로 폐지한다. 그러나 개발도상국은 자국의 수출 보조금 수준에서 보조금 사용이 자국의 개발에 부합되지 아니한 경우에 규정된 기간보다 짧은 기간 내에 수출 보조금을 폐지한다. 개발도상국이 이러한 보조금을 동 8년 기간을 초과하며 적용할 필요가 있다고 판단하는 경우, 동 기간 만료 1년 전까지 위원회와 협의하며, 위원회는 당해 개발도상국의 모든 관련 경제적·재정적 그리고 개발의 필요를 조사한 후 기간의 연장이 정당한 것인지 여부를 결정한다. 이러한 결정을 하지 아니할 경우에는 잔존 수출 보조금을 최종 승인된 기간의 말부터 2년 이내에 단계적으로 폐지한다"고 규정한다. '브라질-항공기 사건'[177]에서는 동 조항의 내용상의 '불명확성'이 주요 쟁점이 되었다. 첫 번째는 적용된 보조금의 기간연장에 관한 요청에 판정기준이 명확하지 않으며, 두 번째는 수출보조금의 적절한 수준에 관한 합의가[178] 부

---

177) WT/DS46/R, para.7.56.

178) 브라질은 지난 5월 제네바에서 개최된 제2차 규범협상그룹 회의에서 수출신용에 대한 제안서를 제출하였다. (TN/RL/W/5) 수출신용은 도하 각료회의에서도 제기되었던 것으로, 개발도상국에게는 매우 중요한 사항이나, 이와 관련된 WTO 규정은 국제경제환경이 현재와는 상이한 시기에 마련된 것으로 WTO 회원국들에게 공정한 경쟁기반을 조성하지 못하고 있

재하기 때문에 그 기준을 설정하는 데 객관성이 결여될 수 있다. 세 번째는 동 규정에 관한 동 협정상의 지위에 관한 쟁점이다. 개발도 상국에 대한 'S&D 대우'를 일반규정의 예외규정으로 보아야 하는지 여부이다. 동 사건에서 캐나다는 제27조 4항의 개발도상국에 대한 'S&D 대우'는 동 협정상의 일반규정의 예외로 인정되어야 한다고 주장하였다. 이에 대해 동 사건패널은 제3조 1항의 금지보조금과 제 27조상의 'S&D 대우'의 관계는 일반규정과 예외규정으로 구성된 것 이 아니라고 판정하였다.[179] 보조금의 적절 수준에 관한 판정기준이 분쟁 사례별로 국가들의 기준제안에 따라 상이한 판정이 될 수 있다 는 점에서 개발도상국에 대한 보조금 허용범위에 관한 보다 명확한 규정이 필요하다. 즉, 기존 규정의 보조금 허용은 선진국의 제시기준에 따른 보조금 허용범위의 적절한 수준이 결정될 수 있다는 가능성이 배 제될 수 없다. 보조금 협정상의 'S&D 대우'는 법적 구속력이 약한 연 성법으로 적용되기 때문에, 실질적 이행의 법적 근거로 활용하는 것이 용이하지 않다. 이는 개발도상국의 보조금 지급의 정당성 여부와 보조 금 허용 인정범위가 선진국의 제시기준에 따라 상이할 수 있는데, 현 재 이를 판별할 적정한 기준이 없다는 한계를 갖는다. 즉, 실질적 이행

---

다고 브라질은 주장하였다. 브라질이 제안서에서 제시한 구체적인 고려사항은 다음과 같다. 'SCM 협정' 제1부속서 (j)항을 그대로 적용하면, 회원국 간의 경제적 수준 및 국가신용등급 이 낮은 국가들에게 불리한 결과를 야기할 것이라고 브라질은 지적하였다. 또한 동 협정 제1부속서 (k)항에서 실질적 우위가 부여되었는지를 제대로 고려하지 않고, 낮은 신용등급 을 가진 개발도상국에게 시장이자율을 적용하는 경우에도 보조금 수혜가 있는 것으로 판단 될 여지가 높다고 주장하였다. 이러한 브라질의 제안에 대해 아르헨티나, 인도, 칠레, 콜롬 비아 등은 브라질이 개발도상국을 위한 공정한 경쟁기반을 조성하기 위해 올바른 방향으로 제안을 하고 있다고 평가하고, 개발도상국에게 유리한 환경이 조성될 필요성이 있다고 주 장하였다. 특히, 인도는 개발도상국에게 수출신용을 2년 이하 한시적으로 허용하는 방안에 대해 고려할 것을 제의하였고, 칠레는 경쟁측면에서 보조금에 의해 개발도상국에게 불리한 시장왜곡이 발생하는 것을 방지해야 한다고 발언하였다. 또한 콜롬비아는 국가신용 등급의 차이에 따른 결과에 대해 제재하는 것은 개발도상국 수출 자체를 제재하는 것이라고 지적 하였다. 강문성, "OECD 수출신용약정 개정작업과 WTO 보조금 협정", 『OECD Focus』 (2002.11), pp.85～86.

179) WT/DS46/R, para.7.61.

을 가져올 수 있는 법적 의무로서 인정되지 않고 있다는 선언적 협력 규정에 불과하다. 더불어 'S&D 대우'가 실질적 공정성에 근거한 규정의 적용과 판정의 결과를 기대할 수 있는 것이 아닌, '정치적 고려'에 근거한 결과가 나올 수도 있다는 우려를 배제할 수 없다.

동등하지 아니한 국가들 간의 형평한 대우를 고려한 'S&D 대우'의 본래의 취지에 비추어 볼 때, 실질적 공정성을 확보하는 데 요구되는 실질적 평등의 관념에서의 형평원칙이 고려되지 않았다는 점은 동 협정상에 포함된 'S&D 대우'가 개발도상국의 실체적 권리로써 인정되지 않고 있음을 의미하는 것이다. 법적 강제성을 부여하는 것만이 규범적 성질을 갖고 있다고 단정 지을 수는 없지만, 적어도 분쟁의 법적 근거로 적용될 수 있는 규정이라면 분쟁해결과정에서 규정상의 법적 효과가 긍정되거나 예견될 수 있어야 한다. 'S&D 대우' 규정상 이행의 근거가 불충분하다는 점은 개발도상국의 개발목표를 실현하는 데 요구되는 무역요건의 수용이 제대로 이루어지지 못한 것이라 볼 수 있기 때문에, 이를 해결할 수 있는 대안이 요구된다.

### 4.4.4 허용보조금의 쟁점

'1994년 GATT' 제18조는 일정한 조건하에서 개발초기 단계에 있는 국가들의 특정한 산업을 보호하기 위하여 보호조치를 취하는 것을 허용한다. 동 규정에 의하면 개발도상국은 유치산업으로 특화된 산업을 일정한 보호조치 기간을 설정하여 일정 수준에 이를 때까지 자국 산업을 육성할 수 있는 법적 근거가 확보된 것이라고 볼 수 있다. 하지만 'SCM 협정'에서는 개발도상국이 '1994년 GATT' 제18조상 '보호무역조치'를 사용하는 것을 제한한다. 개발도상국에 대한

'S&D 대우'로 적용되는 동 규정의 제한은 '수출보조금'과 '수입대체 보조금'의 금지조항과 충돌하기 때문이다. 다만 특정성을 가진 보조 금의 유형 중에서 동 협정 제8조의 허용가능보조금에 해당하는 연구개발, 낙후지역의 개발, 환경보호 등에 관한 보조금의 지급은 일정한 조건을 충족하는 경우에 허용한다. 이들 세 보조금의 운용에 대해서 각기 다른 상세요건이 있으나, 동 협정상 규정된 허용보조금 은 WTO회원국 정부들이 사실상 경제개발 등의 목적으로 시행하는 다양한 지원정책의 정당성을 확보하기 위한 수단으로 사용되어 왔다. 동 조에 해당하는 보조금의 경우에는 특정성도 존재하고 상대방 국가에게 부정적 효과를 초래하여도 WTO 분쟁해결기구에 제소하 거나 상계조치를 부과할 수 없다.

구체적으로 우선 연구개발에 관한 보조금은 새로운 기술이나 새로운 제품, 또는 새로운 생산 공정의 개발 등 연구개발을 장려하는 것을 목적으로 한다. 그런데 혁신기술의 연구개발은 선진국에서 주로 이루어지는 것으로 개발도상국의 경제개발을 위한 지원과는 다르다. 즉, 개발도상국은 선진국의 기술이전을 통한 개발이 중요하기 때문에 선진국과 개발도상국에 공정하게 적용되는 규정이 되기 위해서는 기술개발에 대한 보조금 지원 및 기술이전에 대한 재정지원 연계를 고려하는 것이 요청된다.

다음으로 동 협정 제8조 2항(b)호는 일정한 조건하에서 환경보조 금 지급을 허용하고 있다.[180] 동 조항의 개선방안으로서 다음 사항

---

180) 상세한 규정내용은 다음과 같다. "기업에 대한 보다 많은 제약과 재정적 부담을 초래하는 법 및 또는 규정에 따라 부과된 새로운 환경요건에 기존시설의 적응을 촉진하기 위한 지원 을 허용하고 있다. 동 지원은 (i) 일회적인 비반복적인 조치이어야 하는 지원대상 투자의 대체 또는 운영비용을 보전할 수 없으며, (ii) 적응비용의 20%를 초과할 수 없으며, (iii) 기업이 부담해야 하는 지원 대상 투자의 대체 또는 운영비용을 보전할 수 없으며, (iv) 기업의 공해 및 오염의 감축계획에 직접적으로 연계되고 그에 비례하여, 달성될 수 있는 제조비용의 절감을 보전하지 않으며, 그리고 (v) 새로운 설비 및 생산공정을 채택할 수 있는

을 고려해볼 수 있다. 동 협정은 기존시설의 '새로운' 환경요건에 대한 적응비용의 지원을 허용하고 있으나 '기존' 환경요건에 대한 적응비용의 지원을 추가로 허용할 수 있다. 예를 들면 환경친화적인 산업에 대한 조세감면조치나 저리융자를 활용할 수 있다. 개발도상국의 경우 환경악화속도가 가속화될 수 있으므로 선진국에 비하여 적극적인 환경보조금이 요구될 수 있어 개발도상국의 경우 환경보조금의 상한선을 선진국에 비하여 높이 설정하는 것이 바람직하다.[181]

동 협정 제8조 허용보조금 조항에 관해서는 DDA 협상에서 연장여부에 관해 논의가 이루어진 바 있으나, 현재 논의가 거의 이루어지지 않고 있다. 2006년 7월 24일부로 DDA 협상이 잠정 중단되면서 논의의 진전이 없었고, 이후 DDA 협상이 공식적으로 재개되었음에도 허용보조금에 관한 협상이 원활히 이루어지지 않고 있다. 허용보조금 만료 이전에 연장 합의를 위해 이루어졌던 협상에서 미국 등 일부 국가들이 연장 동의를 하는 등 협상에 적극적인 모습을 보였으나, 이에 대한 대가로 인도, 브라질 등의 개발도상국들이 강조하는 'S&D 대우'의 확대 요구가 받아들여지지 않아 연장에 대한 합의가 이루어지지 않았다.[182] 이후 DDA 협상에서도 이러한 선진국과 개발도상국 간의 의견대립을 보였다. 특히 DDA 협상에서 말레이시아, 베네수엘라, 쿠바 등 개발도상국들은 개발도상국 및 최빈개발국의 개발목표를 위한 보조금을 허용보조금으로 인정해야 한다고 주장한다.

결론적으로 개발도상국의 개발목표 및 경제개발을 위한 국내 보조금지급은 'SCM 협정'상 일정한 범위 내에서 허용이 가능하도록 합의가 이루어져야 할 것이다. 개발도상국의 보조금 지급은 상대방 국가

---

모든 기업이 이용 가능해야 한다."

181) 윤주한, "WTO 보조금협정의 개선방향에 관한 연구", 『기업법연구』 (제9집, 2002.4), pp.252~253.
182) WTO, Minutes of the Regular Meeting Held on 1-2 November 1999, G/SCM/M/24 (26 April 2000).

의 수입상품에 차별을 구성하는 위법한 조치가 아닌, 상대적으로 열악한 환경에 놓여 있는 자국의 산업을 육성하거나 개발하기 위한 것으로 보다 공정한 대우를 보장하기 위해 허용되는 것으로 보아야 한다. 즉, 실질적 공정성을 확보하기 위한 측면에서 'S&D 대우'의 제공이 요청된다. 이것은 동 협정상 보조금 지급의 위반조치에 따른 불공정한 결과를 시정하기 위해 부과하는 보복조치의 허용여부에 관한 규정의 형식적 해석에 의한 것과는 상이한 관점에서 접근되어야 한다.

## 4.5 반덤핑관세협정

반덤핑조치의 목적은 국내 산업의 보호에 관련되어 있기 때문에, 경제적 이유가 분쟁의 주요 쟁점이 된다. 일방 국가의 산업보호를 위한 보호주의적 압력에 대한 대응으로 그러한 조치가 적용될 수 있기 때문에, 국내 경제적 사정은 정치적 수단으로 간주될 수 있다. '반덤핑관세협정' 제15조는 개발도상국에 대한 'S&D 대우'를 규정한다. 동 규정에 따르면, "반덤핑조치의 적용에서는 개발도상국의 특별한 상황에 관해 선진국의 특별한 고려가 있어야 한다는 것을 인정한다. 반덤핑관세의 적용이 개발도상국의 본질적 이익에 영향을 미치게 될 경우, 반덤핑관세를 적용하기 이전에 건설적인 구제(constructive remedies)의 가능성이 강구된다"고 규정한다. 동 규정에서 '개발도상국의 특별한 상황(special situation)에 대한 특별한 고려(special regards)'는 적절한 수준에 관한 구체적인 언급이 없고, 선언적인 의미로 사용된 문구로 간주될 수 있다. 즉, 법적 구속력을 가진 의무규정으로 적용될 수 없다는 한계점이 있다. 불명확한 용어의 사용과 운용상의 지침이 존재하지 않기 때문에 개발도상국은 동 규정으로부터 실질적인 효과를 얻어낼 가능성이 낮다. EC-Bed Linen 사건[183])에서 인도의 주장은 동 협정 제15조에 따라 반덤핑조치를 부과하기 전에 자국의 특별한 상황을 고려하지 않았다고 주장한 바 있다.[184) 구체적으로 '건설적인 구제의 가능성'이 의미하는 바에 관한 검토의무를 EC는 이행하지 않았다고 비판하였다. 실제로 동 규정의 '건설적인 구제의 가능성'에 관한 구체적인 예시조항이 없기 때문에 이에 대한 의무위반 판정을 할 수 있는 근거가 명확하지 않다. 동 사건의 패널은 EC가 인도의 침구류(bed linen) 수출품에 관한 개방적인 태도로 반덤핑조치를 부과하기에 앞서 건설적인 구제가능성에 관한 적극적인 고려가 있었는지에 관한 판정에서 일반적인 반덤핑조치를 적용할 때와 유사한 방식으로 결정하였다. 또한 건설적인 구제가능성에 관한 가능성에 관한 충분한 검토가 이루어지지 않았다고 판시하였다.[185) 하지만 동 사건에 관한 패널 판정의 중요한 요지는 '건설적인 구제가능성의 강구'에 관한 적용의 결과는 반덤핑조치의 부과 전에 이행여부를 결정한 것이지, '특별한 결과'(particular outcome)의 도출을 의미하는 것은 아니라고 밝혔다. 즉, EC의 의무는 적극적인 구제가능성에 관한 검토에 불과한 것이지, 건설적인 구제가능성에 관한 구체적인 해결방안이 도출되도록 해야 하는 의무를 부과하는 것은 아니라고 볼 수 있다. '미국-Steel Pale 사건'에서도 EC-Bed Linen 사건[186)의 EC 주장과 유사하게, 미국은 제15조의 개발도상국에 관한 특별한 고려는 법적 의무가 부과되지 않은 것이며, 선언적 의무규정에 따른 특별한 결과의 도출도 강제하지 않는 것이라고 주장하였다. 패널은 제15조상의 '특별

---

183) WT/DS141/R.

184) *Ibid.*, para.6.19.

185) *Ibid.*, para.6.238.

186) WT/DS206/R.

한 고려'에 따른 이행의 근거가 불충분하기 때문에 특정한 내지 일반적인 의무를 부과하는 것으로 볼 수 없다고 판시하였다.[187] 동 조항은 개발도상국의 이익보호를 위한 선진국의 실효적 이행을 확보하기에 충분하지 못하며, 특별한 고려에 관한 구체적 예시조항이나 운용지침이 마련되어야 한다. 특히 개발도상국에 대한 '특별한 고려'(special regards)에 따른 특별한 결과(particular outcome)를 발생시켰는지 여부에 관한 판정의무를 인정하고 있지 않다는 점은 관련 규정의 규범적 효력이 약하다는 것으로 간주될 수 있다.

## 4.6 기술장벽협정

### 4.6.1 입법 목적

통상질서에서 기술규제를 통한 자의적 운영을 통제하고자 하는 비관세장벽에 관한 축소 노력은 1960년대부터 시작되었다고 볼 수 있다. 1979년 도쿄라운드 협상에서 가장 중요하게 다룬 쟁점이 '기술무역장벽'(technical trade barrier)에 관한 논의이다. 관련 협상의 결과로 무역 및 기술규제에 관한 '표준화 협정'(Standards Code)이라 하는 최초의 기술무역장벽협정이 복수국 간 협정(plurilateral agreement)으로 채택되었다.[188] 도쿄라운드 이후 기술장벽에 관한 국제무역분쟁은 급격히 증가하면서 기존 협정상의 문제점을 개선할 필요성이 요구된다. 그 후 우루과이라운드 무역협상에서 기술무역장벽에 관한 국가들

---

187) *Ibid.*

188) 공식명칭은 '무역기술장벽협정'(Agreement on Technical Barriers to Trade)이며, 1980년 1월에 발효되었다. Agreement on Technical Barriers to Trade, reprinted in GATT, BISD 26th Supp., (1980), p.8.

의 의무강화를 중점적으로 논의하였다.[189] 동 협상에서 채택된 'TBT 협정'은 각국의 '기술규정'(technical regulations)과 '적합성 평가절차'(conformity assessment procedures)의 투명성 및 명료성을 제고하고, 국제표준과 조화를 추구하려는 데 주요 목적을 가진다. 특히 동 협정의 규정이 차별적 대우를 정당화할 수 있는 요건이 될 수도 있다는 점에서 기술규정의 개념과 적용범위에 관해 명확성을 요구하는 것이다. 왜냐하면 'TBT 협정'은 기술무역장벽의 개념을 규정하지 않는다. 다만 제1조와 부속서 I에서 적용범위에 관한 내용을 위주로 명시한다. 이는 '1994년 GATT'와의 관계를 고려하여 동 협정의 목적을 한정하려는 의도 때문이다.[190] 동 협정 부속서 제1조 1항에 의하면, "기술규정은 적용 가능한 행정규정을 포함하여 상품의 특성 또는 관련 PPMs을 포함하는 의무적(mandatory) 성격을 가진 문서"로 규정한다. 기술규정과 동일한 용어로 간주되지 않는 표준(standards)은 부속서 제1조 2항에서 "규칙이나 지침 또는 상품의 특성 또는 관련 PPMs를 공통적이고 반복적인 사용을 위하여 규정하는 문서로서, 인정된 기관에 의해 승인된 비강제적 혹은 자발적(voluntary) 문서"로 규정한다. 즉, 보호주의와 정당한 보호 간의 경계를 명확히 설정해야 할 필요성과 무역제한효과의 발생을 방지하는 차원에서 기술규정과 표준이 적용되어야 한다.[191] 다시 말해 'TBT 협정'의 목적은 기술규정을 철폐하는 것이 아닌, 무역제한효과의 가능성을 완화하는 데 있다.

또한 'TBT 협정'은 기술규정과 자발적 표준(voluntary standards)의 사용으로 '1994년 GATT'의 목적을 증진하는 데 방해하지 않도록, 그

---

189) 최승환, 전게서, p.257.

190) 'TBT 협정' 제1조 3항.

191) Erich Vranes, *Trade and the Environment: Fundamental Issues in International Law, WTO Law, and Legal Theory* (Oxford: Oxford University Press, 2009), p.286.

리고 국제표준과 적합판정제도가 생산능률을 향상시키고 국제무역의 수행을 원활하게 할 수 있도록 장려함을 목적으로 한다. 이와 관련하여 동 협정 전문에서는 국제표준의 개발과 적합판정제도의 중요성을 인정하고, 기술규정 및 기술표준의 적합성 여부를 판정하는 절차가 국제무역에 불필요한 장애가 되지 않도록, 제 기준에 관한 합의를 보장하는 내용을 명시한다. 아울러 특정제품의 규격이나 표준(형태·품질·성능·안전·치수·포장·표시)은 인간이나 동식물의 생명 및 건강보호, 소비자의 이익보호, 환경보호 등을 위하여 제정·운용되나, 특정국가의 표준이 국제적으로 널리 통용되고 있는 것보다 필요 이상 엄격하거나 수입상품에 대하여 차별적으로 엄격하게 적용되면 결과적으로 무역왜곡효과를 가져올 수 있다.[192] 따라서 개별국가의 예외적 무역규제가 허용되는 경우에도 정당한 목적을 달성하는 데 필요한 것 이상으로 무역을 규제하는 것을 허용하지 않는다.[193]

## 4.6.2 S&D 대우에 관한 규정

### 4.6.2.1 특별한 고려

환경보호를 위한 기술규정이 관련 국제표준에 부합되는 경우 국제무역에 불필요한 장애를 초래하지 않는다고 추정된다. 국제표준이 존재하지 않거나, 근본적인 기후적·지리적 요인이나 근본적 기술문제 때문에 관련 국제표준이 정당한 목적을 달성하는 데 부적절하

---

192) 최승환, 전게서, p.682.

193) 'TBT 협정' 제2조 2항; '미국-새우/바다거북 사건'에서, '1994년 GATT' 제20조에 의해 친환경적 기술이전에 관해 비차별적 노력이 정당화될 수 있다는 판결이 있었다. 미국의 '노력의 수준에서의 차별성'(difference in the levels of effort)이 부당하다고 항소기구는 판정하였다. 유사한 상황은 기후 친화적 기술의 적용에 관한 기준을 규정하는 것과 그러한 기술을 사용하지 않은 상품에 관한 상품의 차별의 판정에서 유사한 판정기준이 고려될 수 있다.

거나 비효과적인 경우에는 자국의 표준을 채택할 수 있다.[194] 다만 이 경우 당사국은 관련국가에게 자국이 채택하려는 표준의 '목적과 합리적 이유'를 통고·설명하고, 이에 대해 논평할 기회를 관련 국가에게 부여하고, 논의결과를 고려하는 등 동 협정상의 요건을 준수하여야 한다. 문제는 선진국에 비해 개발도상국은 타방국가의 기술규정과 기술표준에 대한 접근성이 떨어지며, 적절한 수준의 정보수집 능력을 보유하고 있지 않은 경우가 많다는 것이다. 이와 관련 동 협정상 기술규정 및 표준의 적용은 상이한 두 가지 방식으로 운용되어야 한다고 주장한 바 있다. 기술규정의 변화를 주도할 수 있는 국가들 간의 적용, 그리고 일정수준에서 현 기술규정의 준수가 가능한 국가들 간의 기술규정 적용은 달리해야 한다.[195]

이와 관련하여 동 협정에서 상이한 기술수준의 차이에 따른 기술규정 및 표준의 적용에 유연성을 부여하기 위해서, 개발도상국과 상호 합의된 조건에 따라 '기술 원조를 공여한다'고 규정한다.[196] 또한 개발도상국에 대한 '차등적이고 보다 유리한 대우를 제공한다'고 규정한다. 구체적으로 개발도상국의 특별한 개발, 재정 및 무역상의 필요를 고려하고, 자국의 개발, 재정 및 무역상 필요에 적합하지 아니한 국제표준을 사용할 것이라고 기대하지 않는다는 기술규정 적용상의 예외규정이다. 그러나 동 규정상 '특별한 고려'(special consideration)가 구체적으로 어떠한 내용을 포함하고 있는지는 불확정적이다. '상호적 합의조건에 따른' 지원은 선진국의 공여자 입장에서 제공하지

---

194) 'TBT 협정' 제2조 4항, 5항.

195) Report of the Special Meeting of the Committee on Technical Barriers to Trade Held in Accordance with the Decision of the Contracting Parties at the Fortieth Session Regarding MTN Agreements and Arrangements, GATT, TBT/20 (May 21, 1985), p.1.

196) 'TBT 협정' 제11조.

않으면 그 실효적 이행이 확보될 수 없다는 한계점이 지적된다. 더욱이 그러한 'S&D 대우' 관련 규정의 내용은 '실체적 요건'으로부터 면제를 향유할 수 있다고 명시되어 있지 않다.

### 4.6.2.2 기술지원의 필요성

TBT협정상의 기술규정 및 표준 준수에 관한 문제는 개발도상국의 이익보호와 연계성을 가진다. 왜냐하면 수입국가의 기술규정 내지 표준의 적용이 개발도상국의 상품 시장접근 기회를 제약하거나 차단할 가능성을 가지고 있기 때문이다. 예컨대 개발도상국은 선진국의 시장진입을 위해서는 수입국의 규제기준에 부합하는 요건을 이행해야 하는데, 이러한 요건의 충족은 조정비용을 수반하게 된다. 또한 개발도상국의 법·제도적 취약성은 수입국의 적합성 평가요건을 충족하는 데 중대한 문제를 가져온다. 예컨대 환경, 건강, 안전 기준에 관한 정보의 취약성과 개발도상국 정부의 능력부재는 수입국의 규제조치에 관한 적당한 대응이 불가능할 수 있기 때문이다.

더욱이 환경보호에 관한 국제적 관심을 반영하는 환경 라벨링 (eco-labelling) 제도는 무역마찰을 일으킬 수 있는 주요 쟁점이 되고 있다. 환경 라벨링 제도 관련 개발도상국의 수출에 미치는 영향의 정도와 규제의 비용·편익 분석에 관한 국제적 합의가 없기 때문에 심각한 수출장애가 될 수 있다. 예컨대 EU는 포장이 재활용에 적합한지에 관한 의무적 라벨을 부착할 것을 제안한 바 있다. 그러한 규제는 국제기준과는 다르고 시장성격에 따라 달리 적용될 수 있다. 개발도상국은 'TBT 협정'상 의무를 충족하기 위한 국제표준 및 개별 국가의 규제에 관한 정보를 취득할 수 능력이 선진국에 비해서 부족하다. 시애틀 각료회의 이후부터 개발도상국들은 그러한 문제에 우선적인 관심을 보여 왔다. 이와 관련 수입제한에 따른 무역이익을 훼손하지 않기 위해서는 환경기준 및 기술규제, 적정성 평가를 이행하는 데 기술이전 및 협력의 필요성을 주장한다. 즉, 개발도상국이 기술규정과 표준, 기술규정 및 표준에의 적합성 판정절차를 제정하고 적용함에 있어서 특별한 어려움에 직면할 수 있다는 점을 인정하고 지원의 필요성을 강조하는 것이다.

한편 환경과 개발에 관한 UNCTAD의 연구는 개발도상국 생산자가 해외시장에서 요구되는 환경표준을 준수하려는 경우, 선진국보다 더 많은 적응비용을 지불해야 한다는 점을 지적한다.[197] 개발도상국은 사회기반시설에 대한 투자가 충분히 이루어지지 않고 있기 때문에, 사회적 간접비용이 민간기업의 적응비용 안에 포함되어야 한다.[198] 이러한 비용측면의 고려와는 별도로 그러한 규정 내지 표준을 충족하는 데 필요한 기술과 투입물도 쉽게 구할 수 없는 경우가 많고, 행정기반 구조의 열악함은 상품표준이나 관련 규정에 관한 정보의 취득을 어렵게 만드는 요인이 된다.[199] 특정국가에 적용된 기술규정과 표준은 관련 국제기구에 의해 특정화된 규제와 기준보다도 엄격하고 합법적인지의 여부도 불명확하다. 또한 이러한 기준과 규제의 변경이나 개정은 개발도상국이 변화하는 요건을 충족하거나 적응하기 어렵게 만드는 원인이 된다. 따라서 동 협정상의 기술규정 내지 표준 준수와 관련하여, 개발도상국에 대한 'S&D 대우'의 실질

---

197) UNCTAD, Effects of Environmental Policies, Standards and Regulations on Market Access and Competitiveness with Special Reference to Developing Countries, including with Least Developed Among them, and in the light of UNCTAD Empirical studies, Environmental policies, trade and competitiveness: conceptual and empirical issues, report by UNCTAD Secretariat prepared for the UNCTAD Ad Hoc Working Group on Trade, Environment and Development, TD/B/WG.6/6 (March 1995).

198) Ibid.

199) Ibid.

적 이행을 위한 방안이 마련되어야 한다.

## 4.7 지적재산권협정

### 4.7.1 의의

지적재산권에 대한 통상관련 문제가 처음으로 제기된 것은 도쿄라운드 협상에서 상표권을 침해한 위조상품에 관한 규제를 논의하면서부터 시작되었다. 하지만 동 라운드에서의 협상은 성공적이지못하였다. 하지만 1980년에 국제경제의 상황이 악화되면서, 각국의경기침체와 무역불균형에 따른 새로운 무역규범의 출범이 필요하게되었다. 우루과이라운드 협상이 개시된 이후 2년 뒤, 캐나다 몬트리올에서 협상 상황을 검토하기 위해서 협상지침에 관한 논의가 진행되었다. 하지만 지적재산권 관련 선진국과 개발도상국 간의 대립으로 관련지침이 마련되지 못하였다.

선진국들은 자국의 기업경영이 만연된 상품위조관행 및 지적재산권의 부적절한 보호로 인해 야기된 문제들로 위협받고 있다는 주장을 강력히 제기하였다. 반면, 개발도상국들은 선진국들에 의한 지적재산권의 과보호로 최신기술로의 접근이 차단될 수도 있다는 우려를 나타내며, 자신들의 사회적 욕구와 개발 필요가 지적재산권 소유자의 이익 못지않게 중요하다고 반박하였다.[200]

이후 지적재산권에 대한 실체적 권리보호 수준을 포함하는 포괄

---

200) J. C. Ross, TRIPs, in T. P. Stewart(ed.), *The GATT Uruguay Round: A Negotiating History*(1986~
1992), (Kluwer Law and Taxation Publishers, 1993), pp.2267~2268; 고준성, "WTO/GATT체
제에 있어서 개발도상국에 대한 특별대우", 전게논문, p.146.

적인 내용을 담은 협상(안) 논의에서 미국, EC, 일본, 캐나다를 중심으로 협상내용에 관한 합의가 도출됨에 따라,[201] 최혜국대우, 내국민대우, 최소기준보호를 주요원칙으로 하는 'TRIPS 협정'이 채택되었다. 'TRIPS 협정' 채택의 목적은 무역자유화라는 WTO법의 기본취지에서 통상규제를 위한 법적 보호에 기초한다. 국제 지적재산권 관련 협정에서 유일하게 최혜국대우원칙을 도입한 것은 동 협정이 비교적 큰 반발 없이 수용된 중요한 이유가 되었다.[202] 지적재산권 관련 국제협약에서 최혜국대우 규정이 도입된 사례가 없었다는 점을 감안하면, WTO 협정상 일괄적인 지적재산권 보호 의무를 최혜국대우 차원에서 적용하려는 시도는 중요한 발전이었다고 할 수 있다.[203] 동 협정 제4조는 "지식재산권 보호와 관련, 일방 국가에 의해 다른 국가의 국민에게 부여되는 이익, 혜택, 특권 또는 면제는 즉시 그리고 무조건적으로 다른 모든 회원국의 국민에게 부여된다"고 규정한다. 동 규정은 지식재산권이 교역상품에 체화된 국제경쟁력을 결정하는 요인이자 무역의 중요한 대상으로 인식됨에 따른 것이다. 하지만 개발도상국들은 특정 선진국과 합의한 우대조치[204]를 타방 국가로까지 확대될 수 있는 경우를 들어, 동 원칙 적용에 반대의사를 표명하였다.[205]

한편 상호거래 활성화를 통해 호혜적인 무역상 혜택을 추구하는 상품무역이나 서비스무역과는 다르게, 'TRIPS 협정'은 회원국 간 시

---

201) 특허청, 『WTO TRIPS 협정 조문별 해설』 (2004), pp.11~17.

202) 안덕근, "WTO체제 거버넌스의 구조적 문제점과 개선방안 분석", 『통상법률』 (통권 제97호, 2011.2), pp.185~186.

203) 안덕근, 상계논문, pp.185~186.

204) 동 협정 제4조의 우대조치는 회원국 간의 양자 간 혹은 다자간 협약에서 발생하는 모든 특혜를 포함하는 개념으로 이해된다.

205) 특허청, 『WTO TRIPS 협정 조문별 해설』, 전게서, p.42.

장접근 확대를 통해 상호 간 무역상 혜택을 기대하는 목적을 달성하기 위한 것은 아니다. 구체적으로 제1조 1항에서 자국의 법을 통해서 동 협정상에서 요구하는 수준 이상의 광범위한 보호를 실시할 수 있고, 자국의 고유한 법 제도 및 관행 내에서 동 협정상의 제 규정의 적절한 이행방법을 자유롭게 설정할 수 있다고 규정한다. 이는 동 규정의 기준은 최소기준을 설정하는 것으로, 동 협정상 기준보다 높은 수준의 보호를 국내법에서 규정하도록 재량을 허용한 것으로 이해할 수 있다. 하지만 이러한 기준적용은 일반적인 무역협정의 원칙을 도입하거나 적용하기에는 어려운 문제가 제기된다. 즉, 내재적으로 이질적인 특성을 가진 'TRIPS 협정'의 일방적 지적재산권 보호기준을 강화하는 것이 WTO법의 목적인 복리증진과 직접적인 관련성이 있지 않기 때문이다.[206] 또한 'TRIPS 협정'의 경우 시장개방과 관련한 무역협상과는 완전히 유리된 규범협상만이 진행되는데, 대부분의 경우 강화된 지적재산권 보호기준은 개발도상국에게만 일방적으로 이행부담을 불균형하게 발생시키는 문제를 초래할 수 있다.[207]

## 4.7.2 기술이전관련 규정의 목적

### 4.7.2.1 제7조의 법적 성격

WTO법의 중요한 목적은 무역과 경제성장을 증진하는 것이다. 'TRIPS 협정' 전문에서 국제무역의 왜곡과 방해를 줄이고, 국제기술이전의 증진을 이루어야 하는 것을 언급한다. 최소기준에 의해 제공되는 효과적이고 충분한 지적 재산권 보호는 동 협정의 목적을 달성

---

206) 특허청, 전게서, p.42.
207) 상게서, p.42.

하기 위한 수단이다. 또한 지적 재산권의 권리를 강화하기 위한 조치와 절차는 무역을 합법화하는 데 장애가 되지 않는다는 것을 전제로 한다. 더불어 동 협정 전문에서 "개발 및 기술 목표를 포함한 지적 재산권 보호를 위한 국가적 제도의 기본 공공정책 목표를 인정하고"(the underlying public policy objectives of national systems for the protection of intellectual property, including developmental and technologies objectives), 저개발국에 대한 유연성 부여의 필요성을 강조한다. 그러므로 동 협정 전문에서 기술이전에 관한 직접적인 언급이 없어도 간접적으로 이러한 행위를 촉진하는 것으로 해석할 수 있다. 이러한 취지는 동 협정 제7조에서 명확히 하고 있다. 'TRIPS 협정' 제7조는 개발도상국의 이해를 고려하도록 고안된 규정이다. 즉, 지적재산권 보호는 협정의 채택을 추진했던 선진국뿐만 아니라 개발도상국에게도 유익해야 하는 것이다. 제7조는 명확하게 지적 재산권의 보호만이 동 협정의 목적이 아니라는 것을 명시하는 것으로 볼 수 있다. 지적 재산권의 보호와 강화는 기술의 이전과 확산으로 사회적·경제적 복지증진의 목적에 기여해야 하는 것이다. 동 협정에서 사용된 'should'는 제7조가 재량조항이라는 것을 의미하는 것이 아니다. 당사국들은 기술이전과 확산의 촉진에 효과적으로 기여할 수 있는 방식으로 'TRIPS 협정'의 의무를 이행해야 하는 것이다. 제7조는 동 협정상 규정해석을 위한 지침을 제공하는 것으로 보아야 한다.

## 4.7.2.2 제8조의 지원이행 구체화

제7조와 더불어 제8조도 선언규정의 형식으로 도입되었다. 동 규정에서 언급된 원칙과 목적은 유예기간, 기술지원의 약정 등의 이행을 지원하는 것으로 구체화시킨다. 그러한 내용은 개발도상국 측의

협정초안에 포함되어 있던 내용이었기 때문에 선진국의 거센 반발을 가져오기도 하였다.[208] 그 이유는 선언적인 규정이지만, 동 협정상의 전반적인 권리에 대한 예외규정을 확대하기 위한 근거조항이될 수 있다는 점에 있었다. 즉, 선진국들은 동 규정상의 발동요건을 제한하기 위한 목적에서, 결국 1991년 소그룹 협의(Small Group Consultation)결과로 "동 협정의 규정과 일치하는 범위 내에서"(provided that such measures are consistent with the provisions of this Agreement)라고 규정한 것이다.[209] 개발도상국이 지적재산권 협정을 통해 얻고자 하는 것은 외국인 투자를 활성화시키고, 국내 혁신을 유도할 수 있는 유인이 되도록 장려하는 것이다. 또한 지리적 표시의 보호를 통해 이익을 얻고자 하는 것이다. 하지만 시간이 지남에 따라 개발도상국들은 예상했던 것과는 다르게 어려움에 봉착하게 되었다.[210] 유예가 허용되는 기간은 짧았고, 외국인 투자가 희박하다는 논거를 제기한다. 또한 동 규정의 제2항에서 "원활한 기술이전을 제한하는 관행을 억제하기 위한 적절한 조치(appropriate measures)를 취할 수 있다"고 규정하고 있는데, 부당한 라이센스 계약 취소, 강제실시권과 같은 조치를 그 예로 들 수 있으나,[211] 동 규정상의 조치에 관해서도 동 협정의 규정과 일치하는 범위 내에서만 가능하다는 제한규정에 양립하지 않아야 한다는 한계가 있다.

---

208) 특허청, 『WTO TRIPS 협정 조문별 해설』, 전게서, p.56.

209) 상게서, p.56.

210) Robert D. Anderson and Hannu Wager, "Human Rights, Development, and the WTO: The Cases of Intellectual Property and Competition Policy," 9 *Journal of International Economic Law* 707, 2006.

211) 특허청, 전게서, p.57.

### 4.7.3 기술이전 촉진에 관한 규정상의 문제점 및 논의의 필요성

#### 4.7.3.1 유연성 제고

동 협정은 기술이전을 증진하고 촉진하는 데 법적인 틀을 형성하는 것이다.[212] 즉, 선진국에서 개발도상국으로의 기술이전의 촉진을 장려하기 위한 목적을 포함한다. 동 협정의 해석방향은 이러한 취지를 충분히 고려해야 한다. 동 협정에 관한 'Doha 선언' para.5(a)는 동 협정의 각각의 조항은 동 협정 전체의 목적과 원칙들을 고려하여 해석되어야 한다고 언급한다.[213]

하지만 기술이전의 증진을 위한 방식은 동 협정상에서 유연성에 관해 적용되는 방식에 따라 좌우될 수밖에 없다. 이러한 이유에서 기술이전에 관한 선진국의 의무의 적절한 이행은 중요한 역할을 수행해야 할 것이다. 특히 국제사회에서 기후변화에 관한 논의가 활발한 가운데, 기후변화관련 환경기술이전과 관련하여 동 협정과의 긴장관계가 조성될 수 있다는 우려가 제기되었다.[214] 현재까지는 동 협정상의 유연성을 적용한 경우가 WTO에 제소된 경우는 없는 것으로 보인다. 하지만 유연성 확보만으로는 그러한 이전이 효과적으로 이행되지 못할 수 있다는 일부 개발도상국들의 우려가 있다.[215] 예컨대 기술이전은 개발도상국의 특수한 사정에 맞춰진 유연성을 고려하는 것이 아닌 선진국의 법과 비슷한 요건을 갖춘 형태를 채택

---

212) Tu Thanh Nguyen, *Competition Law, Technology Transfer and the TRIPS Agreement: Implications for Developing Countries* (Edward Elgar, 2010), pp.31~41.

213) WTO, WT/MIN(01)/DEC/2 (20 Nov. 2001).

214) 류병운, "WTO TRIPs 협정과 기후변화협약 기술이전의 촉진", 『통상법률』 (통권 제98호, 2011.4) pp.65~66.

215) 상게논문, pp.65~66.

하도록 지원하는 데 그치고 있다.216) 또한 개발도상국에 대한 동 협정의 초기에 허용한 유예기간도 이미 만료되어 동 협정을 엄격히 준수해야 하는 상황에 놓여 있다. 그러한 우려를 잠재우기 위해서는 보다 확실한 방식으로 기술이전이 이루어질 수 있도록 실질적인 논의가 필요하다. 하지만 현재 기술이전에 관한 논의는 진전이 없는 상태이며, 기존의 조항에 관한 명확한 해석이 제시되지 않고 있기 때문에 활용도에 대한 가능성이 낮다.

### 4.7.3.2 강제실시권

특히 선진국에서 개발도상국으로 기술이전을 위한 발판을 마련하지만 실제로 기술이전의 이행을 담보하는 것은 아니라는 점이 고려되어야 한다. 기술이전은 어느 한 국가에서 다른 국가로 다양하게 이행되며, 이행과정에서 하부구조, 재정능력 등 많은 요소들에 영향을 받는다. 동 협정은 세 가지 단계조건이 충족된다면 정당한 소유자에 대한 배타적 권리에 대한 한계와 예외를 규정한다. 또한 동 협정의 제31조는 강제실시권(compulsory licensing)을 규정한다. 특허 소유권자의 동의가 없이도 발명에 관한 특허 소유자보다 제3자에게 관할당국(competent authority)의 권한으로 그러한 발명을 사용하는 것이 허용된다.

동 협정의 강제실시권을 합리적으로 적용함에 따라, 적어도 기술적 능력을 가진 잠재적 수혜자로서의 개발도상국들은 기술이전을 현실적으로 가능하게 할 수 있다. 하지만 상대적으로 열악한 상황에 놓여 있는 국가들에 대한 기술이전의 촉구와 관련하여 'Doha 선언'

---

216) Andreas F. Lowenfeld(2008), *supra* note 157, pp.361~362.

para.66.2에서 언급한다. 선진국들은 기술이전을 촉진하고 증진하기 위한 목적에서 인센티브를 제공해야 한다는 강제적 의무를 규정한다. 하지만 의무의 범위와 본질은 구체적으로 언급되지 않았다. 그러한 의무의 완전한 이행을 보장하기 위해서는 동 협정은 선진국에 제66조 2항에 따른 주기적인 이행결과에 관한 보고서를 제출하도록 요구한다. 이러한 보고에 따라 기술이전을 촉진하고 증진하는 데 제공되는 인센티브의 효과성을 논의가 요청된다.[217] 중요한 점은 이러한 인센티브가 단순히 채택되었다는 점에 의의를 있는 것이 아니라, 사실상 이행이 제대로 되었는지에 관한 결과를 확보하는 것이 중요한 과제이다.[218]

### 4.7.3.3 기술 및 재정상 지원제공

동 협정 제67조는 국가들 간의 상호 합의된 조건에 따라 기술 및 재정의 협력을 제공하도록 선진국의 의무를 규정한다. 동 규정에서의 협력은 기술과 재정상 지원을 모두 포함하는 것으로 기술이전을 위한 통합적인 지원이 가능할 수 있겠다. 구체적으로 지적재산권 보호 및 관련 규정에 관한 입법, 직원 훈련, 관련 기관의 설립 등에 관한 지원을 포함한다. 하지만 그러한 협력의 구체적 방안은 기술되어 있지 않다. 동 규정상의 예시규정으로는 현실적으로 개발도상국의 특수한 사정에 맞는 지원에 관한 선진국의 협력이 제대로 이행되어 왔는지에 관한 평가가 용이하지 않다. 이에 선진국의 의무(shall

---

217) Decision of the Council for TRIPS on Implementation of Article 66.2 of the TRIPS Agreement, IP/C/28 (20 February 2003).

218) 그러한 인센티브는 사실상 공급자들에 의해서 제공되는 지식과 같은 비전매특허(non-proprietary technology)의 이전뿐만 아니라 노하우(now-how)와 같은 기술의 이전을 포함해야 하는 문제도 제기된다. Tu Thanh Nguyen(2010), *supra* note 212, p.32.

provide technical and financial cooperation)에 관한 결과적 책임을 평가할 수 있는 제도에 관한 검토가 요청된다.

## 4.8 소결

GATT체제상의 무역에 관한 규율체계는 상품무역에 국한되어 있지만, 그 협상과정에서 나타났던 선진국과 개발도상국 간의 갈등의 표출은 WTO법상의 그 규율범위가 확대되거나 환경과 같은 다른 가치의 수용과정에서 나타난 문제와 유사하다. 제2장에서 살펴본 바와 같이, 개발도상국에 대한 'S&D 대우' 논의가 진행된 배경에서, 그리고 'S&D 대우'를 무역규범의 일부로 수용하려는 시도에서 그러한 갈등의 유형을 확인해볼 수 있다. 또한 무역자유화라는 경제적 목표를 지향하는 규범원칙과 기본 틀을 정립해가는 데 선진국의 의도가 크게 반영되었다는 점에서, 개발도상국의 필요를 충분히 참작하지 못하였다는 비판을 간과할 수 없다.

아울러 신자유주의에 기초한 자유무역 시장질서의 형성은 '시장조정 기능'의 중요성을 받아들이는 데 소극적이었다고 볼 수 있다. '시장조정 기능'은 국내의 경제제도에서뿐만 아니라, 국제질서의 상이한 경제적 조건을 가진 국가들 간의 경제관계를 규율하는 과정에서도 요청된다. 완충장치로서의 시장조정 기능에 대한 개발도상국의 기대는 개발목표를 실현하기 위한 최소한 이상의 지원을 제공받는 것이다. 물론 비차별적 주의를 주요원칙으로 하는 WTO체제에서 개발도상국에 대한 지원문제는 차별대우의 문제를 야기할 수 있다. 하지만 무역질서에서 추구하고자 하는 '공정성 확립'의 차원에서 동등하지 아니한 국가들에 대한 합리적 차별은 허용이 가능하다고 본다.

이는 WTO 협정상의 실체적 규정의 적용에서 선진국과 개발도상국이 실질적 이익을 확보할 수 있는 방안이 될 수 있기 때문이다.

개발도상국 중에는 자유무역과 개발정책의 동력으로 선진대열에 합류할 수 있을 정도의 경제성장을 이룬 국가들이 있는가 하는 반면, 여전히 개발단계에 머물러 있는 국가들이 다수 존재한다. 특히 다수의 개발도상국은 무역대상 규율범위의 확대가 실질적 이익의 효과를 기대할 수 있는지에 관한 의구심과 WTO법상의 의무이행의 가중으로 심한 부담감을 갖는다. 이러한 이유에서 WTO법의 창설과정에서 드러났던 문제들을 극복하고, 다양한 국가들이 공존하고 협력할 수 있는 체제로 지향해 나가기 위한 변화의 과정에서 요구되는 것은 선진국과 개발도상국 간의 갈등을 줄이기 위한 대안을 모색하는 것이다. 우선 상호 협력을 위한 체제로 확립되기 위해서는 무역협상에 참여하는 국가들의 충분한 의견수렴을 통한 실체적 규정의 생성이 요청된다. 그러한 과정에서 창설된 실체적 권리의무에 관한 정당성을 확보하기 위해서는 공정한 대우 여부를 평가할 수 있는 판별기준이 적용되고 있는가에 대한 검토가 필요하다. 특히 WTO법으로의 환경가치의 수용에 따라, 일방국가의 환경정책이 보호주의적 무역수단이 되어서는 안 되며, '환경보호의 보편적 가치의 실현'이라는 목표를 염두에 둔 실체적 규범의 해석이 이루어지도록 재검토가 요청된다. 특히 국가들은 관세장벽의 축소 및 철폐에 따른 비관세장벽219)에 대한 높은 관심을 보이고 있으며, 실제로 이러한 비관

---

219) 비관세무역장벽의 개념은 Percy Bidwell이 1939년에 「New York Council on Foreign Relation」에서 '보이지 않는 관세'(Invisible Tariff)라는 용어를 처음으로 사용하였다. 그 후 1963년 Francis Mason과 Edward English가 「Canadian American Committee」에서 보이지 않는 무역장벽(Invisible Trade Barrier)이라는 표현을 사용하였고, 1964년에 Noel Hemmendinger가 「미국-Japan Trade Council」에서 비관세무역장벽(Non-Tariff Trade Barrier)이란 표현을 사용한 후 이 표현이 일반화되었다. 박대위, "국제무역에서 비관세장벽의 왜곡현상", 『경상논총』(제9호, 1985.3), p.107.

세장벽은 무역질서의 왜곡현상을 초래하는 것으로 나타나고 있는 실정이다. 더욱이 국내 환경정책기준의 적용이 예외적 조치로 용인됨에 따라 그러한 조치가 보호무역수단으로 사용되었는지 여부가 공정무역질서를 추구하는 데 새로운 관건이 되고 있다.

더불어 개발도상국은 수출증대에 장벽이 되는 선진국의 무역제한 조치에 있어서 차등대우를 요구하는데, 선진국의 그러한 조치는 공공정책의 목적을 달성하기 위해서 필요한 것이라도 개발도상국은 비관세조치로 간주할 수 있다. 더욱이 선진국 시장에서는 무역제한 효과를 발생시킬 수 있는 조치의 활용이 증가되고 있다. 예컨대 환경, 국가안보, 노동, 기타 사회적 기준과 관련된 규정과 규제가 늘어나고 있다. 개발도상국들은 선진국의 수출시장 진출을 중요한 과제로 여기고 있는데, 그러한 조치의 증가는 이들의 관점에서 불공정한 무역이 될 수 있다. 예컨대 무역에서 점차 기술가치가 중요한 요인이 됨에 따라 개발도상국의 수출을 어렵게 하거나, 그들의 기회를 제한하는 부정적인 영향을 배제할 수 없다. 그러한 쟁점의 해결은 WTO 협정상 규정들을 적용하고 해석하는 데 있어서 어떠한 기준에 따를 것인가에 의해서 좌우될 수 있다. 즉, WTO 협정상 규정해석의 '판별요건'이 국가들 간의 갈등을 줄이기 위해 요구된다. 결국 그 바탕에는 공정성 원칙이 중요한 기준으로 적용되어야 한다.

# Ⅲ. 실체적 규정분석:
# (WTO법상) 환경규제에서의
# 실질적 공정성

# 5. 지속가능한 개발과 실질적 공정성 간의 연관관계

## 5.1 WTO법상의 지속가능한 개발

### 5.1.1 지속가능한 개발의 법적 성격

개발(development)은 개별적 내지 집단적인 삶의 영역에서 질적 향상과 인간의 선택권을 확대해 나가는 과정이며, 빈곤완화를 위한 경제적 이익을 추구하기 위한 활동으로 이해할 수 있다.[220] 총체적 의미에서 개발은 인류의 모든 이들이 빈곤, 질병, 환경적 위해성 등에서 벗어나 인간다운 삶의 모습을 영위하기 위한 경제개발의 촉진과 불공정한 제반 여건의 시정을 위한 끊임없는 노력으로 모두의 자유로운 삶의 질적 가치를 충족하는 데 최선의 방안을 궁리하고 계획하고 실천하는 일련의 과정인 것이다. 하지만 이제는 개발 자체의 한정된 목표에 국한되는 것이 아닌, 환경파괴, 천연자원의 고갈, 궁핍, 사회적 붕괴의 확산 등 사회적 불안요소에 대한 인식과 환경에 미치는 인간 활동의 치명적 영향에 관심을 갖게 되면서,[221] 개발은 지속가능성이라는 목표를 달성해야 하는 단계에 와 있다고 볼 수 있다.

---

220) United Nations Development Programme(UNDP), *Making Global Trade Work for People* (London: Earthscan Publications, 2003), p.11.

221) Beyerlin, "The Concept of Sustainable Development" in R. Wolfrum (ed.), *Enforcing Environmental Standards: Economic Mechanisms as Viable Means?* (Berlin: Springer, 1996), pp.96~101.

즉, 국제사회에서 새로운 패러다임으로 성장한 '환경적으로 건전하고 지속가능한 개발'(environmentally sound and sustainable development)은 국제사회를 규율하는 국제규범체제의 중요한 이론적 지침이 되었다.

지속가능한 개발의 개념은 경제적·사회적 발전과 환경보호를 통합하는 것으로,[222] 경제활동을 중단하는 것이 아니라, 경제행위의 방향을 수정하여 지속적인 활동의 가능성을 확보하는 것이다. 즉, 경제적·환경적·사회적 영역의 재조정과 상호 간의 통합을 통해 지속성 있는 개발을 추구하려는 것이다.[223] 더욱이 지속가능한 개발은 1980년대 들어오면서 경제발전과 환경문제를 둘러싸고 선진국과 개발도상국 간의 갈등을 해소하려는 노력의 일환으로 제시된 개념이다. 이미 산업화를 이룬 선진국들이 환경보호를 더 중시하기 시작하면서, 빈곤탈피와 경제성장을 국가정책의 핵심적인 목표로 삼고 있는 개발도상국과의 이해대립을 국제협력을 통해 해결하고자 하였던 것이다. 선진국과 개발도상국의 갈등을 완화시키기 위한 새로운 접근방안으로 제시된 개념이라 볼 수 있다. 1987년 브룬트란드 보고서의 영향을 받은 'Rio 선언'에서는 환경보호와 개발을 우선순위에 두고 사회적, 경제적 발전과정에서 환경이 고려되어야 함을 강조한다.[224] 아젠다 21 제39장에서 "모든 국가들은 환경과 개발의 깨지기 쉬운 관계에 특별한 관심을 가지며, 지속가능한 개발에 의한 국제법 발전에 중점을 두도록 한다"는 내용이 언급되었다.[225] 아젠다 21은

---

222) WT/DS58/AB/R, para.107; G. Handl, "Sustainable Development: General Rules versus Specific Obligations," in *Sustainable Development and International Law*, W. Lang(ed.), 1995, p.35; The World Commission on Environment and Development(WCED), *Our Common Future* (Oxford: Oxford Univ. Pr., 1987), p.43.

223) Markus W.(2005), *supra* note 109, p.5.

224) UNCED, A/CONF.151/5/Rev.1 (13 June 1992).

모든 국가의 환경파괴 행위를 중단하고 지속가능한 개발을 증진하기 위한 포괄적이고 실천적인 계획을 제공하기 위한 목적에서 생성된 것이다.

아울러 지속가능한 개발원칙은 다자간 환경협약의 주요 지침으로 반영되어 왔다.[226] 예컨대 심각한 가뭄 또는 사막화를 겪는 아프리카지역 국가 등 일부 국가들의 '사막화를 방지하기 위한 협약'(UN Convention to Combat Desertification in Those Countries Experiencing Serious Drought)은 사회발전 목표를 위하여 환경적·경제적 압력으로 생성된 사막화의 진전을 최대한 늦추고자 하려는 시도에서 채택되었다. '생물다양성협약'(Convention on Biological Diversity: CBD)의 2000년 1월 캐나다 몬트리올에서 개최된 특별 당사국총회에서 채택된 '카르타헤나 의정서'(Cartagena Protocol on Biosafety)는 목적을 위한 유전자변형생물체(Living Modified Organisms: 이하 LMO)의 국가 간 이동을 규제하는 최초의 국제협약이다.[227] 동 의정서는 현대 생명공학기술로부터 창출된 LMO의 안전한 이동, 취급 및 사용 분야에 있어 '생물다양성의 보전 및 지속가능한 이용'에 부정적 영향을 미칠 가능성과 인체건강에 대한 위해를 고려하고, 특히 국가 간 이동(transboundary movement)에 초점을 두어 적절한 보호수준을 보장하는 데 기여하는 것을 주된 목적으로 한다.[228]

---

225) M. C. Cordonier Segger, A. Khalfan, *Sustainable Development Law: Principles, Practice and Prospects* (Oxford: Oxford University Press, 2004) p.105.

226) 하지만 국제법 내지 법적 문서에 통합될 수 있는 구체적 범위에 관해서는 쟁점이 되고 있다. *Ibid.*, p.109.

227) Cartagena Protocol on Biosafety (15 May 2000), 39 ILM 1027; K. Garforth, *When Biosafety Becomes Bindings: A Decision Maker's Guide* (Montreal: CISDL, 2004); 최승환, "유전자변형생물체(LMO) 책임복구 추가의정서의 법적 쟁점과 법적·제도적 대응방향", 『통상법률』 (통권 제96호, 2010.12), p.10.

228) 최승환, 전게논문, p.10.

하지만 이러한 개념이 관련 국제협약에서 기본원리로 수용되어 왔음에도 불구하고, 지속가능한 개발의 법적 지위는 아직 명확하게 규명되지는 않았다.[229] 동 원칙은 환경보호, '경제성장', 사회발전에 관한 상이한 법규범들 간의 조화에 가능하게 하는 연성법(soft law)[230]적 성격을 가진다고 볼 수 있으며, 현재까지는 구속력을 가진 국제관습법이라는 견해에 관해서는 다툼이 존재한다.[231] 하지만 구속력이 완화된 법적 성격을 가진다고 보아 이러한 원칙을 가볍게 다루거나 그에 따른 준수의 필요성을 간과해서는 안 된다. 더욱이 지속가능한 개발은 다양한 요인들을 복합적으로 수용하여 관련 규범들 간의 통합적 접근을 위한 지침을 제공해 왔다는 점에서 큰 의의를 가진다. 즉, 경제활동을 포함한 인간활동을 재설정하고 환경을 훼손하지 않는 과정을 지속해 나가면서, 삶의 질적 향상과 배분적 정의가

---

229) 전 세계적인 합의가 국제사회 및 국내사회의 법제도에 충분히 반영되기 위해서는 무엇보다 그 합의의 내용과 목적이 무엇인지 명확해야 한다. 자의적으로 해석되거나 그 의미가 모호한 여지를 남겨두는 개념은 오히려 초기의 취지를 왜곡시킬 수 있다. 더욱이 국제사회를 규율하는 법적 개념으로 다루어져야 하는 경우에는 더욱 명확해야 한다. 따라서 지속가능한 개발의 개념도 그 근본적인 의미가 제대로 파악되어야 하며, 구체적 협상의 실천이 수반되어야 한다. 김진현, "지속가능한 개발의 개념적 고찰", 『외법논집』(제12집, 2002.8), p.2; 지속가능한 개발은 조약과 국제관습법의 일부로서 국제법 원칙이지만, 지속가능한 개발이 그 자체로 독립된 법규로서 재판규범으로 성립되었다고 볼 수 없다. 이러한 지위모순의 원칙은 지속가능한 개발의 원칙이 그 자체로 뚜렷한 정의가 없어 규칙−생성적 성격을 갖추지 못하였기 때문이다. 유사한 관점에서 WTO법상 분명한 지위를 차지하고 있으나, 재판규범으로 확립되었다고 볼 수 없다. 서원상, "WTO 협정과 지속가능한 개발", 『국제경제법연구』(제6권, 2008.12), p.38.

230) 연성법은 기준, 약정, 공동선언, 유엔총회 등에서 채택된 결의로 나타난다. 주로 인권, 국제경제 관계 및 환경보호와 관련된다. 연성법적 성격을 지닌 이와 같은 문서들은 첫째, 국제공동체의 새로운 관심사를 증진할 임무가 있음을 보여 준다. 둘째, 기존의 국제공동체에서 민감하게 다루지 않았거나 충분히 주지하지 않았던 새로운 관심사를 반영하는 문제를 다루고 있다. 셋째, 정치적, 경제적, 또는 기타의 이유로 국가가 이런 문제에 대해 법적 구속력을 지닌 약정의 합의를 이루기에는 의견 및 기존의 완전한 접근이 어렵다. 결과적으로 기준, 선언 s및 기타 해당 문서는 법적인 구속력을 지닌 의무를 부과하지 않는다. 이런 문제는 비록 여전히 법적으로 규율되지 않지만, 합의된 지침 혹은 공동의 견해 혹은 정책선언의 대상이 된다. 즉, 이러한 문서들은 관습법 규칙 또는 조약 규정의 점진적 형성의 기초가 될 수 있다. Antonio Cassese(2001), *supra* note 118, pp.271~272.

231) Christina Voigt, *Sustainable Development .as a Principle of International Law: Resolving conflicts between Climate Measures and WTO Law* (Boston: Martinus Nijhoff Publishers, 2009), p.5.

이루어질 수 있도록 새로운 행동을 위한 방향성을 제시하는 개념으로도 해석될 수 있을 것이다. 아울러 WTO법과의 관계를 고려해볼 때, 지속가능한 개발의 도입이 정당성을 갖기 위해서는 궁극적으로 지속적이고 긍정적인 효과를 가진 규범으로 가치 있는지 여부에 관한 분석도 이루어져야 한다는 주장이 제기되기도 하였다.[232] 이러한 과제는 추후 지속적 검토과제로 삼아야 함은 분명하다. 다만 지속가능한 개발에 대한 국제적 합의가 이루어져 왔다고 본다면, 이제는 WTO법에서의 지속가능한 개발의 기여를 위한 실질적인 이행 논의가 필요한 시점이 되었다.

## 5.1.2 WTO 설립협정 전문의 지속가능한 개발

1960년대 이래로 범세계적으로 환경보호 움직임이 나타나게 되었다.[233] 국제무역시장에서 관세 축소 및 철폐를 통한 무역자유화의 증진에 따른 경제적 이익효과를 극대화하려는 노력과 환경보호 목적을 위한 환경규제 강화라는 서로 상반된 목표를 달성하고자 하는 경향이 동시에 성장하게 된 것이다. '1972년 스톡홀름 UN 인간 환경에 관한 회의'(1972 UN Conference on the Human Environment)에 앞서, 1971년에 GATT체제의 사무국은 '산업오염 통제와 국제무역'(Industrial Pollution Control and International Trade)이라는 연구

---

232) *Ibid.*, p.126.

233) 1972년 스웨덴 스톡홀름에서 개최된 UN 인간환경회의(UN conference on the Human Environment)에서 비롯되었다. 해상오염에 대한 일부 국제환경협약이 스톡홀름 회의에 앞서 체결되었지만, 동 회의에서는 부각되는 환경문제에 적극적으로 대응하고 관련 활동의 이행계획을 세우기 위한 기회로 삼았다. 또한 동 회의는 UN회의에 NGO 등 일반대중이 참여하는 계기가 되었다. 1972년 스톡홀름 회의는 1992년 개최된 유엔환경개발회의를 촉발하는 유인이 되었으며, 지구환경 보전에 관한 관심을 범지구적 차원으로 확산시키고, 그 필요성에 관한 관심을 고조시키는 계기가 되었다. 동 회의를 통해 환경보호에 관한 국제사회의 역할과 책임에 관한 규제방안 논의가 본격화되었다.

보고서를 통해서 환경보호정책은 무역장벽이 될 수 있고, 새로운 형태의 녹색보호주의(green protectionism)가 나타날 수 있다는 우려를 지적한 바 있다.[234] 한편 GATT체제에서의 '환경조치와 국제무역에 관한 그룹'(Group on Environmental Measures and International Trade: EMIT)은 지속가능한 개발에 관한 논의를 통해 그동안 무역과 개발에 관한 몇몇의 진전이 있었으며, 향후 무역과 환경의 연계성 논의에서는 보다 구체적인 방안이 요청된다고 밝힌 바 있다.[235]

WTO체제에서 환경보호와 지속가능한 개발의 목적을 전문에서 새롭게 도입한 것[236]은 무역 전반에 걸쳐 환경가치의 존중이 상당한 영향력을 행사할 수 있다는 점을 받아들인 것이다. WTO법의 환경보호와 지속가능성에 관한 인식의 제고와 무역의 역할에 방향 전환의 필요성을 인정하는 것이다. '미국-새우/바다거북 사건'에서 항소기구는 '1994년 GATT' 제20조(g)호의 "고갈될 수 있는 천연자원이 50여 년 전에(판결 당시의 기준) 만들어진 용어이기 때문에, 그동안의 변화를 반영하여 환경보호와 보존에 관한 국제사회(the community of nations)의 동시대적 관심에 비추어 해석되어야 한다"고 하였다.[237] '1994년 GATT' 제20조는 우루과이라운드를 거치면서 수정되지 않았지만, WTO 회원국들은 WTO 설립협정 전문을 통해 국제통상에

---

234) Early years: emerging environment debate in GATT/WTO,
http://www.wto.org/english/tratop_e/envir_e/hist1_e.htm.

235) *Ibid.*

236) 1947 GATT협정 전문에서는 Recognizing that …… developing the full use of the resources of the world and expanding the production and exchange of goods. (강조 필자) 세계자원의 완전한 이용만을 언급하였던 반면, WTO 협정 전문에서는 Recognizing that …… allowing for the optimal use of the world's resources in accordance with the objective of sustainable development, (강조 필자) 지속가능한 개발이라는 목적에 부합하는 세계자원의 최적 이용을 고려한다고 언급하였다.

237) They must be read, by a treaty interpreter in the light of contemporary concerns of the community of nations about the protection and conservation of the environment. WT/DS58/AB/R, para.129.

서의 환경보호의 존중과 이와 관련한 정책이행의 정당성을 인정하고 있다. 왜냐하면 WTO 설립협정 전문에서 명백하게 "지속가능한 개발의 기여"[238]라는 명시적 문구를 적시하였기 때문이다. 하지만 WTO 설립협정 전문은 '운영규정'(operational provisions)의 성격으로 구성되어 법적 구속력이 없다는 한계가 명확하다. 그럼에도 WTO 협정의 권리의무이행에 주요 지침과 방향설정을 제시해준다는 점에서 큰 의의를 찾을 수 있다.[239] 그러한 측면에서 "낙후된 환경에 처한 최빈개도국의 삶의 수준과 생계 수입을 증가시키고, 환경을 보호하기 위한 요구를 인정하고, 개발도상국의 개별적 욕구와 관심에 일치하는 방식으로 국제무역은 그들의 요구에 적극적으로 기여해야 한다"고 명시한 WTO 설립협정 전문의 취지를 통해 WTO 법의 본래의 취지를 이해하는 것이 필요하다.

지속가능한 개발목표에 관한 실천의 문제점은 WTO 협정상 실체적 의무로 반영되지 못하고 있다는 점 그리고 실질적 이행을 담보하기에 추상적이고 강제력을 가지고 있지 않다는 점을 지적할 수 있다. 하지만 지속가능한 개발의 필요성에 모든 참여국들의 합의가 이루어진 점은 WTO체제가 무역만을 위한 규범체제가 아닌, 책임 있는 국제기구로서 국제사회 전반에 걸쳐 있는 공동의 문제를 해결하는 데 긍정적 기능을 해야 한다는 책임성을 강조한 것으로 여겨진다.

이러한 맥락에서 지속가능한 개발의 목적은 단순히 천연자원의 최적사용에 그치는 것이 아니라, 무역규범의 전반적인 이행과 긴밀하게 연계되어 있다. 1998년 제네바 각료회의에서는 "지속적 경제성장과 지속가능한 개발의 목표를 향하여 노력을 지속해나갈 것"

---

238) WT/DS58/AB/R, para.129; Christiane R. Conrad, *Processes and Production Methods (PPMs) in WTO Law: Interfacing Trade and Social Goals* (Cambridge: Cambridge University Press, 2011), p.356.

239) Christina Voigt(2009), *supra* note 231, p.9.

이라고 선언을 채택한 바 있다.[240] 또한 싱가포르 각료회의에서는 "WTO 협정의 완전한 이행은 지속가능한 개발의 목적을 달성하는 데 중대한 기여를 해야 할 것"이라고 밝혔다.[241] 이러한 일련의 과정 속에서 지속가능한 개발을 구성하는 사회발전, 경제개발, 환경보호라는 세 축이 상호적이고 통합적인 접근의 필요성에 따라 WTO의 참여 국가들 간에 합의가 있었다는 점은 매우 긍정적이다.[242] 하지만 지속가능한 개발에 함축된 원리들은 현재까지 WTO 협정상 실체적 규정해석에서 직접적으로 원용될 수 없다는 연성법적 성격의 한계를 가진다. 이는 지속가능한 개발 원리가 WTO 협정상 구체적 권리의무를 창설하지 않는다는 점과도 깊은 연관성을 갖는다. 다만 이제는 환경보호에 관한 관심증대와 그에 따른 개발방식 전환의 필요성을 인정하는 단계에 이르렀으며, WTO법상 지속가능한 개발의 실천적 과제로서 실제적 이행방법에 관한 논의가 요청된다. 즉, WTO법질서에서 추구하려는 지속가능한 개발의 목표는 천연자원의 최적사용의 확보, 공평한 자원이용의 보장 등과 같은 구체적 이행을 전제로, 공정하고 투명한 무역자유화를 통한 국가들의 복지증진을 이루기 위한 것이어야 한다. 또한 이것은 환경적으로 지속가능성을 가진 무역의 증진과 그러한 결과가 도출되는 과정에서 상이한 여건을 가진 국가들 간의 능력과 이행수준을 존중하고, 형평의 원리에 입각한 공정성 원칙을 확보하는 데 이로워야 할 것이다.

---

240) 1998년 5월 제네바(Geneva)에서 열린 2차 각료회의에서 세계무역기구(WTO) 회원국들은 우루과이라운드에서 해결하지 못한 의제들에 관한 추후 협상을 위한 '뉴라운드'(New Round)라고 불리는 새로운 다자간 협상을 추진하기로 합의하였다.
http://www.wto.org/english/thewto_e/minist_e/min98_e/mindec_e.htm. (최종방문일: 2012.6.24).

241) WTO, Singapore Ministerial Declaration, WT/MIN(96)/DEC/W (13 December 1996), para.16.

242) Christina Voigt(2009), *supra* note 231, p.11.

## 5.1.3 지속가능한 개발의 이행 가능성

WTO법은 마라케쉬설립협정 전문의 환경보호, '1994년 GATT' 제20조 (b)호 및 (g)호상의 환경보호관련 일방적 무역규제조치 허용, '(WTO) 위생 및 검역협정'(Agreement on Sanitary and Phytosanitary Measures: 이하 'SPS 협정') 제2조, 제5조 4항의 인간이나 동식물의 생명 또는 건강을 보호하는 데 필요한 범위 내에서 위생 및 검역 조치를 취할 권리를 회원국에게 부여를 명시하여 지속가능한 개발의 목표에 기여하고자 하는 목적을 가진다. 또한 'TBT 협정' 제2조 2항은 "기술규정은 합당한 목적에 부합하고, 인간 및 동식물의 생명 혹은 건강 및 안전, 혹은 환경보호의 합법적인 목적을 달성하기 위해서 필요한 수준 이상으로 무역을 제한하지 않는 것"이라고 규정한다. 'TRIPS 협정' 제27조 2항은 "인간, 동식물의 생명이나 건강의 보호를 포함하여 환경의 심각한 피해를 방지하기 위하여 필요한 발명이나 인간 또는 동물의 치료를 위한 진단방법, 요법 및 외과적 방법을 특허대상에서 제외할 수 있다"고 규정하는 등 WTO 대상협정에서 환경에 관한 조치를 외면하지 않고 있다는 점은 환경보호 차원에서 이루어지는 제반 관련 조치가 합법화될 가능성이 크다는 점을 시사해왔다.[243] 반면, 일방적 무역규제조치가 무역의 차별성을 인정하는지, 그 이행수단 이외에는 전혀 다른 대체할 수 있는 방법이 없는지, 환경조치에 관한 기술이전을 포함하는 협력의무에 충실했는지 여부 등에 관한 판단이 문제가 된다. 이러한 조치가 합법성과 정당성을 가지려면, 제 역할에 충실해야 하며 보호무역수단으로 악용되는 것을 방지해야 할 의무가 따른다. 예컨대 생산방법이 친환경적으

---

243) 하지만 우루과이라운드에서 환경보호에 관한 규정을 보다 강화하기 위한 노력은 실패하였다.

로 전환되어야 하는 현시점에서 '공정 및 생산방법'(Process and Production Methods: PPMs)이 보호주의적 수단으로 간주되거나, 불합리한 무역요건으로 배척될 수 없다. 오히려 소비자 구매심리의 변화를 유도하거나, 오염통제방식을 적용한 상품과 그러하지 아니한 상품 간의 차별대우가 가능할 수 있어서 그 영향은 무역규범의 규정해석에 전반적으로 영향을 미칠 수 있다는 가능성에 관심을 가져야 한다. 문제는 무역에 직접적 영향을 미치는 선진국과 개발도상국 간의 환경기술수준의 격차로 인해 개발도상국은 환경기준에 따른 차별대우를 보호주의적 조치로 간주할 수 있으며, 그들의 개발목표를 실현하는 데 장애요소가 된다고 판단하거나, 환경보호에 따른 재정부담의 가중이라는 여러 요인들에 따른 갈등이 나타날 수 있다는 것이다.

환경규제와 보호무역수단 간의 차이를 구분하는 것이 용이하지 않기 때문에, 무역을 통제하는 수단이 되고 있다는 점에서 둘 간의 분명한 선을 제시하는 것은 쉬운 일은 아니다. 무역과 환경에 관한 대부분 통상 분쟁의 주요원인이 수입제한조치로 인한 보호무역조치의 적용여부에 있다는 것도 이러한 논란의 배경에 영향을 준다. WTO법에서 지속가능한 개발의 원칙은 통합적인 사고의 틀 속에서 무역과 환경의 상호 조화방안을 모색하는 데 중요한 지침의 역할을 해야 하는 것이다.[244] 선진국의 환경관련 무역규제조치가 보호주의

---

244) 무역과 환경연계문제에 관한 학자의 견해에 따르면, 첫째, 국제무역과 환경보호는 양자 모두 인류의 복지를 위해 필수적인 것이며, 두 가치들의 상호공존이 가능하며, 충돌하지 않도록 조정할 수 있다는 것이다. 둘째, WTO체제가 환경을 보호하기 위해 적극적인 조치를 취할 경우 이는 국제법상 자신에게 부여된 권한의 범위를 벗어나는 것이 된다는 지적이다. 즉, WTO체제는 무역만을 다루어야지, 환경을 다루는 기구가 아니라는 것이다. 셋째, WTO 협정 어디에서도 환경보호보다 자유무역을 우선해야 한다고 규정하고 있지 않다고 하였다. WTO 협정 전문에서와 같이 지속가능한 개발이라는 목적에 일치하는 세계자원의 최적 이용을 고려해야 한다고 명시하고 있음을 지적한다. Mitsuo Matsushita, Thomas J. Schoenbaum, Petros C. Mavroidis, *The World Trade Organization: Law, Practice, and Policy* (Oxford, UK; New York: Oxford University Press, 2006), pp.440~441; 한국국제경제법학회, 『국제경제법』 (박영사, 2006), pp.431~432.

적 수단을 통한 무역통제의 강화라는 비판에만 집중할 것이 아니라, WTO법에서 환경무역규제에 관한 합리적인 기준이 제공되어야 한다. 환경무역규제는 일방국가의 환경기준의 적용, 양자·다자간 환경협정의 적용뿐만 아니라, 상품의 환경적 평가에 따른 차별적 대우 등을 포괄하는 것으로 접근할 수 있다.

선진국은 지속가능한 개발의 실천적 목표를 달성하기 위한 수단으로 자국의 환경정책의 채택 및 이행을 개발도상국의 수출상품에도 적용하는 것이 정당성을 가질 수 있다고 주장한다. 반면, 개발도상국은 지속가능한 개발을 추진하는 데 요구되는 다양한 조정비용 부담의 가중에 따른 불공정성을 제기하면서, 선진국 환경정책의 역외적용, 일방적 무역조치 등을 포함하는 보호주의적 수단의 남용 내지 악용을 위한 시정이 필요하다고 주장한다. 이러한 갈등을 완화하기 위해, 지속가능한 개발에 내포된 원리들이 WTO 협정상의 실체적 규정에 대한 법리적 해석에서 활용되도록 함이 요청된다. '미국-새우/바다거북 사건'에서 지속가능한 개발목표에 일치하는 방향에서 '1994년 GATT' 제3조 내국민대우에 관한 해석이 이루어져야 한다는 의견을 제시되면서, 다자간 환경협약의 원칙으로 정립되고 있는 '차등적 공동책임'의 적용 가능성을 지적한 바 있다.[245] 아울러 아젠다 21의 원칙, 지속가능한 개발계획 이행에 관한 요하네스버그 세계정상회의, 인간의 기본적 욕구 충족, 안전한 물 사용, 위생시설 청결 및 오염예방, 자원이용의 감소 그리고 폐기물 최소화 등을 포함하는 밀레니엄 발전 목표, 다자간 환경협약 등은 지속가능한 개발의 중요성과 실천적 제 이행을 위한 노력을 강조한다. 아젠다 21의 정책목표와 이행계획의 실천을 위한 협력과 지속가능한 개발을 주요원리

---

245) WT/DS/58/RW, para.7.2.

로 삼고 있는 '다자간 환경협약의 이행을 위한 지원 메커니즘의 도입'246)은 WTO법상 시사되는 바가 크다고 본다. 예컨대 무역과 환경의 상호연계성이라는 신통상의제를 다루는 데 있어서, 상이한 여건을 가진 국가들의 개별적 조건을 소홀히 다룰 수 없다. 즉, 'S&D 대우'의 원리가 실효적 이행이 담보될 수 있는 방안의 논의는 WTO법상 국가들 간의 갈등을 줄이고 공정성 원칙의 제고라는 당면한 법적 과제를 해결하는 데 주요 요인이 될 것이다.

특히 WTO법상 '개발도상국에 대한 S&D 대우'의 이론적 근거로 지속가능한 개발에 내포된 '형평의 원리'의 활용이 실질적 공정성을 확보하는 데 이로울 수 있다. 'S&D 대우'의 구체적 이행은 기술 및 재정 지원의 활성화 그리고 국내정책의 이행을 위한 일정수준의 유연성을 부여하는 것이다. 따라서 WTO법상 지속가능한 개발의 이행

---

246) 예컨대 교토의정서는 기후변화의 심각성을 인식하면서 이를 완화할 목적과 개발도상국의 지속가능한 개발의 지원을 기본목표로 설정한다. 기후변화를 위한 노력은 기존 환경의 변화를 수반해야 하기 때문에 상당한 국가적 비용이 소요된다. 그러한 기회비용을 줄이기 위한 하나의 방안으로 청정개발 메커니즘(Clean Development Mechanism: CDM)이 고안되었다. 기후변화협약 총회에서 채택된 교토의정서 제12조 규정에 따라 지구온난화를 완화하기 위한 방안으로 선진국과 개발도상국이 공동으로 추진하는 온실가스 감축을 위한 사업을 CDM이라 한다.; CDM은 선진국과 개발도상국이 배출감축을 위해 공동의 노력을 필요로 하며, 그 결과로 창출된 온실가스 감축분은 국가들이 배분하는 제도이다. 예컨대 선진국은 자본과 기술을 개발도상국에 투자하여 온실가스 저감사업을 시행하고, 이러한 과정에서 발생한 온실가스 감축분을 감축실적으로 인정받게 되고, 개발도상국은 이 과정에서 기술이전 및 재정지원의 혜택을 받도록 하여 지속가능한 개발을 이룰 수 있게 하는 제도이다. 환경부, 『청정개발체제를 통한 온실가스 저감 공동사업 추진 타당성 조사』(2000), p.27; 또한 '유연성 메커니즘'(flexibility mechanism)으로서 CDM은 동 협약상의 목표달성을 위해 도입된 원칙들의 적용을 필요로 한다. CDM의 적용은 비용 효과적 이행의 경제적 고려라는 동인에 의해서 고안된 것이지만, 기후변화협약의 전체적인 목표에 부합해야 하는 것이다. 당사국 총회(Conference of sthe Parties)는 환경적 통합으로 동 메커니즘 운용을 위한 적절한 협상방식, 규칙, 지침을 개발하고, 확고한 원칙을 정립하고, 강력한 이행을 확보하는 제도로 이해한다. Modalities and procedures for a clean development mechanism as defined in Article 12 of the Kyoto Protocol, FCCC/CP/2001/13/Add.2, Decision 17/CP.7; 선진국에 의해 채택된 모든 정책과 조치는 지속가능한 개발에 양립하지 아니하는 조건을 충족해야 한다(교토의정서 제2조). 공정하고 차등적인 이행에 기초한 CDM은 온실가스 감축에 따른 전체적인 비용을 감소시킬 것이며, 동시에 효율성을 향상시킬 수 있게 된다. 이러한 측면에서 CDM은 지속가능한 개발의 요구에 부합하면서 다양한 국가들의 이해관계를 조정하고 유연성을 가진 정책 국가 간의 공정한 이행체제를 수립해 나가려는 취지에서 의의를 갖는다.

가능성은 제 원리를 실체적 규정의 법리적 해석에서 수용하고 구체적 이행지원 방안을 마련하려는 두 가지 접근으로 실질적 공정성 제고에 유용할 수 있다.

## 5.2 무역자유화의 수행조건

'Rio 선언' 원칙4에서 "지속가능한 개발을 달성하기 위하여 환경보호는 개발과정의 중요한 일부가 되어야 하고, 독립된 가치로 고려되어야 할 대상이 아님"을 언급하였다. 즉, 지속가능한 개발은 통합적 접근을 통해서 본래의 개념이 실현될 수 있는 것이다.[247] 대부분의 국가들은 국제무역을 국가발전을 위한 원동력이 되는 것으로 평가하며, 환경적 고려는 이러한 발전의 필수적 요소로 무역정책에 반영되어야 함을 인정한다. 이와 관련, Gaines는 환경과 개발의 통합단계를 3단계 수준으로 정립[248]하였다. 우선 의사결정 절차상 무역정책의 결정에 참여하는 환경문제에 책임을 가진 국가의 참여가 있어야 한다. 다음으로 환경과 개발의 통합을 무역정책의 일환으로 만들기 위한 제도적 구조가 형성되어야 한다. 마지막 단계로 경제, 환경, 개발의 고려는 실질적으로 무역정책과 법으로 통합되어야 한다. 이는 궁극적으로 실질적인 통합의 현실적인 문제가 해결되어야 한다는 것이다. 더 나아가 이러한 세 분야를 모두 포괄하는 통합된 사고와 분석에 근거해야 함을 의미하는 것이다.

지속가능한 개발과 무역규제완화가 반드시 상반된 목표를 지향한

---

247) Christina Voigt(2009), *supra* note 231, p.129.

248) Sanford E. Gaines, "International Trade, Environmental Protection and Development as a Sustainable Development Triangle", 11(3) *RECIEL* 259, 2002, p.268.

다고 볼 수는 없으나, 특정목적을 위한 규제적 조치는 WTO법에 의해 규율되는 시장중심의 국제경제가 지속가능한 개발의 목표에 부합하여 인류복지를 강화하기 위한 목적을 달성하는 데 요구된다. WTO Pascal Lamy 사무총장은 지속가능한 개발의 달성이 WTO의 목표임을 강조하였다. 특히 WTO체제가 국제 거버넌스의 성격을 가지는 국제기구라고 언급한 점은 중요한 의미를 가진다. 그의 견해에 따르면 국제 거버넌스는 지속가능한 방식으로 사회 및 개인의 공동의 목적을 달성하도록 지원하는 체제라고 하였다. 더 나아가 그의 주장의 핵심은 "인류의 사회적, 경제적, 환경적 측면을 고려하는 관점에서 세계화의 개혁의 필요성을 주장한 것"에 있다.[249] 즉, WTO법은 다른 분야의 협정 및 규범, 가치 등과 연관하여 이해되고 해석되어야 하며,[250] 지속가능한 개발목표에 기여할 수 있는 형태로 무역자유화가 이루어져야 함을 강조하는 것이다. 이러한 맥락에서 당연히 WTO 회원국들 간의 무역에 관한 일련의 과정과 결과는 이러한 개발목표에 얼마나 부합하는가에 따른 평가가 필요할 것이다.

물론 WTO체제는 무역자유화를 기본원칙으로 하는 국제무역을 규율하는 규범체계이지, 환경보호를 위한 규범도 사회적 규범도 아니다. 하지만 무역을 통해서 얻고자 하는 경제적 이익, 삶의 질적 개선, 복지추구와 같은 목적은 개발과정에서 얻을 수 있는 것이며, 환경적 가치의 고려, 인권 존중과 같은 환경적·사회적 가치규범을 무시하고 추구될 수는 없다. 이러한 관점에서 WTO상 무역자유화는 지속가능한 개발목표를 달성하는 데 있어서 일정한 제약이 가해질 수 있다는 점을 자연스럽게 수용해야 할 것이다. 예컨대 EU는 지속

---

249) DG P. Lamy, Speech: "Humanising Globalization", Santiago de Chile (30 January 2006).
250) Christina Voigt(2009), *supra* note 231, p.130.

가능한 개발의 추구를 위한 다자무역체제 역할의 중요성에 관한 WTO 회원국들의 다수 의견에 동조하며, DDA에서 환경적 가치를 존중하는 무역에 관한 논의를 주장하였다.[251] 특히 무역자유화의 새로운 다자간 협상 용어로 '개발'(development)이 사용되었다는 점에서, 개발과 환경에 관한 개발도상국 관심의 유도는 미래를 위한 국가 간 협력을 통해 이행되어야 함을 입증하는 것이라고 하였다. 환경보존과 지속가능한 사용 그리고 생태계 및 천연자원의 적합한 운용을 위한 다자간 무역을 규율하는 WTO체제와의 공동이행 및 공동책임으로 상호작용을 위한 협력의 필요성이 강조되는 것도 이러한 맥락에서이다. 아울러 세계화와 무역자유화의 융합과 환경보호 및 사회적 보호의 결합은 지속가능한 개발의 개념에 잘 표현되어 있다. 아젠다 21 제2장에서는 무역과 환경의 상호 지지와 무역을 통한 지속가능한 개발의 증진에 관해 다음과 같이 제시하였다.

> 공평하고, 비차별적이고, 예측 가능한 다자간 무역체제는 지속가능한 개발의 목표와 연관되어 있으며, 모든 무역 동반자에게 이익을 주는 비교우위에 따른 생산의 최적 분배를 가져온다. 더욱이 건전한 거시경제 및 환경정책과 연계하여 개발도상국의 수출을 위한 향상된 시장접근은 긍정적 환경영향을 가져올 것이며, 이러한 결과는 지속가능한 개발에 중요한 기여를 하게 될 것이다.[252]

---

251) WTO, EU Communities Submission, Multilateral environmental agreements (MEAs): Implementation of the Doha Development Agenda, TN/TE/W/1. (21 March 2002).

252) [A]n open, equitable, secure, non-discriminatory and predictable multilateral trading system that is consistent with the goals of sustainable development and leads to the optimal distribution of global production in accordance with comparative advantage is of benefit to all trading partners. Moreover, improved market access for developing countries' export in conjunction with sound macroeconomic and environmental policies would have a positive environmental impact and therefore make an important contribution toward sustainable development. Agenda 21, Report of the UNCED, I (1992); A/CONF.151/26/Rev.1, (1992) 31 ILM 874, para.2.5.

이와 유사하게 'Rio 선언'도 인간의 삶의 질 개선과 지속가능한 개발을 달성하기 위한 목적으로 생산과 소비의 비지속적 방식을 축소 및 제거하는 내용을 규정한다.[253] '개발'의 맥락 속에서 'Rio 선언'은 환경적으로 지속가능할 수 있는 개발을 증진하기 위한 수단으로 국제무역을 중요시하는 취지의 언급이다. 'Rio 선언' 원칙12에서는 "모든 국가의 경제성장이 지속가능한 개발로 나아가고, 환경파괴의 문제를 잘 해결할 수 있는 열린 다자간 무역체제를 증진하기 위하여 국가들은 협력해야 함"을 규정하고 있다.[254] 물론 선언적 의미의 규정은 구체적 실현방안에 대한 접근과 실질적 이행을 위한 규정의 마련이라는 그다음 단계로의 진입에 있어서 이해관계를 달리하는 국가그룹 간 논쟁의 대상이 되고 있다.

지속가능한 개발이 그 자체로써 중요한 원칙으로 확립되려면, 국제사회의 경제적 기능과 운용을 고려한 법적·정치적 체제의 제도적 확립이 요구되며, 그러한 개념의 목표를 이행하기 위한 정치적 노력도 필요하다.[255] 예컨대 기후변화협약과 지속가능한 개발이 상호적 관계 위에서 논의되는 것과 같이, 무역자유화와 지속가능한 개발도 상호 보완적 관계가 고려되어야 한다.[256] French는 WTO체제가 추구할 기본목표의 미래운명이 지속가능한 개발이 적용될 수 있는 정도에 달려 있다는 점에 주목하였다.[257] 특히 법적 관점에서 지속가능한 개발원칙을 이행하는 데 수반되는 관련 법 원칙의 수용은 국가들 간의 갈등을 완화할 수 있는 주요한 원리로 작용될 수 있다.

---

253) 'Rio 선언' 원칙4.

254) 'Rio 선언' 원칙12.

255) D. French, *International Law and Policy of Sustainable Development* (Manchester: Manchester University Press, 2005), p.168.

256) Christina Voigt(2009), *supra* note 231, p.125.

257) D. French(2005), *supra* note 255, p.169.

예컨대 환경보호에 관한 무역규제 관련 제반문제와 개발의 측면에서 제기되는 형평문제를 해결하는 데 활용될 수 있을 것이다.

### 5.2.1 환경보호를 위한 협력증진

환경오염의 심각성에 관한 공동의 인식이 확산되면서, 국가들은 보다 엄격한 환경규제 도입의 필요성에 따른 환경보호에 관한 의무이행을 촉구하게 되었다. 이에 무역자유화를 목표로 하는 다자간 무역규범에서도 환경문제를 논외로 할 수 없는 상황이 되었다. 환경관련 NGO를 포함한 비정부 간 기구들은 환경권의 존중과 환경보호의 중요성을 소홀히 다루어서는 안 된다는 강력한 요구를 다자간 무역규범에 요청해왔으며, 이는 무시할 수 없는 요구가 되었다. 또한 '1994년 GATT'에서 예외로 인정하는 FTA에서는 무역자유화를 강화하기 위해 환경적 규제를 완화하는 정책이행을 차단하기 위해 다자간 환경협약의 준수에 관한 규정을 도입하려는 움직임이 계속되고 있다. 일부 국가들은 무역상품으로부터 나오는 환경오염방지를 위하여 환경보호를 위한 규제기준을 적용하고 특정 형태의 제재를 가하려는 정책을 시행하고 있다.

이러한 일련의 변화 속에서, WTO체제는 범지구적 관심사인 환경보호에 관한 문제를 등한시할 수 없게 되었다. WTO 설립협정 전문에서 환경보호와 지속가능한 개발의 기여에 관해 언급하고 있는데, 이는 이러한 국제적 분위기를 반영하는 것이라 보인다. 더불어 WTO는 법인격을 가진 국제기구로서 인류의 공동관심사에 관한 협력의 의무에 관한 역할과 책임을 다해야 하며, 그 구성원이자 국제공동체의 구성원으로 국가들은 제 의무를 다하도록 노력해야 하는

것이다.258)

환경규제에 따른 산업 경쟁력의 약화를 이유로 환경관련 문제를
차순위에 놓으려는 것은 국제적 차원의 문제에 관한 책임을 다하지
않는 것으로 간주될 수 있다. 산업의 경쟁력은 경제개발에만 중점을
주는 것이 아니라, 보다 친환경적인 구조로의 변화를 위한 시도에서
산업의 경쟁력을 판단해야 한다. 즉, 환경보호에 관한 의무는 환경
자체를 위한 목적에서 다루어지는 것만큼이나, 무역영역에서의 환경
보호는 실생활과 밀접한 연관이 있는 산업의 변화와 목표에 큰 영향
을 미친다는 점을 고려해야 한다. 환경문제에 관한 점증하는 관심과
환경보호의 대세적 의무 성격259)을 반영하여, 무역규범에서 환경보
호의 가치가 존중되고 그 요건이 충족시킬 수 있도록 관련 협력의
증진이 요구된다.260)

---

258) 국제통상질서는 자유·공정무역을 위한 규칙 못지않게 지속가능한 개발과 환경 등과 같은
    공익적 가치를 발전시키는 데에도 기여할 수 있는 규범이어야 할 것이다. 최승환, 전게서,
    p.3.

259) 1969년 조약법 협약 제53조에서도 규정하고 있듯이, 일반국제법 중 "그 어떠한 일탈도 허
    용되지 않고 오로지 그 후에 확립되는 동일한 성질의 일반국제법규에 의해서만 수정될 수
    있는 규범"이 바로 강행규범이다. 반면, '대세적 의무'는 일반국제법상의 의무로 존재할 수
    있고 특정 국가 간의 의무로도 존재할 수도 있으며, 특정한 국가의 의무로도 존재할 수도
    있다. 일반국제법상의 대세적 의무는 '일반국제법상의 강행규범'과 일치하는 개념이라 할
    수 있다. UN국제법위원회도 1976년 채택된 잠정초안 제19조 2항에서 '국제공동체의 근본
    적 이익의 보호를 위하여 본질적으로 중요한 국제의무'(international obligations essential for
    the protection of fundamental interests of the international community)의 존재를 확인하고, 그
    중대한 위반은 국제공동체 전 구성원에 의하여 범죄로 인정될 수 있음을 시사하고 있다.
    그리고 3항에서는 이러한 국가의 국제범죄의 예로서 '국제평화와 안전의 유지', '민족자결
    권의 보호', '인간의 보호', '인류환경의 보호 및 보존'을 위하여 본질적으로 중요한 국제의
    무의 중대한 근본적 이익에 해당한다고 할 수 있으며, 이러한 근본이익의 보호를 위하여
    중요한 의무의 중대한 위반이 범죄를 구성한다는 것이다. Yearbook of the International Law
    Commission, 1976, vol Ⅱ, Part Ⅱ, p.99, para. 10; 김석현, "국제법상 대세적 권리 의무의
    확립", 『국제법학회논총』(통권 제94호, 2002.12), p.60.

260) 'Stockholm 선언' 원칙24는 환경보호에 관한 문제에서 국제협력에 관한 정치적 이행을 반
    영하고, 'Rio 선언' 원칙27은 지속가능한 개발을 위한 국제법의 개발에 있어서 상호협력 정
    신을 토대로 하여 국가 간의 협력이 필요하다고 명시한다. WTO 설립협정 전문에서는
    WTO 책임과 관련된 책임을 갖는 그 밖의 기구와 협력을 위한 적절한 조치를 취할 수 있
    다고 명시한다.

## 5.2.2 개발과 환경의 연계논의 필요성

인간과 지구환경문제에 대한 국제적 논의는 1972년 UN인간환경회의에서의 '인간환경선언'을 필두로 하여 지구환경 감시와 조정을 담당하는 국제기구인 UNEP과 UNCED 등을 중심으로 본격화되었다. 이 가운데 환경과 경제 혹은 환경과 무역의 관계는 상호 대립적인 것이 아니라 상호 보완적 특성이 강조되었다. 다자무역체제는 효율적 자원배분을 통해 생산과 소비를 증가시킴으로써 경제성장은 물론 환경보호에 필요한 재원을 공급한다. 건전한 환경보존은 지속가능한 개발에 필요한 생산자원을 제공함으로써 지속적인 국제무역의 확산에 기여할 수 있다는 무역과 환경의 상호지지 및 연계가 국제사회 공동의 인식으로 자리 잡게 되었다.[261] 환경과 무역 연계문제에 대한 이론적 방향설정은 OECD 산하 환경과무역합동전문가회의가 주도하고 있는 반면, 실질적 작업은 WTO 산하 무역과 환경위원회가 주도하고 있다.[262] 환경과 무역 간의 연계문제는 유엔지속개발위원회(UN Commission on Sustainable Development: UNCSD), UNEP, UNCTAD 등 국제기구에서도 논의되고 있다.[263] WTO체제에서의 환경과 무역연계 논의는 현재 진행 중인 DDA 협상에서 환경의제로 채택되었다.

### 5.2.2.1 상반된 목표의 조화

WTO체제는 무역에 관한 전반적인 내용을 규율하는 독립된 기구

---

261) 환경부, 『WTO 도하개발아젠다 환경협상 대응방안 연구』(2004), pp.23~24.

262) 최승환, "그린라운드의 배경과 의의", 『도시문제』(352, 1998.3), p.10.

263) 상계논문, p.10.

로 비무역 관련 쟁점에 관해서는 다른 국제기구에 의해서 규율되어야 한다고 주장되기도 한다. 이러한 관점은 신자유주의적 경제이론에 근거한 것이라 볼 수 있다. 예컨대 비교우위이론을 환경보호에 적용하게 되면, 국가들의 상이한 경쟁조건은 환경보호의 수준을 결정할 수밖에 없게 된다. 즉, '환경보호에 관한 규제의 차별성'은 WTO법의 기본원칙에 부합하지 않는다는 비판이 제기된다. 유사한 맥락에서 무역자유화를 통한 경제성장은 환경보호에 관한 더 많은 관심을 기울이고 결국에는 최적의 수준에서 환경보호가 이루어질 수 있다고 보기 때문에 WTO체제에서 환경문제를 다루는 것은 비생산적인 것이라고 간주한다. 비슷한 논리로 빈곤과 굶주림에서 벗어나기 위한 노력은 개발의 강화로 이어지게 되므로 개발을 통한 상품의 생산·판매의 활성화는 경제성장으로 이어질 수 있다고 본다. 이러한 논리적 추론은 무역자유화의 촉진은 개발을 더욱 재촉하고, 이는 급격한 경제성장으로 이어지며, 경제수준이 적정단계에 도달하게 되면 환경보호에 관한 관심이 증대될 것이며, 결국 환경훼손을 줄이는 개발방식으로 전환을 시도할 것이라는 논증이 가능하다.

반면, 환경론자들에 의해 제기된 무역자유화에 대한 비판은 세 가지 논점으로 설명할 수 있다. 첫째, 무역자유화는 국내의 환경보호에 느슨한 규제체계를 가진 국가들이 '오염 집약적 산업'(pollution intensive industries)을 활성화하였다는 것에 기인한다. 무역은 생산특화와 노동의 분업화를 통해 집약적으로 발전해왔다. 국내환경정책이 국가마다 상이하고 규제이행비용도 일률적으로 적용될 수 없기 때문에, 환경규제가 엄격한 국가로부터 상대적으로 규제에 따른 비용이 보다 적게 소비되는 영역으로 이동을 시도한다. 비용절감과 비교우위에 입각한 특화는 효율적인 생산과 무역의 증가에 기여하고, 결국 환경오염의 정도는 높아지게 된다. 둘째, 자본의 자유로운 이동은 개발도상국과 같은 저임금과 느슨한 환경규제를 적용하는 국가에서 공장의 설립을 유도하거나 장려하는 등의 특성화 산업육성을 강화한다. 경제적으로 낙후된 국가들은 개발을 촉진하고, 경제적 이익을 얻기 위해 보다 낮은 환경기준의 적용과 세금혜택으로 이러한 기업이전에 동참해왔는데, 이러한 경쟁적 유치는 환경훼손과 환경오염을 유발하는 원인을 제공하는 결과를 낳는다. 셋째, 산업화에 따른 개발의 촉진은 생산과 소비의 증대를 유발시키며, 소비와 생산능력의 향상은 천연자원의 고갈과 오염의 속도를 빠르게 하는 요인이 된다고 보았다. 이러한 비판적 시각은 일견 타당한 논리를 가지고 있으며, 무역자유화를 추진하는 동시에 환경보호를 위한 무역규제조치의 움직임을 정당화하고 있다.

무역과 환경에 관한 상호 간의 충돌은 정책상의 상호 중첩되고 상반되는 요건을 포함하는데, 자유로운 행위를 위한 권리와 보호적 의무 간의 관계로 설명된다. 일방적·양자적·다자간 무역정책은 모든 수준에서의 환경정책과 환경기준에 영향을 미치게 된다. 환경조건의 다양성은 국제무역을 촉진할 수도 있지만 제약적 요인이 되기도 한다. 무역규범과 환경규범의 충돌은 이러한 상반되는 정책 내지 기준 적용 문제의 중심에 서게 된다.[264] WTO법은 무역제한의 축소 및 철폐와 비차별 원칙을 통해 자유무역을 증진하고자 하는 반면, 환경협약은 통제와 규제를 통하여 환경을 보호하는 것으로 양자 간의 대립되는 측면이 있다. 즉, 자유무역주의자들은 무역과 경제성장을 강조하는 반면, 환경보호주의자들은 환경보호를 위한 압력을 강

---

264) 경제학자들은 무역목표와 환경목표 간의 갈등적 관계에 관해 정책선택에 있으며, 그 선택에 따라 해결방안이 고안될 수 있다고도 하지만, 최적의 결과를 얻어내기는 쉽지 않다.

화될 수밖에 없는 것이다. 무역증진과 환경보호는 국제사회가 존중해야 할 가치임과 동시에 서로 지향하는 방향이 다르더라도 동시에 추구되어야 할 당위적 성격의 목표라는 측면에서 무역과 환경의 적극적 상호작용을 강화시키기 위한 법 규칙 내지 관련 규정의 검토가 선행되어야 한다. 핵심 과제는 선진국과 개발도상국 간의 이익의 균형이 추구되기 위해서는 최빈개도국이나 개발도상국의 이해를 반영하는 특별한 고려가 반드시 합의에 포함되어야 한다는 것이다.[265]

### 5.2.2.2 규정 간의 상호관계

무역과 환경의 갈등문제는 개발문제와도 직접적으로 연계된다. 환경관련 문제는 선진국과 개발도상국 간의 문제에서 남북문제로까지 확장되는 경향이 크다. 국가마다 상이한 환경조건의 적용은 경제발전의 수준의 불균형을 수반하게 된다. 경제발전의 수준은 환경보호에 관한 노력 정도에 비례하며 의무이행 수준도 이와 비슷하다. 환경보호의 강화는 주로 선진국이 주도하며, 개발도상국은 환경보호보다는 개발촉진을 더 우선적 권리로 주장한다. 선진국은 국제사회에 속한 모든 국가는 환경보호의 의무를 져야 하며, 높은 수준에서의 환경조건을 조화롭게 조정하기를 주장한다. 반면, 개발도상국들은 환경수준의 강화는 선진국 시장접근의 제약, 비무역 장벽에 따른 그들의 수출상품에 직접적으로 타격을 주는 불공정한 경쟁을 유발시킨다고 주장한다.

환경목적과 개발목적을 통합하는 개념의 필요성은 인식하지만, 개발도상국이 제기한 그들의 최우선 목표로 상정된 경제개발이 환

---

265) 이는 환경적 가치의 고려를 선진국이 세계경제의 기득권을 놓지 않기 위한 의도를 반영하는 것으로 간주하려는 개발도상국의 오해를 잠재우기 위한 것이기도 하다.

경요건에 의하여 저해될지 모른다는 우려에서 환경논의는 진전이 없었다. 환경목적과 개발목적의 통합은 환경보호와 무역자유화를 조화시키는 것으로, 환경, 무역, 개발의 세 가지 측면을 고려한 규범의 발전 방향성에 관한 정립을 요청한다.

무역과 개발의 관계, 무역과 환경 간의 저촉에 대한 논의는 진척되어 왔지만, 무역으로 이어지는 개발과 환경에 관한 WTO하에서의 논의는 거의 없었다. WTO법상 '지속가능한 개발'을 설립협정 전문에서 명시하고 있지만, 환경보호·보존의무와 직접적 연계성을 실체적 규정에서 언급하고 있지 않다는 것에서도 이는 확인된다. 물론 환경적 관심의 정도에 따라 관련 규정의 개정이 요구될 수 있다. 하지만 환경보호를 위한 실체적 의무의 강화 내지 높은 수준의 이행요구는 무역에서의 '녹색 보호주의'(green protectionism)로 간주하여 개발도상국과 최빈개도국의 강력한 반발을 야기하였다. 그런데 '지속가능한 개발'은 선진국의 환경보호 논리를 뒷받침하는 것뿐 아니라, 낙후된 국가들에 대한 차등적 대우를 정당화하는 논거로 적용이 가능할 수 있다는 점도 분석해보는 것이 필요하다.

구체적으로 WTO법상의 무역자유화는 비차별적 원칙에 입각한 실체적 규정의 적용으로 법적 목표를 실현하고자 한다. 이와 동시에 지속가능한 개발의 목표를 WTO법상의 실천목표로 명시하고 있다. 양자 간의 관계는 실체적 규정의 적용상 추구하는 가치가 상이함에 따른 충돌이 발생하게 된다. WTO 협정에서 환경보호의 강화를 직접적으로 명시하고 있지 않지만, '1994년 GATT' 제20조 및 'TBT 협정' 제2조의 환경보호를 위한 국가들의 정책목표 이행에 대한 재량적 권한을 예외적으로 허용한다. 이것은 무역자유화의 가치와 환경보호의 가치가 실체적 규정의 적용에서 어떠한 방식으로 절충될 수 있는가 하는 문제를 불러오는 것이다. 또한 무역자유화의 수행조건으로 환경보호와 무역에 관한 규정들 간의 관계를 고려하는 것은 선진국과 개발도상국이 중점을 두고자 하는 본질적 가치들에 대한 상반된 시각을 절충해야 하는 문제에 이르게 된다. 무역자유화는 환경보호라는 가치 위에서 수행되어야 하는가 혹은 경제개발의 우선적 사항을 중시하는 목표에서 이루어져야 하는가에 대한 물음이 수반되기 때문이다. 전자의 경우는 선진국이 선호하는 주장인 반면, 후자는 개발도상국의 개발목표의 달성과 밀접한 연관성을 가진다. 이것은 경제적 불평등성의 문제와도 관련하여 논의될 수 있다. 이는 곧 자유로운 무역과 공정한 무역 간의 관계를 논하는 단계까지 이르게 되는 것이다.

### 5.2.2.3 지속가능한 개발원칙과 전략적 협력

'지속가능한 개발'은 기존 경제개발의 개념을 대체하는 것으로 환경을 보호하기 위한 다양한 개발지원프로그램을 정형화하고 협력과 연대의 필요성을 정당화할 수 있는 유용한 개념이다. 아울러 '지속가능한 개발'의 수용은 이러한 갈등에 대한 방향성을 제시해줄 수 있는 중요한 지침이 된다. 환경과 무역의 통합은 지속가능한 개발을 위한 전략으로 목표, 정책, 법규를 모든 수준에서 바꿔나가기 위한 긍정적 결과를 가져오게 될 것이다. 이것은 지속가능한 개발 개념이 WTO법체계에서 명확하게 적용될 수 있도록 구체적 요건에 관한 국가 간의 합의가 요청되는 이유가 된다. 환경문제와 지속가능한 '개발'의 상호 연계는 WTO법의 국제적 의무에 충실해야 할 국제기구로의 책임론에서도 논해질 수 있다. 또한 이것은 다자무역체제가 지속적인 안정과 개선으로 국가 간의 발전에 기여할 수 있는 계기를 마련할 수 있는 접근이 될 것이다.

국제사회가 직면하고 있는 무역과 환경에 관한 문제는 부분별 파편화로 발전해온 것에 기인한다. 예컨대 MEAs는 선진국과 개발도상국 간의 의무 적용에 차등을 두는 경우가 많다. 교토의정서에서 탄소배출 목표치에 대한 법적 구속력은 선진국에만 적용한다. 기후변화협약에서는 차등적 공동책임을 규정으로 명시하였다. 책임의 차등화는 개발도상국이 MEAs에서 금지하거나 제약하는 비환경적 기술에 대한 사용을 중단하고 선진 환경기술로 대체할 능력이 부족하기 때문에, 특수한 환경에 적합한 형태의 기준을 적용하고자 하는 배려 차원에서 이루어진 것이다. 반면, 상호적인 관계에서 차등적 대우를 제공하는 것은 환경오염의 심화를 막는 데 유용하지 않거나 무용지물이 될 수 있다는 주장이 제기될 수 있다. 개발도상국에 10년의 유예기간을 허용하므로, 오염을 유발하는 활동을 중단시킬 방법이 없게 되거나 환경기준을 맞추려는 선진국들 기업이 생산품을 개발도상국에 떠넘기는 행위도 발생하기 때문이다.

선진국과 협상을 주도하는 개발도상국들은 주로 브라질, 인도, 중국을 포함하는 개발도상국들이다. 이들은 기술혁신으로 선진국을 빠르게 추격하고 있기 때문에, 선진국과 개발도상국의 갈등은 양자 간의 문제로 나타나는데, 실제로 이러한 국가들을 제외한 대부분의 개발도상국들은 저급한 기술력과 자본의 부족 등 사회 전반적으로 낙후된 환경조건으로 오염을 경감하는 상품을 생산할 수 있는 능력이 부재하다. 시장에 의해서 얻어지는 결과는 실질적 공정성의 개념을 반영하지 못하는 한계가 있으며, 분배적 정의가 요구될 수 있다. 무역자유화의 기능은 개별국가의 특수한 사정을 참작하지 못하는 위험성을 가지고 있다. 지속가능한 개발이 함축하는 자원의 공평한 이용, 세대 간의 형평, 지속가능성, 환경과 개발 간의 통합의 원리는 무역질서의 '공정성'을 확보하기 위해 고려되어야 할 가치가 있다고 본다. 예컨대 WTO체제에서 환경보호에 관한 무역규제와 관련 지원의 연계성 논의는 상반되는 목표를 추구하는 물과 기름이 아니라, 협력을 통해서 건전하게 유지되고 발전되어야 한다는 방향에서 진행되어야 한다. 개발은 단계적으로 기존의 방식이 변경되어야 하며, 무역을 위한 개발의 수단이 환경보호를 악화시키지 않는 친환경적 개발이 진행될 수 있도록 전반적인 구조의 전략적 개혁이 수반되어야 한다.

### 5.2.3 무역환경위원회

무역과 환경보호 연계에 관한 본격적 논의는 GATT체제에서 큰 관심을 불러일으키지 못하였으나, 1992년 리우데자네이루 UN 환경개발회의에서 무역과 환경의 상호 지지적 관계에 대한 기본입장이 정리되고, WTO 설립을 위한 마라케시 각료회의에서 '무역과 환경에 관한 결정문'이 채택됨과 더불어 WTO 산하에 '무역환경위원회'(Committee on Trade and Environment: CTE)가 설치되면서 본격적으로 시작되었다.[266] CTE에서 한시적으로 1995년에서 1996년까지 13차례 공식회의를 열어 WTO법과 MEAs 특정무역규제의 관계, 무역정책과 환경규제정책의 상호작용 등을 포함하는 10개 의제를 논의하였으나, 선진국과 개발도상국 간의 입장차이로 구체적 합의안

---

266) 그러나 GATT에서의 사전보고서가 이미 제출된 바 있으며, 무역과 환경에 관한 문제가 제기되고 부분적이지만 논의가 있었다. 1989년에는 GATT에서 실질적으로 금지되거나 제약되는 물품에 관해 결정초안을 작성한 바 있고, 1991년에는 환경과 무역조치에 관한 작업계획을 끌어내기 위한 '환경조치와 국제무역에 관한 작업단'(Group on Environmental Measures and International Trade)이 설치되었다. 성재호, 전게서, p.296.

을 마련하지 못하였다. 이러한 논의는 결국 2001년 11월 카타르 도하에서 열린 제4차 WTO 각료회의에서 3개 협상의제와 3개 검토의제로 구성된 총 6개의 무역과 환경의제를 각료선언문에 포함시켜 2002년 1월부터 DDA 협상에서 시작되었다. 동 의제는 무역환경위원회를 중심으로 환경상품 및 환경서비스의 무역자유화 방안, WTO법과 MEAs의 무역관련 조치와의 관계 정립 등이 논의되고 있다.[267] CTE에서 환경보호를 고려한 무역을 위한 제반규정의 구체적 논의에 관한 언급은 WTO체제에서 환경보호와 무역의 상호작용에 의한 WTO법의 발전을 모색하려는 시도라고 평가하기도 한다.[268] 즉, CTE는 지속가능한 개발에 기여하기 위하여 무역과 환경보호의 상호관계를 긴밀하게 형성하기 위한 목적에서 설립된 것이다. CTE는 회원국 간 혹은 비정부 간 기구를 통해 투명성 확보와 협력의 필요성이 요청되며, 각기 상이한 관점을 조율함으로써 환경보호와 무역 간의 갈등부분을 명확히 규명하고, 조화롭게 상호 공존할 수 있는 방안을 강구해왔다. 1996년 싱가포르 보고서에서 CTE는 월경성 환경문제와 범지구적 차원에서 환경문제를 해결하기 위한 최선의 효과적인 방안으로 국제협력과 전원합의에 의한 다자간 해결방안에 관해 권고한 바 있다.[269] 동 보고서에서, WTO법과 MEAs 간의 상호지지 관계를 위해서는 양자 간의 적절한 존중이 요구된다고 지적하였다.[270] CTE는 WTO법으로 환경법과 환경정책을 명백하게 포함하도록 하는 결정을 내릴 수도 있다. 예컨대 사전예방의 원칙, 오염

---

267) 환경부, 『환경백서』(2008), pp.660~661.

268) *The GATT Uruguay Round Agreements: Report on Environmental Issues* (USTR, 1994), pp.20~21; 성재호, 전게서, p.296.

269) WTO, WT/CTE/1 (1 November 1996).

270) *Ibid.*, para.171.

자부담의 원칙 등 환경관련 원칙의 WTO법으로 수용에 관해 고려해볼 수 있을 것이다. 몇몇 국가들은 각기 다른 환경기준의 조화를 추구하기 원하기도 하고, 예컨대 WTO법상의 TREMS, TRIPS협정상의 규정을 통해서 MEAs와 WTO법의 상호 조화가 증진되기를 원한다.271) 예컨대 UN 기후변화협약에 관한 회의는 기후변화에 관한 새로운 방향을 제시할 것이고, 이와 일치하는 방향에서 CTE는 무역자유화 목적, 환경보호, 지속가능한 발전 간의 상호지지를 강화하기 위해서 기부변화협약과 다자무역체제 간의 시너지를 창출하는 데 그 목적을 두어야 할 것이다. CTE 창설은 지속가능한 개발에 기여하고자 무역과 환경보호 간 쟁점에 관한 지속적인 논의를 위한 것으로, 우루과이라운드 무역협상의 중요한 성과로 볼 수 있다. 하지만 국제환경법학자는 동 위원회가 특정 문제에 관해 분석과 평가가 미비한 수준이고 실질적인 권고를 내리지 못한다고 비판하였다.272) 동 위원회 역할의 실질적 부재 속에서, 환경가치를 무역규범에서 명확하게 규정으로 도입하려는 EU와 미국을 비롯한 선진국과 상품 차별의 대상으로 삼는 다수 개발도상국 간의 양분화는 더 강해지게 되었다.273) CTE는 유엔환경개발회의에서 설립된 지속가능한 개발위원회와 긴밀히 협조하고, MEAs의 무역관련 환경규제 규정이 WTO법의 규정과 양립하지 않고 유기적 관계를 유지할 수 있도록 임무를 성실히 이행해나가야 한다.

한편 CTE와 CTD의 분리된 업무가 WTO 설립협정 전문에 명시

---

271) '무역과 환경에 관한 결정'은 WTO 무역환경위원회가 다자무역체제의 조항과 다자환경협약의 관련 조항을 포함하는 환경목적을 위한 무역조치 간의 관계와 다자무역체제의 분쟁해결체제와 다자환경협약에서 분쟁해결 간의 관계를 다룰 수 있다고 규정한다.

272) Patricia Birnie, Alan Boyle, Catherine Redgwell, *International Law and the Environment* (Oxford University Press, 2009), p.703.

273) *Ibid.*

된 지속가능한 개발의 목표에 따라 다자간 무역관계를 수립하는 데 효과적인지 아니면 방해가 되는지 여부를 평가하여 양자 간의 통합이 효과성을 가지는지 여부를 논의해야 한다. 예컨대 CTE도 CTD와 협력을 통해 1992년 'Rio 선언'에서 채택된 원칙이 WTO법에 일치하는 수준의 적용 방안에 관한 논의가 요청된다.[274] CTE와 CTD의 기능을 고려할 때, 각각의 목표들이 상대의 목표와의 복합적인 관계를 가짐에 따라, 기술지원과 'S&D 대우'에 관한 쟁점이 개발과 환경의 통합적 측면에서 접근의 유용성이 있을 수 있다. 환경과 개발은 상호 연관되어 있으며, 특히 경제적 안녕을 위하여 생태계적 자산에 의존하는 개발도상국과 최빈개도국의 경제생활 방식을 고려해볼 때, 통합적 접근이 더욱 필요하다고 보인다.

## 5.3 지속가능한 개발의 주요원리

### 5.3.1 공평성

WTO법상의 무역자유화의 증진은 국가들이 자원의 최적사용을 통해 개발을 촉진하고 생활수준의 향상을 통한 사회적 복지의 증대를 위한 목적을 위한 것이 되어야 한다. 하지만 각기 다른 개발단계에 있는 국가들은 무역증대의 방식과 한정된 천연자원을 사용하는 형태가 다르기 때문에, 국가들에 동일하거나 유사한 방식으로 적용되는 것이 용이하지 않다. 즉, 환경가치를 존중하는 방식이 무역의

---

274) CDT는 실제로 무역자유화를 통해 지속가능한 개발의 증진을 추구하는 문제에 관해 고려해본 적이 있다. Compare Trade and the Environment, News and Views from the GATT, TE 002 (3 June 1993), p.3; GATT, Minutes of the Council Meeting of 22 February 1994, C/M/269.

양적·질적 증대의 목표와 상호조화를 이루기 위한 접근방식이 다를 수 있기 때문에, 각 국가의 제반 여건의 사정에 따라 상이한 결과가 도출될 수 있다.

그렇다면 실질적으로 환경가치를 훼손하지 않으면서 무역조건의 형성과 적절한 실체적 의무이행을 위한 방안으로 어떠한 접근이 허용되어야 하는가에 있다. 즉, 이익의 배분에 있어서 그 기준이 합리적이어야 하고, 광범위한 사회적 동의가 이루어진 동등하지 않은 자에 대한 동등하지 않는 대우(unequals must be treated unequally)의 요체가 충족된 상태를 수직적 공평성(vertical treatment)이 실현되었다고 하며, 동등한 자의 동일한 대우(equal treatment of equals)를 제공하는 것이 실현된 상태를 수평적 공평성(horizontal treatment)이 이루어졌다고 보는 것이다.[275] 즉, 동등하지 않은 대우가 정당화될 수 있는 것은 서로 상이한 상황에 놓여 있는 경우에 '보다 공평한 조건을 갖추기 위한 것'이라고 할 수 있다. 이러한 측면에서 수직적 공평성은 배분적 정의(distributive justice)로 간주되며 이는 곧 '공정한 대우'의 상태를 말한다. 이러한 추상적인 공평성의 개념은 지속가능한 개발원칙의 기본개념과 이러한 목표를 달성하기 위한 구체적인 전략적 형태의 접근에서 시작될 수 있다. 개발정책을 입안하면서 자원의 이용과 비용 그리고 이익의 배분과 같은 문제에서 발생하는 변화에 주의를 기울이지 않는다면 제대로 유지될 수 없다.

지속가능한 개발의 개념에서 함의하고 있는 의미를 국제사회 질서에 반영하기 위해서는 환경적 능력의 한계를 넘지 않으면서 성장할 수 있는 가치를 중시하고, 모두에게 공평한 기회를 보장하는 것

---

275) MacRae, D., Wilde, J., *Policy Analysis for Public Decision* (N. Scituate: Duxbury Press, 1979), p.65.

에서부터 시작되어야 한다.[276] 자원이용을 위한 공평한 접근의 제한
은 자원접근도의 불평등성을 가져온다. 이는 국제적 차원에서 관철
되는 자원의 독점적 통제 때문에 그러한 자원을 공유하지 못하게 되
면 한계자원을 과도하게 착취할 수밖에 없게 된다.[277] 예컨대 선진
국들은 기후변화와 환경오염의 방지를 위한 재정적 · 기술적 능력으
로 자원이용의 제약에서 오는 원인에 대한 해결능력이 있지만, 그러
하지 못한 국가들은 그 취약성에 그대로 노출되게 된다. 따라서 이
러한 불공정한 결과의 도출을 예방하기 위해서는 상호협력을 바탕
으로 국가들 간의 노력이 전제가 될 때 기본적 욕구의 충족이 고르
게 이루어지게 되며 이에 따른 갈등의 완화가 이루어질 것이다.

각국의 경제력과 통상에서 나오는 이익이 한층 공평하게 분배된
다면, 일반적으로 그러한 국가들은 곧 보편적 가치의 충족이라는
'공동의 이익'을 거둘 수 있을 것이다. 그러나 통상에서의 이익은 불
공평하게 분배되며, 이에 의존하는 다수의 개발도상국의 경제와 생
태계는 상당한 영향을 받게 마련이다.[278] 다시 말해 국제적인 차원
에서 관철되는 자원의 독점적 통제 때문에 그러한 자원을 공유하지
못하는 경우에 한계자원을 과도하게 이용할 수밖에 없다는 점에
서[279] 공동의 이익을 위한 지속가능한 개발의 증진은 국가들 간에
경제적 · 사회적 정의문제와 관련하여 고려되어야 한다.[280]

---

276) 즉, 궁극적인 한계가 존재하는 제반 영역에서 지속가능성을 유지하기 위해서는 한정된 자원을 공평하게 사용하기 위한 협력과 기술적 노력이 증진되어야 한다. WCED, *supra* note 222, pp.75~78.

277) *Ibid.*, p.81.

278) 김진현, 『지속가능한 발전의 원리와 적용』 (한국학술정보, 2006) p.21.

279) 상게서. p.21.

280) WCED, *supra* note 222, pp.48~49.

## 5.3.2 환경과 개발의 상호 연관관계

국제법상에서의 이른바 원칙들 내지 원리들은 어떠한 방식에서든 상호 관련성을 갖게 된다. 상호적 협력관계의 유지 및 발전을 위해서는 주요한 원칙들이 성립되어야 하고, 그러한 원칙들을 적용하는 과정에서는 관련 원칙들이 서로의 논리적 결함을 치유해줄 수 있는 관계가 형성되어야 하는 것이다. 즉, 구심점이 될 수 있는 원칙이 존재할 수는 있으나, 하나의 원칙만이 절대적인 지위를 갖는 경우는 거의 없으며, 다양한 원칙들은 유기적으로 적절하게 고려되어야 한다. 통합의 원리는 바로 이러한 접근방식에서 그 의미를 살펴볼 수가 있는 것이다.

국제회의에서 통상규범의 입법과정은 환경규범과 분리되어 진행되는 경향이 있었다. 상품 및 서비스, 인간, 자본 및 환경자원의 보호에 관한 국제적 움직임은 각기 다른 협정으로 규정되어 왔고, 상호 간의 조화를 이루는 것이 용이하지 않았다. 1994년 우루과이라운드 협정이 체결되기까지 상품 및 서비스, 자본의 거래 이동에 관련 내용은 구체적으로 다루었지만, 환경가치를 어떻게 조화해 나갈 것인가에 관한 문제를 구체적으로 다루지 않았다. 환경보호 관련 무역제한조치의 사용에 관한 GATT체제의 분쟁은 1980년대 이후에 제기되어 왔다. WTO 설립협정에서는 무역 및 환경을 통합하기 위한 필요성을 언급하고 있다. 더욱이 환경을 존중하는 지속가능한 성장을 증진하기 위한 의무와 지속가능한 개발의 목적에 일치하도록 세계자원의 최적사용은 WTO법상으로 도입되었다.[281] 환경의무는 더

---

281) That there should not be, nor need be, any policy contradiction between upholding and safeguarding an open, non-discriminatory and equitable multilateral trading system on the one hand, and acting for the protection of the environment, and the promotion of sustainable

이상 다자간 환경협약이나 WTO법에서 각기 개별적으로 적용되는 내용이 아니라는 점이 부각되고 있다.

산업화가 진척되고 있는 국가들은 환경보호가 정책의 결정과정 혹은 입법과정에 개입되면, 그동안 추진된 개발정책방향은 대거 수정되어야 하고, 새로운 무역장벽이 될 수 있다는 점을 크게 강조한다. 하지만 환경에 관한 제반 문제는 인류의 공통적 관심영역에 해당하는 것으로 국제사회의 모든 구성원은 이러한 의무에서 벗어날 수 없다는 점이 분명하다면, 그 접근방식에 관한 보다 공정한 적용을 위한 논의가 필요한 것이다.

### 5.3.3 형평의 원리

#### 5.3.3.1 국제법에서의 형평

형평은 '경직된 법체계를 확장하고 보완하기 위해 발전된 원리나 규칙의 체계', '규칙의 기계적인 적용과는 구별되는 것으로 공정성으로의 정의' 등과 유사한 법적 의미를 가진다.[282] 또한 형평은 '동등하게 하는 것', '각자의 몫을 정당하게 분배받는 것'과 같은 균형의 원리 속에서 정당하다고 인정되는 조건들을 통해 법 적용상의 구체적 상황에서 실질적으로 법질서의 정의 실현을 위해 적용되어야 하는 가치를 지닌다.[283]

---

development on the other. The Results of the Uruguay Round of Multilateral Trade Negotiations, The Legal Text, GATT 1994, p.469.

[282] Merrian-Webster's Dictionary of Law, 1996, p.165.

[283] 과거 그리스와 로마에서 정의를 형평이라고 하고, '각자에게 각자의 몫을 주는 것'이라고 하였다. 단테(Dante)는 '인간의 인간에 대한 조화'라고 하였고, 카르도조(Cardozo)는 '법이 따라야 할 질서'라고 하였다. 결국 정의는 인간관계에 있어서 정당하다고 인식되는 형평의 질서라고 볼 수 있다. 이러한 이론적 구성에서 각자에게 형평한 몫이 주어져야 하는 것 또

그러나 국제법상 '형평'에 관해 학자들 간의 의견대립이 있으나, 형평은 정의와 유사어로 간주할 수 있으며,[284] 정의는 공정성과 유사한 개념으로 적용될 수 있다고 볼 수 있다. 전술한 바와 같이, 형평의 개념이 법질서에서 공평한 시각을 유지하고, 보다 공정한 법의 적용을 실현하는 데 그 가치가 인정된다고 보면, 실체적 내용의 실질적인 균형을 이루기 위한 중요한 원리로 고려될 수 있다.[285] 다만 형평원칙이 국제법의 법원을 형성하는지에 관해서는 확립된 바는 없다.[286] 또한 ICJ 규정 제38조 2항에서 언급하고 있는 형평은 "당사국 간의 합의가 있는 경우에 '형평과 선'에 따라 재판소가 재판을 행할 권한을 해하지 않는다"고 규정하고 있다. 동 조항에서의 '형평과 선'에 관한 ICJ 판결은 법률적 원칙에 의하여 이루어진 것이 아니라는 점과 형평과 선이란 상황에 따라 달라질 수 있다는 모호성을 지닌 개념이기 때문에 객관적인 판결이 용이하지 않다는 점에서 국제법 법원으로의 비판적 시각이 존재한다.[287] 또한 몇몇 국제법 협약과 사례에서 형평의 원리가 분명하게 명시되고 있다. 예컨대 '1982년 해양법에 관한 국제연합 협약'(United Nations Convention on the Law of the Sea: 이하 'UN해양법협약') 제74조와 제83조에서는 형평에 의한 해결방안(equitable solution)을 명시함으로써,[288] UN

---

는 상충되지 아니하는 권리 또는 실정법 이전부터 주어진 질서라고 해야 할 것이다. 이태재, 『법철학사와 자연법론』 (법문사, 1984), pp.233~235.

284) 즉, 형평은 정의 및 자연법과 서로 혼용되는 경향이 있다. 김정건, 『국제법』 (박영사, 2004), pp.30~31.

285) Sands는 국제법의 생성과 적용, 해석과정에서 정의와 공정성을 평가하는 데 형평의 역할을 고려하는 것은 중요한 문제라고 하였다. Philippe Sands, *Principles of International Environmental Law 2nd ed.* (Cambridge: Cambridge University Press, 2003), p.152.

286) 김정건, 전게서, p.30.

287) 상게서, p.30.

288) 제74조 1항: The delimitation of the exclusive economic zone between States with opposite or adjacent coasts shall be effected by agreement on the basis of international law, as referred to

해양법협약상의 주요한 원칙으로 확립되었다고 볼 수 있다.[289] 1969년 '북해대륙붕 사건'에서 ICJ는 형평을 평등을 의미하는 것이라 하며,[290] 형평의 개념을 정의의 직접 발산(direct emanation of the idea of justice)이며, 법으로 직접 적용이 가능한 일반원칙(general principle directly applicable as law)으로 보아, 형평한 결과(equitable result)를 위한 다양한 검토요인 간의 균형을 맞추기 위해서 검토되어야 하며, 동 원칙은 국제법의 일부분이 되어야 한다고 밝혔다.[291] 또한 1951년 '영국・노르웨이 어업분쟁 사건'에서 ICJ는 형평이란 일반원칙의 예외로 받아들였다.[292] 형평의 개념을 ICJ는 실질적인 규칙이 존재하지 않는 곳에서 분배 혹은 부당의 문제를 해결하기 위한 원리로 인정하며, 형평을 기존 법률관계에서의 변경에 관한 요구를 정당화하거나 절차적 의미에서 분배나 부당의 문제와 결부 지었다.[293]

한편 국제통상을 규율하는 다자간 무역규범에서의 형평은 그 개념에 관한 의미를 해석하는 데 있어서는 본질적으로 동일하다고 본다. 다만 경제에 관한 형평원칙의 적용가능성에 관한 논의에서 일반국제법에서의 국가들 간의 갈등원인을 접근하는 것과는 다소 상이

---

in Article 38 of the Statute of the International Court of Justice, in order to achieve <u>an equitable solution</u>. (강조 필자) 제83조 1항: The delimitation of the continental shelf between States with opposite or adjacent coasts shall be effected by agreement on the basis of international law, as referred to in Article 38 of the Statute of the International Court of Justice, in order to achieve an equitable solution. (강조 필자)
2. If no agreement can be reached within a reasonable period of time.

289) Nico Schrijver, *The Evolution of Sustainable Development in International Law: Inception, Meaning and Status* (Leiden: Martinus Nijhoff Publishers, 2008), p.175.

290) North Sea Continental Self Case, ICJ Reports 3 (1969), para.91.

291) Individual Opinion of Judge Hudson in the Diversion of the Waters from the Meuse Case, ICJ Reports 18 (1982); recognizing equity as a part of international law: (1937) PCIJ Ser. A/B, No. 70, pp.76~77; Sands(2003), *supra* note 285, p.152.

292) ICJ Reports (1951), p.116.

293) Tawfique Nawaz, "Equity and the New International Economic Order; A Note", in Kamal Hossain(ed), pp.114~116.

할 수 있다. 특히 WTO법상 형평에 관한 쟁점은 경제적 이익과 직결되는 문제로, 크게 선진국과 개발도상국 간의 대립으로 간주되어 왔다. 그렇다고 형평의 개념을 낙후된 국가에 대한 최상의 혜택 혹은 이익을 제공하는 것이라는 좁은 관점에서 접근하려는 의도는 타당하지 않다. 1970년대 개발도상국들이 성장하면서 기존의 국제경제질서의 불공정성을 시정해야 한다는 요구가 표출되면서, 전술한 바와 같이 제6차 유엔특별총회에서 G77(77그룹)은 NIEO를 제안한 바 있다. 이와 더불어 1974년 국가의 경제적 권리의무 헌장의 채택과 같은 개발도상국의 노력은 국제경제질서의 새로운 변혁이 필요함을 강조하고 개선을 강력하게 요구하려는 목적을 가지고 있었다. 이러한 맥락에서 형평의 원칙은 기존 법체계의 불합리하고 불공평한 관계를 조화와 균형의 원리에 따라 시정을 요구하기 위해 수용되었다. 이는 법질서에서의 실질적 공정성 실현의 목적을 위한 구체적인 노력의 일환으로 볼 수 있다.[294] 또한 개발도상국에 대한 UNCTAD의 노력은 WTO체제가 개발도상국의 개발이익 존중을 위한 일부 규정을 도입하도록 유도하였지만, 무역자유화와 상호주의에 입각한 규범질서에서 그들의 이해가 제대로 반영되기에는 쉽지 않았다. 이러한 배경 속에서 우루과이라운드 무역협상을 거치면서 선진국과 개발도상국 간의 갈등은 더 커지게 되었으며, 다양한 가치들에 관심영역이 확대되면서 '정당한 몫의 확보'라는 배분적 정의문제는 '형평의 원리'와 맥을 같이할 수 있으며, 주요 갈등원인의 해결을 위한 주요원리로 삼아야 함을 요청한다.

---

294) 개발도상국은 형식법상의 평등대우라는 이름하에 사실은 개발도상국을 차별하려는 무역규범에서 '도덕의 이중기준'(double standard of morality)의 실현을 요구한다. 반면, 선진국은 개발도상국의 이러한 법정책적인 요체에 대해 국제법의 이전의 고정관념적 요체(예: *pacta sunt servanda*, 기득권보호)를 증거로 그들 대부분의 마지못해 하는 양보 내지 배려의 태도를 합리화하고 있다. 이장희, 전게논문, pp.437~438.

## 5.3.3.2 지속가능한 개발의 '세대 내 형평'

지속가능한 개발은 "자원이용, 투자, 기술발전, 조직 변화는 인간의 욕구와 요구를 충족하기 위한 현재와 미래의 잠재성과 조화를 이루는 변화의 과정"으로 받아들이고,[295] 동 개념에 따라 정책과 법이 변화해야 한다는 점을 강조한다. 환경보존 및 사회적·경제적 발전이 수평적으로 이루어지도록 함을 의미하는 것으로, 경제적 및 환경적 목표는 상호 밀접하게 연계되어 있다.

> "빈곤과 불평등이 판치는 세계는 항상 위기에 노출될 것이다. 지속가능한 개발은 보다 나은 삶을 위한 요구를 충족시키기에 충분한 기회를 모두에게 확대하는 것이며, 모든 인간의 기본욕구의 충족을 요구한다."[296]

지속가능한 개발의 도입은 경제성장, 환경, 인권은 통합된 방식으로 접근되어야 한다는 것을 제시한 것이며, 지속가능한 개발은 적어도 부분적 목표는 되었다고 보고 있는 것이다.[297] 물론 여기에서도 개발도상국의 개발에 관한 문제가 그 논쟁의 중심에 있다는 점이 분명하다.

환경과 개발에 관한 중요한 목표에는 평화를 보존하고, 성장을 소생시키고, 성장의 질적 부분을 변화하고, 궁핍과 가난의 문제를 해

---

295) "A process of change in which the exploitation of resources, the direction of investments, the orientation of technological development and institutional change are all in harmony and enhance both current and future potential to meet human needs and aspirations." WCED, *supra* note 222, p.46.

296) "A world in which poverty and inequity are endemic will always be prone to ecological and other crises. Sustainable development requires meeting the basic needs of all and extending to all the opportunity to satisfy their aspirations for a better life." WCED, *supra* note 222, pp.43~44.

297) J. Verschuuren, *Principles of Environmental Law: The Ideal of Sustainable Development and the Role of Principles in International, European and National Law* (Baden Baden: Nomos, 2003), p.21.

결하고, 인구성장의 문제를 다루고, 자원기반을 보존 및 강화하고, 기술을 새로운 방향으로 정립하고, 위기관리능력을 향상시키며, 환경 및 경제적 의사결정을 통합하는 내용을 포함한다.[298] 이는 환경의 중요성을 강조하되, 일방에 치우친 목적에 치중하는 것이 아니라, 전반적인 모든 부분에 걸쳐 변화가 수반되어야 함을 강조하는 것이다. 특히 주체 간의 실질적 평등과 개별국가의 특별한 사정을 고려하는 합리적 차별을 수용하는 법리로 형평의 원리를 긍정하는 데 있어 변화의 방향성을 제시해주었다는 점에 의의가 있다. 이것은 모든 규범에 보편적으로 적용될 수 있다는 것을 의미하고, 규범의 주체들 간에 행위에 관한 조화와 균형을 이루기 위한 원리로 수용한 것이라 이해할 수 있다. 더욱이 '세대 내 형평'(intergenerational equity)의 중심에는 선진국과 개발도상국 간의 남북갈등으로 나타나는 문제를 실질적으로 해결하기 위해서 형평의 원리를 존중하는 차원의 이행 노력을 강화해야 한다는 점을 보여준다.[299]

동등하지 아니한 국가들 간의 갈등의 완화를 위한 맥락에서 지속가능한 개발에 함의된 '형평의 원리'는 WTO 협정상 실체적 규정의 해석에서 주요 지침으로도 적용되어야 한다. 이것은 WTO상의 '상이한 개발단계에 놓인 국가들 간' 상호협력에 따른 지속적인 발전이 기대될 수 있도록, 형평성을 추구하는 관점에서 가치판단을 고려하는 접근이 필요하기 때문이다. 유사한 관점에서 동등하지 아니한 국가들에 대한 동등한 대우의 부여는 합리적인 기준이 적용되는 것이

---

298) "[T]he critical objectives for environment and development must include preserving peace, reviving growth and changing its quality, remedying the problems of poverty and the satisfaction of human needs, addressing the problem of population growth and conserving and enhancing the resource base, reorienting technology and managing risk, and merging environment and economic decision-making." UN, A/C.2/42/L.81 (11 Dec. 1987).

299) Nico Schrijver(2008), *supra* note, 289, p.177.

라 볼 수 없다. 생각건대 지속가능한 개발원칙에 함의된 형평의 원리는 그동안의 국제경제질서에서 논의되어 온 공정성에 관한 논의에 있어 합리적 차별을 정당화하는 형평의 원리를 불합리적이고 불공정한 대우의 개선이라는 중요한 과제를 해결하기 위한 주요원리로 삼아야 한다고 본다. 이러한 논리에서 지속가능한 개발에 함축된 '형평의 원리'가 WTO 협정의 실체적 규정에 관한 법리적 해석을 위한 판단기준으로의 검토가 요청된다. 다만 형평의 원리를 판단기준으로 삼는 데 있어 일관적이며, 객관적인 판단이 유지될 수 있도록 해야 한다.

## 5.3.4 방향성 제시

### 5.3.4.1 국제법 원칙과의 상호작용

WTO법은 외부환경에서 자유로울 수 없다. 이러한 이유로 WTO 협정상 규정해석은 국제법과의 일반적 관계를 고려하여 조화가 이루어지도록 해야 한다. 관련 논의가 '미국-개질휘발유 사건'을 통해 WTO DSB에서 처음으로 다루어졌다. 본 사건의 항소기구는 '1994년 GATT'의 법리적 해석이 국제법과 완전히 분리된 접근에서 이루어져서는 안 된다고 언급하였다.[300] 이와 같은 주장은 WTO법과 일반 국제법의 상호관련성을 인정했다는 점에서 중요하나, 그 의미의 구체적 설명은 제시되지 않아서 논쟁의 실마리를 해결하지 못하였다는 점이 지적되었다.[301]

---

300) WT/DS2/AB/R, p.17.

301) WTO법과 일반 국제법의 상호관계에 관한 구체적 내용은 본 절에서의 논의대상 범위를 넘는 것으로, 이하에서는 WTO법 해석에서 국제법 원칙의 수용에 관한 부분만을 다루기로 한다.

WTO법은 독단적으로 해석될 수 없으며302) 일반 국제법의 일부
인 환경 및 노동규범과 같은 여타분야의 법규범을 고려하지 않을 수
없다.303) 하지만 다른 국제법 분야의 규범이 WTO법 해석에 적용될
수 있는 적정한 수준에 관해서는 확립된 기준은 없다. 넓은 의미의
국제법 영역에 포함된다는 관점에서304) '국제법의 파편화'에 관한
학자들의 주장은 일견 타당하다고 볼 수 있다. Hafner에 따르면, "국
제법은 동질적인 법적 질서로 구성되어 있지 않다"고 주장한다.305)
파편화되어 발전된 국제법체계는 일반적 체제, 지역적 체제, 양자적
체제, 하부 체제, 하부-하부체제의 각기 다른 수준에서의 통합을
형성하는 다양화된 형태로 구성되어 있다고 본다. 이러한 현상에 관
한 설명에서 중앙조직의 부재,306) 다양한 국제규범의 특성화된 성격
등을 그 근거로 제시하였다.307) 국제법의 파편화는 상기한 법 체제
간의 갈등과 중첩문제를 필연적으로 야기한다.308) 예컨대 WTO법은

302) GATT 제21조 (c)호의 원문은 다음과 같다: Nothing in this Agreement shall be construed
⋯⋯ to prevent any contracting party from taking any action in pursuance of its obligations
under the United Nations charter for the maintenance of international peace and security.

303) Joost Pauwelyn, *Conflict of norms in public international law: how WTO law relates to other rules of
international law* (Cambridge: Cambridge University Press, 2003), p.26; Anja Lindroos, Michael
Mehling, "Dispelling the Chimera of 'Self-Contained Regimes': International Law and the
WTO", 16 European Journal of International Law(EJIL) 5, 2006, p.859.

304) Stefan Zleptnig, *Non-Economic Objectives in WTO Law: Justification Provisions of GATT, GATS,
SPS and TBT Agreements* (Martinus Nijhoff Publishers, 2010), p.57; 다른 관점에서 Pauwelyn,
Ibid., p.26.

305) ILC Report, Risks Ensuing from the Fragmentation of International Law, in Report of the
International Law Commission on the Work of Its Fifty-Second Session, A/55/10, 2000, p.321;
The Report of the Study Group of the International Law Commission, "Fragmentation of
International Law: Difficulties arising from the Diversification and Expansion of International
Law", A/CN.4/L.682 (13 April 2006).

306) 이는 제도화된 중앙집권적 입법기관이 부재하기 때문에 보다 유기적이고 집약적인 형태를
가지지 못한다는 점이다. Campbell McLachlan, "The Principle of Systemic Integration and
Article 31(c) of the Vienna Convention", 54 *International and Comparative Law Quarterly*(ICLQ),
2005, p.282.

307) ILC Report(2000), *supra* note 305, p.326.

308) McLachlan(2005), *supra* note 306, p.284.

국제환경법, 국제인권법 등과 필수불가결하게 상호작용하면서 적용법상의 중첩 내지 충돌을 야기한다. 일반 국제법 체제의 중요한 특징은 끊임없이 변화하고 진보하면서 '과정의 법질서'를 형성해가고 있다는 점이다. 국가들은 다양한 관계를 가진 다양한 국제규범의 주체가 된다. 협력 메커니즘의 부재와 조약 간의 상하관계의 불성립은 상이한 규범 간의 양립성 문제에서 벗어날 수 없는 이유이다.[309] 다양한 국제규범의 형성은 독립된 영역을 규율하면서도 상호연계성을 배제할 수 없다는 것도 명백하다. WTO법 해석에서 일반 국제법상의 주요원칙이 존중되어야 하는 것은 이러한 원칙들이 국제사회를 유지하는 주체들 간의 합의에서 비롯되기 때문이다. WTO법은 무역에 관한 전반적인 사안을 규율하는 특수성을 지니고 있지만, 국제적으로 유지되고 발전된 법원칙, 타 협약과의 관계를 배제할 수 없다. 특정영역이지만 국제규범이 가져야 할 일반적이고 보편적 가치는 존중되어야 하며, 그러한 법적 테두리에서 법적 권리와 의무가 생성되어야 하는 것이다.

국가들 간의 분쟁 시에 WTO 협정은 분쟁해결기구에 회부할 수 있는 원인 혹은 근거로 적용되며, 패널과 항소기구의 관할권은 대상협정에 관한 분쟁으로 한정된다.[310] 예컨대 국제인권법과 국제환경법과 같은 다른 국제규범에 관한 분쟁은 적용법상의 근거로써 제외되는 것이다. 예컨대 '멕시코—청량음료 사건'[311]에서 WTO 협정과 불일치를 정당화하기 위하여 WTO 분쟁에서의 적용법의 해당범위에 관해 다루었다. 본 사건에서 멕시코는 미국의 NAFTA의 규정 위반은 '1994년 GATT' 제20조 (d)호의 일방적이고 보복적인 조치를

---

309) Stefan Zleptnig(2010), *supra* note 304, p.58.

310) DSU 제1조 1항, Appendix 1.

311) WT/DS308/AB/R.

허용하는 것이라고 주장했다. 멕시코의 주장을 기각하면서, 항소기구는 다음과 같이 판정했다. "WTO법이 분쟁의 원인이 아닌 분쟁을 조율하기 어떠한 근거도 DSU에 두고 있지 않다는 점은 WTO 분쟁해결의 목적은 WTO 협정상의 회원국의 권리와 의무를 보호하기 위한 것이며, 현행 협정상의 규정을 보다 명료하게 분석하는 데 있다"고 하였다.[312] 하지만 미국이 NAFTA의 의무를 위반했다는 멕시코의 주장을 수용한 것은 WTO 분쟁해결기구가 관할 범위를 벗어나는 권리와 의무를 판정하는 데 사용될 수 있다는 점을 내포한 것이라 하였다.[313] 또한 항소기구는 WTO의 관할권에서 멕시코의 해석을 받아들인다는 것은 WTO 패널과 항소기구는 제소국이 관련 국제협약에 위반되었는지 여부를 평가해야 하는 것이라고 간주할 수 있다고 밝혔다. 상기 언급한 바와 같이, 패널과 항소기구는 타 협약 내지 규범에 관한 판정은 해당되지 않는다고 하였다.[314]

아울러 WTO 분쟁해결과정에서 적용법에 관한 쟁점은 보다 복잡한 논쟁의 대상이 된다. 적용법의 개념은 법이 패널과 항소기구의 판정에 적용될 수 있는지에 관련되어 있고, 다른 국제규범을 적용할 수 있는지 여부를 포함한다. 예컨대 무역분쟁의 당사국이 법적 근거로 무역규범과 관련 없는 여타 국제규범의 원칙과 규정을 제시하는 경우이다. Pauwelyn은 WTO 대상협정에 국한되지 않고, 관련 국제규범을 모두 포함하는 것으로 보았다.[315] 하지만 관련 국제규범을 광범위하게 WTO법 분쟁의 적용법으로 보는 관점은 통상의 특정한

---

312) *Ibid.*, para.77.

313) WT/DS308/AB/R, para56; WT/DS308/R para.4.364.

314) WT/DS308/AB/R, para.78.

315) L. Bartels, "Applicable Law in WTO Dispute Settlement Proceedings", 35(3) *Journal of World Trade* 499, 2001, p.518.

목적으로 형성된 WTO법의 본질을 훼손하는 판정의 결과도 받아들여야 한다. 예컨대 국내적 환경보호를 이유로 한 수입제한 혹은 금지라는 일방적 조치에 관한 근거로 환경기준을 적용한 경우에는 무역자유화의 원칙이 훼손되었다 하더라도 이를 수용할 수밖에 없다. 이와 대조적으로, 좁은 관점에서 Marceau를 포함한 일부 학자들은 WTO법만이 유일하게 분쟁해결기구의 적용법이 된다고 하였다.[316) 하지만 이러한 쟁점에 관해 패널과 항소기구의 명쾌한 의견은 아직 제시되지 못하였으며, WTO법상에서도 명확한 규정을 두지 않았다. 다만 패널과 항소기구는 WTO법에 관한 분쟁의 규범해석의 근거로 다른 국제법 분야의 원칙을 언급하는 경우가 있다.

### 5.3.4.2 미국 – 새우/바다거북 사건

국제법적 관점에서 이러한 지속가능한 개발에 관련된 추정적(putative) 원칙들은 ICJ 규정 제38조 1항 (c)호에 합치하는 법적인 견해는 아니라는 것을 유념해야 한다.[317) 하지만 이러한 국제법 원칙들은 관습법 규칙, ICJ 규정 제38조 1항 (c)호의 일반원칙들 또는 "국제법과 국내법적 유추에 기초한 사법적 판단의 근거로부터 나오는 논리적인 제안 등에서 도출될 수도 있다"고 한다.[318) 생각건대 이러한 맥락을 고려하면 지속가능한 개발원칙에 함축된 다양한 원리들은 국

---

316) Gabrielle Marceau, *WTO Dispute Settlement and Human Rights,* 13(4) EJIL 753, pp.766, 777; Trachtman도 WTO법만이 적용법이 될 수 있다고 하였으며, 비WTO법의 언급은 단지 DSU 제3.2조와 같이 WTO법으로는 판정이 어려운 경우에만 인정될 수 있다고 하였다. Domain Trachtman, pp.342~343.

317) 김진현, 전게서, p.40.

318) Ian Brownlie, *Principle of Public International Law 6th ed.* (Oxford: Oxford University Press, 2003), p.19; 실제적으로 이 원칙들은 이러한 국제법 연원으로부터 도출될 수 있으며, 그 원칙들은 이들 연원에 대해 적용 가능한 법의 시험을 필요로 한다. 김진현, 전게서, p.41.

제사회에서 통용되는 일반적 원리의 범주에 포함이 가능할 것이다. 특히 일반 국제법상의 영역과 WTO법상의 영역 간의 상호작용을 지원하고 분쟁갈등의 원인을 조정하기 위한 주요원리들을 적용하는 데 지속가능한 개발의 원칙은 유효한 법적 근거로 활용될 수 있을 것이다. 예컨대 WTO법상에서 무역규범과 환경규범 간의 권리의무에 관한 충돌을 완화시키고, 통합적 접근을 촉진하기 위한 효과적인 방식에 대한 고민을 줄이는 데 유용한 원칙으로 적용될 수 있다고 본다. 이러한 논리적 추론은 WTO법상의 실제적 사례에서 법적 판단요건을 고려하는 데 중요한 법적 기능을 가능하게 할 것이다.

지속가능한 개발은 WTO 분쟁해결과정에서도 적용된 바 있다. '미국ー새우/바다거북 사건'319)에서 지속가능한 개발원칙은 대상협정의 해석지침으로 적용되어야 한다고 판정하였지만, 구속력 있는 실체적 권리의무를 창설하는 것으로 보지는 않았다. 아쉬운 점은 지속가능한 개발원칙이 구체적으로 분쟁해결의 근거로 원용되지 못하고 있다는 점이다. 본 사건의 항소기구는 WTO 설립협정 전문은 '지속가능한 개발의 목표'를 특별히 언급하고 있으며, 이는 경제적 및 사회적 발전과 환경보호를 통합하는 것으로 받아들여지는 개념으로 설명될 수 있다고 밝혔다.320) 미국은 WTO 설립협정 전문에 비추어 '1994년 GATT' 제20조가 해석되어야 한다고 주장하였다. 환경보호의 목적은 동 협정 제20조의 적용에 기초가 되며 그러한 목적은 경시되지 말아야 함을 주장하였다. 특히 WTO 설립협정 전문상의 지속가능한 개발을 위한 환경보호 및 보존을 강조하였다.321)

---

319) 본 사건은 바다거북의 보호를 위협하는 방식으로 수확된 인도, 말레이시아, 파키스탄, 태국산 특정 새우 및 새우식품에 부과된 미국의 수입금지에 관한 사건이다. WT/DS58/R, WT/DS58/AB/R.

320) WT/DS58/AB/R, para.129.

하지만 이러한 미국의 주장은 세계자원의 사용과 경제발전의 상이한 수준에 따른 개별적 관심과 요구를 수용해야 한다는 내용을 언급하지 않은 오류를 범하였다.322) 항소기구의 판정은 WTO 전문의 취지를 참작하였지만, 미국의 주장을 지지하지는 않았다. 또한 WTO 패널은 미국의 수입금지는 '1994년 GATT' 제10조 1항에 일치하는 조치가 아니며, 동시에 '1994년 GATT' 제20조에 의해서 정당화될 수 없다고 판정하였다. 그러나 항소기구는 3단계 분석을 적용했다. 첫 단계에서는 패널에 의한 동 협정 제20조의 해석 접근이 적절한지 여부를 분석한다. 여기서 패널은 해석원칙을 적용하는 데 오류를 범했다고 하였다.323) 더욱이 항소기구는 그러한 금지조치가 동 협정 제20조 (g)호에 의해 규정상 정당화될 수 있는지 여부를 검토해줄 것을 요청했다. 이러한 맥락에서 항소기구는 WTO 설립협정 전문상의 지속가능한 개발의 개념을 환경보호의 합법성과 중요성을 입증하는 데 적용했다. 그러한 금지조치의 정당화는 "고갈될 수 있는 천연자원"의 보존에 관한 조치라는 점에 근거를 두었다. 여기서 항소기구는 "고갈될 수 있는 천연자원"은 환경보존 및 보호에 관한 국가공동체의 동시대적인 관심에 비추어 해석되어야 한다고 판정하였는데, 이러한 근거는 1994년 당시 동 협정의 승인국은 국내 및 국제정책의 목표로 환경보호의 중요성과 합법성을 인정했다는 것을 WTO 협정 전문에서 확인하였다.324) 또한 항소기구는 모든 WTO 대상협정의 해석에서 지속가능한 개발을 해석지침으로 적용될 수 있다는 점을 명백히 하였다. 동 협정 전문상의 이러한 언급은 효과적이고,

---

321) *Ibid.*, para.12.

322) Markus W. Gehring, Marie-Claire Cordonier Segger(2005), *supra* note 109, p.13.

323) WT/DS58/AB/R, paras.112~124.

324) WT/DS58/AB/R, para.129.

혁신적인 방법으로 '천연자원'을 해석하기에 충분하였고, 그 결과로 UN해양법협약, 1992 CBD, Agenda 21, '멸종위기에 처한 야생 동식물종의 국제거래에 관한 협약'(Convention on International Trade in Endangered Species of Wild Flora and Fauna: CITES)에서 채택된 '개발도상국 지원에 관한 결의'(Resolution on Assistance to Developing Countries) 등과 같은 국제협약 및 선언이 '1994년 GATT' 제20조 (g)호의 의미상 "고갈될 수 있는 천연자원"을 해석하는 데 수용된 것으로 볼 수 있다.[325] 또한 '1994년 GATT' 제20조 규정의 분석에서, 이러한 금지조치는 "자의적이거나"(arbitrary), "정당화할 수 없는 차별"(unjustifiable discrimination)을 구성하는 방식으로 적용된 것으로 판정하였다. 이러한 분석 과정에서, 항소기구는 지속가능한 개발을 해석지침으로 활용하였다. 지속가능한 개발의 목표를 언급하면서, WTO 설립협정 전문은 동 협상의 의도를 반영하는 것으로, '1994년 GATT'에 관한 분쟁에 있어서 관련 규정 해석에 적용되어야 한다는 것을 분명히 하였다.[326]

하지만 이러한 환경관련 분쟁 판결의 선례에도 불구하고, 여전히 자의적이고, 정당화되지 않는 차별을 구성하는지 여부를 판정하는 데 지속가능한 개발의 관련성이 다소 불확정적으로 남아 있다. 다만 WTO 설립협정 전문과 상기에 언급된 판정에서 지속가능한 개발 개념의 도입은 '이익형량'(balance and equilibrium)을 적용하였다는 점에 의미가 있다.[327] CTE 설립을 위한 각료결정은 아젠다 21 및 환경과 개발에 관한 'Rio 선언' 원칙3과 원칙4를 수용하여 환경보호와 지속가능한 개발의 중요성을 명시하였다.[328] 이러한 맥락에서 '1994

---

325) *Ibid.*, paras.129~131.

326) *Ibid.*, para.153.

327) Christina Voigt(2009), *supra* note 231, p.137.

년 GATT' 제20조 頭文(이하 'Chapeau')의 해석상 '균형조건'(balance requirement)은 개방되고, 형평하고 비차별적인 다자무역체제를 유지하기 위한 무역규범과 환경보호 및 지속가능한 개발의 증진을 도모하기 위한 규범 간의 어떠한 상충 내지 저촉이 존재하지 않아야 한다. '1994년 GATT' 제20조 Chapeau를 지속가능한 개발의 개념에 비추어 해석해야 함은 동 조항의 예외사항을 적용하는 회원국의 권리와 다른 일반규정에 의한 타방 회원국의 권리 간에 균형이 이루어지도록 하는 것을 의미한다. 그러나 균형원칙은 분쟁해결 판정에 따라 유권해석에 의해 좌우된다는 한계를 가진다. 지속가능한 개발 개념은 '1994년 GATT' 제20조 Chapeau상의 회원국의 권리의무를 이해하는데 보다 분명하고 구체적인 해석지침으로 활용되어야 할 것이다.

## 5.4 소결

WTO법은 형식적 공정성과 '형평의 원칙에 함의된 실질적 평등'을 존중하는 '실질적 공정성'이 동시에 충족되어야 한다는 취지에서 공정성 확보를 위한 지속가능한 개발 관련 원칙을 검토하였다. 무역자유화라는 중대한 목표를 위한 시장경제 원리의 존중뿐만 아니라, 법질서의 정의추구 관점에서 공정성 제고는 중요한 과제이다. 국제무역질서에서 국가 간의 상호경제협력을 강화화기 위한 시도로 발전한 WTO법은 국가 간의 무역자유화의 증진으로 경제성장 추구를 기본목적으로 한다. 투명성과 예측가능성에 의한 법적 안정성을 확

---

328) http://www.wto.org/english/tratop_e/envir_e/envt_intro_e.htm
　　(최종방문일: 2012.6.24).

보하고, WTO 협정상의 의무이행에 따른 이익침해를 최소화하기 위한 노력은 무역에 관한 법적 기반을 정립하는 데 기여하였다. 그러나 WTO체제는 동등한 국가들 간의 상호관계를 전제로 하기보다는, 상이한 여건을 가진 국가들 간의 협력을 바탕으로 형성된 법질서라는 점에서 공정성을 논하는 관점은 정의와 실질적 평등의 시각에서 접근하는 것도 고려되어야 한다.

더욱이 경제개발을 위한 무제한적 자원의 이용과 개발에 따른 환경훼손·파괴의 심각성이 점차 심화되어 감에 따라, 범지구적 차원의 노력과 역할을 논의하지 않을 수 없게 되었다. 'Rio 선언' 원칙과 아젠다 21을 통해 재차 확인된 지속가능한 개발의 원칙은 현 시점에서 환경문제와 경제발전에 관한 문제를 해결하기 위한 가장 주목받는 이론이라고 볼 수 있다. 지속가능한 개발은 그 개념의 모호성에도 불구하고, 그 원칙에서 함축하고 있는 주요원리들은 보편적으로 국제사회를 규율하는 관련 협약의 중요한 해석지침으로 도입되었다. 이러한 경향을 고려하여 WTO법상의 '실질적 공정성' 확보를 위해 지속가능한 개발에 함축된 공평한 자원이용, 균형의 원리, 형평의 원리를 검토해보는 것이다. WTO법상에서 환경보호에 관한 의무이행의 확대와 오염통제의 강화는 무역질서에 큰 변화를 가져올 것이다.

# 6. MEAs상의 무역규제와 WTO법과의 관계

## 6.1 MEAs 무역관련 규정의 적합성 논의

### 6.1.1 MEAs의 무역제한조치에 관한 논의

미국, EU 등 선진국은 환경보호의 중요성을 언급하면서, 자국의 환경산업을 보호하기 위해서 무역협상 의제로 환경관련 논의를 포함해야 한다고 주장한다. 또한 WTO법상 차별적 무역제한조치로 간주될 수 있는 STOs가 포함된 MEAs의 채택이 증가하고, MEAs의 규정에서 대부분 비당사국에 대한 차별적 무역제한조치를 행할 수 있는 규정을 포함하고 있다. 이는 WTO법상의 내국민대우 및 최혜국대우원칙을 침해할 가능성이 있다는 점이 제기된다. 또한 환경보호를 위한 선진화된 산업구조를 구축하지 못한 개발도상국은 선진국의 보호무역수단으로 환경보호가 악용되는 것으로부터 보호받을 수 있는 방안이 마련되어야 한다는 주장이 제기된다.

#### 6.1.1.1 MEAs에 관한 논의

현재 다수의 환경관련 협약이 채택되어 있고 아직 발효되지 않는 협약 및 지역적 환경협정들이 존재하는데, MEAs의 어느 범주까지 적용할 것인지에 대한 논의가 진행되고 있다.[329] MEAs의 협상지침에 관해서는 (i) MEAs는 모든 국가에게 참여가 가능하도록 되어야 하고, (ii) 비당사국들의 적용조항이 당사국들과 일치한다면, 비당사국에 동등한 대우를 제공해야 하고, (iii) WTO 원칙이 분명하게 고려되어야 한다는 것이 다수국가의 입장이다.[330] EU는 MEAs에 관해 적어도 3개국 이상이 체결한 법적 문서로 그 목적은 환경을 보호하고 동 협상이 개시되는 순간부터 모두에게 개방된 협약으로 간주한다.[331] 또한 MEAs는 WTO 규정의 문맥상, 예컨대 GATT 제20조 (b), (g)항의 목적과 연계되어 있어야 한다고 주장한다. 하지만 WTO 법과의 관계를 고려한 MEAs를 정의하는 것이 아닌, MEAs의 일반적 개념을 정의하려는 목적은 WTO상의 권한에서 벗어날 수 있다는 점도 고려해야 한다. 즉, WTO상에서 MEAs에 관한 개념을 정의하고자 함은 MEAs에 규정된 STOs가 WTO 규정상 확실히 인정될 수 있는 목적에서만 정당한 조치로 인정되어야 한다는 점에서 다음과 같이 제안한다. 첫째, MEA는 UN 내지 UNEP과 같은 기관 혹은 프로그램으로 혹은 모든 WTO 회원국들의 참여를 위한 개방된 협상을 위한 절차에 부합하도록 체결되어야 한다. 둘째, MEAs는 회원국들에 적용되는 협정과 관련하여 동등하게 어느 회원국에게든 접근이 개방되어 있어야 한다. 셋째, MEAs가 본질상 지역적인 것이라면, 그 협정의 내용이 그 지역 내의 모든 국가에게 적용되어야 한다. 또한 동 협정은 이에 영향을 받을 수 있는 그 지역 밖의 모든 국가에게 개방되어야 한다. 수년 동안 EU는 지속적으로 MEAs와 WTO 규

---

329) WTO, Report by the Chairperson of the Special Session of the Committee on Trade and Environment to the Trade Negotiations Committee, TN/TE/3 (3 October 2002).

330) WTO, Report by the Chairperson of the Special Session of the Committee on Trade and Environment to the Trade Negotiations Committee, TN/TE/11 (10 March 2005).

331) WTO, EU Communities Submission, Multilateral environmental agreements (MEAs): Implementation of the Doha Development Agenda, TN/TE/W/1 (21 March 2002).

정 간의 관계에 관해 상호 지지성을 제고하기 위한 논의의 필요성을 제기하였다. 무역과 환경의 상호작용을 고려하기 위해 MEAs와 WTO 규정 간의 관계 및 국가경험에 관한 정보공유는 관련 분쟁을 사전에 막기 위한 해결방안을 모색하는 데 반드시 요청된다. 특히 WTO 대상협정과 MEAs에 규정된 STOs 관계는 분쟁발생에 따른 판정에 의존하는 것보다, WTO 회원국들 간의 협상을 통해 정치적 합의를 바탕으로 한 명확한 근거의 확보가 있어야 한다고 밝혔다.[332] 일본은 MEA의 개념을 정의하는 것이 어려운 문제이나 STOs를 확립하기 위해서는 MEAs가 어느 정도의 내용을 다루고 있는지에 관해 명백히 해둘 필요가 있다고 보았다.[333] 일본은 개념정의를 위한 적절한 기준을 다음과 같이 제시하였다.

① MEA는 환경목적을 지닌 협정을 공유하는 어느 국가에게든 개방되어 있다.
② 유엔 혹은 특별기구, 실질적 참여국의 보호하에 무역제한조치를 포함하거나 고려하는 MEA는 관련 당사국들의 중대한 이익, 실질적·잠재적 생산자, 관련 소비자의 이해를 반영한다.

대만 독립영역, 펑후 제도, 킨멘, 마쭈섬 제안서는[334] 호주제안서의 접근방식을 지지하면서, 추가적인 개념 논의에 관한 것들을 제안하였다. MEAs의 적용범위는 MEAs의 비당사국의 공식적인 참여를 위해 공개된 MEAs는 모두 MEAs로 고려해야 하고 협상의 범위에 포함해야 한다고 하였다. 특히 '현행'(existing)은 최근에 발효되어 있

---

332) WTO, TN/TE/W/1 (21 March 2002).

333) WTO, TN/TE/W/10 (3 October 2002).

334) WTO, TN/TE/W/11 (3 October 2002).

는 협정들이 고려되어야 하고, WTO 규정은 WTO 설립협정과 모든 대상협정, 부속서에 포함된 관련 법적 문서를 모두 포함해야 한다는 입장이다. 즉, MEAs상의 법적 구속력이 있는 조치, 부속서(Annex), 개정(amendments), 결정(decision), 대안(resolutions), 권고(recommendations)) 등의 관련 법적 문서를 적용하도록 하자는 제안이다.

### 6.1.1.2 MEAs의 STOs에 관한 논의

우선 미국은[335) MEAs상의 STOs는 당해국이 특별한 조치를 취하거나 취할 것을 요구하는 것인데 그 조치는 의무적인 성격을 가져야하며, MEAs에서 간단히 언급되는 정도의 것이 아니어야 한다는 입장이다. MEA의 당사국들은 자신을 구속할 수 있는 무역의무조항을 포함할 수 있으나, 비당사국에게 그러한 의무를 강요할 수 없다는 입장이다. MEAs에 명시된 STOs에 관한 형식과 내용에 있어서 수입국과 수출국을 구분하는 STOs에 관해 다음과 같은 내용을 제시하였다. 수출국의 수입국에 대한 의무로 수입국이 원하지 않은 수출제한조치와 수입국의 환경보호 협조, 수출품의 통보, 수출국의 규제 통보 등을 제안하였다. 또한 무역의무에 관해서 중점의무와 부수의무로 구분하여, 특정한 물질 사용 혹은 생산을 통제할 수 있는 실질적 기준을 마련하기 위한 안 등을 제안하였다. 특히 MEAs의 협상과 이행에 있어서의 국가 간의 조정과 투명성 제고 및 책임성을 강조하였다. 동 제안에서 환경무역의 국내적 및 국제적 조정의 중요성과 그들의 효과적인 운용에 기여하고자 하는 측면을 또한 고려하였다. 대만 독립영역, 펑후 제도, 킨멘, 마쭈섬 제안은[336) MEAs에서 제공된

---

335) WTO, Subparagraph 31(i) of the Doha Declaration-Submission by the United States, TN/TE/W/20 (February 2003).

STOs는 자동적으로 WTO 규정에 일치하는 것으로 추정하지 않아야 한다고 하였다. 다자무역체계를 유지하고 보호하는 관점에서, MEAs에 의해 이행된 무역제한조치의 법적 타당성은 필요성의 원칙, 비례의 원칙, 투명성에 비추어 판단되어야 한다. 또한 충분한 과학적 증거에 의한 조치인지 여부와 '1994년 GATT' 제20조의 Chapeau에 일치하는지 여부에 비추어 판단되어야 한다.[337]

한국은 STOs를 정의하기 위해 Webster Dictionary의 특정한(specific), 무역(trade), 의무(obligation)의 세 가지 개념을 기초로 하여 정의한다. 첫 번째, Webster Dictionary는 의무(obligation)를 합의나 책임에 결과로서 해야 하거나 하지 말아야 하는 것으로 정의한다. 의무는 당사국들이 그들 간의 합의를 따르도록 구속하고 이러한 의무를 소홀히 한 경우에는 불이행을 이유로 강제하거나 처벌할 수 있도록 한다. 의무는 당사국들의 재량을 허용하지 않는다. 이러한 시각에서, 우리나라는 MEAs의 이행여부에 관한 당사국의 재량을 허용하는 MEAs상의 규정은 의무를 구성하지 않는다. 다시 말해서 우리나라는 MEA에 의해 요구되지 않지만 승인된 무역조치는 para.31(i)에서 예상된 의무로 간주될 수 없다는 의견을 제시했다. 두 번째는 Webster Dictionary에서 특정한(specific)의 의미를 명백하게 구별되고 '주장되거나' 혹은 '이해되는'으로 정의한다. 특정한(specific) 조항이 되기 위해서는 정확하고(precise) 한정적이고(definite) 명백해야 한다. 즉, 우리나라는 '특정한 무역의무는 단지 달성되어야 하는 결과뿐만 아니라 이를 달성하기 위해 사용되어야 하는 조치를 규정하는 의무'라고 하였다. 다시 말해서 의무이행에 관해서는 당사국의 재량에 맡기

---

336) WTO, TN/TE/W/11 (3 October 2002).

337) TN/TE/R/1, para.20, TN/TE/R/1, para.24, TN/TE/R/1, para.35, TN/TE/R/1, para.43, TN/TE/R/2, para.9, TN/TE/R/2, para.17, TN/TE/R/2, para.56.

는 방식으로 단지 목적을 규정하는 의무는 STOs로 간주될 수 없다. 마지막으로 Webster Dictionary는 무역을 판매와 교환, 이익의 분배 (the business of distribution)로 정의한다. 물론 DDA para.31(i)의 문맥상 무역은 본래의 무역이 아니라 국제무역을 의미한다. MEAs에 포함된 모든 무역조치는 무역 관련성 요건을 충족할 것이라는 의견을 제출하였다. 일본이 제시한 MEAs상의 특정무역의무의 공동의 이해반영338)은 MEA상 특정되어 있고, WTO 규정과 일치해야 하는 반면, MEAs에 특정된 관련 다른 무역제한조치는 확실한 실질적 요건을 충족하기 위한 조건과 WTO 규정 간에 상충되지 않도록 이루어져야 한다. STOs에 관해, 특정성에 따라 다양한 무역의무를 분류하는 유럽공동체의 접근방식에 긍정적 입장을 보이며, STOs에 관한 정의를 검토하는 것이 중요한 의제라고 보았다. 더불어 STOs를 명백히 규정하거나 당사국이 적절한 조치를 이행하도록 하는 규정은 무역의무의 범위 내에 없는 것으로 보았다. 이러한 기준에 대해 일본은 MEAs에 규정된 무역제한조치를 명백히 하고자 한다.

① 무역제한조치는 명백하게 MEAs상에 규정되어야 한다.339)
② '결과의무'(Obligation de resultat)는 명백하게 MEA에 규정되고 있고, 무역 제한조치는 MEAs의 의무를 충족하기 위해 당사국에 의해서 취해진 잠재적 조치로 정의한다.340)
③ '결과의무'(Obligation de resultat)는 MEA에 특정되어 있지만 의무로 이행해야 하는 무역제한조치는 MEA에 정의되어 있지 않다. 반면, MEA는 당사국 이 의무이행을 위한 무역제한조치

---

338) WTO, TN/TE/W/10 (3 October 2002).
339) CITES 제3조, 4조, 5조, 6조; 바젤협약 제4조 1항, 6조, 7조, 8조, 9조, 13조.
340) CITES 제8조 1항.

를 결정하도록 하였다.[341]

④ 무역조치가 MEAs에 언급되어 있지 않아도 당사국은 MEA상
   의 관련 결정에 따라 무역제한조치를 행할 수 있다.

구체적으로 MEAs상의 의무적으로 명백히 규정된 무역조치에 관
해, 일본은 이러한 의무가 현행 WTO 혹은 '1994년 GATT' 규정하
에 협상되고, 이러한 무역조치에 관한 이행절차가 동의되었기 때문
에 그러한 무역의무는 MEA 당사국 간에 WTO상의 규정과 양립할
수 있다는 점을 고려한다. MEA는 'Obligation de resultat'를 규정하
고 MEA상의 관련 무역조치를 명시한다. 일본은 또한 MEA 당사국
간에 조치에 관한 필요성에 공동의 이해를 고려한다. MEA 당사국이
무역조치의 필요성과 관련성의 공통된 인식을 가지고 있어도, 개별
조치의 특정성이 분류(I)로 명백히 되지 않을 것이기 때문에, 이러한
조치는 자동적으로 WTO 규정과 양립하지 않는다. 그러므로 이러한
경우에 '1994년 GATT' 제20조에 의해서 실질적 요건이 충족한 경
우에 WTO 규정과 일치하는 것으로 추정했다.

① 환경목적을 달성하기 위한 MEA에 규정된 무역조치는 과학적
   증거에 바탕을 두고, 무역조치는 당해 목적과 상당히 관련된
   경우이다.
② 무역조치의 범위는 MEA 목적에 의해서 적절한 범위와 정도를
   가진다.

상기 제시된 무역조치 분류상에서 (3), (4)의 조치는 이러한 협상

---

341) 몬트리올의정서 제2A-2H.

범위 밖에 있을 것이기 때문에, 개별적 무역조치는 사례별로 검토되어야 한다. 또한 (3), (4)상의 어떠한 무역조치를 행할 경우에 그러한 조치는 정보교환 메커니즘을 통해 당해 MEA의 영향을 받은 당사국들 간의 협의에 따를 수 있다. 그러므로 'Doha 선언' 제31조 para(i), (ii) 간의 관계는 MEA 관련 무역조치의 적용의 법적 안정성을 강화하는 데 기여할 수 있다.

## 6.1.2 기술 및 재정지원

환경친화기술(Environmental Sound Technologies: ESTs)은 환경을 보호하고 오염물질을 덜 발생시키며 모든 자원을 보다 지속가능한 방법으로 사용하는 기술로 지속가능한 개발을 달성하기 위해서는 개발도상국에 대한 이러한 기술의 이전촉진 필요성이 요구된다. 예컨대 기술촉진을 위해서는 기술에 대한 접근, 기술이전 지원, 협력과 같은 구체적인 이행방안 논의가 필요하다.

기술이전에 관한 선진국과 개발도상국의 입장은 다음과 같이 구분된다.[342] 선진국은 그러한 기술의 보급 및 적용의 중요성과 지구환경 관련 기술의 공동재적 성격에는 공감하지만, 기술개발을 위한 유인을 제공하기 위해서는 기술의 상업적 성격 및 지적소유권이 존중되어야 함을 주장한다. 또한 효과적인 기술이전을 위해서는 개발도상국의 인적 및 제도적 기술수용 및 관리능력의 형성이 선행되어야 함을 강조한다. 반면, 개발도상국은 지구환경보전 기술의 공공재적 성격과 지구환경 악화에 대한 선진국의 보다 큰 책임을 강조하여 그러한 기술에 대한 그들의 접근보장을 요구한다. 또한 그러한 기술

---

342) 외교부, 『환경편람』 (2004), p.41.

의 접근 및 이전의 중요성을 강조하여, 특허만기 및 공공소유 기술의 비상업적 이전촉진 요구, 강제실시권(Compulsory licensing) 등을 통해 민간보유의 그러한 기술에 대한 지적소유권의 남용이 억제되어야 한다는 입장을 보인다. 개발도상국의 기술수용, 개발, 관리수용의 향상을 위한 재정적, 기술적 지원을 요구한다.

## 6.2 WTO규범과 MEAs 연계논의

### 6.2.1 현상유지 접근방안

현상유지(Maintaining the Status Quo) 접근방식은 WTO 규정이 MEAs의 무역조치를 수용하기 위하여 수정을 필요로 하지 않는다는 관점에서, 현행 규정으로도 MEAs에 규정된 무역조치에 관한 범위를 다루기에 충분하다는 입장이다.[343]

### 6.2.2 정식개정 접근방안

GATT 제20조의 개정방안은 두 가지로 논의될 수 있다.[344] 첫 번째는 동 조항에 MEAs의 무역조치에 관한 내용을 포함하는 것이다. 두 번째는 보다 넓게 '환경'을 보호하기 위해 필요로 하는 조치와 MEAs 상의 무역조치규정을 포괄하는 방안이다. 어떠한 방안이건 개정에 관

---

343) WTO, Mutlateral Environmental Agreements (MEAs) and WTO Rules; Proposals Made in the Committee on Trade and Environment(CTE) from 1995-2002-Note by the Secretariat, TN/TE/S/1 (May 2002), p.2.

344) *Ibid.*

한 절차적 기준에 부합한다는 점이 전제가 되어야 하며, 이러한 내용을 포괄하는 개정의 필요성에 국제적 합의가 필요하다는 관점이다.

### 6.2.3 의무면제 접근방안

일정기간 면제부여와 구속력 없는 지침의 개발(Granting Multi-Year Waivers and Developing Non-Binding Guidelines)은 MEAs의 특정무역조치에 관해 다년간 적용을 면제해주는 예외적 조치로 사례별로 검토되어야 한다는 입장으로, 이러한 사례를 검토하기 위하여 구속력 없는 지침의 개발이 필요하고, 면제부여는 일정한 기간이 경과되면 그 효력은 상실되고, 원래의 조치를 적용받아야 한다.[345] 그러나 면제부여도 WTO상의 이의가 제기될 수 있어 먼저 WTO 협정과의 관련성에 대한 합의가 우선적으로 이끌어지고 난 후에 논의되어야 할 것이다.

### 6.2.4 WTO의 차등적용 접근방안

'MEAs상의 무역조치에 관한 차별화된 WTO 원칙'(Setting 'Differentiated WTO Disciplines' for Trade Measures Pursuant to MEAs)은 MEAs가 당사국 간에 적용되는 것인지 여부, 혹은 비당사국에 대한 조치인지 여부, 무역조치가 세부적으로 MEAs상에 명시되어 있는지에 관한 여부를 고려하여 확립되어야 한다는 관점이다.[346] 그러나 비당사국에 대한 특별조치 적용 논의는 시기상 적절치 못하는 입장으로 논외로 하였다는 점에서 한계가 있다.

---

345) WTO, TN/TE/S/1 (May 2002), p.2.
346) *Ibid.*

## 6.2.5 일관성 조항 채택방식

일관성 조항(Designing a Coherence Clause)은 MEAs상의 무역조치가 WTO 분쟁에서 패널이 국가 간에 일방적이고 불공정한 차별을 구성하는 방식으로 그러한 조치가 적용되었는가를 판단하는 데 필요하다.[347] 하지만 환경목적이나 환경목적 관련 조치의 합법성에 관한 원론적인 문제는 논외로 하였다. 아울러 동 조항은 WTO 패널에서 MEAs상의 무역조치를 평가하고, 새로운 MEA 협상에서 MEA상의 무역조치의 적용을 고려하는 데 있어서 필요하다.[348] WTO 해석지침은 MEAs의 협상에 적용될 수 있고, WTO 규정과 MEAs 무역조치 간의 양립가능성에 관한 해석지침으로 이용될 수 있도록 원칙의 개발이 필요하다는 입장이다. '1994년 GATT' 제20조의 입증책임 전환(reversing the burden of proof)은 MEAs에 명시된 무역조치를 다루기 위함이다. 동 규정은 환경조치에 관한 적용 예외를 위한 것이지만, 이를 환경조치는 적용사항에 포함되는 것으로, 역으로 적용할 수 있다. 모범행위규약(Code of Good Conduct)의 채택은 WTO 협정과 MEAs의 잠재적 충돌을 완화하기 위해서 요청될 수 있다.

## 6.2.6 해석지침 채택방안

WTO 회원국이 직접 해결해야 하는 본질적 사안이며 해석지침(interpretative decision)은 회원국들의 지위에 영향을 미치지 않으며 회원국들의 환경고려 책임을 강조할 수 있다는 점에서 타당하다고

---

347) *Ibid.*, pp.2~3.
348) *Ibid.*, p.3.

보는 입장이다. MEA에 관한 WTO상의 분쟁은 MEA의 본질적 목적에 영향을 주지 말아야 하며, 다만 무역관련 규정에 대해서만 WTO와의 상호협력을 통한 최적의 방안을 모색해야 한다. 즉, 무역규범과 MEA는 각기 다른 영역을 구속하는 국제협약으로 양자가 협약으로 존재하는 법적 형식은 동일하나, 구성하는 내용에 있어서는 무역과 환경이라는 상이한 영역을 규율하는 체계로 상호 존중의 의무를 가지되 양자 간 충돌발생을 방지하기 위한 것이라 강조한다.349) 일본은 WTO 설립협정 제9조 2항에 의한 구속력 있는 해석양해를 채택하도록 제안한다. 두 규범 간에 양립성에 관한 예측가능성을 강화하고 법적 안정성을 확보하기 위해 해석양해를 고려할 필요가 있다.350) 대만 독립영역, 펑후 제도, 킨멘, 마쭈섬 제안서는351) WTO 회원국들은 해석결정 혹은 MEAs에 규정된 무역의무의 WTO 일치성에 관한 조건과 원칙이 명백히 규정된 양해에 관한 협상이 이루어져야 한다. 더욱이 결정과 양해는 새로운 MEAs 협상에서 WTO 회원국들 간에 의미 있는 지침을 제공할 수 있다. WTO 회원국과 MEA 당사국 간의 들어난 특정한 무역분쟁에 관해, 제소국은 DSU 제23조에 의해서 단독으로 WTO 규정 혹은 MEAs상의 규정에 의해 분쟁해결 메커니즘에 제소할 수 있는 권리를 가질 수 있다. 그러나 무역분쟁이 WTO 회원국과 MEA 당사국, WTO 회원국과 MEA 비당사국 간에 분쟁이 발생한다면, 이러한 경우는 단독으로 WTO 규정에 따라 해결되거나 DSU에 규정된 절차에 따라 해결될 수 있다는 의견을 제시하였다.

---

349) WTO, TN/TE/W/61 (10 October 2005).

350) WTO, TN/TE/W/10 (3 October 2002).

351) WTO, TN/TE/W/11 (3 October 2002).

## 6.2.7 자발적 협력체 창설 접근방안

자발적 협력체 창설(Creating a Voluntary Consultative Mechanism: VCM)은 무역조치가 적용되는 국가들 간의 협력체 설립의 필요성에서 제기되었다. 협력절차를 통해 환경문제의 원인을 제거하기 위한 최우선적 정책을 확립하는 데 국가들은 협조해야 한다는 입장이다. 동 메커니즘은 무역과 환경정책에 관한 국가 간의 갈등을 최소화하고, 비효율적인 환경적 및 경제적 결과를 최대한 낮추고자 하는 데 목적이 있다. WTO 회원국들은 현행 MEAs상의 무역조치의 적용에 우선하여 VCM을 이용하고, 새로운 MEAs의 성립에 그러한 협력체를 포함하는 내용을 고려할 수 있다는 제안이다.

# 7. 차별적 환경규제의 정당성 확보 논쟁

## 7.1 1994년 GATT 제20조상의 예외적 허용의 판단기준

### 7.1.1 규제적 환경조치의 필요성: 미국−개질휘발유 사건

'미국−개질휘발유 사건'은 휘발유품질 규제가 최혜국대우 및 내국민대우 의무위반의 방식으로 시행됨에 따라, 베네수엘라와 브라질이 '1994년 GATT'상 얻어야 할 이익이 무효화 또는 침해되었다고 WTO에 제소한 사건이다.[352] 미국의 환경보호청(Environment Protection Agency)은 '대기오염방지법'(1990 Clean Air Act)을 통해 가솔린 연소에서 발생하는 오염이 1990 레벨을 초과하지 않도록 규제하는 국내법규를 도입하였다. 미국은 휘발유 품질 규제를 위한 기준치 설정규칙(baseline establishment rules)이 '1994년 GATT' 제3조 1항 및 4항에 부합된다고 주장하였다. 만약 상기 조항에 부합되지 않는다면, '1994년 GATT' 제20조의 '예외적' 조치로 위법성이 조각될 수 있다고 주장하였다. 패널은 미국의 휘발유 품질에 관한 기준치 설정규칙이 미국산 휘발유에 비해 수출국 휘발유에 상대적으로 더 엄격한 기준을 요구함으로써 수출국 휘발유를 차별대우를 하였기 때문에,

---

352) WT/DS2/R, WT/DS2/AB/R.

미국의 당해 조치는 '1994년 GATT' 제3조 4항에 위배된다고 판정하였다. 더불어 그러한 차별대우는 '1994년 GATT' 제20조의 예외적 조치로 정당화될 수 없다고 판정하였다.[353] 그러나 미국은 패널의 제20조 (g)호에 대한 판정을 반박하였다. 항소기구는 패널의 동조와 관련한 해석과 판정에 오류가 있었음을 인정하였으나, 미국의 기준치 설정규칙이 '1994년 GATT' 제20조 Chapeau에는 위배된다고 평결하였다.[354]

본 사건은 WTO체제 출범 이후 첫 사례로, WTO 분쟁해결절차의 실효성과 공정성을 확보하였다는 데 의의를 가진다. 특히 개발도상국이 분쟁해결절차를 활용하는 계기를 제공하였다는 점에서 긍정적이었다. 또한 WTO 설립협정 전문과 '1994년 무역과 환경에 관한 결정'에서 무역과 환경정책 간의 조화의 필요성을 강조하였다는 점과 WTO체제에서의 국가들은 자국의 환경목표 및 이행입법을 결정할 수 있는 재량권을 인정한다는 항소기구의 판정은 의의가 있었다.[355] 하지만 환경관련 무역규제조치의 허용범위에 대한 명확한 기준은 제시되지 않았다는 점에서 개별국가의 재량범위가 넓게 인정될 수 있는 가능성도 남겨놓았다고 볼 수 있다. 또한 선진국과 개발도상국 간의 상이한 환경기준 적용에 따른 차별적 대우의 정당성 여부 문제를 해결할 수 있는 명료한 해석기준을 제시하지 못하였다. 따라서 국내 환경기준의 적용에 따른 문제는 국가들 간의 차별적 대우의 정당성을 확보하는 데 '공정한 대우'에 관한 실체적 판별기준에 관한 논의도 수반되어야 할 것이다.

---

353) WT/DS2/R, paras.6.17, 6.40, 6.41.
354) WT/DS2/AB/R, p.28.
355) *Ibid.*, p.30.

## 7.1.2 일방적 무역조치: 미국-새우/바다거북 사건

'미국- 새우/바다거북 사건'은 미국 국내법규의 일방적 적용에 따른 멕시코 수출상품의 수입금지가 '1994년 GATT' 제20조 예외조치의 허용범위에 포함되는지 여부를 주요 쟁점으로 한 사건이다.[356] 구체적으로 '미국- 개질휘발유 사건'에서의 '미국 환경보호법'은 국내의 대기오염의 방지를 목적에서 수립된 정책을 수출국에 적용한 사건인 반면, 본 사건은 멸종위기 동식물 보호에 관한 국제조약 이행을 위한 국내정책 채택 및 적용을 위해 수출국에 '일방적 규제'를 적용한 사건이다. 미국의 '야생동식물법'(Endangered Species Act)에 의거하여 수출국이 관련 법규에 위반하였다고 판단된 경우, 미국이 관련 법규에 위반된 수출국 상품에 대한 역내로의 수입을 일방적으로 금지하는 조치를 하였다면, 이러한 조치는 '1994년 GATT' 관련 규정에 위반한 것인지 여부를 주된 쟁점으로 한 사건이다.[357]

제3국으로 참여한 인도, 파키스탄, 말레이시아는 미국의 수입금지 조치가 '1994년 GATT' 제11조에 부합하지 아니한 조치라고 주장하였다.[358] 반면, 미국은 수입금지조치가 동 협정 제11조에는 위반되나, 동 협정 제20조 (b)호 및 (g)호에 따른 예외조치로 정당화될 수 있다고 반박하였다. 또한 미국은 다자간 환경협약의 목적을 달성하기 위한 일방적 무역규제의 역외적용(extra-jurisdictional application)이 정당화된다고 주장하였다.[359] '멸종위기에 처한 야생 동식물종의

---

356) WT/DS58/R, WT/DS58/AB/R.

357) 구체적으로 미국의 국내법(Section 609)이 새우망(shrimping nets)에 어획되는 바다거북을 보호하기 위하여 바다거북이 잡히지 않는 그물망(Turtle Excluder Devices: TEDs)을 사용하지 않은 국가로부터의 새우수입을 금지한다는 내용이다.

358) WT/DS58/R, para.7.24.

359) *Ibid.*, para.7.51.

국제거래에 관한 협약'(Convention on International Trade in Endangered Species of Wild Flora and Fauna: CITES)의 당사국인 미국은 당해 조치가 멸종위기에 처한 동식물을 보호하려는 CITES의 주요목적을 달성하는 데 기여할 수 있다고 주장하였다.360)

본 사건의 패널은 '1994년 GATT' 제20조의 Chapeau에서 '부합하는'(subject to) WTO법의 전반적인 목적에 비추어 해석되어야 하며, 무역자유화라는 근본 취지에 반하지 않는 범위 내에서 예외를 인정하는 것이라고 밝혔다. 패널은 국내환경조치는 '1994년 GATT' 제20조에 열거된 예외적 조치의 허용범주에 해당될 수 있으나, 무역자유화를 촉진하고자 하는 '1994년 GATT'의 근본취지가 예외적 조치의 허용으로 약화될 수 있다는 점을 또한 우려하였다. 그러한 패널의 의견은 다음과 같다.

"어느 한 WTO 회원국이 그러한 조치를 채택할 경우에, 다른 회원국들도 이와 관련 상이한 조건 내지 갈등의 소지가 있는 요구조건을 포함한 유사한 조치를 채택할 수 있는 권리를 가지게 될 것이다. 이러한 상황이 발생된 경우, 수출국은 각 수입국의 상이하고도 충돌할 수 있는 각각의 요구조건에 맞추도록 해야 하는데 이는 불가능하다."361)

아울러 패널은 일방국가의 역외 환경조치는 국제협약에 국한된 조치여야 한다는 입장을 견지하며, 멸종위기에 처한 종에 관한 일방국가의 수입금지 요건을 엄격하게 평가해야 한다고 밝히면서, CITES 규정의 문리적 해석에 충실하였다. 이에 멸종위기에 처한 종을 보호하는 관련 국제협약이 존재한다는 이유만으로 무역제한조치가 정당화될 수 없다고 보았다. 또한 일방적 수입금지에 따른 무역

---

360) *Ibid.*, para.7.58.
361) *Ibid.*, para.7.45.

제한효과가 CITES에서 다루고 있는 멸종위기에 처한 동식물의 보호를 촉진하기 위한 것이라도 엄밀한 검토가 필요하다고 본 것이다. 항소기구는 당해 조치가 '1994년 GATT' 제20조의 예외조치로 허용 가능한지 여부를 다루기에 앞서, Chapeau의 합치성 여부를 고려하는 패널의 '두문 우선'(chapeau first) 접근방식을 거부하였으며, 국내조치가 '1994년 GATT' 제20조의 예외규정에 해당되는지 여부를 먼저 논의하는 것이 적절하다고 하였다. 예외조치의 허용여부에 관한 판정은 '1994년 GATT' 제20조상의 필요성 요건을 충족한 경우 Chapeau의 합치성 여부를 검토하는 것이 타당하다는 입장이다. 이와 관련 항소기구는 '미국-개질휘발유 사건' 판정과 유사한 두 단계(two-tiered) 접근방식을 적용하였다. 첫째, '1994년 GATT' 제20조 (g)호의 조치에 관한 성격에 의한 규정상의 정당화 여부와 둘째, 당해 조치가 '1994년 GATT' 제20조의 Chapeau에 합치성 여부에 관한 정밀한 검토이다. 우선적으로 항소기구는 미국의 국내법이 '1994년 GATT' 제20조 (g)호의 예외사항에 해당되는지 여부를 판정하였다. 바다거북과 같은 생물체가 "고갈될 수 있는 천연자원"이 되는지 여부에 관해 논의하였고, "현대 생물과학이 우리에게 주는 교훈은 재생가능한 생물체는 인간의 활동으로 어떠한 환경에서든 멸종될 수 있기 때문에, 생물체는 석유, 철, 기타 비생명체와 같이 유한한 자원"[362]이라고 밝혔다. 또한 항소기구는 WTO 설립협정 전문상의 지속가능한 개발의 목적을 인정하면서, 조약의 해석에 있어서 실효성의 원칙(principle of effectiveness)에 따라 "고갈될 수 있는 천연자원"을 보존하기 위한 조

---

362) One lesson that modern biological sciences teach us is that living species, though in principle, capable of reproduction and, in that sense, 'renewable', are in certain circustamnces susceptible of depletion, exhaustion and extinction, frequently because of human activities. Living resources are just as 'finite' as petroleum, iron ore and other non-living resources. WT/DS58/AB/R para.133.

치는 제20조 (g)호에 해당되는 조치라고 하였다. 다음으로 동 조치로 보존되어야 하는 "고갈될 수 있는" 생물자원으로 볼 수 있는지 여부를 판정하였다. 바다거북의 보호 및 보존에 관한 정책목적 및 적용 범위에 있어서 동 조치의 적절성 검토가 있었다. 이와 더불어 항소 기구는 미국의 통상금지령(economic embargo)을 도입하기에 앞서 국제협정을 이끌어내기 위한 충분한 노력을 다하였는지도 검토하였는데, 협상노력과 더불어 적용기간을 이전 대상국에는 3년 부여한 것에 비해 제소국에는 4개월을 부여한 것은 단기간에 적응조치를 채택하는 데 따른 부담의 증가를 가져오는 것으로 부당한 차별이라 평결하였다.[363]

### 7.1.3 상품특성에 의한 차별과 PPMs: EC – 석면제품 사건

'EC – 석면제품 사건'은 1996년 석면이 포함된 제품의 수입과 사용을 금지하는 프랑스 법령 96-113호에 따라 캐나다 상품에 적용된 조치가 '1994년 GATT' 제3조 4항 및 'TBT 협정' 제2조, '1994년 GATT' 제20조 (b)호에 의해서 정당화될 수 있는지 여부에 관한 사건이다.[364] 세부적으로 석면이 포함된 상품과 그러하지 아니한 상품 간의 동종성 판정에서 석면에 포함된 발암물질과 같은 건강에 유해한 물질을 포함하고 있는 상품과 그러하지 아니한 상품 간의 차별대우가 가능한지 여부이다. 본 사건의 패널은 '1994년 GATT' 제3조 4항의 '대체가능성'을 갖는 상품도 동종상품으로 간주될 수 있다는 점에서, 석면이 포함된 상품과 그러하지 아니한 상품 간의 차별은

---

363) 안완기, "미국: 새우 수입제한조치", 『통상법률』 (통권 제26호, 1999.4), p.182.
364) WT/DS135/AB/R.

두 상품이 동종상품으로 간주된다 하여도 석면이 포함된 상품에 유리하지 않은 대우(less favourable treatment)를 부여한 것이라 판정하였다. 아울러 패널은 위장된 조치로 무역제한을 의도한 것으로 볼 수 없기 때문에 프랑스의 석면금지법에 따른 캐나다 상품의 차별대우를 정당한 것으로 보았다. 동 조 관련 항소기구는 첫째, 이러한 예외규정에 해당하는 조치로 인정받고자 하는 회원국에게 부과되는 입증책임(evidential burden) 문제를 다루었다. 이와 관련 본 사건의 판단근거로 최근의 과학적 사실에 관한 다수의 견해를 반드시 수용해야 할 의무는 없다고 하였다. 둘째, 회원국은 자국 국민의 건강보호를 위해 적정한 기준을 결정할 수 있다고 보고, 재량 권한으로 석면관련 건강 위해성 효과를 차단한 프랑스의 수입제한조치는 정당성을 갖는다고 판정하였다. 셋째, 회원국은 자국 공공정책의 일환으로 건강보호의 적정 수준을 무효화할 수 있는 조치를 적용해야 할 의무가 없다고 보았다.

본 사건은 환경조치에 관한 첫 예외인정 판정으로 큰 의의를 가진다는 평을 받았다. 개별국가의 환경정책에 관한 재량권 부여가 정당성을 가진다는 취지가 WTO법에서의 유권해석을 통해 확인된 결과로, WTO법에서의 환경보호를 존중하는 중요한 선례가 되었다. 하지만 환경규제조치에 관한 보다 명확한 기준이 제시되지 못한다면, 예외적 허용 가능한 조치인지 아니면 보호무역수단으로의 사용된 조치인지를 구별하기가 용이하지 않을 것이다. 특히 석면물질이 함유된 상품과 그렇지 아니한 상품 간의 차별을 정당화한 것은 기존의 상품 성질의 판정기준에 국한되지 않고, 건강에 유해한 물질이라는 점을 근거로 하여 상품특성을 판정하였다. 즉, 상품무역에서 일방국가의 높은 수준의 환경기준 적용이 상품의 동종성 판단에도 영향을 미칠 수 있다는 점을 나타낸다.

유사한 관점에서 무역제한조치로 적용이 가능한 PPMs의 무역조치를 개발도상국은 긍정할 수만은 없을 것이다. PPMs 무역조치는 그 이행 동기에 있어서 정당성이 인정되어야 한다. PPMs는 보호무역조치로 활용되어서는 안 되며, WTO의 환경보호라는 보편적 가치의 실현을 위한 수단으로 사용되어야 한다. 이와 관련 선진국은 상품무관련 PPMs이 WTO법상에서 인정해야 한다고 주장하지만, 개발도상국은 이에 반대한다. 또한 개발도상국들은 환경문제에 관한 차등적 책임을 강조하면서 선진국에 'S&D 대우'를 요구하는 반면, 선진국은 환경보호의 책임성은 인정하나, 경제적 차원의 환경비용 내부화에 따른 해결방안을 더 선호한다. 국가별 상이한 PPMs 기준 관련하여 비관세장벽을 낮출 수 있는 방안에 관한 논의가 필요하다. 특히 개발도상국이 PPMs 기준을 충족할 수 있도록 'S&D 대우'에 관한 실질적 논의가 요청된다. 아울러 '1994년 GATT' 제20조를 둘러싸고 개별국가의 환경정책이 상대방 국가인 상이한 여건을 가진 주체에 대한 보호무역조치가 되거나 정당하지 아니한 조치가 되는지 여부를 판별할 수 있는 판정기준 마련이 필요하다.

## 7.1.4 차별조치와 정책목적 간의 합리적 관련성: 브라질－재생타이어 사건

'브라질－재생타이어 사건'은 브라질이 인간의 생명 및 건강 보호를 이유로 재생타이어 수입을 금지한 사건이다. 브라질의 재생타이어 수입금지는 건강 및 환경적 요건을 충족한 것으로,[365] WTO 설

---

365) WT/DS332/R, WT/DS332/AB/R.

립협정 전문에 명시된 지속가능한 개발의 목표를 달성하기 위해 이행된 것이라고 판정하였다.366) 브라질의 무역규제조치에 관해 EC는 WTO 협정에 위반된 조치라고 WTO에 제소하였다. 본 사건은 개발도상국이 무역제한조치의 정당성을 주장하기 위한 근거로 '1994년 GATT' 제20조를 원용한 사례가 되었다. 또한 선진국이 지속가능한 개발원칙의 구속력을 주장한 것도 처음이었다. 요약하면 패널과 항소기구는 브라질의 재생타이어 수입금지가 '1994년 GATT' 제20조의 '필요성' 조건을 충족하지 못하였다는 EU의 주장을 배척하였다. 즉, 패널과 항소기구는 동 협정 제20조 (b)호에 의해 브라질의 수입금지조치를 위법성이 조각되는 무역규제로 판정한 것이다. 본 사건의 패널은 '미국ー새우/바다거북 사건'의 항소기구 결정을 인용하면서, 지속가능한 개발의 목표의 중요성과 '1994년 GATT' 제20조 (b)호에 의한 브라질의 환경보호 규제는 정당한 것으로 보았다. 항소기구는 패널이 판단요인으로 적용한 '비교형량'(weighing and balancing) 원리를 수용하였고,367) EU측의 제안을 받아들이지 않았다. 다만 패널과 항소기구는 '1994년 GATT' 제20조 Chapeau의 실체적 판단기준에 관해서는 견해 차이를 보였다. 패널은 브라질의 수입금지가 정당하지 않은 차별을 구성하는지와 위장된 수량제한의 수입량을 판정근거로 삼았다. 항소기구는 '1994년 GATT' 제20조의 예외적 조치허용이 정당성을 갖기 위해서는 수입금지조치가 '합리적 이유'로 차별을 허용할 수 있는 판별요건을 충족해야 한다고 보고, 개별국가

---

366) Committee on Trade and Environment, Trade in Used and Retreaded Tyres-Submission by Brazil WT/CTE/W/241 (12 July 2005); Committee on Trade and Environment, Report of the Meeting held on 6 July 2005, WT/CTE/M/40 (2 September 2005), para.82.

367) '비교형량' 분석에 관해 i) 조치가 추구하는 가치의 상대적 중요성, ii) 조치의 무역제한효과, iii) 조치의 정책목적에의 기여도를 중심으로 분석하였다. 이에 대한 자세한 판정내용은 김호철, "브라질ー재생타이어 수입제한조치 사건", 『통상법률』 (통권 제89호, 2009.10), pp.178~180 참조.

의 환경정책 집행의 독단적이고 정당화할 수 없는 차별 여부를 판정의 주요 이유로 하였다.[368] 즉, 항소기구는 '미국-새우/바다거북 사건'을 언급하면서, 브라질-재생타이어 사건에서 그러한 판단기준을 새롭게 도입하였다. 기존의 분쟁판정에서는 Chapeau 요건의 적법한 절차를 제공하였는지, 유연성은 충분했는지 등 주로 절차법적 기준이 검토된 반면, 본 사건에서는 "차별적 조치와 정책목적 간의 합리적 연계성"이라는 실체법적 기준을 도입하였다.[369] 항소기구는 '1994년 GATT' 제20조 Chapeau에서의 "정당하지 아니한 차별"에 관한 법리적 검토에서 당해 조치가 정당화될 수 있는지 여부를 평가하기 위해 정책목표의 개념과 연계하려는 의도를 가진 것이다. 이는 '미국-새우/바다거북 사건'에서 정당하지 아니한 차별에 관해 미국이 주장한 것과 유사한 관점을 제시한 것으로 볼 수 있다. 즉, 동등한 국가들이 지배하는 국가들 간의 차별을 구성하는 무역제한조치의 정당성 문제는 정당하지 아니한 차별의 판단요건으로 국가들 간의 차별대우를 평가해야 하나, "정책목표와 관련하여 합리적 이유가 정당화될 수 있는 경우에 국가들 간의 차별조치는 '1994년 GATT' 제20조의 예외적 허용조치의 남용이 아니다"는 미국의 주장을 수용한 것이다.[370] 하지만 그러한 미국의 주장은 '미국-새우/바다거북 사건'의 항소기구에 의해서 적극적으로 수용되지 않은 바 있는데,[371] 본 사건의 항소기구는 새로운 분석기준으로 도입한 것이다.

---

368) [t]here is arbitrary or unjustifiable discrimination when a measure provisionally, justified under a paragraph of Article XX is applied in a discriminatory manner 'between countries where the same conditions prevail', and when the reasons given for this discrimination bear no rational connection to the objective falling within the purview of a paragraph of Article XX, or would go against that objective. (강조 필자) WT/DS332/AB/R, para.227.

369) 김호철, 전게논문, p.196.

370) Arwel Davies, "Interpreting the Chapeau of GATT Article XX in Light of the 'New' Approach in Brazil-Tyres", 43(3) *Journal of World Trade* 507, 2009, p.519.

이러한 기준의 적용상 국가들 간의 차별조치가 정당성을 가진다는 것은 국가들의 원산지에 관한 차별이 될 수 있다는 점도 유의해야 한다.[372] 생각건대 동등하지 아니한 국가들 간에 그러한 차별조치가 상이한 여건을 가진 선진국과 개발도상국 간의 관계를 고려하는 것이라면 차등적 대우를 인정하는 범위 내에서는 그러한 판단기준이 정당화될 여지가 있다고 본다.

## 7.2 1994년 GATT 제20조 Chapeau 해석의 기존관점

'1994년 GATT' 제20조상의 예외조치에 관한 논의의 주된 관점은 일방국가의 국내 공공정책의 정당성을 인정하는 것으로 비차별대우 원칙과 국가의 재량권 간의 조율문제에 주로 관심을 두어 왔다. 즉, 1994년 제20조는 일방적 조치가 예외적 조치로 인정될 수 있는 정당성을 충족한 경우에는, 어느 한 일방국가의 조치를 배척하지 않는다. 동 조에 따른 어떠한 조치도 계약 당사국의 적용 내지 강행을 방해하도록 해석될 수 없다고 명시하고 있는 바에서 알 수 있다. 예컨대 '미국-새우/바다거북 사건'에서 항소기구는 "수출국이 따라야 하는 회원국의 국내시장 접근의 허용을 위한 조건으로, 일방적인 수입국 정책은 어느 정도의 범위 내에서 제20조 (a)호-(j)호의 예외적 요건에 해당하는 조치의 공통된 성격이 될 수 있을 것이라고 밝히고 있다."[373] 일반적 예외는 WTO 회원국 그룹에 의한 조치나 국제협

---

371) [t]he policy goal of a measure cannot provide its rationale or justification under the standards of the chapeau of Article XX. The legitimacy of the declared policy objective of the measures, and the relationship of that objective with the measure itself and its general design and structure, are examined under the heads of provisional justification. WT/DS58/AB/R, para.149.

372) Arwel Davies(2009), *supra* note 370, pp.530~531.

정에 따른 조치로 국한하지 않는다. 일방적 조치는 '1994년 GATT' 제20조에서 그 허용여부가 배제되지 않는다는 것이다.[374]

아울러 'EC－석면제품 사건'에서 '1994년 GATT' 제20조상의 건 강보호를 이유로 한 석면포함 상품을 석면을 포함하지 아니한 상품 보다 차별한 조치에 관해서 항소기구는 프랑스의 자국법령의 수준 높은 환경기준을 상대방 국가의 수출상품에도 동일하게 적용하는 것을 허용하였으며, 그러한 조치가 '1994년 GATT' 제3조상의 동등 한 대우에 위반되지 않는 이상 비차별대우의 예외로 인정하였다. 이 는 환경적 위해성에 대한 개별국가의 공공정책을 예외적 조치의 범 위에 포함하는 것으로 보고, 이에 따른 조치가 수출국 상품에 대한 차별적 대우를 구성한 경우라도 정당한 조치로 보았다.

위의 사례들을 살펴보면, '1994년 GATT' 제20조상 예외적 조치 의 허용이 정당성을 가지는지 여부를 판정하는 데 선행되는 요건은 당해조치가 동 규정의 열거조항에 해당하는 조치여부, 당해 조치의 필요성 요건 충족여부, Chapeau의 자의적 · 정당하지 아니한 혹은 위장된 조치의 위반여부이다. 이것은 WTO법의 무역자유화와 개별 국가의 환경정책 간의 조율관계에서 일방국가의 재량적 권한에 따 른 차별적 대우를 구성하지 않아야 한다는 균형성 유지라는 관점에 서 검토된 것이다.

그런데 개별국가의 공공정책이 당해국가의 여건에 따라 설정한 기준에 해당하기 때문에, 상대방 국가의 여건에 맞게 설정된 기준이

---

373) WT/DS58/AB/R, para.121.

374) Bronckersand Quick(ed.), *New Directions in International Economic Law: essays in honour of John H. Jackson* (Boston: Kluwer Law International, 2000), pp.255～256; Gaines, "The WTO's Reading of the GATT Chapeau: A Disguised Restriction on Environmental Measures", 22 Journal of International Economic Law 739, 2001. p.808; Robert Howse, "The Appellate Body Rulings in the Shrimp-Turtle Case: A New Legal Baseline for the Trade and Environment Debate", 27 Columbia Journal of Environmental Law, 2002, pp.502～503.

아니라는 점이 판정요건으로 고려되어야 한다. 예컨대 '1994년 GATT' 제20조 Chapeau는 "동등한 조건이 지배하는"(equal conditions prevail) 국가 간에 차별적 조치를 구성하지 않아야 한다고 명시한다. 동등하지 아니한 국가들 간에도 그러한 차별적 조치가 정당성을 가질 수 있느냐에 관한 문제이다. '1994년 GATT' 제20조상 예외적 허용조치 여부 판정은 비차별적 원칙의 예외사유로, 국가 간의 동등한 조건을 전제로 설정하고 있다는 점이다. 이것은 형식적 공정성의 관점에서 동등한 대우의 예외로 허용되는 차별이 정당화될 수 있는지 여부에 중점을 둔 것이다. 그런데 가령 선진국 A국에서 어느 한 제품의 높은 환경기준을 설정하여 개발도상국 B국의 유사한 제품에 관한 수입제한조치를 취한 경우, 그러한 무역조치가 '1994년 GATT' 제20조의 예외로써 인정되는 것이 정당성을 갖는지 여부에서 개발도상국과 선진국이라는 동등하지 아니한 주체 간의 문제를 판정요건으로 다루지 않고 있다는 점을 고려해야 한다.

더욱이 WTO 설립협정 전문 첫 단락에서 "상이한 경제개발 단계에서 각각의 필요와 관심에 일치하는 방법으로 환경을 보호하고 이를 위한 수단을 강화하는"의 취지가 실체적 규정에 관한 유권해석을 통해서라도 관철되어야 하는데, '1994년 GATT' 제20조의 예외적 허용에 관한 판별요건으로 고려되지 않았다. 선진국의 일방적 무역조치가 환경보호를 위한 것이라도, 개발도상국의 국내 여건이 이와 유사하지 않다면 그러한 차별조치가 정당화되기 위해서는 여타의 조건이 수반되어야 한다고 본다. 예컨대 환경규제기준 적용이 선진국의 입장을 대변하는 것에 불과할 수 있다는 주장은 환경기술력 차이에서 비롯되는 문제들을 고려해야 한다. '1994년 GATT' 제20조 Chapeau의 "자의적이거나 위장된 제한조치가 아닌" 정당한 조치의 판정은 '동등하지 아니한 국가들'의 차별적 대우를 통한 보호무역금지를 위한 공정성의 확보라는 차원에서 어떠한 법리적 해석이 가능할 수 있는가를 고려해야 한다. 이와 관련 '1994년 GATT' 제1조와 제3조에 명시된 비차별적 원칙은 '동등한 조건을 가진 국가들 간의 동등한 대우'를 보장하는 것이다. '1994년 GATT' 제20조 일반적 예외조치는 개별국가의 공공정책을 시행함에 따라 발생하는 차별적 조치를 '동등한 조건이 지배하는 국가들 간에' 정당화하는 것이다. 여기서 지적하는 것은 상기 규정들은 동등한 조건을 가진 국가들 간의 관계를 전제로 하고 있다는 점에서 동등하지 아니한 국가들 간의 차별적 대우를 어떠한 방식으로 해결할 수 있는지에 관한 논의가 이루어지지 않았다는 점이다.

개별국가의 환경정책을 상대방 국가의 수출상품에 적용하는 것은 상대방 국가의 여건을 고려하지 않은 상태에서 수입국의 기준을 적용하려는 것으로 일방적인 강요 내지 보호무역수단의 남용으로 여겨질 수 있다. 환경정책, 공공보건정책 등은 '1994년 GATT' 제20조에 의거하여 예외적 허용조치로 간주될 수 있지만, 결국 개별국가의 국내 기준을 역외 관할권 적용에 행사하는 것까지 인정하는 것이다.

이러한 경우, 예외적 허용조치라도 상대방 국가의 무역기회를 차단하거나 강제하는 결과를 가져와서는 안 된다. 점차 지구환경문제가 국제공동의 관심사가 되어 온 이래로 국가마다 친환경적인 무역을 위한 개선노력의 일환으로 환경기준 적용의 중요도가 점차 커지고 있다. 다만 환경기준 적용이 개발도상국의 무역증진과 이익보호에 큰 장벽으로 조성되거나 시장접근의 제한이 되지 않아야 한다는 점도 규정해석에서 충분히 참작되어야 한다.

## 7.3 환경규제에 따른 차등대우의 적용가능성

### 7.3.1 1994년 GATT 제20조 Chapeau 해석기준: 동등한 대우

기존의 관점에서 '1994년 GATT' 제20조의 Chapeau는 세 가지 요건을 고려한다. 첫째, 동등한 조건을 갖춘 국가들 간의 자의적인 차별이다. 둘째, 동등한 조건을 가진 국가들 간의 정당하지 아니한 차별이다. 셋째, 국제무역에 관한 위장된 제한에 관한 조치이다. 항소기구는 Chapeau에서 언급된 이러한 요건들에 관해 구체적으로 정의하지 않았다. 즉, '1994년 GATT' 제20조상의 허용조치에 관한 평가는 불확정적인 것으로 남아 있다.[375] 하지만 자의적인 차별과 정당하지 아니한 차별 간의 관계는 상호 밀접한 연계성을 가지고 있다. 자의적인 차별의 경우에, 그러한 차별은 대부분의 경우에 정당하지 아니한 차별로 간주되기 때문이다. 또한 위장된 제한은 국내 생산자들에 대한 보이지 않는 특권과 같은 유리한 대우를 부여하는 조치로 제시되었다.[376] 위장된 제한조치도 역시 정당하지 아니한 차별을 구성하는 것으로 보고 있다는 데 의견이 일치된다. 특히 환경 보호를 위해 필요한 정도와 범위를 초과하여 취해지는 통상규제, 과학적 근거에 입각하지 않은 통상규제, 자의적이고 부당한 차별적 통상규제 등은 위장된 통상제한으로 규정된다.[377]

결국 일방국가의 국내정책이 상대방 국가의 수출상품에 '불합리

---

375) WT/DS2/AB/R, para.6.580.

376) Reinhard Quick, "The Community's Regulation on Leg-Hold Traps: Creative Unilateralism Made Compatible with WTO Law through Bilateral Negotiations?", in Bronckers and Quick (eds.), *New Direction in International Economic Law*, (Boston: Kluwer Law International, 2000), p.255.

377) 최승환, 전게서, p.681.

한 방식'으로 적용된 조치는 '1994년 GATT' 제20조상의 요건을 위반하는 것이 된다. '1994년 GATT' 제20조 Chapeau에서 예외적 조치의 정당성 판정은 '1994년 GATT'의 권리와 의무에 관한 예외로써 허용되는 조치의 남용 내지 불법적인 적용 여부에 관한 것이라고 볼 수 있다. Chapeau에서 사용된 용어의 개념이 너무 추상적이고 모호하기 때문에 발생할 수 있는 해석상의 난점을 해결하기 위한 접근으로 '1994년 GATT' 제20조상의 예외적 조치의 허용의 목적과 기능에 관한 평가를 바탕으로 판단하는 것은 적절하다.378)

그런데 '1994년 GATT' 제20조상의 차별을 구성하는 조치의 이행주체는 "동등한 조건이 지배하는 국가들 간"으로 한정하고 있다. 이는 '1994년 GATT' 제1조와 제3조상의 동등한 여건을 가진 국가들 간에 적용되는 동등한 대우 요건이라고 명시한 부문과 유사한 맥락에서 이해된다. 그러나 '1994년 GATT' 제20조의 비차별성 요건은 조치의 차별적인 적용이 상품의 경쟁관계 또는 경쟁성을 왜곡시키는 결과와 시장에서 상품에 대한 소비자의 선택과 기호에 따라 달라질 수 있는 효과를 중심으로 차별성이 검토되는 '1994년 GATT' 제1조 및 제3조와 구별된다.379)

한편 경제적 관점에서의 비차별적 대우 원칙은 동등한 경쟁조건을 조성하기 위한 것으로, 동등한 대우가 일방적이고 자의적이거나 왜곡된 무역효과를 발생하는 요건을 적용하는 것을 차단하기 위한 것이라는 점에서 비차별적 대우 개념의 본질적 성격을 반영한다. 그런데 비차별적 대우에 관해서 크게는 선진국과 개발도상국 간의 대립적 시각이 존재해왔다. 제2장에서 언급된 바와 같이, 이것은 동등

---

378) Christiane R. Conrad(2011), *supra* note 238, p.352.
379) 심영규, "건강·환경보호관련 통상규제조치의 비차별적 적용: GATT 제20조 Chapeau를 중심으로", 『통상법률』 (통권 제56호, 2004.4), pp.89~90.

한 조건을 가진 국가들 간의 관계에서 타당한 조건임에 반해, 동등하지 아니한 국가들 간의 관계에서는 불합리적인 차별을 구성할 수 있기 때문이다.

'1994년 GATT' 제20조상의 Chapeau의 차별적이고 정당화되지 않는 조치란 예컨대 수입국과 상이한 여건을 가진 국가의 원산지 상품에 수입국 환경기준의 일방적 적용은 불공정한 차별을 구성하는 것으로 간주할 수 있다. 동등하지 아니한 국가의 제반여건을 고려해야 하는 이유는 '1994년 GATT' 제20조에서 허용된 조치가 국내 여건과 밀접한 관련성을 가질 수 있기 때문이다. 예컨대 A국가의 환경기준은 자동차의 배기량을 3 이하로 정한 반면, B국의 환경기준은 자동차 배기량을 5 이하로 규정한 경우에, 자동차의 물리적 특성은 유사하지만 개별국가의 환경기준에 의해서 상품 간의 차별이 발생하게 된다. 이러한 경우에 동 규정에서 인정되는 정당한 조치란 환경기준을 충족하는 상품과 그렇지 아니한 상품 간의 물리적 특성을 전제로 한 것이 아니라, 상품들 간의 차별을 구성하는 목적과 수단의 정당성 여부를 판정하는 것이다. 즉, 상이한 조건을 가진 국가들 간에는 이러한 차별이 합리적인 차별을 구성하지 못하며, 일방국가의 보호주의적 조치로 간주될 수 있다. 이러한 예시의 결과로써, '동등하지 아니한 국가들 간의 상이한 조건'이 '1994년 GATT' 제20조상 예외적 허용조치의 판정과정에서 중요한 요건으로 참작되어야 한다.

이러한 관점에서 '1994년 GATT' 제20조상 차별적 조치에 관한 허용여부는 동등한 조건을 가진 국가들뿐만 아니라 상이한 경제적 여건을 가진 국가들 간에 적용될 수 있는 해석기준에 따라야 한다. '1994년 GATT' 제20조 Chapeau의 목적은 허용된 조치의 적용이

'동일한 조건이 지배하는 국가들 간의 정당한 차별'을 구성하였는지 여부에 관한 것이라면, '동일한 조건이 지배하는 국가들 간의'라는 문구는 평등원칙의 적용을 요구할 수 있다.[380] 법 앞에서의 평등 (equality before the law)은 UN헌장에도 명시되어 있으며,[381] WTO 법에서도 적용 가능한 법원칙의 범주에 속한다.[382] 이러한 맥락에서 평등원칙은 같은 것은 같게, 다른 것은 다르게 적용하는 '실질적 평등'의 의미로 받아들일 수 있다. 즉, 수입국과 수출국 내지 수출국들의 관계가 동일하지 아니한 조건을 가진 국가들로 구성된 것이라면, 그러한 국가들 간의 상이한 조건이 당해 조치와 관련성이 있는지 여부에 관한 검토가 우선되어야 한다.[383] 당해 조치를 수행할 수 없는 조건을 가진 국가들에게 수입국의 일방적인 정책을 적용하는 것은 정책수단의 남용 내지 악용이 될 수 있다. 이러한 측면에서 상이한 조건을 가진 국가 간에 적용된 당해조치는 '차등적 대우'(differential treatment)의 유추가 가능하다.[384]

'동등한 조건이 지배적인 국가들 간'에 자의적이거나 정당하지 아니한 차별을 구성하지 않아야 한다는 것은 동등하지 아니한 조건을 가진 국가들 간에 당해조치의 적용상 차등을 두는 것이 자의적인 조

---

380) Christiane R. Conrad(2001), *supra* note 238, p.352.

381) 일반 국제법은 국가의 주권을 수호하고 형식적인 법적 평등을 수립하려는 목적에서 관련 규칙에 기반을 두고 있다. UN헌장을 작업할 때, 동 기구의 설립자들은 제2조 1항에서 "모든 회원국의 주권평등"을 주요원칙의 하나로 천명하였다. 하지만 이런 형식적 평등에 관한 비판적 입장이 존재하였다. 샌프란시스코 회의에서 한 위원회에 참석한 벨기에 대표는 "약소국은 기구 내에 현격한 불평등이 명백히 존재하고 있지만 동 원칙의 서두에 모든 회원국의 '주권평등'이 강조된 것은 모순이다"라고 비판적 태도를 보인 바 있다. 그럼에도 불구하고 동 원칙은 전체 국제법 기준의 핵심이며, 모든 국제관계의 기본전제라고 볼 수 있다. 동 원칙은 다양한 일반규칙을 포섭하고 합성하는 상위개념이다. 즉, 동 원칙은 두 개의 논리적으로 구분되는 관념인 '주권'과 '법적 평등'을 별개로 다루는 것이 타당하다고 볼 수 있다. Antonio Cassese(2001), *supra* note 118, p.84.

382) Christiane R. Conrad(2011), *supra* note 238, p.354.

383) *Ibid.* p.354.

384) *Ibid.* p.354.

치가 될 수 없다는 논리를 정당화할 수 있다. '미국－새우/바다거북 사건'에서 항소기구는 유연성의 부족은 차별이 될 수 있다고 하였다.385) 같은 논리로 '1994년 GATT' 제20조상 허용된 조치는 자의적 차별이 되지 않기 위해서 수출국가의 특정한 조건을 고려하기 위하여 충분한 유연성을 부여하는 방법으로 고안되어야 한다고 판정하였다.386) 더욱이 'EC－관세특혜 사건'에서 항소기구는 상이한 조건을 가진 국가들에 대한 동등한 대우를 금지하는 것을 국가 간의 차별로 인정한 바 있다.387)

생각건대 동등한 대우는 동등한 조건을 가진 국가들 간에 인정될 수 있으며, 이것은 형식적 공정성을 확보하기 위한 법률요건이 충족된 것으로 판단된다. 물론 상이한 여건을 가진 국가들 간에 상이한 대우를 인정하는 것도 형식적 공정성의 측면에서 정당성을 가진다. 하지만 '상이한 대우'는 실질적 이행을 수반할 때, 보다 확실한 법적 효과를 보장받을 수 있다. 이러한 측면에서 'S&D 대우'에 관한 실효적 이행문제는 실질적 공정성을 확보하는 데 있어서 핵심이 된다. 즉, '1994년 GATT' 제20조 Chapeau의 해석에서 '차별적 조치'가 정당성을 갖기 위해서는 조치의 주체인 국가들의 동등성 여부가 판별요건이 되어야 한다. 동등한 여건을 가진 국가와 상이한 여건을 가

---

385) [t]here is little or no flexibility in how officials make the determination for certification pursuant to these provisions. In our view, this rigidity and inflexibility also constitute "arbitrary discrimination" within the meaning of the chapeau. WT/DS58/AB/R, para.177; 유사하게 '정당하지 아니한 차별'에 관해서도 다음과 같이 판정하였다: [it] is not acceptable, in international trade relations, for one WTO Member to use an economic embargo to require other Members to adopt essentially the same comprehensive regulatory program, to achieve a certain policy goal, as that in force within that ember's territory, without taking into consideration different conditions which may occur in the territories of those other Members. (강조 필자) Ibid., para.164.

386) Ibid., para.149.

387) WT/DS/246/AB/R, para.7.234.

진 국가의 차별은 공정한 대우를 위한 적법한 것으로 판단된다. 이 것은 법리적 해석 차원에서 이루어지는 형식적 공정성에 해당된다. 더 나아가 상이한 여건을 가진 국가들에 대한 적법한 기대치를 확보 하는 데 형식적 공정성 기준에 따른 결과만으로는 불충분하기 때문 에, 실질적 공정성 차원에서 'S&D 대우'에 관한 실질적 이행문제도 고려해야 한다고 판단된다.

생각건대 국가들 간의 상이한 여건을 고려해야 하는 중요한 이유 는 '1994년 GATT' 제20조상에서 허용된 조치라 하여도 당해 조치 의 적용과정에서 국가 간의 공정한 무역을 훼손할 소지가 있기 때문 이다. 가령 일방국가의 환경기준 적용은 자국의 환경보호 및 건강에 미치는 위해성을 차단하기 위한 중요한 정책목표가 될 수 있는 반 면, 개별국가의 일방적 기준을 유사하지 않은 기준을 가진 국가들에 적용하는 것은 오히려 불공정한 차별을 구성할 수 있는 것이다. 이 에 개별국가의 차별조치가 정당성을 갖는 허용된 조치라고 해도, 보 호무역조치로 간주될 수 있다는 점이 고려되어야 한다. 또한 그러한 조치가 불공정한 조치로 간주되지 않기 위해서는 동등한 조건을 가 진 국가들 간에 적용할 수 있는 기준을 동등하지 아니한 조건을 가 진 국가들에게 동일하게 적용하려는 방식은 전환 내지 수정이 필요 하다. 다시 말해 비차별적 원칙의 예외로써 '1994년 GATT' 제20조 상의 개별국가의 조치에 관한 정당성을 판정하는 데 있어서 "동일한 조건을 가진 국가들 간의 관계를 전제로 한 차별조치의 정당성 여부 와 동등하지 아니한 조건을 가진 국가들 간의 관계를 전제로 한 차 별조치의 정당성 여부를 구별하는 것은 정당하지 아니한 또는 위장 된 제한조치에 관한 판단요건의 일부로 고려되어야 한다"고 사료된다.

아울러 개별국가의 정책 내지 규정을 상대방 국가의 수출상품의 시장접근 허용여부의 주요 기준으로 적용한다는 것은 통상규범의 투명성을 훼손할 가능성도 제기될 수 있다. 즉, 동등하지 아니한 조건을 가진 국가들이 수입국의 국내 기준을 충족하기 위한 적절한 정보의 제공과 기술의 이전과 같은 수단을 이용하여 실질적 공정성을 실현하기 의도에서 'S&D 대우'의 이행확보가 수반되어야 한다고 판단된다. 더불어 개별국가가 취한 환경규제조치의 결과가 시장접근 기회를 차단하지 않도록 협력해야 할 의무를 기본원리로 적용하는 것이 필요하다.[388]

## 7.3.2 공평한 대우의 필요성: '상이한 개발단계 수준' 존중

'1994년 GATT' 제20조의 기능의 일부로 개별국가의 공공정책을 위한 무역제한조치의 예외적 허용여부의 정당성 판정에서 환경과 무역의 상호조화의 관점을 고려해보는 것은 의의가 있을 것이다. 예컨대 개별국가의 환경정책을 이행하기 위한 일방적 조치가 1994년 WTO법상에서 위법성이 조각될 수 있도록 하는데 판단요건은 i) 자의적이고 정당하지 아니한 조치 여부, ii) 위장된 제한을 구성하는지 여부, iii) 당해조치의 필요성과 가치의 상대성에 중점을 두어왔다. 특히 i) 자의적이고 정당하지 아니한 조치인지 여부는 ii) 위장된 제한을 위한 보호주의 조치와의 연관성을 고려하여 판정될 수 있다. 당해 조치가 국가 간의 차별대우를 구성하는지를 판별하기 위한 요건으로써 개별국가의 정책을 이행하는 데 비차별적인 의무의 부

---

388) 'S&D 대우'는 WTO법상의 중요한 일부가 되어 왔으며, WTO법상에서 차지하는 'S&D 대우'의 비중을 고려할 때, 'S&D 대우'는 비차별적 원칙과 상호주의와 같은 원리로부터 개발도상국이 면제될 수 있다는 이유를 설명하기 위해서는 WTO법상에서 상기 언급된 원칙들과 같은 수준에서 고려되어야 한다. Christiane R. Conrad(2011), *supra* note 238, p.358.

과로 정당한 차별을 구성하였는지 여부를 검토하는 것이다. 여기서 정당한 '차별'은 WTO법상의 일반규정상에서 국가들 간에 차별대우를 구성하는지 여부를 판별하는 것과는 다른 성질이다. 즉, '1994년 GATT'의 최혜국대우 및 내국민대우의 의무위반에 따른 차별을 구성하였는지 여부를 검토하는 것이 아니라, 개별국가의 정책이행이 의도된 차별을 구성하였는지 여부를 검토하는 것이다. 즉, 예외적 허용조치가 남용되거나 보호무역조치로 악용되었는지 여부가 핵심이다. 하지만 실제로 그러한 조치가 보호무역수단으로 남용되는지를 판별하는 것은 용이하지 않다. 왜냐하면 정당하지 아니한 위장된 제한조치 여부를 입증하는 것은 어려운 일이기 때문이다.

더욱이 동등한 조건을 가진 국가들 간에는 개별국가의 환경정책 이행에 따른 소요비용이 상대적으로 낮을 것이다. 반면, 상이한 여건을 가진 국가들에게 개별국가의 환경정책 목적을 수행하기 위해 보다 높은 수준의 기준을 적용한다면, 상대적으로 낮은 환경기준을 채택하고 있는 이들은 보다 많은 노력과 비용을 감수해야 한다. '1994년 GATT' 제20조 Chapeau에서 "동등한 조건이 지배하는 국가들 간"으로 명시하였다는 점에서, WTO 설립협정 전문에서 "상이한 개발단계에 있는 국가들의 수준에 따른 환경보호"에 관한 지침의 의미를 고려해볼 수 있다. 즉, 상이한 여건을 가진 국가들 간에 차별적 조치가 정당성을 갖기 위해서는 공정한 대우를 확보할 수 있는 분석이 요청된다. '1994년 GATT' 제20조 Chapeau의 의도가 명확하게 개발도상국에 대한 'S&D 대우'를 직접적으로 언급한 규정은 아니지만, Chapeau에서 제시된 조건은 해당 국가의 상이한 여건에 따라 다르게 적용되어야 한다는 접근이 가능할 수 있다. 즉, 예외적 조치의 적용이 '1994년 GATT' 제20조 판정기준에 적합한지 여부를 판정하는 경우에 '국가들 간의 상이한 경제적 여건'의 고려가 요청된다.

아울러 '동등한 조건이 지배하는 국가들 간'의 동등한 대우의 해석에서 실제 조건이 상이한 국가 간의 실질적 형평성을 고려하는 것이 타당하겠다. 동 조항의 Chapeau의 해석이 WTO 설립협정 전문의 "국가 간의 상이한 개발단계의 수준의 차이"를 고려한 환경보호와 지속가능한 개발목표의 중요성을 언급한 취지를 고려해야 한다. 제2장에서 언급한 바와 같이, '개발'은 경제성장의 수준과 사회적 제반 여건의 차이를 포함하는 국가들 간의 상이한 여건을 선행요건으로 해서 논의되어야 하는 개념으로 이해되어야 한다. 즉, 경제적 관점에서의 지속가능한 개발은 환경보호와 빈곤의 경감을 위한 경제성장이 그 출발점이면서 동시에 목표가 된다는 점에 유의할 필요가 있다.[389] 즉, WTO법상의 원래의 목적과 일치하는 방향에서 이루어져야 한다는 것을 고려하여, '1994년 GATT' 제20조의 조건을 충족하는 예외적 조치의 적용은 지속가능한 개발에 함축된 형평의 원리가 해석의 근거로 활용되는 것이 가능하다고 판단된다.

### 7.3.3 기술·재정지원의 관련성

'1994년 GATT' 제20조상에서 상이한 경제적 여건의 고려가 인정된다는 논리에서 'S&D 대우'를 유추할 수 있다고 본다면, 지속가능한 개발의 목표를 위한 국내환경정책의 이행과 관련하여 개발도상국에 대한 기술지원 의무를 정당화할 수 있다.[390] 기술이전과 행정·재정지원에 관한 요건이 '미국－새우/바다거북 사건'에서 논의된 바

---

389) 지속가능한 개발 개념에 관한 경제적 관점의 더 자세한 논의는 김진현, 전게서, pp.3～7 참조.
390) Christiane R. Conrad(2011), *supra* note 238, pp.371～372.

있다. 항소기구는 정당하지 아니한 차별을 평가에 관해 미국은 국가에 따른 노력의무의 수준이 차등적으로 적용되어야 하는 것을 전제로 한다고 지적하였다.[391] '미국－새우/바다거북 사건'을 바탕으로, 수입국 영역 내의 시장접근을 위해 요구되는 '허용요건'을 충족하기 위한 기술이전 의무가 '1994년 GATT' 제20조 내지 다른 협정 조항에서도 명확하게 규정되어 있지 않지만, 기술이전은 'S&D 대우'에 속하는 수단의 하나인 것이다. 수입국의 허용요건은 수입국 영역 내에서 적용되고 있는 정책 내지 법규에 따른 의무의 준수조건이라고 할 수 있는데, 높은 수준의 환경기준이 적용되는 일방국가의 내국시장 진입은 이러한 조건의 불충분으로 수출이 배척당할 수 있다. 특히 개발도상국의 선진국 시장 진입 시에 이러한 분쟁이 일어날 가능성이 많으며, 개발도상국은 높은 수준의 환경기준을 비관세장벽이라고 주장할 것이다. 기술이전 의무에 대한 성실한 노력은 상이한 국가에 대한 'S&D 대우'의 실효적 이행 확보의 대표적 예가 될 수 있다. 하지만 기술이전 의무가 '1994년 GATT' 제20조상에서 향유할 수 있는 권리를 상당히 제한할 수도 있다는 점이 간과되어서는 안된다. 기술이전은 비용을 수반하게 되며, 기술이전 부담 관련한 명시적 규정은 존재하지 않는다는 이유에서 그 구체적 이행방안도 요청된다. 더불어 기술이전이 개발도상국에 필요한 유일한 것으로 간주될 수 없다는 점을 고려하면, 개발도상국이 수입국의 정책적 요건을 충족하는 데 요구되는 비용부담, 관련 행정지원, 재정지원까지 확대하여 'S&D 대우'의 실질적 이행범주에 포함해야 한다.[392] 왜냐하면 'S&D 대우'의 이행계획에 대한 실체적 내용은 '1994년 GATT'

---

391) WT/DS58/AB/R, para.175.
392) WT/DS58/AB/R, para.175.

제20조에서 유추하기 어렵고, WTO 협정상의 실체적 규정에서도 확보할 수 없기 때문이다.

결론적으로 개별국가의 국내 환경정책의 이행을 위한 상대방 국가에 대한 차별적 대우는 정당한 행사의 경우에 예외적 허용이 가능할 수 있는 반면, 동등하지 아니한 국가들 간에는 공정한 대우를 위한 'S&D 대우'가 요청된다. 생각건대 이는 지속가능한 개발의 목표를 실현하기 위한 국가들의 의도에서 국내 환경정책을 추진한 것이라면, 상대적으로 낙후된 환경정책을 수행하는 개발도상국에 대한 '형평의 원리'에 따른 'S&D 대우'가 '1994년 GATT' 제20조 Chapeau의 법리적 해석상 타당성을 가질 수 있다고 판단된다. 결국 이는 실질적 형평성의 입각한 공정한 대우가 가능한 '실질적 공정성'의 확보에도 중요한 의의를 가진다.

# 8. 기술무역장벽과 PPMs

## 8.1 PPMs 관련 무역조치와 차등대우의 필요성

### 8.1.1 PPMs에 관한 논의

우루과이라운드 무역협상에서 기술규정의 채택 및 이행논의에서는 '1994년 GATT'의 동종상품 논의와 연관하여 PPMs 관련 논의도 함께 진행하였다. '1994년 GATT'의 무역왜곡효과 방지를 위한 목적을 존중하면서, 'TBT 협정'은 공산품과 농산품을 포함한 모든 상품(final products)뿐만 아니라, PPMs와 관련 기술규정, 표준 및 적합판정절차에 관해서도 비차별 원칙과의 상관성에 기초한 적용을 목적으로 한다. 그 과정에서 미국과 EC는 PPMs의 규정 제정에 관한 의견대립이 있었다. 하지만 'TBT 협정'상 PPMs에 관한 구체적인 내용 합의가 이루어지지 못하고 종결되었다. 즉, 'TBT 협정'은 PPMs을 명시적으로 규정하고 있지만, PPMs의 적용범주를 어느 정도까지 포괄하는지 여부는 논쟁대상으로 남아 있다.[393] 'TBT 협정'상 PPMs 관련 무역조치는 상품의 공정 및 생산방법과 관련하여 국내기술규정(national technical regulations)과 포장(packaging) 그리고 라벨링 요

---

393) PPMs의 범주에 관해서는 1979년 도쿄라운드의 무역에 관한 기술장벽 협정 논의에서부터 몇십 년간 논쟁이 계속되고 있고, 여전히 명확한 범주를 구성하지 못하고 있다. Committee on Technical Barriers to Trade, Decisions and Recommendations Adopted by the Committee since 1 January 1980, TBT/16/Rev.2 (11 October 1984).

건(labelling requirements)의 범주 내에서 적용이 가능하다.

한편 PPMs은 개별국가의 환경정책 이행과 관련성을 가진다. 생산의 전 단계에서 발생하는 환경오염 문제를 다루는 조치로써, 일방국가가 수입상품에 대해 PPMs 표준의 준수를 요구하거나, 역외 관할권을 적용하여 PPMs 기준을 적용하려는 경우에는 복잡한 무역쟁점을 발생할 수 있다. 'TBT 협정'상의 PPMs의 적용은 분쟁대상인 상품들 간의 동종성 문제에서 동종상품이 아닌 별개의 상품으로 판정될 수 있으며, 이것은 상품들 간의 관계에서 차별을 구성하지 아니한 것으로 간주될 수 있다. PPMs에 관한 개별국가의 환경정책 이행은 생산의 전 과정에서 환경을 고려한 상품과 일반상품 간의 차별을 구성하는 것이 된다. 하지만 이러한 차별은 개별국가의 환경보호라는 정당한 목적에 부합하기 위한 정책을 이행한 것이기 때문에, PPMs에 의한 국내상품과 동종 수입상품 간의 차별은 동 협정상 위반에 해당하지 않는다.[394]

'EC－석면제품 사건'에서 캐나다는 프랑스의 석면금지법에 관해 TBT 협정 제2조에 위반된다고 제소하였다. 동 협정은 석면 및 석면을 포함하는 상품에 관한 프랑스의 수입금지의 정당성 여부 판정에서 중요한 법적 근거로 제시된 것이다. 그러나 패널은 '1994년 GATT' 제3조 및 제20조 위반여부의 법리적 해석에 중점을 두었고,

---

394) 예컨대 이유닛족(Iunit)이 전통적인 방법으로 포획한 바다표범의 가죽이 아니라면 가죽의 생산활동과 판매를 금지한 벨기에의 조치를 한 예로 들 수 있다. Notification by Belgium to Prohibit the Production and Marketing of Products Derived from Seals G/TBT/N/BEL/39, (8 March 2006).
In the notification, Belgium describes the proposed measure as follows: "The notified draft law is composed of nine articles the aim of which is prohibition of the production and marketing of products derived from seals." ⋯⋯ products derived from seals hunted traditionally by the Inuit people are not covered by the prohibition on production and marketing.
Furthermore, the justification for the measure is described as follows: "The draft law aims to prohibit the production and marketing of products derived from seals for reasons of public opinion and animal suffering."

프랑스의 석면금지법에 관해 패널은 동 협정 위반여부는 검토할 필요가 없다고 하였다. 즉, 패널은 'TBT 협정'의 목적은 상품의 시장 접근에 관한 것으로, 프랑스의 수입금지와 같은 조치에는 해당하지 않는다고 판시한 반면, 항소기구는 패널의 그와 같은 판정을 비판하면서, 프랑스의 석면금지법은 'TBT 협정'의 기술규제에 해당한다고 판정하였다. 그러나 패널이 동 협정 위반 여부를 심리하지 않았기 때문에, 항소기구는 이와 관련한 검토를 완결하지 않았다. 'EC - 석면제품 사건'은 'TBT 협정'의 위반에 기초한 첫 번째 사례이다. 동 협정상의 위반 여부에 관한 상세한 분석은 진행되지 못하였지만, PPMs 기준이 향후 개별국가의 환경기준 적용관련 사례에서 중요한 쟁점이 될 것이라는 시사점을 주었다. WTO법상 선례구속의 원칙을 명시적으로 인정하고 있지 않기 때문에 패널판정에서 반드시 선례구속의 법리에 따라야 할 의무는 없지만 실제상 중요한 영향을 미칠 수 있다.[395]

PPMs는 최종상품에 영향을 미치는 상품관련 PPMs와 상품의 특성에는 영향을 주지 않지만 생산방식에 영향을 미치는 상품무관련 PPMs으로 분류된다. 전자의 경우는 'TBT 협정'상 PPMs에 관한 규율을 포함하고 있는데, 이것은 상품관련 PPMs에 관한 것이며 상품무관련 PPMs이 규율대상에 포함되는지의 여부에 관해서는 의견이 대립된다. 'TBT 협정'상 내국민대우와 최혜국대우 의무는 국내상품

---

[395] 선례구속(stare decisis)의 원칙이란 이전 재판의 판결이 후속 분쟁에서도 재판부와 당사국을 구속한다는 법리이다. WTO DSU 제11조는 "모든 분쟁은 그 분쟁의 독자적인 법적, 사실적 이슈에 기초하여 평가되며 판결의 구속력은 오로지 해당 사건에만 적용됨"을 확인하고 있다. 그러나 DSU상 이러한 선례구속 법리의 공식적인 부인과 사실상 구속력의 인정 간의 간극은 그 자체로서 적지 않은 분쟁을 초래하고 있다. 그러한 간극은 최근의 분쟁을 통하여 심각하게 대두되고 있는 상황이다. WTO법상의 선례구속 법리의 인정여부에 관한 자세한 논의는 이재민, "최근 WTO 분쟁해결절차에서 확인된 국제법 기본원칙 및 법리", 『국제법학회논총』(통권 제119호, 2010.12), pp.196~199 참조.

과 비교하여 수입상품에 '불리한 대우'를 금지하는 요건을 규정한다. 하지만 이러한 요건은 '상품무관련 특성'(non product related characteristics)에 관한 수입제한을 명백하게 금지하거나 혹은 인정하지 않는다. 상품무관련 PPMs 문제에 대해서는 CTE와 TBT위원회를 중심으로 논의가 되고 있다. 특히 DDA에서 환경 라벨링 요건을 검토의제로 채택함에 따라,[396) 이것은 '상품무관련 PPMs'에 대한 다자간 논의가 본격적으로 이루어지도록 계기를 마련한 것이다. 상품무관련 PPMs에 기초한 환경라벨링 요건이 WTO 협정상의 적용대상이 되는지 여부와 TBT 협정의 투명성 제고 위한 논의를 주요쟁점으로 한다. 이와 관련하여 상품무관련 PPMs도 TBT협정의 범위 내에 포함된다고 주장하는 EU를 비롯한 선진국과 동 협정상의 대상이 되어서는 안 된다고 주장하는 개발도상국 간의 팽팽한 긴장감이 조성되어 있기 때문에 그 해결 가능성은 높지 않다.[397)

### 8.1.2 S&D 대우의 필요성

PPMs에 관한 국가들의 관심은 주로 경제적 이유와 연계되어 있다. PPMs 관련 기술규정과 표준에 관한 준수의무의 요구는 상당한 비용을 수반하기 때문에, PPMs 관련 규제는 시장접근제한의 효과를 발생할 수 있다. 일부 국가들은 PPMs 관련 기준의 의무이행은 국제무역의 위장된 제한을 구성할 수 있다는 점에서 우려감을 나타낸다. 예컨대 'TBT 협정'상 환경라벨링 제도가 정당한 목적에 의해 이행된 것으로 판단된 경우에, 개발도상국 입장에서는 이러한 정책에 관

---

396) WTO, WT/MIN(01)/DEC/1, para.32(iii).
397) 이성형・전정기, "WTO체제 하에서 환경마크제도의 적합성에 관한 연구", 『국제상학』 (제24권 제4호, 2009.12), p.347.

한 자의적 혹은 제한된 무역조치로 주장하는 것이 용이하지 않다. 'TBT 협정'상 개발도상국이 실체적 규정에서 특별한 상황을 주장할 수 있는 경우는 제12조 8항의 "기술규정, 표준 및 적합판정절차의 준비 및 적용의 분야에 있어서 제도적 및 하부구조적 문제를 포함하여 특별한 문제에 직면한 경우, 기술발전 단계와 함께 이들의 특별한 개발 및 무역상 필요가 이 협정에 따른 이들의 의무를 충분히 이행할 수 있는 능력을 저해할 수 있음이 인정된 경우"로 규정한다. 그러나 동 조 8항은 기술규정 및 표준에 관한 개발도상국의 주요 관심을 다루기 위한 규정으로 볼 수 없다는 점이다.[398] 동 협정상 기술규정 및 표준이 정당한 목적을 추구하는 데 적용된 것이라면, 개발도상국은 기술규정 및 표준에 합치하는 요건을 충족해야 하는 의무로부터 면제를 부여받을 수 없다는 해석이 가능하다.[399] 이것은 'S&D 대우' 규정이 법적 강제성을 가진 성격이 아니기 때문이다. 이러한 이유로 개발도상국은 'S&D 대우' 관련 규정에 법적 강제성을 주장하는 것이고, 실제상 'S&D 대우'의 적용범위와 적용방식은 중요한 법적 과제가 된다.

## 8.2 미국 – Tuna Ⅱ 사건과 PPMs 무역규제

### 8.2.1 사실관계 및 주요쟁점

'미국 – 참치Ⅱ 사건'[400]에서 멕시코는 태평양동부적도지역(이하 ETP)

---

398) Christiane R. Conrad(2011), *supra* note 238, p.417.

399) *Ibid.* p.417.

400) 미국은 해양포유동물보호법(Marine Mammal Protection Act: MMPA)에 의하여 1990년 8월

에서 건착망을 사용하여 어획한 멕시코산 참치와 참치상품에 대한 미국의 무역제한조치가 WTO법 위반인지의 여부에 관한 심리를 위해 WTO 분쟁해결기구에 제소하였다. 2009년 3월 9일, 멕시코가 미국의 수입금지는 'TBT 협정' 및 '1994년 GATT' 위반이라고 WTO에 회부한 사건으로, 아르헨티나, 호주, 브라질, 캐나다, 중국, EU, 일본, 한국, 태국, 뉴질랜드 등이 제3당사국으로 참여하였다. 패널설치 요청서에서 멕시코는 'TBT 협정' 제2조와 '1994년 GATT' 제1조 및 제3조를 원용하면서, 미국의 당해조치의 위반여부를 WTO에 제소하였다.[401] 즉, 본 사건은 미국의 '돌고래 안전' 라벨링 조치가 'TBT 협정' 제2조와 '1994년 GATT' 제1조 및 제3조에 부합하는지의 여부에 관한 것이다. 이와 관련하여 본 사건에서 멕시코는 '돌고래 안전' 라벨링 관련한 미국 돌고래보호 소비자보호법(U.S. Dolphin Protection Consumer Information Act: DPCIA)[402] 및 시행규칙(U.S. Imple-menting Regulations for the DPCIA)[403], 미 연방항소법원 판결(2007 U.S. federal case ruling in Earth Island Institute v. Hogarth)[404]을 WTO 제소대상의 법적 문서로 적시하였다.[405] 미국 DPCIA에 규정된 '돌고래 안전' 라벨링 부착은 돌고래의 보호를 주된 목적으로 하는데,

---

28일 ETP에서 건착망을 사용하여 잡은 멕시코산 참치와 그 가공물에 대하여 수입금지조치를 하였다. 이에 대해, 멕시코는 GATT에 미국의 멕시코산 참치수입금지조치가 '1947년 GATT' 규정에 위반하였다고 제소하였다. GATT 패널은 미국의 멕시코산 참치수입금지조치는 GATT 제11조에 위반된다는 내용의 보고서를 제출하였다. GATT Panel Report on United States-Restrictions on Imports of Tuna. 동 사건(DS21/R)을 '미국-참치I 사건'이라 하고, 미국과 멕시코 간의 두 번째 분쟁으로 2011년 9월 15일에 패널보고서가 채택된 본 사건(WT/DS381/R)을 '미국-참치II 사건'으로 표기한다.

401) WT/DS381/AB/R, para.172.

402) Dolphin Protection Consumer Information Act, 16 U. S. C. § 1385 (1990).

403) 50 C. F. R. 216.91-92.

404) Earth Island Institute v. Hogarth, 484 F.3d 1123 (9th Cir. 2007), amended by 494 F.3d 757 (9th Cir. 2007).

405) WT/DS381/AB/R, para.172.

PPMs 관련 라벨링 부착에 관한 미국의 규제입법은 일정한 정책요건을 충족하였는지 여부에 관해 평가하는 것을 규정하고 있다.

본 사건은 'TBT 협정'의 적용여부를 중심으로 미국의 DPCIA상 '돌고래 안전'(Dolphin Safe) 라벨링 제도가 기술규정에 해당하는지 여부, 수입상품에 대한 국내환경기준 적용이 정당성을 갖는지 여부, 당해조치가 국제표준에 해당하는지 등을 주된 쟁점으로 한다. 여기서는 'TBT 협정' 제2조 1항과 2항에 관한 쟁점을 중심으로 고찰한다.

2009년 4월 20일, 본 사건을 심리하기 위하여 패널이 설치되었으며, DSB는 2011년 9월 15일에 패널보고서를 채택하였다.[406] 미국과 멕시코는 패널 결정에 항소하였으며, 2012년 5월 16일에 항소보고

---

406) <표 1> 패널보고서 일지

| 일자 | 세부 내용 | 관련 WTO 규정 |
|---|---|---|
| 24 October 2008 | Mexico 협의요청 | DSU 제4조, '1994년 GATT' 제22조, 'TBT 협정' 제14조 1994 |
| 17December 2008 | 멕시코-미국 간 양자협의 무산 | - |
| 9 March 2009 | Mexico 패널설치 공식요청 | DSU 제4조 및 제6조, '1994년 GATT' 제23조, 'TBT 협정' 제14조 |
| 20 April 2009 | 패널설치 | DSU 제6조 |
| 2December 2009 | 멕시코에 의한 패널 구성 공식요청 | DSU 제8조 |
| 12 August 2010 | 패널 구성(Mr Mario Matus, Mr Franz Perrez, Mr Franz Perrez) 결정 | - |
| - | Argentina, Australia, Brazil, Canada, China, Ecuador, the European Communities1, Guatemala, Japan, Korea, New Zealand, Chinese Taipei, Thailand, Turkey and Venezuela 패널절차에 참여할 제3당사국 지위 획득 | DSU 제10조 2항 |
| 5 May 2011 | 잠정보고서 당사국 회람 | DSU 제15조 |
| 8 July 2011 | 최종보고서 당사국 배포 | DSU 제16조 3항 |
| 15September 2011 | 최종보고서 채택 | |

서가 채택하였다.

## 8.2.2 분쟁 당사국들의 주장, 패널 및 항소기구의 평결 요지

### 8.2.2.1 '돌고래 안전' 라벨링의 법적 성격

멕시코는 미국의 DPCIA상의 당해조치가 'TBT 협정' 제2조에 명시된 '기술규정'에 해당하는지 여부를 주요 쟁점으로 제시하였다. 패널은 당해조치가 'TBT 협정' 제2조상의 기술규정에 해당하는지 여부에 관해 3단계 평가(three-tier test)를 적용하여 다음과 같은 중간결론(intermediate findings)을 내렸다. 첫째는 당해조치가 구별할 수 있는 상품 혹은 상품군에 적용되었고, 당해조치는 '돌고래 안전' 라벨링을 부착할 수 있는 조건에 관해 적시하였으며, 당해조치는 라벨링 요건(labelling requirements)이 의무적으로 이행되어야 하는 것으로 판정하였다.[407] 패널은 위와 같은 평가를 기초로 하여 당해조치의 특정요건은 '돌고래-안전' 관련 선택 가능한 유일한 조치라는 점과, 미국의 조치는 구속력을 가진 방법으로 참치상품의 '돌고래-안전'과 관련하여 규제한다는 점을 고려하였다. 이러한 판단에 근거하여, 패널은 미국의 '돌고래-안전' 라벨링 조치는 'TBT 협정' 제2조에 부합하는 '기술규정'을 구성한다고 결론 내렸다.[408] 미국은 당해조치가 'TBT 협정' 부속서 제1조 1항에 명시된 '기술규정'을 구성한다는 패널의 판정에 이의를 제기하였다. 미국은 당해조치가 의무적 이행을 요구하는 것이고, 유일한 방법이라는 이유에서 표준이 기술규정이 된다고 판정하는데, 배타성(exclusivity)의 기준에 의존하는

---

407) WT/DS381/AB/R, para.179.

408) *Ibid.*, para.180.

오류를 범하였다고 반박하였다.[409] 이와 관련하여 상소기구는 동 협정 부속서 제1조 1항에서 '기술규정'을 적용 가능한 행정규정을 포함하여 상품의 특성 또는 관련 공정 및 생산방법이 규정되어 있으며 그 준수가 강제적인 문서라고 명시한 내용을 검토하기에 앞서, 'EC-정어리 사건'에서 항소기구가 "문서가 구별 가능한 상품 내지 상품군에 적용되고, 당해 상품의 특성이 하나 이상이며, 상품특성이 의무적으로 준수되어야 하는 것"이라면 기술규정에 해당한다고 판정한 내용을 인용하였다.[410] 상소기구는 부속서 제1조 1항에서 기술규정을 명확히 규정하고 있다고 밝히면서, 요건은 준수해야 하는 조건을 의미한다고 하였다. 즉, 라벨링 요건은 특정 라벨을 사용하기 위한 조건 내지 기준을 명시한 규정이라고 하였다.[411] 또한 상소기구는 동 협정 부속서 제1조 2항의 두 번째 문장을 분석하였다. 특정 조치의 목적은 어느 한 조치가 기술규정 혹은 표준을 구성하는지에 관한 결정적인 방향성을 제시해주지는 않는다고 하면서, "용어, 기호, 포장, 표시, 또는 상표부착요건"은 기술규정 내지 표준의 목적을 구성할 수 있다고 밝혔다.[412] 아울러 상소기구는 DPCIA 및 이행규칙이 미 연방당국의 입법행위 내지 규제행위를 구성하는지 여부에 관해 분석하였다. 상소기구는 DPCIA 및 이행규칙과 Earth Island Institute v. Hogarth 판결은 미국의 내국시장에서 판매된 참치상품이 '돌고래-안전' 라벨링의 부착을 위한 요건을 제시한 것으로 보고, 미국의 당해조치가 동 협정의 '기술규정'으로 합당한 성격을 가지고 있는지 여부를 평가하는 데 있어서 당해조치의 이러한 특성을

---

409) United States' appellant's submission, para.65.

410) WT/DS381/R, para.183; WT/DS231/AB/R, para.176.

411) WT/DS381/R, paras.184~186.

412) WT/DS381/R, para.187.

중요시하였다.413) 더욱이 상소기구는 미국 당해조치는 잘못 부착된 라벨링 사용의 경우에 기술규정 및 표준과 허용된 제재의 준수의 이행확보를 위한 특정한 강제성 메커니즘과 감시 메커니즘을 활용하였다고 밝혔다. 당해조치가 합법적인 강제성을 가지는지 여부는 기술규정과 표준 간의 구별을 위한 근거를 제공하지 않는다고 미국은 주장하였다. 하지만 상소기구는 표준 혹은 기술규정의 라벨링 요건이 강제성을 가질 수 있지만, 미국의 조치는 라벨링 사용의 특정 조건을 제시한 것이며, 당해 조치의 요건에 부합하지 않는 참치상품에 '돌고래－안전'에 관한 라벨링 사용을 포함한 다른 라벨링의 사용금지를 강제한다고 판시하였다. 또한 미국 시장에서 '돌고래－안전'을 부착하지 않은 참치상품의 판매가 가능한 경우에, 참치상품의 생산자, 수입자, 수출자, 유통업자, 판매자가 '돌고래－안전'을 주장하기 위해서 당해조치와 부합해야 한다는 사실에 주안점을 두었다고 그 이유를 평결하였다.414) 미국은 특정 라벨을 부착하지 않은 상품을 시장에서 판매하는 것이 합법적으로 허용되었다는 점은 당해조치가 동 협정 부속서 제1조 1항의 '기술규정'에 해당하는지 여부를 평가하는 데 결정적인 것은 아니라고 하였다.415) 이에 대해 상소기구는 특정 조치가 기술규정을 구성하는지 여부에 관한 결정은 당해조치의 성격과 전황에 비추어 판단되어야 한다고 평결하였다. 결론적으로 미국의 '돌고래 안전' 조치는 참치상품과 관련한 '돌고래 안전'에 관한 전반적인 요소들을 포괄하므로, 당해 조치가 동 협정 부속서 제1조 1항의 '기술규정'에 해당한다는 패널의 판정을 지지하였다.416)

---

413) *Ibid.*, para.193.
414) *Ibid.*, para.195.
415) *Ibid.*, paras.193～198.
416) WT/DS381/R, para.199.

## 8.2.2.2 TBT협정 제2조 1항: 불리하지 아니한 대우

멕시코는 '돌고래－안전' 라벨링을 사용하거나 돌고래에 해를 끼치지 않는 어획방법을 사용하는 미국의 참치상품은 미국의 '돌고래－참치' 라벨링을 부착하지 아니한 참치상품보다 우호적인 대우를 받았다고 주장하였다. 패널은 멕시코산 참치상품이 미국 참치상품 및 그 밖의 다른 영역 내의 원산지 참치상품과 동종상품이라고 하면서, 미국의 내국시장에서 DPCIA에 부합하는 '돌고래－안전' 라벨링을 부착한 참치상품이 상업적 이익을 더 창출한다는 멕시코의 주장은 인정하였다.[417] 그러나 멕시코산 참치상품이 상대적으로 불리한 대우를 받았다는 멕시코의 주장을 받아들이지 않았다.[418] 패널은 동 협정 제2조 1항 "WTO 회원국의 역내로부터 수입된 제품이 기술규정의 적용으로 국내 동종상품 및 그 밖의 국가에서 생산된 수입 동종상품과 비교하여 불이익을 받은 경우에……" 의거한 기술규정 적용의 필요성은 상품특성 혹은 상품관련 PPMs에 해당해야 한다고 판시하였다. 또한 패널은 동 협정 제2조 1항의 '불리하지 아니한 대우'의 해석에서 동 협정 전문에 근거하여 "동일한 조건을 가진 국가들 간의 자의적 혹은 정당하지 아니한 수단을 구성할 수 있는 방법으로 적용되지 않아야 한다"는 점을 강조하였다. 패널은 미국의 '돌고래－안전' 라벨링 규정에 의거하여 멕시코산 참치상품이 동 협정 제2조 1항의 불리하지 아니한 대우를 받았다는 사실을 입증하지 못하였다는 결론을 내렸다. 멕시코는 미국의 '돌고래－안전' 라벨링 규정들이 'TBT 협정' 제2조 1항에 합치하지 않는다는 것을 입증하지 못하였다는 패널의 판정을 반박하였다.[419] 패널은 미국의 '돌고래－안

---

417) WT/DS381/R, para.7.312-7.334.

418) *Ibid.*, para.7.319.

전' 라벨링 규정들은 본래적으로 상품의 원산지에 근거하여 차별하지 않으며, 멕시코산 참치상품이 돌고래를 해하지 않아야 하는 요건을 준수하는 것이 가능했다고 평결하였다.[420] 하지만 멕시코는 패널이 동 협정 제2조 1항의 불리하지 아니한 대우의 적용과 해석상의 오류를 범하였다고 주장하였다. 멕시코는 패널은 동 협정 제2조 1항 및 대상과 목적의 맥락을 충분히 고려하지 못하였다고 항변하였다. 또한 멕시코는 동 협정 제2조 1항의 "적용 가능한 평가"는 어떤 조치가 당해 수입상품의 손해를 초래하게 하는 관련 시장에서의 경쟁조건을 수정하는지 여부에 관한 평가라고 제시하였다. 또한 멕시코는 동 협정 제2조 1항의 해석에 관한 패널의 판정은 DSU 제11조에 따라 객관적인 평가를 해야 하는 의무에 불합치하는 판정을 하였다고 주장하였다. 또한 멕시코는 패널이 미국의 당해 조치가 멕시코산 참치상품에도 같은 조치가 적용되도록 강요하는 시장접근제한 조치를 사용하였기 때문에 '차별적인' 조치로 판정하지 않았다는데 항변하였다. 반면, 미국은 패널이 동 협정 제2조 1항을 적절하게 해석하였고, 미국의 '돌고래-안전' 라벨링 규정은 멕시코산 참치상품에 국내 참치상품 및 그 밖의 다른 영역의 원산지 참치상품보다 불리한 대우를 하지 않았다고 판정하였다는 점에 긍정하였다.[421] 이에 대해 상소기구는 동 협정 제2조 1항이 미국의 '돌고래-안전' 라벨링 규정들과 불합치하다고 규명하기 위하여 심리해야 하는 세 가지 요인, 즉 I) 당해 조치는 동 협정 부속서 제1조 1항의 '기술규정'을 구성한다는 점, ii) 수입상품은 국내상품 및 그 밖의 다른 역내에서 생산된 상품과 동종성을 가져야 한다는 점, iii) 수입상품에 부여된 대우는

---

419) WT/DS381/AB/R, paras.200~201.

420) WT/DS381/R, para.7.273.

421) WT/DS381/AB/R, paras.208~209.

국내상품 및 다른 영역의 원산지 상품보다 불리하지 아니한 대우를 제공해야 한다는 점이 판단되어야 한다고 하였다. 동 협정 제2조 1항의 해석에 근거하여 "불리하지 아니한 대우"에 관한 패널의 판정과 멕시코의 반박은 기술규정에 관한 유사한 쟁점을 추후 발생시킬 가능성이 크다고 보았다. 또한 상소기구는 동 협정 제2조 1항에서 규정한 내용이 국제무역에 불필요한 장애를 초래하지 않아야 한다는 점을 언급하면서, "불리하지 아니한 대우"에 관한 해석은 동 협정 전문에 명시된 내용을 존중할 것이 요구된다고 하였다.[422] 동 협정 전문의 해당 내용은 다음과 같다.

> "동일조건이 존재하는 국가 간에 자의적이거나 부당한 차별의 수단 또는 국제무역에 대한 위장된 제한을 구성하는 방법으로 적용되지 않으며, 달리 이 협정의 규정에 일치한다는 요건하에, 수출품의 품질보증, 인간, 동물 또는 식물의 생명 또는 건강보호, 환경보호, 또는 기만적인 관행의 방지를 위하여 회원국이 적절하다고 판단하는 수준에서 필요한 조치를 취하는 것을 방해할 수 없다는 것을 인정하며……"

또한 1994년 GATT의 제3조 4항의 관련시장에서의 경쟁조건에 관한 선례를 인용하면서, 상소기구는 동 협정 제2조 1항에 언급된 '특정한 내용'이 고려되어야 한다고 판시하였다. 상소기구는 패널이 수입상품에 대한 치명적인 손해가 적법한 규제적 차별에 의한 것인지 여부를 분석해야 했다고1 판결하였던 미국-담배 사건을 인용하였다.[423] 항소기구는 "멕시코가 미국의 '돌고래-안전' 라벨링이 멕시코산 참치상품에 'TBT 협정' 제2조 1항의 '불리한 대우'를 제공

---

422) WT/DS381/R, paras.212~214.

423) *Ibid.*, paras.214~217.

하였다는 것을 입증하지 못하였다" 하였다.[424] 상소기는 '불리한 대우'에 관해 첫째, 미국시장에서 '돌고래－안전' 라벨링 요건이 미국 및 그 밖의 다른 영역의 참치상품에 비해 멕시코산 참치상품의 무역이익을 훼손할 정도로 부정적 영향을 줄 만큼 경쟁조건을 변경하였는지 여부, 둘째, 멕시코산 참치상품에 관한 차별이 시장접근을 통한 경쟁기회 제한의 효과에 영향을 주었는지 여부에 관해 검토하면서,[425] 미국시장에서 '돌고래－안전' 라벨링에 관한 당해조치가 멕시코산 참치상품의 시장접근을 통한 '경쟁기회'를 제약하였다는 것과 관련하여 미국의 책임이 배제되지 않는다고 평결하였다.[426] 즉, 항소기구는 미국의 '돌고래－안전' 라벨링 규정은 'TBT 협정' 제2조 1항에 합치한다는 패널의 판정을 번복하였다.[427] 항소기구는 미국의 '돌고래－안전' 라벨링 규정은 미국 및 그 밖의 다른 영역에서 생산된 참치상품에 비해 멕시코산 참치상품에 '불리한 대우'를 제공하는 것이라고 하면서, 당해조치는 'TBT 협정' 제2조 1항에 불합치하는 조치라고 평결하였다.[428]

### 8.2.2.3 TBT협정 제2조 2항: 정당한 목적수행에 필요한 이상의 무역규제 여부

패널은 미국의 당해조치가 정당한 목적수행에 필요이상으로 무역을 제한하였는지에 관해 검토하면서, '돌고래－안전' 라벨링 제도의 목적은 참치상품이 돌고래에 해를 끼치는 방식으로 어획된 상품인

---

424) WT/DS381/AB/R, paras.222～224.

425) Ibid., para.239.

426) WT/DS381/R, para.239.

427) Ibid., para.299.

428) Ibid.

지 여부에 관해 소비자들에게 정확한 정보를 제공하기 위한 것이며, 돌고래 보호에 실질적으로 기여할 수 있어야 하는 것이라고 한 미국의 견해를 지지하였다.[429] 하지만 패널은 미국의 '돌고래-안전' 라벨링 조치는 목적에 필요한 조치 이상의 무역제한조치에 해당한다고 판정하였다.[430] 더욱이 패널은 미국의 내국시장에서 AIDCP 라벨링의 사용은 합당하게 합리적으로 이용 가능한 대안이 될 수 있다고 평결하였고, 미국은 이에 대해 반박하였다.

한편 멕시코는 미국의 수입금지 조치가 필요 이상의 무역제한조치인지에 관한 입증책임을 충족하였는지 여부가 명확하지 않았다.[431] 즉, 멕시코는 AIDCP이 미국의 목표를 촉진하는 데 효과적이고, 이러한 대안조치는 무역제한적으로 적용되지 않는다는 점을 입증하지 못하였다.[432] 멕시코는 미국 라벨링 제도가 ETP 외 지역의 돌고래를 보고할 수 없고, 라벨링 조치는 소비자에게 참치상품의 구별을 위한 정보를 제공하는 데 성공하지 못하였다고 주장하였다.

항소기구는 동 협정 제2조 2항에 관한 주장을 검토하면서, '필요성'의 개념을 인용한다고 언급하였다.[433] 항소기구는 동 협정 제2조 2항은 '필요한 정도 내에서' 기술규정이 적용되었는지에 관해 국제무역을 제한할 정도로 필요한 범위를 초과하여 적용되지 않아야 한다고 하였다.[434] 즉, 'TBT 협정' 제2조 2항은 무역제한효과를 가지는 조치를 금지하는 것이 아니라, "불필요한 장애"가 되지 않아야

---

429) WT/DS381/R, paras.7.529. 7.540-7.544.

430) *Ibid.*, paras.7.465, 7.620-7.623.

431) *Ibid.*, paras.7.391-7.404.

432) *Ibid.*, paras.7.514-7.516.

433) WT/DS381/AB/R, paras.312-317.

434) *Ibid.*, paras.312-317.

한다는 것을 의미하며, 무역제한조치가 완전히 금지되어야 한다는 의미가 아니라고 해석하였다.[435] 동 협정 제2조 2항의 목적은 기술 규정이 정당한 목적에 '필요한 이상의' 무역제한조치를 하지 않아야 한다는 점에 중점을 두고 해석해야 한다고 평결하였다.[436] 따라서 항소기구는 당해조치가 'TBT 협정' 제2조 2항에 합치하지 않는다고 한 패널판정을 지지하지 않았다.

## 8.2.3 시사점

'미국-참치II 사건'은 환경 라벨링 조치에 관한 'TBT 협정' 위반여부를 WTO 분쟁해결기구에서 다룬 사건이다. 국내환경기준의 적용에 관한 TBT 협정을 다룬 사건으로 향후 환경보호관련 분쟁 사건에 큰 영향을 미치게 될 것이다.[437] 'TBT 협정' 제2조에서는 환경보호의 정당한 목적을 위한 필요 이상의 무역제한이 허용될 수 없다고 규정한다. 또한 국제무역에 불필요한 장애를 초래할 목적으로 기술규정은 사용될 수 없다고 규정한다. 동 조에서 중요한 점은 환경보호에 관한 국내정책의 이행이 정당한 목적을 위한 것이라면 무역제한조치가 일정부분 허용될 수 있다는 점이다. 환경보호를 위해서는 무역이 제한되어야 하는데, WTO법상 무역자유화를 위한 국가의 권리의무와 비무역적 정책이행 간의 상충은 환경그룹과 무역그룹 간의 갈등을 커지게 한다.[438] 더욱이 환경보호를 위한 PPMs 관련

---

435) *Ibid.*, para.319.

436) *Ibid.*, para.319.

437) WTO, Comments of the United States on the Answers of Mexico to the Second Set of Questions from the Panel to the Parties, WT/DS381 (Jan. 26, 2011), p.10.

438) Jose Alvarez, "The WTO As Linkage Machine", 96(1) *AJIL* 146, 2002, p.146.

규정이 선진국 시장으로 개발도상국 수출상품의 접근을 제한함에 따라 드러나는 국가들 간의 관심과 갈등을 어떠한 해석접근을 통해 합리적으로 해결해 나가야 하는가에 관련되어 있다. 즉, 무역과 공공정책의 관계가 보다 균형성을 가진 접근이 필요하다는 점을 시사해주는 중요한 사례로 보인다. 특히 본 사건에서 패널 및 항소기구는 'TBT 협정'상의 실체적 규정의 해석에 관해 개별국가의 환경규제 이행목적, 그러한 규제목적의 정당성 여부, 정당한 목적을 가진다 하여도 그러한 규제가 무역제한을 구성하는지 여부에 관한 구체적인 논의를 다루었다. 즉, 정당한 목적의 범위 내에서 무역제한조치가 허용되는 것은 환경보호와 지속가능한 개발의 목표를 존중하려는 것이라는 점에서 인정될 수 있다. 그러나 이러한 경향은 일방국가의 무역규제가 상대방 국가의 시장접근을 방해하는 결과를 발생시킨다. 특히 상이한 여건을 가진 국가들은 일방국가의 높은 수준의 환경정책 이행에 따른 무역조치로 시장접근에 요구되는 경쟁조건의 변화에 적응하지 못하게 되어 무역이익이 감소할 수 있다는 측면도 고려되어야 한다.

이와 관련하여 1994년 GATT 제20조상의 예외적 허용조치의 정당성 여부에서 검토한 법리해석과 유사한 접근으로, 공정성을 확보하기 위해 동 협정상에서 동등하지 아니한 국가들 간의 관계에서 규범적 기준의 적용 가능성을 검토하는 것이 필요하다. 환경보호와 지속가능한 개발의 목표에 기여하고 선진국과 개발도상국 간의 균형적 이익을 고려하기 위해서 선진국의 환경정책의 존중과 동시에 개발도상국의 환경여건도 충분히 고려되어야 한다. 즉, 지속가능한 개발의 환경보호는 선진국의 권리를 존중하는 것뿐만 아니라, WTO 설립협정 전문에 명시된 개발도상국의 상이한 개발단계에 맞는 환경보호의 필요성도 고려되어야 한다. 환경보호를 위한 개별국가의 환경기준이 인정된다 하여도, 그러한 정책이 개발도상국의 공정한 대우를 받을 권리를 훼손할 가능성 있는지 여부를 적절히 고려해야 한다. 즉, 개발도상국의 수출시장의 접근성 확보와 선진국의 재량적 권한 사용 간의 균형적인 접근이 고려되어야 하는 것이다. 특히 상이한 여건을 가진 국가들 간의 관계를 적절히 고려하면서 환경보호를 위한 개별국가의 무역규제정책이 불합리한 차별을 구성하지 않아야 한다는 점이 판단요건의 일부로 참작되어야 한다. 결국 환경보호라는 개별국가의 정당한 정책목표를 실행하는 데 요구되는 재량적 권리를 주장하는 데 있어서 상대방 국가들의 상이한 여건을 고려하였는지가 판정의 주요기준으로 적용되어야 한다. 이것은 상이한 경제적 여건에 따른 국가들의 기술력 차이를 고려하였는지 여부 및 상이한 경제적 여건과 기술력 개발의 차이의 상관관계를 일정부분에서 인정할 수 있는지 여부, 'S&D 대우'의 실질적 이행의 확보여부에 관한 쟁점까지 고려되어야 한다. 이것은 실제적으로 개발도상국의 수출시장의 접근성 확보와 선진국의 환경정책의 이행에 관한 재량적 권한 사용의 관계를 적절히 조정하는 것과 관련을 가진다.

즉, WTO 협정상의 공정경쟁조건은 개별국가의 무역정책이나 경제적 여건에 따라 상이할 수 있다는 점을 고려해야 하고, 객관적 기준이 없거나 구체적인 기준에 대한 국제합의가 결여된 무역규제가 국내 산업을 보호하기 위한 위장된 보호주의 혹은 무역제한수단으로 사용될 가능성 여부도 고려되어야 한다.[439] 'TBT 협정'은 개별국가의 기술규정 적용이 상대방 국가의 시장접근성을 차단하는지 여부에 관한 문제를 합리적으로 다루는 데 목적을 둔다. 환경보호, 건

---

439) 최승환, 전게서, p.292.

강 등의 합법적인 목적과 정당한 근거를 가진 개별국가의 공공정책에 관한 적용이 예외적으로 허용될 수 있는 범위는 상이한 여건을 가진 상대방 국가에 대한 정당하고 합리적인 차별이 인정되는지 여부도 포함되어야 한다. 또한 WTO법상의 공정성이 훼손되지 않는 범위 내에서 개별국가의 정책적 목표가 존중되어야 하며, 그 정책을 위한 이행기준의 정당성이 확보될 수 있도록 해야 한다. WTO법은 경제적 효율성만을 추구하는 데 그치는 것이 아닌, 지속가능한 개발과 환경보호를 중요한 가치로 고려한다. 이것은 무역자유화의 추구는 지속가능한 개발에 기여할 수 있는 방향에서 이루어져야 한다는 점을 반영하는 것이다. 즉, WTO 협정상 환경보호에 관한 명시적 규정은 두고 있지 않지만, 개별국가의 환경보호정책을 존중하고 관련 조치의 정당성을 보장해주는 예외적 허용에 관한 규정을 명시하고 있다. 결국 무역에 관한 제반 영역에서 환경보호와 지속가능한 개발의 목표에 일치하도록 무역관련 제 조건을 구성해야 한다는 점이 배제되지 않아야 한다. 따라서 이와 관련한 무역조건들은 국가들 간에 분쟁의 소지를 없애거나 줄이기 위한 논의를 활성화하고 상이한 여건을 가진 국가들에 대한 무역차별을 구성하지 않는 방향에서 조정이 이루어지도록 하는 방안의 모색이 필요하다.

# Ⅳ. 실질적 공정성 제고를
   위한 법제도 개선방안

# 9. DDA 협상의 난항과 시사점


## 9.1 DDA 협상과 국가들 간의 이익보호 문제

### 9.1.1 공정성 보장에 관한 논쟁

국제기구로서의 WTO체제는 국제 거버넌스의 일부로 정의 요건 (requirement of justice)을 충족하는 의무에서 벗어날 수 없다. 이에 대해 WTO체제는 비차별적 원칙과 상호주의에 의한 시장기능의 왜곡을 제거하는 데 그치는 것이 아니라, 형평성에 입각한 공정한 무역질서의 구축으로 공정한 결과를 도출할 수 있는 메커니즘 도입에 관한 논의도 요청된다.[440] 그러나 결과적 공정은 일정한 결과의 달성을 가능케 하지만, 그렇다고 하여 차별을 초래하는 근본적 구조의 시정이 반드시 수반되는 것은 아니다.[441] 반면, 기회의 평등은 이미 형성된 시장접근의 장벽을 제거하는 것을 요구한다. 그러나 시장접근을 가로막는 무역장벽의 형식적 제거만으로는 본래의 목적을 달성하기는 용이하지 않다. 이러한 이유에서 본래의 구조적 문제에 따른 상이한 경제적 요건을 가진 국가들에 대한 기회의 불균등성은 실질적 기회의 평등 확보 차원에서 비합리적인 차별의 시정이 요구된다. 즉, WTO상 실질적으로 기회의 평등이 보장될 수 있도록 적극

---

440) Geoff Moore (ed.), *supra* note 13, pp.182~184.
441) 조용만, "법학적 관점에서 본 차별의 개념", 『인권과 공익법』 (2007), pp.22~23.

적이고 적절한 조치가 요청된다. 이러한 측면에서 형평원리에 근거한 차등대우는 평등의 원칙에 반하지 않는 합법성 요건을 가진다고 본다. 차별을 정당화하는 합리적 근거란 그 차별이 국제사회에서 통용되는 기본원칙에 반하지 않고, 정당한 입법목적을 달성하기 위한 필요조건이 되는가 여부에 의해 결정될 수 있다. 이것은 공정성 원칙의 제고를 위해 'S&D 대우'를 부여하는 것이 WTO법상 정당성 확보를 위한 필요조건이 되는가 하는 문제와 직접적으로 연관된다고 판단된다.

공정성 원칙에 바탕을 둔 WTO법은 일방국가의 이익을 위한 것이 아닌, 국가 간의 합의에 따른 모두의 이익이 보장될 수 있는 규범체계가 수립되도록 최선의 노력을 해야 한다. 그러한 규율체계를 위한 협상과정과 결과가 공정한 경쟁조건의 보호를 위한 법적 권리의 무관계를 창설하였는지에 관한 문제가 바로 WTO법의 정당성 확보에 핵심이 되기 때문이다. WTO상 공정한 경쟁을 위한 질서의 확립은 상이한 경제적 여건을 가진 국가들 간의 관계가 WTO 협정상 권리의무 창설에 반영되어 이행의 당위성을 가진 규범의 정당성에 기인한다. 규범의 정당성을 확보하기 위해 공정성 원칙은 규범상의 중요한 원리로 작용되어야 한다. 이러한 전제에서 WTO상 무역협상은 국가들 간에 상충하는 이익의 조정과 갈등을 완화할 수 있는 대안의 방안을 모색하는 기회가 되어야 한다. 특히 WTO법상 형평성이 고려된 경쟁조건의 보호가 동등하지 아니한 국가들의 공평한 대우의 실현을 위해 요구되며, 무역협상은 이러한 가치를 추구하는 데 기여해야 한다.442)

---

442) 통상학자들 중에는 WTO와 같은 다자간 체제에서는 국가 간 '형평성이 있는 경쟁'(equitable competition)을 고려한 기준에 의한 규율이 필요함을 역설한다. 김대원, "국제경제법 방법론 연구(I): 일방적 공정성(Unilateral Fairness)과 다자적 공정성(Multilateral Fairness) 개념을 중심

## 9.1.2 DDA 본래 협상의도의 혼란

GATT체제는 다양한 형태의 예외조치가 인정되고, 보호주의적 가치가 묵인되는 불안정한 형태의 국제무역을 규율하는 체제였다. 그러나 WTO법은 GATT의 문제점을 시정하고 무역자유화의 영역 확대를 통해, 다자무역체제의 확립을 위한 규범을 정립하는 데 주요한 목적이 가진다. 더욱이 WTO법은 국가들의 복리증대를 위한 무역자유화뿐만 아니라, WTO 설립협정 전문에서 밝히고 있듯이, 지속가능한 개발목표를 달성하는 데 이바지해야 함을 주요 목적으로 한다. 또한 WTO 설립협정 전문에서 개발도상국 및 최빈개도국의 개발목표 달성 및 경제성장을 위한 협력의 필요성을 내포하고 있다.

한편 WTO의 기본목적인 무역자유화를 통한 전체적인 부의 증대에 원동력이 되어 온 것은 사실이지만, 부의 양적 증대가 국가들에 대한 이익의 적절한 분배를 보장하는 것은 아니다. 특히 선진국과 개발도상국 간의 남북갈등이 주요 문제가 되고 있다는 것은 국제무역에서 얻고자 하는 이익의 분배가 편중된 결과를 가져온 것은 아닌가에 대한 검토가 필요하다. WTO체제를 출범시킨 지난 우루과이라운드 협상은 개발도상국의 적극적 참여를 유도하는 데 성공하였지만, 그 합의 결과는 선진국과 개발도상국 간의 첨예한 갈등을 발생시키는 시발점이 되었다고 볼 수 있다.[443] 그 후 개발도상국이 제기

---

으로", 『국제법학회논총』 (통권 제108호, 2007.8), p.18.

443) 미국은 무역이익을 극대화하기 위한 방법으로 새로운 형태의 무역질서의 도입에 적극적이었다. 농산물의 예외 없는 관세화, 지적재산권 보호, 서비스 산업의 자유화 등 미국의 입장이 크게 반영된 WTO체제는 선진국들에게 보다 유리하게 작용하게 되었다. 미국을 포함한 선진국들은 첨단기술, 고도의 경영기법 능력 등을 보유하고 있기 때문에 치열한 세계경쟁시장에서 경쟁력 있는 용역과 서비스 산업뿐만이 아니라 일반상품과 첨단기술상품 등 모든 분야에서 국제무역의 유리한 위치를 점하며 이에 따른 이익을 확보할 수 있는 기반을 마련한 것이다. 이러한 맥락에서 볼 때, 미국뿐만 아니라 서유럽과 일본 등의 선진국에 유리한 편향적인 국제협정이라고 하여도 과언이 아닐 것이다. 이영찬, "WTO체제하의 선진국 및

한 이익 불균형에 대한 시정의 요구는 이러한 갈등의 원인이 결국 선진국 위주의 무역자유화를 위한 무역협상 진행에서 비롯된 것으로 보는 불만의 표시라 할 수 있다. 1999년 미국 시애틀에서 개최된 WTO 각료회의에서 개발도상국과 NGO들의 거센 반발은 WTO법상 변화의 필요성을 인식하는 큰 사건이 되었다. 시애틀에서 열린 WTO 각료회의는 실패로 끝났고, 시애틀은 무차별적 경제 세계화의 흐름에 반감을 드러내는 시위와 폭력으로 물들었다.[444] 이것은 WTO법상 무역자유화 추구와 관련하여 선진국과 개발도상국 간의 변혁이 필요하다는 인식을 제고하는 전환점이 되었다고 볼 수 있다. 또한 WTO는 이전의 무역협상들이 불공정한 규범을 형성해왔다는 비판을 수용하지 않을 수 없게 되었고, 관련 쟁점들에 관한 기존과는 다른 접근방안을 모색하지 않을 수 없게 되었다. 이러한 비판적 견해들은 새로운 무역협상 라운드의 출범이 개발도상국의 개발목표 달성에 관한 문제 그리고 기존 무역협상에서 결렬되었던 환경의제를 중요하게 논의해야 한다는 점에 큰 영향을 주었다.[445] 이러한 배경에서 2001년 11월, 카타르 도하에서 개최된 WTO 제4차 각료회의에서 선진국들은 개발도상국들의 관심사를 반영하는 취지의 'Doha 선언'[446]을 채택하였다. 'Doha 선언'은 개발도상국을 다자무역체제에 적극적으로 참여시키기 위한 목적을 가진다. 구체적으로 동 선언은 개발도상국에 대한 WTO 협정상 의무이행을 위한 법적

---

개발도상국의 무역이익에 관한 연구", 『생산성논집』 (통권 12호, 1995.6), pp.154~156.

444) 1999 시애틀 WTO 각료회의에서 새로운 무역자유화 협상시도의 실패 원인의 하나는 환경과 노동기준에 관한 논의를 WTO 의제로 상정하는 문제가 포함되어 있었다.

445) "미래의 성장을 위해 뿌린 씨앗들", Economists (15 Nov. 2001).

446) 선언의 내용이 함의하고 있는 규범적 성격에 관한 고찰에 관해서는, 정경수, "현대 국제관습법의 형성과정에서 나타난 변화와 안정: 국제기구의 결의에 기초한 국제관습법의 형성 문제를 중심으로", 『국제법학회논총』 (통권 제94호, 2002.12), pp.163~190 참조.

요건의 완화와 개발목표의 존중 등을 위한 'S&D 대우' 관련 논의를 주요 의제로 포함하였다.

그 후 2003년 9월 멕시코 칸쿤에서 WTO 제5차 각료회의를 다시 개최하였는데, 개발도상국들은 협상에 적극적으로 참여하지 않았다.[447] 다수의 개발도상국들은 불공정한 합의보다는 합의에 소극적인 입장을 취하는 것이 합리적이라는 인식을 하게 된 것이다.[448] 아울러 개발도상국들은 DDA에서 이익 불균형의 가능성을 낮추기 위한 협상이기보다는 실제로 선진국의 입장에서 무역자유화를 심화시키는 협상이 되고 있다는 점에 우려감을 표명하게 되었다. 무역협상에서 다수의 개발도상국들은 개발목표에 대한 관심보다는 무역자유화에 지나치게 치중하고 있다는 점을 비판하였다. DDA의 출범에도 불구하고, 무역협상에서 개발도상국의 적극적인 참여와 새로운 합의를 도출해내지 못하는 것은 기존의 무역협상과는 뚜렷한 차별성을 갖는 논의의 진전의 없기 때문일 것이다. 또한 현재까지 DDA 무역협상에서 국가들 간의 합의가 제대로 이루어지지 못하는 것은 DDA 본래의 목적과는 달리 개발도상국이 얻고자 하는 기대이익을 얻기 어렵다는 판단에 따른 것으로 사료된다.

### 9.1.3 S&D 대우 논의에 관한 국가들 간의 노력 부족

개발도상국의 협상력의 부족은 개발에 관한 법제화의 효과성을

---

447) 아르헨티나, 볼리비아, 보츠와나, 브라질, 칠레, 중국, 콜롬비아, 쿠바, 도미니카 공화국, 엘살바도르, 가봉, 과테말라, 온두라스, 인도, 말레이시아, 멕시코, 모로코, 니카라과, 파키스탄, 파라과이, 페루, 태국, 우루과이, 베네수엘라, 짐바브웨는 2003년 6월 6일 발표한 성명(TN/C/W/13) para.7에서 농업무역 개혁은 많은 개발도상국에게 절대적으로 중요하며, 이는 협상과 협상결과의 필수적인 구성요소임을 명확히 하였다.

448) 다수의 개발도상국들은 선진국들의 우월한 협상력으로 개발도상국에게 불리하게 협상을 유도할 수 있다는 우려감을 갖고 있다.

높이는 데 실패했다고 볼 수 있다. '1947년 GATT' 제4부와 허용조항이 도입되었으나, 이것은 다자무역체제에서 동등한 대우를 보장하기 위한 것이 아니라 일시적으로 체약당사국의 권리를 배제한 것으로 볼 수 있다.

우루과이라운드 협상에서 개발도상국들은 적극적인 참여로 이러한 상황을 바꾸어 보려고 하였다. 하지만 '일괄타결방식'에 의한 협상결과의 도출은 개발도상국이 무역관련 대상범위의 확대에 따른 유예기간의 확보와 기술지원의 약정을 받는 수준에 동의해야 했다.[449] WTO 협정상 'S&D 대우' 규정은 의무의 강제력을 갖지 못하며, 체계적인 방식에 따르지 않은 'S&D 대우' 규정들은 '친개발 방식'(development-friendly way)에 의한 해석접근에 한계를 가진다.[450]

우루과이라운드 협상의 불균형성[451] 문제제기는 개발도상국의 필요와 욕구를 충분히 참작하지 못하였다는 점에서 비롯된 것이다. 다자간 협상의 지연은 개발도상국의 이익이 반영된 합의가 이루어지

---

449) 특히 WTO체제에서 지적재산권의 보호수준이 강화된 것이나 '서비스무역일반협정'에 따른 시장개방의 확대 등은 개발도상국에 새로운 과중한 의무를 부과하는 결과를 초래하므로 다자무역체제에 개발도상국의 참여를 증진시키기 위해서 개발도상국에 대한 특별대우의 고려가 필요하다. 그러나 개발도상국에 대한 특혜대우 규정의 대부분은 일반원칙이나 선진국의 기술협력을 추상적으로 규정한 선언적 규범인 이른바 연성법에 불과하다. 또한 개발도상국 또는 최빈개도국에 한해 적용되는 경과조치는 개발도상국에 대한 별도의 실체법적 권리를 부여하거나 의무이행을 면제해준 것이 아니라, 협정적용을 일정기간 유예시켜 줌으로써 의무이행을 연기해준 것에 불과하다. 최승환, "공정성 개념이 국제통상법 발전에 미친 영향", 『서울국제법연구』(제6권 제2호, 1999.12), p.431.

450) Amin-Alavi, *Legalization of Development in the WTO: Between Law and Politics*, (Kluwer Law International; Wolters Kluwer Law & Business, 2009), p.21.

451) Michael Finger, Julio Nogués, "The Unbalanced Uruguay Round Outcome: The New Areas in Future WTO Negotiations", 25(3) *World Economy* 321, 2003, pp.321, 326, 336; Bernard Hoekman, Constantine Michalopoulos, Alan Winters, "Special Differential Treatment and the Doha Development Agenda: Beyond Tariff Preferences" (Paper presented at the OECD Global Forum on Trade, Special and Differential Treatment: Thinking Outside the Box, Bridgetown, Barbados, 28~29 June 2005), p.11; Liber Amicorum, Georges Abi-Saab (Laurence Boisson de Chazournes, Vera Gowlland-Debbas(ed.)), The International Legal System in Quest of Equity and University (Hague: Martinus Nijhoff Publishers, 2001), pp.389~409.

지 못하고 있다는 것이 주요 원인이다. 여전히 개발을 추진해야 하는 개발도상국은 선진화된 유형의 법적 기준을 적용할 수 있는 능력과 여건이 부족하기 때문에 발생하는 갈등이 포함된다. DDA의 목적은 그 동안의 불균형성을 시정하여 공정한 법 적용이 되도록 개발도상국에 대한 지원을 강화하는 데 있다. 더욱이 'Doha 선언'의 중요한 특징은 WTO체제에서 개발이행의 재구성을 위한 특정 분야의 명확한 정립이다. 이러한 분야는 시장접근의 강화, 모든 국가가 이익을 얻을 수 있는 균형 잡힌 규정, 기술이전, 능력배양에 관한 의제이다. DDA 범위의 중심적 의제는 다자무역체제에서 창출되는 기회와 복지로부터 모든 인간이 혜택을 받는 것이다. DDA 의제의 실질적 이행을 위해서 그리고 'Doha 선언'의 의도를 도출될 원칙에 적극적으로 반영하고 의무적 이행을 확보하기 위해서는 무역협상이 무역이익에만 국한되는 것이 아니라, 개발 그리고 환경에 관한 문제도 고려되어야 한다. 'Doha 선언'은 WTO 협상의 개발관련 의제에 관한 목적과 행동계획을 다음과 같이 제시한다.[452]

국제무역은 경제발전의 증진과 빈곤탈피에서 중요한 역할을 할 수 있다. 다자무역체제가 창출하는 기회의 향상과 복지추구로부터 혜택을 받기 위한 모든 인간을 위한 욕구를 인정한다. 다수의 WTO 회원국들은 개발도상국이다. 'Doha 선언'에서 채택된 작업프로그램의 핵심으로 개발도상국의 요구와 이익을 충족시키도록 한다. 마라케시 설립협정 전문을 상기하면서, 개발도상국 그리고 특히 저개발국은 경제발전의 요구와 상응하는 세계무역의 성장에서 그들의 몫을 확보하도록 하는 적극적 노력을 지속한다. 이러한 문맥에서, 시

---

452) WTO, WT/MIN(01)/DEC/1, para.6.

장접근의 강화, 균형적 규정, 조직화되고 재정이 지속적으로 확보된 기술지원, 능력배양 프로그램은 중요한 역할을 하게 된다.

'Doha 선언' para.2에 명시된 바와 같이, 개발도상국의 개발목표에 관한 논의의 필요성에 합의한 것은 상이한 경제적 여건을 가진 국가들 간의 문제에 관한 실질적 접근이 필요하다는 점을 인정한 것이다. 이와 관련하여, 개발도상국에 대한 'S&D 대우'의 구체적 이행방안 논의는 그 동안의 불균형적인 관계를 시정하는 데 기여할 것이다. 특히 'Doha 선언' para.44에서 모든 개발도상국에 대한 'S&D 대우' 관련 규정들을 보다 정교하고 효과적으로 운용이 가능하도록 정립하기 위한 검토의 필요성을 명시한다. 그러나 DDA 논의가 무역자유화의 확대를 위한 협상에 치중하면서, 본래의 DDA 출범의 의미가 불투명해지고 있다.

따라서 DDA가 되기 위해서는 두 가지 요건[453]이 반영되어야 한다. 첫째, 개발도상국은 무역협상에서 손해가 없어야 한다. 둘째, 협상과정에서 개발도상국이 존중되어야 한다. 개발도상국의 개발목표 달성을 위해 무역협상에 참여하도록 유도하는 효과는 부분적으로는 개발도상국의 능력배양 지원에 기인한다. 또한 시장접근의 강화, 기술이전, 재정지원 등을 포함한 'S&D 대우'의 실질적 이행을 위한 노력에 달려 있다. 결국 개발목표 달성을 위해 무역에 긍정적인 역할을 기대하는 개발도상국의 적극적인 참여와 WTO로의 통합은 이들의 지원요구에 대한 선진국의 관심과 노력이 중요한 역할을 수행할 것이다.

---

453) Page, Sheila, "Doing Doha for Development: A Development Perspective", in M. Fratianni, P. Savona and J. J. Kirton, (ed.) *Financing Development: The G8 and UN Contribution* (Aldershot: Ashgate, 2007), pp.203~204.

## 9.2 국가들 간의 지원목적의 합의부재

DDA 협상의 목적은 개발도상국들이 폭넓은 편익을 얻고, 무역개혁과 무역자유화를 추진함으로써 보다 공정한 무역질서를 확립해가기 위한 것이다. 무역자유화의 촉진을 위한 WTO법의 지속성을 유지하기 위해 선진국은 개발도상국의 상이한 여건에 대한 고려가 필요하다. 또한 WTO법상 'S&D 대우'의 실질적 효과를 기대하기 위해서 국가들 간의 협력이 요청된다. 더욱이 점차 통합되어 가는 세계경제질서 속에서 제공되는 더 많은 기회를 개발도상국들이 이용할 수 있도록 하기 위해서도 일정한 수준의 지원이 요구된다. 예컨대 이것은 개발도상국의 의무의 경감 내지 유예기간 허용과 무역규범의 이행을 위한 개발도상국에 대한 선진국의 기술지원 제공 등을 포함한다.

한편 WTO법상 개발도상국의 개발목표와 무역자유화에 관한 실체적 규정의 실질적 이행확보는 실질적 공정성의 실현을 위해 수반되어야 하는 조건이다. WTO 설립협정 전문과 대상협정 조항에 개발 목적이 반영되어 있다. 하지만 실제 무역협상은 제반 무역요건의 형식적 공정성에 치중하는 경향이 있다. 선진국 위주의 협상이 가져온 단점은 바로 신자유주의적 정책에 의한 규범체제의 확립과정에서 나타나는 선진국과 개발도상국 간의 갈등과 분쟁이다. 특히 자유주의적 관점에서 공정성은 규범의 비차별적 적용과 동등한 경쟁조건의 부여와 같이 국가의 자유와 권리와 상충관계를 갖지 않는다. 그런데 이러한 공정성의 개념은 형식적인 것으로 해석될 수 있고, 실질적인 복지와의 관련성은 낮을 수 있다. 자유와 실질적 의미의 공정이라는 서로 다른 개념을 결합하는 문제는 기존의 WTO법을 지배했던 신자유주의적 관점을 재해석하는 것으로 국가 간의 경제적 격차를 해소하고 성장의 정당한 몫을 확보할 수 있는 배분적 정의 실현을 위한 새로운 시도로 실질적 공정성 추구의 중요한 과제가 된다.

DDA는 우루과이라운드 협상에서의 합의결과를 이행하는 과정에서 많은 문제점들이 나타나는 등 세계화 진전에 따른 무역환경의 변화가 필요하다는 공통의 인식을 바탕으로 한다. 이러한 배경에서 DDA는 환경과 무역 연계 의제는 물론 개발도상국의 경제개발을 위한 구체적인 실천과제를 다루고 있다는 점에서 기존 협상과 차별화된다. 협상의 명칭에 '개발'이라는 용어가 사용된 데서 알 수 있듯이 개발도상국의 개발목표에 관한 관심과 논의가 본격적으로 이루어지게 된 것은 그동안 WTO체제에서 무역자유화가 선진국에게만 일방적으로 유리한 결과를 가져왔다는 비판이 있었기 때문이다. 또한 무역협상이 개발도상국의 개발목표의 달성에 실질적으로 기여하기 위한 구체적 대안이 모색되어야 한다는 필요성에 인식한 것이다.[454]

이러한 맥락에서 보면 'Doha 선언'은 우루과이라운드 타결을 이끌었던 신자유주의적 가정으로부터 출발하지 않는다. 'Doha 선언'은 개발도상국과 저개발국이 회복, 성장 그리고 발전을 향유하는 그 모든 장벽의 제거의 필요성을 상정한다. 즉, 우루과이라운드협정이 개발도상국의 경쟁적 수출을 위한 실질적 시장접근을 확대하는 데 실패했다면, DDA는 이러한 결점을 극복하기 위한 해결라운드가 되어야 한다.[455] 더욱이 무역자유화의 이행은 단순히 경제적 이익을 얻

---

454) 환경부, 『WTO 도하개발아젠다 환경협상 대응방안 연구』, 전게서, pp.4~5.

455) Donatella Alessandrini, Developing Countries and the Multilateral Trade Regime: the Failure and Promise of the WTO's Development Mission (Oxford; Portland, Or.: Hart Pub., 2010), pp.168~170; Jackson은 DDA가 성공적이지 않는다면, WTO체제의 다자적 접근방식은 타격을 받게 될 것이라고 경고한 바 있다. Harald Hohmann(ed.), *Agreeing and Implementing the*

기 위한 목적을 넘어서, 지속가능성을 증진하는 방향으로 전화되어야 할 필요성이 있다. 이러한 조건이 안정적으로 정착된다면, 경제성장과 무역자유화는 환경의 질적 향상을 가져올 수 있을 것이다. 또한 무역은 경제성장을 위해서만이 아닌, 생태적 한계 및 천연자원의 훼손과 고갈을 최대한 극복하고 지속가능한 상태에서 개발의 증진, 경제성장을 위한 수단이 되어야 한다는 점을 존중해야 한다. 유사한 맥락에서 국제경제를 통해 이루어지는 무역이 관련 국가들 모두에게 이익이 될 수 있게 하려면 두 가지 조건이 충족되어야 한다. 우선 지구경제가 의존하는 생태계의 지속가능성이 보장되어야 한다. 다음으로 국가들이 공정한 토대 위에서 무역이 이루어져야 한다는 점에 동의해야 한다.[456] 여러 형태의 불평등한 관계는 상호의존을 위한 건전하고 지속적인 기반을 마련하기 어렵게 한다. 개발도상국의 입장에서는 이러한 조건의 실질적인 충족이 이루어질 때에 보다 적극적인 참여와 협력이 보장될 수 있다. 예컨대 국가 간의 무역과 환경에 관한 연관성은 빠르게 증가하고 있으며, 불평등이 각 국가의 경제력과 개발정도에 미치는 영향도 커진 반면, 국가들 간에 불균형성 문제가 복잡하게 나타났다. 또한 점차 새로운 국가들이 WTO체제에 가입하면서, 시장권력은 서서히 분산되고 있다. 이러한 현상이 계속될수록 중국, 브라질, 인도를 포함하는 다수의 개발도상국과의 협력의 중요성이 WTO체제의 규범 확립에 영향을 주게 될 것이다. 예컨대 무역협상에서 전반적인 의사결정에 수동적으로 참여했던 과거와는 달리, 개발도상국들은 경제적 이익을 얻기 위해 협상결과에서 발생하는 이익의 불균형성의 시정을 요구하거나, 협상참여의 실

---

*Doha Round of the WTO* (Cambridge; Cambridge University Press, 2008), p.x.

456) WCED, *supra* note 222, p.101.

익의 한계를 경험하고 더 이상 협조하지 않으려 하는 등의 잠재적 갈등을 내포하고 있다.

따라서 국가들의 이해관계가 복잡하고 다양하게 전개되어 새로운 변수를 창출해내면서 협력과 신뢰 구축의 중요성은 WTO에서의 이러한 갈등을 완화하는 데 있다. 이러한 갈등의 완화는 상호 간의 신뢰를 회복하고 보다 투명하고 자유로운 무역질서의 장이 되기 위한 개발도상국을 지원하는 데 필요한 구체적 방안에 관한 합의가 전제되어야 한다.

# 10. 사례: DDA 환경상품 논의 및 쟁점

## 10.1 Doha 선언의 의의

환경보호에 관한 관심은 국제적인 쟁점이 되어왔으며, 어느 국가도 이러한 관심에서 벗어날 수 없고 인류공동의 책임과 의무를 등한시할 수 없을 것이다. 무역이익의 중요성을 강조하고 있는 WTO체제에서도 환경보호에 관한 중요한 임무를 간과할 수는 없다. 이러한 관점에서 무역과 환경 그리고 개발의 관계는 새롭게 재조명되어야 하고, 다자간 무역을 규율하는 WTO법질서는 무역이 환경과 개발에 미치는 제반 사항에 관한 논의가 필요한 것이다. 이러한 맥락에서 지속가능한 개발의 원칙이 국제법상 그 법적 지위가 아직 확립되지 못하였어도, 국제협약에서 그 중요성이 인정되고 있는 것이다. 제4차 WTO 각료회의에서 채택된 'Doha 선언'에서 지속가능한 개발의 목표를 중요시하고 있으며, WTO법질서는 이러한 목표를 실현하기 위하여 긍정적으로 변화해 가기 위한 노력이 필요하다고 강조한다.

이러한 맥락에서 'Doha 선언'은 그동안의 라운드에서 개발도상국의 이익이 제대로 실현되도록 하는 데 미진했던 부문의 보완을 촉구하면서, WTO체제가 직면하고 있는 목적과 도전에 관한 회원국들에게 가치 있는 논의의 필요성을 강조한다. 즉, DDA는 전체적인 무역협상의 방향이 선진국의 무역자유화에 치중되어 왔던 측면에서 벗어나 실질적 공정성을 추구하기 위한 방향에서 출범하였다고 본다.

또한 'Doha 선언'은 WTO법상 관련 원칙들에 대한 중요성을 인정하면서, WTO 설립협정에 규정된 원칙과 목적들의 실현의 필요성을 강조한다. 특히 개발도상국 및 저개발국에 대한 'S&D 대우'의 구체적인 논의가 필요하다는 주장을 반영한 것은 의의가 있다. 즉, DDA는 개발도상국의 개발목표 달성을 위한 'S&D 대우'의 필요성을 인정하고, 보다 실질적인 이행을 확보할 수 있는 방안을 논의할 것을 주요 목적으로 삼고 있다.

더욱이 'Doha 선언'에서 지속가능한 개발의 목표를 중요하게 언급하면서, 환경쟁점을 중요한 의제로 포함하였다. 이것은 환경보호를 위한 친환경무역으로 전환의 필요성을 강조하는 것이다. 'Doha 선언' para.6에서 "지속가능한 개발목표에 관한 약정을 재확인하고, 특히 요하네스버그에서 개최된 지속가능한 개발에 관한 세계정상회의 성사를 계기로[457] WTO는 관련 국제환경기구 및 국제개발기구와의 협력을 증진하려는 노력을 촉진할 것"이라고 명시한다. 즉, 지속가능한 개발의 목표에 기여하는 방향에서 무역자유화 증진이 요구되며, 이러한 목표를 실현하기 위해 이행방안에 관한 합의가 수반되어야 할 것이다.

---

[457] 2002 WSSD에서 채택된 요하네스버그 이행계획(Johannesburg Plan of Implementation: JPOI)은 지속가능한 개발을 위한 경제적 기초를 형성하는 데 필요한 정책을 수립하고 실천하는 것을 주요 목적으로 한다. 지속가능한 개발목표를 추구하기 위해서, 모든 국가는 개방적이고 형평성을 반영하는 규범에 기초하여, 예측가능하고 비차별적인 다자무역체제를 구축하고 재정제도를 안정화하기 위한 정책의 마련과 이행을 촉구하는 내용을 담고 있다. UN, "Plan of Implementation of the World Summit on Sustainable Development", A/CONF.199/20 (4 Sep. 2002), p.47.

## 10.2 DDA 환경논의에 관한 비판적 관점

WTO 제4차 각료회의에서 참여 국가들은 DDA 협상대상으로 환경의제를 포함하였다. 그 이유는 첫째, 자유무역에 따른 세계경제의 성장 및 비교우위론에 입각한 비교우위산업의 개발과 육성이 세계시장 공급을 위한 대량생산시설을 특정지역에 편중시킴으로써, 생태계의 자정용량을 넘어서는 환경오염의 지역적 집중을 야기할 가능성이 있다는 문제의 인식이다. 둘째, 무역개방과 경제성장 및 소비수준의 증가는 과도한 자원이용을 초래하고 지구차원의 부존자원 고갈을 가져오는 등 세계경제의 지속가능성 기반을 잠식할 수 있다는 우려이다.[458]

WTO 제4차 도하 각료회의 준비과정은 다양한 단계에서 수행되었다. 2001년 9월 26일 'Doha 선언' 초안이 지속가능한 개발을 포함하고 있지 않았던 반면, 2001년 10월 27일, 두 번째 'Doha 선언' 초안은 WTO 설립협정 전문에 상응하는 목적을 강조하였다.[459] 특히 환경보호 및 보존에 대한 지대한 관심을 바탕으로, 'Doha 선언'에 따른 국가들의 협상을 통해 지구환경을 보호하고, 지속가능한 개발을 촉진시키고자 결정했다는 것은 WTO체제 내에서의 환경과 무역의 연계성을 전제로 한 개발의 중요성을 높게 인식하고, 환경을 고

---

458) 환경부, 전게서, pp.4~5.

459) "We strongly reaffirm our commitment to the objective of sustainable development, as stated in the Preamble to the Marrakesh Agreement. We are convinced that the aims of upholding and safeguarding an open and non-discriminatory multilateral system, and actin for the protection of the environment and the promotion of sustainable development can an must be mutually supportive. We recognize the right of Members under WTO rules to take measures to uphold and enforce the levels of health, safety and environmental protection they deem appropriate. We agree to ensure that measures taken to address such concerns shall not be used for protectionist purposes." Draft Doha WTO Ministerial Declaration; Markus W. Gehring, Marie-Claire Cordonier Segger(2005), *supra* note 109, p.20.

려한 경제성장이라는 하나의 큰 변화의 시발점이 되었다는 점에서
의의를 가진다.

특히 'Doha 선언' para.6은 WTO체제의 개방되고 비차별적인 다
자무역체제를 유지하고 보호하기 위한 목적과 환경보호 및 지속가
능한 개발을 위한 이행의 관계는 상호 지지성을 가져야 한다고 강
조한다.460) 이와 관련한 목표를 실행한다는 명분하에, 'Doha 선언'
para.31 (iii)에서 '관세 및 비관세의 장벽의 축소 내지 제거를 통한
환경상품의 무역자유화'(reduction, or as appropriate, elimination of
tariff and non-tariff barriers)에 관한 환경상품 협상을 주요 의제로 상
정한다.461) 무역, 환경, 개발의 상호작용을 통해 지속가능한 개발을
추구하기 위한 목적에서 환경상품 협상은 다음과 같은 세 가지 의의
를 가진다. 첫째, 환경상품의 관세 및 비관세장벽의 감소 혹은 제거
는 무역증진 및 상품의 질적 향상에 따른 환경에 긍정적 영향을 주
도록 하는 데 있다. 예컨대 물의 안전한 사용, 청결한 위생관리, 청
정에너지 사용 등과 같은 인간의 기본적 욕구를 충족시키는 깨끗한
환경을 조성하여 삶의 질을 높이도록 하기 위한 것이다. 둘째, 환경
상품의 사용은 부정적 외부효과를 줄이고, 에너지 사용의 효율성 강
화 실현에 기여하기 위함이다. 셋째, 환경가치를 존중하는 방식으로
상품의 제조·생산과정을 전환하기 위한 목적에 기여하기 위함이다.
더욱이 필요한 경우에는 개발도상국에 기술지원과 재정지원을 제공

---

460) 이미 UN차원에서는 개발의 일반적 개념의 포괄적 접근으로 지속가능한 개발의 관점을 제
시한 바 있다. 이러한 관점에서 개발은 모든 인간의 삶의 질을 개선하기 위한 다각적 임무
로 본다. 경제적 발전, 사회적 발전, 환경보호는 상호의존적이며, 지속가능한 개발의 요인
들을 강화시킨다. UN(1997)에 관한 논문을 Clive George, Colin Kirkpatrick "Putting the
Doha Principles into Practice: The Role of Sustainability Impact Assessment" in Honi Kartrak
and Roger Strange (ed.), The WTO and Developing Countries (New York: Palgrave Macmillan,
2004)에서 재인용, pp.315~338.

461) WTO, Synthesis of Submissions on Environmental Goods-Informal Note by the Secretariat,
TN/TE/W/63 (November 2005).

하여 환경상품의 무역원활화에 긍정적인 기여를 하기 위함이다.[462]

환경상품 무역의 확대는 환경기술의 사용을 장려하고, 환경관련 기술혁신과 기술이전을 용이하게 할 수 있다.[463] 또한 일반상품 무역과 비교하여, 환경상품 무역의 이점은 제조·생산과정에서 발생하는 환경오염이 경감되고, 에너지 소비의 효율성이 높아지는 것으로 평가한다.[464] 그러나 환경상품에 대한 높은 관세와 기타 무역장벽은 필수적인 환경기술로의 접근을 차단할 수 있다. 따라서 수입관세 및 특정 비관세장벽의 실질적 축소 및 제거는 환경상품 가격 경쟁력을 높이고, 지속가능한 개발에 기여할 수 있다.[465] 또한 환경상품 무역확대는 환경기술의 사용을 장려하고, 기술혁신과 기술이전을 용이하게 할 수 있다.[466]

하지만 'Doha 선언' para.31은 "환경상품에 대한 관세 축소 및 철폐"를 통한 자유화의 목적을 중심으로 협상이 진행되고 있다는 점은 再考되어야 한다. 즉, 개별국가의 환경상황을 충분히 고려하지 않는 무조건적인 환경상품의 자유화는 무역이익의 결과적 불공정성을 가져오는 주요 원인이 될 수 있다. 환경보호를 위한 통상규제의 구체적 범위에 대한 국제합의가 없는 현 시점에서 환경상품의 무역자유화 논의를 촉진하는 것은 환경친화기술 개발의 정도가 높은 선진국의 이익이 충족될 가능성이 높으며, 상대적으로 환경 친화적 생산구조에 취약한 개발도상국은 새로운 통상규제를 합법화하기 위한 협

---

462) Ibid.

463) WTO, Catalogue record Negotiating Group on Market Access-Committee on Trade and Environment-Special Session-Market Access for Non-agricultural Products, TN/MA/W/70, TN/TE/W/65, (5 Sep. 2006), para.2.2.

464) Mr. Bijit Bora, Mr. Robert Teh, "Tariffs and Trade in Environmental Goods", WTO workshop on environmental goods, (11 October 2004); TN/MA/W/70; TN/TE/W/65, para.2, 3.

465) Ibid.

466) Ibid.

상으로 받아들일 여지가 있다. 이에 DDA 환경상품 협상은 우루과
이라운드 협상에서 시정하지 못했던 시장의 불균형성과 개발도상국
의 개발목표가 고려된 '개발'라운드에 부합하는 방향에서 이루어져
야 한다.


## 10.3 환경상품의 접근방식에 관한 논쟁

### 10.3.1 환경상품 개념의 불확정성

환경을 정의하는 접근방법은 다양하다. 국제조약, 선언문, 행동규
칙, 지침에서 흔히 사용되는 환경은 그 개념이 모호하며 통일적이지
않다.[467] 예컨대 '환경'(environment)보다는 동식물(flora and fauna)의
용어를 사용하기도 한다. 이는 환경문제에 관한 법의 적용범위와 용
어의 해석에 관한 쟁점을 가져온다. GATT 제20조 (b)호와 (g)호에서
'환경'을 직접적으로 명시하지 않고, "인간, 동식물 혹은 건강" 혹은
"고갈될 수 있는 천연자원의 보존"의 용어를 사용한다.[468] 이러한
용어의 선택은 예외적 규정에서 적용될 수 있는 환경조치의 허용 가
능한 범위를 제약하게 된다.[469] 전술한 바와 같이, 실제로 GATT 분
쟁에서 패널은 관련 규정을 해석하는 데 그 범위를 한정하거나, 환
경의 직접적 언급을 하지 않았다. 법적인 관점에서 환경정의에 관한
문제는 환경을 규율할 목적으로 채택되는 국제환경규범에만 국한되

---

467) 노명준, 『신국제환경법』(법문사, 2003), pp.1~2.

468) GATT 제20조의 내용은 다음과 같다: (b) necessary to protect <u>human, animal or plan life or</u>
<u>health</u>; (g) relating to the conservation of exhaustible natural resources if such measures are
made effective in conjunction with restrictions on domestic production or consumption. (강조 필자).

469) Patricia Birnie, Alan Boyle, Catherine Redgwell(2009), *supra* note 272, p.16.

는 것이 아니다. WTO체제에서도 무역과 연계된 환경에 관한 문제를 중요하게 다루어야 한다. 지난 우루과이라운드 협상에서 환경보호를 강화하기 위한 규정에 관한 논의는 성공적이지 못하였다. 다만 'TBT 협정' 제2조 2항에서 체약당사국은 환경규정의 적용에서 GATT 규정과 양립성 여부를 평가할 것을 고려하도록 권고적 성격을 명시하여, 환경보호에 관한 조치는 정당한 요건이 충족되는 경우에 합법성을 가진다고 규정한다.[470]

환경에 관한 법적 용어의 개념적 정의가 불명확한 상태에서, 환경상품에 관한 개념논의가 시작되었다. 환경상품에 대해 국제적으로 합의된 개념은 아직 존재하지 않는다. 개념의 불확정성으로 환경상품의 분류를 위한 기준도 정비되지 못하였다. WTO체제 내에 관련 논의는 회원국들 간에 환경상품 개념과 분류기준에 대한 개별국가가 제안서를 제출하고 회의를 통해 그 제안서를 검토하는 수준에 머물러 있다. 또한 서로 절충 가능한 합의점을 찾지 못하고, 국가 간의 이해가 엇갈리면서 답보상태에 놓여 있다. 환경상품은 환경을 파괴 혹은 훼손하지 않는 범위 내에서 상품이 생산되고 판매되도록 하기 위한 목적에서 고안된 개념이다. 환경에 관한 법적 용어의 정립이 이루어지지 못한 상태에서 환경상품의 정의를 도출하는 것은 어려운 일이다. 이러한 불명확한 개념은 개별상품의 환경성 여부에 따른 판정과정에서 동종성의 문제를 유발하게 될 것이다. 또한 '환경상품' 그 자체의 실체적 의미는 아직 형성된 것이 아니기 때문에, 국가마다 상이한 개념으로 적용상의 혼란을 야기할 수 있다.[471]

---

470) Philippe Sands, *Principles of International Environmental Law* (Cambridge: Cambridge University Press, 2003), p.949.

471) 국가적 환경산업에 관한 정의는 기준과 대상범위가 매우 다양하다. 가령 캐나다, 미국, 일본은 넓은 개념의 환경산업을 정의한다. 반면, 독일, 이탈리아, 노르웨이는 엔지니어링, 연구개발 등과 관련된 오염예방활동에 필수적인 환경산업으로 한정하여 좁은 의미로 정의한

환경상품이란 새로운 개념의 등장은 환경보호의 필요성에서 출발된 만큼, 복잡 다양한 무역상품의 전반적인 이해를 바탕으로 포괄적으로 정의되어야 한다. 또한 변화하고 진보하는 환경기술에 따라 빠르게 반영할 수 있도록, 그 내용이 상당히 포괄적이고 적절한 수준의 유동성을 내포하고 있어야 한다. 환경은 최상위 개념으로 물, 공기, 식물 등 관련 요소들이 포함된 포괄적 개념으로 정의되며, 상품은 상업성을 가진 교역의 대상으로 이해된다. '환경'과 '상품'의 결합이라는 용어는 환경의 중요성과 환경보호의 목적으로 생성된 것으로, 현재까지 창출되고 인식된 환경상품의 특질만을 고려할 것이 아니라 미래의 개발될 환경상품까지 포함할 수 있는 접근이 필요하다. 즉, 이것은 시장접근이 예측가능하고, 안정성이 확보되어야 한다. 환경상품에 대한 국가 간의 무역에 있어서도 시장접근에 대한 안정성과 예측가능성이 보장되도록 환경상품에 대한 실체적 규정이 마련되어야 한다. 특히 환경상품에 관한 관세구조를 명확히 하는 것은 이러한 환경을 더욱 신뢰할 수 있도록 하는 데 중요한 요소가 되기 때문에 환경상품의 관세적용에 대한 구속력 있는 세부원칙(Modalities)의 합의가 요구된다.[472] 또한 시장접근의 예측가능성을 높이는 것은 환경과 연관된 상품에 대한 부당한 차별을 방지할 수

---

다. 국제수준에서 OECD와 Eurosat는 "수질, 대기, 토양, 소음, 폐기, 생태계와 관련된 문제 등 에서 환경적 손실을 예방하고, 최소화하기 위한 상품을 생산하는 활동으로" 분석적 목적으로 환경산업을 정의하고 분류하는 데 앞장섰다. 환경산업에 관한 정의는 모든 환경적 매체를 통해 확대되는 예비목록(indicative list)에 기초하여 형성된다. 구체적으로 수질, 토양 폐기물, 대기, 소음과 같은 오염관리, 청정한 기술 및 상품, 천연자원의 자원관리이다. 환경 관련 산업은 빠르게 변화하고 성장하고 있으며, 때로는 그 정체성의 부재로 무역에서 곤란을 겪기도 한다. '환경적 구조개혁'(environmental restructuring)은 새로운 관련 정의를 수반하여 형성하기 마련이다. OECD 분석에 따르면, 산업의 진척에 따라 실용화될 수 있는 환경상품의 반 이상은 10년에서 15년 사이에 사용가능하지만, 현재 부재한 상품이라고 하였다. OECD, *The Global Environmental Goods and Services Industry* (Paris: OECD, 1998), pp.13~14.

472) WTO, Market Access for Non-Agricultural Products-Submission by Japan, TN/TE/W/17 (November, 2002), p.2.

있어 투명성을 보장할 수 있다.

현재 DDA 협상에서 진행되고 있는 환경상품의 개념과 범위에 관한 논의에서 EU는 환경상품 개념의 정립을 위한 지침에 관한 원칙을 환경상품은 국내 및 국제적으로 합의될 환경적 우선순위를 이행하기 위한 개념으로 정립되어야 한다고 주장한다.[473] 한편 브라질은 환경상품의 적절한 개념은 상호지지와 무역촉진, 환경보존, 빈곤의 해소라는 세 가지 과제를 모두 충족될 수 있도록 특별한 상황이 충분히 반영되어야 한다고 주장한다.[474] 낮은 수준의 환경적 영향을 지니거나, 혹은 청정기술을 고려한 상품에 대한 시장접근은 지역주민들의 일자리 창출과 수입발생에 기한 기초생활수준을 충족하는 방안으로 유도되어야 한다는 것이다.[475] 이러한 구조적 변화는 개별화된 사회의 개발효과를 유발할 것이라고 강조한다. 또한 협상을 통해 개발도상국의 이해를 충분히 고려하여 선진국과 개발도상국과 최빈개발국 간의 이익의 적절한 균형을 가져오는 방안이 도출하기 위해서는 환경상품 개념은 개발도상국의 '특별한 이해'가 반영된 상품이 포함되어야 한다는 점이 강조된다.[476] 이것은 개발도상국의 개발목표와 연계하여 친환경적 구조의 개선을 위한 지원의 필요성을 요청하는 것이다.

환경상품에 관한 접근은 기술과 혁신에 의해서 좌우되며 환경 위

---

473) WTO, Market Access for Environmental Goods, Communication from the European Communities, WTO/TN/TE/W/47 (17 February 2005) 참조.

474) WTO, Environmental Goods for Development-Submission by Brazil, TN/TE/W/59 (July 2005), pp.2~3.

475) *Ibid.*

476) 개발도상국의 주요 수출상품은 천연자원에 의존한 상품으로 구성되어 있고 대부분은 생물다양성, 물, 토양을 포함한 천연자원으로 이루어져 있다. 더욱이 이들의 지역공동체는 이러한 상품에 대한 전통적 지식(traditional knowledge)이 풍부하다. 하지만 대다수의 지역주민들은 빈곤으로 피폐한 삶을 이어가고 있기 때문에, 이러한 생활조건하에서는 환경보존은 거의 유지될 수 없다고 주장하였다. *Ibid.*

해성을 방지할 수 있는 구조적 문제가 해결되어야 한다. 또한 생산 단계에서부터 완제품으로 완성되기까지 관련된 모든 공정에서 환경 위해성 여부가 충분히 고려되어야 한다는 것은 기존의 개발방식에 큰 전환이 요구되는 것이다. 특히 선진국들이 주로 환경상품으로 주장하는 대상은 환경기술이 적용된 상품이 대부분이다. 개발도상국의 입장에서 환경상품은 환경보호를 위한 목적에서 추진되는 논의가 아닌, 선진국의 기득권을 유지하기 위한 보호주의적 무역장벽을 형성하는 것으로 받아들일 수 있다. 환경상품 자유화는 개발목표를 중점으로 두고 있는 개발도상국의 이익이 충분히 반영되어야 한다고 주장한다.[477]

## 10.3.2 환경상품에 관한 접근방안 제안 검토

### 10.3.2.1 다양한 국제회의에서의 논의

아시아태평양경제협력체(APEC)는 환경 분야를 포함한 '초기 자발적 분야별 자유화'(Early Voluntary Sectoral Liberalization: EVSL) 계획을 세웠다.[478] EVSL 계획이 1997년 WTO 회원국들이 정보기술협정(Information Technology Agreement: ITA)을 체결되었을 당시에 시작되었다는 점은 의미가 있다. ITA는 미국, 캐나다, 유럽, 일본을 포함하는 쿼드국가들(quad countries)에 의해서 시작되었고, 회원국의 90% 이상이 가입했을 당시에 채택되었다. EVSL은 ITA 과정을 그대로 옮겨온 것이라 볼 수 있다. 처음 EVSL 의도는 동 협정에 관한 상

---

477) WTO, Continued Work Under Paragraph 31(ii) of the Doha Ministerial Declaration-Submission from Canada and New Zealand, TN/TE/W/70 (Feb. 2007) 참조.

478) Philippa Dee, Alexis Harin, Michael Schuele, *APEC Early Voluntary Sectoral Liberalisation*, Productivity Commission Staff Research Paper, 1998, pp.1~2.

품의 대상범위, 관세양허 기간 설정 등과 같은 기본적 틀을 형성하려는 시도였다. 일단 협정의 기본 틀이 개발되면, APEC은 WTO체제에서 폭넓은 지지를 얻기 위한 작업을 진행할 예정이었다. APEC은 환경상품을 분야별로 정리하고, 협정의 기본골격을 발전시키는데 심혈을 기울였다. 몇몇 국가들은 이러한 내용을 골격으로 하는 협정 체결이 APEC에서 이루어지기를 강력히 주장하기도 하였다.[479] 미국, 호주, 캐나다, 인도 등은 APEC리스트를 논의의 출발점으로 선호하는 입장을 밝혔다. APEC리스트는 관세자유화 목적이며, 현 상품의 분류코드인 HS6코드로 실제 적용이 가능하며, PPMs의 개념을 포함하지 않았다는 점을 그 이유로 제시하였다.[480]

APEC 국가들은 EVSL의 관세부문을 WTO체제로 옮겨와서 비관세장벽과 경제 및 기술협력을 다루는 데 중점을 두기도 하였다. 이러한 논의는 APEC 환경상품리스트 형성의 중심역할을 하였다. 동 리스트는 무역협상에서 사용된 리퀘스트 오퍼 방식과 다르지 않은 국가별 개별 작성에 기초해 초안이 작성되었고, OECD/Eurostat에서 수립된 정의를 수용하였다. 그럼에도 APEC 환경상품리스트와 OECD 환경상품리스트 간에는 차이가 존재한다. 가령 수질 및 수질관리에 관한 미네랄과 화학물질은 OECD 리스트에만 포함된다. 반면, APEC 리스트는 넓은 범위의 상품을 환경모니터링과 평가에 포함한다. 이와 관련 OECD의 무역환경공동작업반(Joint Working Party on Environment and Trade)은 환경상품 협상에서 쟁점이 되고 있는 환경상품에 대한 구체적 분류기준을 검토한 바 있다.[481] UNCTAD 차

---

479) APEC에서의 무역자유화는 협상에 의해서가 아니라 자발적 계획에 의해서 추진된다.

480) Harald Hohmann(ed.)(2008), *supra* note 455, p.180.

481) 동 보고서에 따르면, 기존 6단위 HS코드(국제표준화관세코드)는 비환경용도로 사용되는 제품도 포함되는 범용성의 문제가 있으며, 이를 해결하기 위해서는 세부 환경상품별로 별도

원에서 환경상품·서비스 전문가 회의는 DDA 환경협상에서 현 쟁점사항으로 부각되고 있는 환경상품의 정의·범위 설정 및 협상방식에 대해 논의하였다.[482] 미국, EU 등 선진국은 환경상품 시장개방이 선진국 환경산업 수출 확대뿐만 아니라 개발도상국의 환경문제에 대한 대처능력을 높일 수 있음을 강조한 반면, 대부분의 개발도상국은 국내 환경업체의 낙후함과 선진국 대비 질적으로 낮은 환경상품의 경쟁적 저하는 국내 산업에 부정적인 영향을 미칠 것이라고 지적한다. 또한 환경상품 리스트에 환경상품 정의를 확대하여 개발도상국 주요 수출상품을 포함해야 한다고 주장한다.

## 10.3.2.2 DDA 환경상품 접근방안 논의

### 10.3.2.2.1 개발목표를 적극적으로 고려한 접근

환경정책 접근방식(the environmental project approach)[483]은 지속가능한 개발의 목표를 추구하고, 무역과 환경의 관계에 시너지효과를 유도하기 위한 목적에 부합해야 한다는 논리로 접근한 방식으로 인도에 의해서 제안되었다. 개발도상국의 관심 대상품목을 리스트에 포함하여도, 선진국이 주도하는 협상은 개발도상국의 이익을 충분히 반영할 수 없다는 입장에서 제안되었다. 환경정책 접근방안은 개별 국가가 환경 사업을 추진하는 동안 필요한 상품을 스스로 선택하여

---

의 HS코드를 제정하는 작업을 해야 하지만, 이는 국제관세기구(WCO)의 협상주기상 2011년 이후에나 작업 가능하다고 하였다. 이에 대한 대안으로 구체적 환경상품을 표기(Ex heading)하고 이에 대해서 각국에서 6단위 이상 세부 관세코드를 재정비하거나 세관에서 용도증빙 확인(end-use certification)을 하는 절차가 활용될 수 있으나 이는 세관 사후관리비용을 수반하여 각국의 이행을 확인하기 힘들다는 단점이 있음을 지적하였다. 환경부, 『WTO 도하개발아젠다 환경협상 대응방안 연구』, 전게서, pp.13~16 참조.

482) *Ibid.*, p.55.

483) An Alternative Approach for Negotiations under Paragraph 31(iii), TN/TE/W/51 (June 2005); Environmental Project Approach-Compatibility and Criteria, TN/TE/W/67 (13 June 2006).

그 사업기간 동안 자유화하는 것이다. 수입국의 입장에서 환경보호를 위해 필요한 상품을 환경상품으로 지정하자는 취지이다. 동 접근방식은 '차별적 공동책임'(common but differentiated responsibilities)을 적용하여 환경기준을 설정하는 데 다양한 방식을 도입하고, 환경과 개발의 상이한 두 가지 목표를 이루기 위한 무역자유화를 추진하는 데 목적을 두고 있다. 여기서 요구하는 상품은 직접사용(direct use)을 용이하게 하고, 환경 목적과 연계성을 고려할 수 있다. 정책의 적합성이 인정되면, 선택된 정책은 국가적 환경목표를 충족하기 위한 목적과 양자적 혹은 다자간 환경조약의 목적을 달성하는 데 목적을 두게 된다. 특히 재정 원조 및 기술이전, 서비스, 투자 등을 포함할 수 있다. 환경정책은 대기오염통제(air pollution control), 물 자원 및 폐기물 운영(water and waste management), 고형 오물(solid waste management), 개선 및 정화(remediation and clean-up), 소음 및 진동완화(noise ad vibration abatement), 환경 감시 및 분석(environmentally monitoring and analysis), 에너지절약운영(energy saving management), 재생가능시설(renewable energy facilities), 환경친화상품(environmentally preferable products) 등을 포함한다.

동 접근방식에 따른 대상상품의 협정에 부합하는 자유화는 비환경적 사용으로 수입되는 다용도 상품에 관한 관세 재정수입을 유지할 수 있다. 동시에 환경 프로젝트의 취지에 맞는 용도로 상품이 수입될 경우에는 관세의무 부과 면제를 향유할 수 있다. 프로젝트 접근방식은 리스트 접근방식과 복합적으로 적용이 될 수 있다는 점을 고려해볼 수 있다. 동 접근방식은 국가별 정책의 자의성에 따른 환경상품의 개념과 기준을 적용하는 것을 허용하는 것으로 환경상품에 관한 제반 규정을 통일성 있게 정립해 과정에서는 적합하지 않다. 개별국가의 환경산업 수준에 따른 차별을 강조하려는 것은 인정될 수 있으나, 개별국가의 재량권이 WTO법 적용상의 권리의무 수준을 침해할 수 있는 소지가 있다. 다만 국제환경보호의 목적을 다루는 것뿐만 아니라, 요구와 목적에 기초한 개별국의 각기 상이한 환경목표를 동시에 다루어야 한다는 주장은 일견 타당할 수 있다. 상이한 개발단계와 요구에 따라 효율적인 방식으로 환경문제와 개발문제를 다루어야 한다는 그 취지는 수용할 만한 것이다.

통합적 접근방식[484]은 국가별로 제안된 관련 요소들을 통합하고자 하는 시도이다. 동 접근방식에 따르면, 두 가지 조건들은 'Doha 선언' para.31(ⅲ) 하에 관세 축소 및 철폐와 비관세제한조치(non-tariff restriction)로부터 혜택을 받기 위해 충족되어야 한다. 환경상품은 CTESS에서 확인될 수 있는 환경프로젝트 분류(environmental project categories) 중의 하나에 포함되어야 한다. CTESS는 각 분류에 국가적 프로젝트의 발전에 적용 가능한 환경상품을 포함할 수 있다. 관세 축소 및 제거와 비관세장벽의 철폐는 다자간 합의가 가능하며, '차등적이고 특별한 조치'가 고려되어야 한다. 수입국에 부여된 관세혜택은 특별기한을 상정하여 적용한다. 청정기술의 이전조건과 국가의 역량 배양에 관해서는 환경프로젝트 내에서 협의될 수 있다.

통합접근 방식은 기후변화에 관한 UNFCC의 목표를 지원하고, 이행을 보완하기 위한 정책이 될 것이라는 의도를 가진다. 동 방식은 기후변화에 대응할 수 있고 친환경 에너지 상품과 기술을 사용하도록 증진하는 데 도움을 주는 접근이라고 언급한다. 무역자유화와 CDM의 관계의 중요성을 강조하면서, '국제에너지기구'(International

---

484) WTO, The Doha Round and Climate Change, Submission by Argentina, TN/TE/W/74 (November 2009) 참조.

Energy Agency)는 CDM상에서 적용되는 방식에 부합하지 않는 다수의 무역장벽을 강조한다. 여기에는 관세 및 비관세장벽, 세관통과절차로 인한 CDM 프로젝트에 부합하지 않는 무역장벽을 포함한다.

### 10.3.2.2.2 무역자유화와 시장개방 접근

리퀘스트오퍼 접근방식(Request and Offer methodology: R/O)[485]은 각 국가가 환경상품으로 정하고자 하는 품목을 관세양허대상에 포함하는 것이다. 전통적인 협상방식에 의해 국가 간에 양자적 양허교환이 우선적으로 이루어지고, 이러한 절차가 계속적으로 이루어짐으로써 양당사국 간에 합의된 양허를 전체적으로 모아 다자간 양허리스트가 마련될 수 있다는 접근방식이다.

리스트 접근방식[486]은 캐나다, 유럽공동체, 일본, 한국, 뉴질랜드, 카타르, 스위스, 중국, 미국 등의 다양한 리스트제안서가 제출되었다. 회원국들에 의해 논의된 두 가지 방안이 현재 적용 가능한 리스트 개발(development of a living list)과 이행조건이 상이한 두 가지 리스트 제시(creation of two lists with different sets of commitments)이다. 합의된 환경상품 리스트는 'living list'로 분류되고, 진행과정에서 리스트에 대상상품을 추가하거나 리스트를 확대한다. 이러한 방식은 환경상품을 개발하기 위한 기술발전을 촉진할 수 있다. 동 접근방식은 투명성과 비교적 예측가능성을 갖추고 있다고 볼 수도 있지만, WTO 설립협정에 명시되고 'Doha 선언'에서 재확인된 궁극적 개발목표의 완전한 이행을 보장하지는 못한다. 개발을 증진하는 수

---

485) WTO, Communication from Argentina and Brazil-Environmental Goods and Services-Paragraph 31(iii)-Special and Differential Treatment, TN/TE/W/76 (June 2010) 참조.

486) WTO, Integrated Proposal on Environmental Goods for Development, Submission by Argentina, Paragraph 31(iii), TN/TE/W/62 (October 2005) 참조.

단으로 작용해야 하는 관세 축소 및 철폐는 그 자체로써 리스트화 작업을 통해 완성되는 것이기 때문에, 더 상위의 목적을 달성하고자 하는 수단으로 동 접근방식은 적용되기 어려울 것이다. 또한 리스트 방식은 상품의 다용도의 문제조차 해결하지 못한다는 한계를 가지고 있다.

환경상품 리스트 제안서에 관한 개별적 국가의 검토에서 미국[487]은 환경상품 정의에 관한 합의가 아닌, 각국의 주장을 최대한 포괄하는 방향에서 논의를 진행하고 관련 상품들을 핵심리스트(core list)와 보조리스트(complementary list)로 구분하여, 핵심 환경상품에 대해서는 시장개방을 확실히 보장할 수 있는 방안을 제안하였다. 전자의 경우는 환경상품에 관한 합의가 있는 경우에 전체 회원국들이 일괄적으로 관세철폐를 실시하고, 후자의 경우는 환경보호, 오염예방, 지속가능성 등에 대한 높은 수준의 공감이 형성되어 있는 상품으로 자율적으로 관세철폐 품목 목록을 제시하는 방안이다. 또한 개발도상국에 대해서는 'S&D 대우'를 고려하여 시장개방 품목비율을 낮출 수 있도록 하자고 주장하였다. 그러나 핵심리스트와 보조리스트의 관계, 핵심리스트 합의 도출과정, 보조리스트에 포함될 정도의 높은 수준의 환경성 인정의 해석, 상품범위 적용에 관한 충분한 방안이 제시되지 못하였다. EU는 환경상품에 대한 포괄적인 정의에 바탕을 두고, 사후오염처리물품 이외에 청정제품, 청정기술, 환경친화제품 등 다양한 품목이 포괄되어야 함을 주장한다.[488] 즉, PPMs의 환경친화성에 근거한 제품분류도 수용하여, 환경보호를 위해서는 PPMs에 의한 차별이 WTO법상에서 수용되어야 한다는 것이다. 이러한 견해

---

487) WTO, United States Contribution on and Environmental Goods Modality, TN/TE/W/38 (July 2003) 참조.

488) 환경부, 전게서, p.52.

는 EU가 추진하고 있는 환경 라벨링의 연계성을 고려한 것으로 환경상품의 포괄적 합의가 필요하다는 입장을 견지하였다. 뉴질랜드는 합의될 WTO 환경상품 리스트는 환경산업의 지속적인 발전에 따른 새로운 기술의 급진적 변화에 대응할 수 있어야 한다고 제안하는 것이다.[489] 일본은 OECD 환경산업 정의 및 분류방법에 대한 보고서에 따라 환경상품을 오염처리물품, 청정자원절약제품, 자원관리물품 등 3그룹으로 분류하고 기후변화, 재활용 문제 등 국제사회의 환경쟁점을 고려한 환경상품을 제안한다.[490] 이것은 환경상품에 대한 정의는 OECD 정의를 따르지만, 전통적인 사후오염처리물품 이외에 추가적으로 기후변화, 자원절약, 재활용 등 국제환경쟁점을 고려하여 환경친화품목도 포함되어야 한다는 필요성을 제기한 것이다.[491] 하지만 일본의 제안품목은 대다수 회원국이 개발도상국 이해에 부합하지 않으며, APEC리스트와 OECD리스트 가운데 자국에 유리한 상품만을 선별하였다는 비판이 제기되었다.[492] 스위스는 환경친화상품에 대한 분류기준으로서 PPMs 환경친화성은 부적절함을 지적하고, 제품 자체의 물리적 특성에 기초하여 소비 및 폐기단계에서의 환경영향에 따라 환경친화상품을 분류할 수 있음을 예시하였다. 생태적으로 건전한 대체 교통수단 및 기기(철도, 자전거, 태양력 운송수단, 무동력 선박, 태양열 조리기구 등), 환경부화가 없는 대체 화

---

489) WTO, TN/TE/W/49/Rev.2 (30 June 2006), para.2.

490) WTO, Market Access for Non-Agricultural Products, Communication from Japan, TN/TE/W/17 (20 Nov.2002) 참조.

491) *Ibid.*

492) OECD리스트와 OECD리스트를 근거로 HS 6단위 기준 총 155종의 환경상품 리스트를 작성하였으며, 이 가운데 환경친화상품 18종 및 자원·에너지관리용품 20종도 포함하였다. 환경친화상품으로는 에너지 및 자원절약기능을 채택한 전기전자제품(LCD TV, 인버터 에어컨, IH조리기기, 절수형세탁기 등)과 친환경자동차(하이브리드 자동차) 등을 제안하였다. 자원·에너지 관리용품으로 태양전지, 연료전지, 열펌프, 대체연료기기, 열회수보일러, 재활용설비 등을 제안하였다. 환경부, 『WTO 도하개발아젠다 환경협상 대응방안 연구』, 전게서, p.52.

학용품(생태독성 및 환경오염 발생이 없는 비누, 세제, 접착제, 식물성 염료 등), 식물성 천연섬유(아마, 황마, 로프, 끈 등)가 이에 포함된다.[493]

반면, 대부분의 개발도상국은 환경상품협상에 소극적 입장을 보이고 있으며, PPMs 기준의 적용, 친환경상품의 확대적용에 대해서는 부정적 입장이다. 단, 자국 관심품목의 환경상품리스트 포함에는 적극적인 입장을 표시하고 있다. 인도는 APEC 및 OECD 환경상품리스트가 환경용도 이외로도 쓰이는 다용도 물품을 포함하고 있으므로 순수한 환경용도로만 사용되는 물품만을 선별하여 협상하자고 주장하였으며, 중국, 말레이시아 등은 개발도상국 이해가 반영된 환경상품리스트를 별도로 만들 것을 주장하였다. 한편 카타르는 천연가스, 정유설비 등 기존제품에 비해 환경부하가 적다고 국제적으로 인정된 상품을 환경상품에 포함할 것을 주장하였으며, 중국, 케냐, 베네수엘라 등은 유기농산물, 생물다양성 확보를 위한 열대농산물 등은 환경상품에 포함할 것을 제안하였다. 또한 대부분의 개발도상국은 'S&D 대우'의 필요성을 주장하였다.[494]

각국의 주장 내용은 다음과 같다. 카타르는 에너지 부문에서 지속가능한 발전이 가능한 환경상품·서비스·기술을 제안하고 이를 분류하여 이러한 에너지 분야를 협상 논의대상에 포함시킬 것을 주장하였다.[495] 중국은 공동리스트(common list)와 개발리스트(development list)를 제시했다.[496] 공동 리스트(common list)는 특별한 상품군을 포

---

493) non-paper 형식으로 제안되었다. *Ibid.*, p.53.

494) 예컨대 브라질, 아르헨티나, 중국, 인도, 카타르, 쿠바 등이 주장하였다.

495) WTO, Environmental Goods Submission by the State of Qatar, TN/TE/W/14 (10 Sep. 2002) 참조.

496) WTO, Statement by China on Environmental Goods at the Committee on Trade and Environment Special Session, TN/TE/W/42 (July 2004).

함하고, 동 리스트를 구성하는 환경상품에 대해서는 합의가 있어야 한다. 개발리스트는 'S&D 대우'를 위한 환경상품리스트가 되어야 한다는 입장이다. 또한 완화된 상호주의를 반영하여 개발리스트에 속한 환경상품은 예외적으로 공동리스트로부터 개발도상국 혹은 저개발국에 의해 선택된 상품을 구성해야 한다고 제안하였다. 하지만 'S&D 대우'를 위한 개발도상국에 관한 기술이전의 촉진을 위한 구체적 방안이 결여된 제안이다. 쿠바는 개발도상국들은 그들의 수준에서 환경상품의 자유화 정도를 결정할 수 있어야 하고, 개발도상국들이 정의하는 환경상품은 선진국시장으로의 진입이 최대한 가능한 수준의 관세율을 받아야 한다.[497] 또한 재정지원 및 기술지원에 대한 상호이해를 바탕으로 이러한 문제가 충분히 인지되어야 하고, 환경친화적 기술이전의 필요성에 상호이해가 전제되어야 한다는 입장을 보였다.[498]

회원국들의 리스트화(Link to Existing Lists) 과정에서 OECD와 APEC의 환경상품 개념화에 관한 내용[499]을 인용한 국가들도 있다.

---

497) WTO, Committee on Trade and Environment-Special Session, Summary Report on the Second Meeting of the Committee on Trade and Environment Special Session, TN/TE/R/2 (25 July 2002) 참조.

498) Ibid.

499) OECD 리스트에는 HS분류상 132개의 품목을, APEC은 104개의 품목을 리스트화하였다. 크게 중첩되는 부분은 대기오염통제(air pollution control), 재활용(recycling), 소각(incineration), 장비측정 및 모니터링(measuring and monitoring of equipment)이다. 두 리스트의 목적은 기본적으로 상이하다. OECD 리스트는 환경산업의 범위, 분석적 근거를 찾기 위해 예시하기 위한 의도의 결과물이다. 이러한 이유로, 상품목 분류가 보다 광범위하기 때문에 동 리스트에 추가상품을 위한 특별한 정책이 없다. 더욱이 OECD의 리스트는 연역적 방식으로, 환경산업 매뉴얼과 특정사례(아직 정의되지 않은 상품의 평균관세율을 도출하기 위함) 분류에 의한 일반분류로부터 리스트도출에 접근하였다. 반면, APEC 리스트는 지명(nomination) 방식으로 정통적인 관세협상방식과는 다른, 이미 합의한 분류시스템에 따라 배열된 상품리스트를 도출하는 방식을 적용하였다. 더욱이 APEC 리스트는 환경상품에 대한 보다 우호적 관세대우를 얻기 위한 목적이므로, APEC 회원국 경제환경이 관세목적상 다르게 취급될 수 있는 특정 환경상품을 고려하는 데 제약이 있다. 이러한 이유로, OECD와 APEC의 리스트는 상이한 품목을 포함하고 있다. 즉, 두 리스트는 WTO 리스트 도출에 참고가 될 수 있다는 것은 명백하다. WTO 회원국들은 WTO상의 환경상품을 정의하는 데 최종적인 안으로 적용할 수 없다는 입장이다. OECD Joint Working Party on Trade and Environment: Environmental Goods: A Comparison of the APEC and OECD lists-Information Note by the

예를 들면 일본은 2000년 OECD가 환경상품에 관해 수행한 작업을 활용하였으며, 스위스는 OECD 환경상품 정의에 바탕을 두고 리스트를 작성했다. APEC 접근방식에 근거한 미국의 리스트는 추가적인 46개의 상품을 포함하기 위해 APEC 환경상품보다 넓은 범위로 환경상품 리스트를 마련했다. OECD와 APEC 환경상품 정의에 관한 인용은 환경상품 리스트에 포함된 상품들을 정당화하기 위해 적용되어 왔다.[500] 그러나 OECD나 APEC 리스트는 WTO의 리스트와는 그 성격이 다르기 때문에 그대로 WTO상의 리스트로 적용될 수 없고, 이러한 리스트 내용을 포괄하는 새로운 WTO (안)이 합의되어야 한다.

환경상품 개념을 확립하는 데 상품관세양허 협상방식을 보완하여 '환경상품 리스트' 작업에 적용되도록 하는 방안이 고려될 수 있다. 우선 품목별 협상방식은 환경상품 논의에서 제안된 리퀘스트오퍼방식과 유사한 측면이 있다. 동 방식은 위에서 언급된 바와 같이 개발도상국들의 이해가 반영되지 못한다는 점에서 불충분한 접근방안이다. 두 번째로 일괄적 감축방식은 일반상품양허에 있어서는 그 적용가치가 존재하나, 환경상품의 특수성을 고려할 때 일괄적으로 관세를 감축하는 방안은 국가 간의 기술력과 경쟁력차이로 예외대상이 될 수 있는 품목이 방대해질 수 있다는 한계점을 가진다. 이러한 방안을 통해서는 개발도상국의 반발로 협상진행이 어려울 수도 있다. 세 번째로 분야별 · 품목별 협상방식은 분야별로 품목을 구분하여 협상이 진행되므로 국가 간의 의견을 조율하는 데 선진국과 개발도상국 간의 기술적 격차 혹은 재정적 지원 등을 고려하기가 용이하기

---

OECD Secretariat, TN/TE/W33 (May 2003), p.4.

500) *Ibid.*

때문에 동 협상방식을 변형한 방안을 고려해볼 수 있을 것이다. 동 방식을 고려하는 데 있어 원칙은 첫째, DDA 환경의제 협상에 참여하는 국가들의 환경상품 제안서를 취합하여 환경상품으로 인정받고자 하는 모든 상품을 리스트에 포함한다. 모든 제안서의 상품이 포함된 환경상품 리스트를 협상에 참여하는 모든 국가에게 회람시키고, 즉시 관세철폐 항목, 유예기간을 상정한 관세감축항목, 관세유보 항목으로 구분하여 작성하도록 한다. 각 국가는 스스로 결정한 내용이 포함된 리스트의 규정에 따라 이행의 의무를 진다. 둘째, 매년 정기적으로 의무이행 여부를 검토하고, 추가대상을 의무적으로 제출토록 한다. 셋째, 개발도상국의 환경상품의 개발 및 시장접근성을 높이기 위해서, 선진국의 적극적인 기술이전과 재정지원 및 투자를 활성화를 통해 환경무역의 불균형을 해소하고, 단순히 환경상품의 관세축소 및 철폐에 그치는 것이 아니라 회원국들의 환경보존을 유도해내기 위해 'S&D 대우'에 관한 세부규정을 담은 법적 구속력 있는 결정을 개발하는 방안을 검토해볼 수 있을 것이다. 이러한 방식의 변형을 통해 환경상품의 성격에 맞는 협상방식의 진행으로 점진적 환경상품의 무역자유화를 유도하고, 환경기술로의 접근 및 사용을 보다 가능하게 할 수 있을 것이며, 환경기술의 혁신을 통해 개발의 측면에 기여하고, 환경기술이전이 개발도상국 혹은 저개발국에게 촉진되는 효과를 기대할 수 있을 것이다.

### 10.3.2.3 UNCTAD 환경친화상품 개념

환경상품에 관한 논의가 원만하게 이루어지지 못하는 배경에는 선진국에 이로운 상품 위주로 협상이 진행되고 있다는 우려가 있다. 이에 반발하면서 개발도상국들은 UNCTAD에서 개발한 환경친화상품(Environmentally Preferable Product: EPP)의 개념을 주장하였다.501) 하지만 환경친화상품에 관해서도 개념정의가 이루어지지 않았다.502) UNCTAD는 같은 목적을 가진 대체상품보다 전 과정(life cycle)에서 '환경적 위해(environmental harm)가 덜한 상품'으로 EPPs를 정의했는데, 그 기준은 천연자원 및 에너지의 사용, 제품의 전 과정(life cycle)에서 발생한 폐기물의 양과 위험성, 동식물의 건강에 미치는 영향, 환경보존으로 분류하였다.503) 그러나 환경관련 전문가들은 EPPs의 대상범위를 넓게 해야 한다고 주장한다. 가령, 열대상품(지질학적 지형과 생물다양성의 연계), 삼림(친환경적 PPMs, 생물다양성 보존), 삼베, 코이어와 같은 천연섬유, 생태학적 포장재 상품(생

---

501) 비교하면 OECD의 환경상품 분류방법에 의해 환경친화상품(environmentally preferable products: EPPs)은 청정한 기술 혹은 자원관리그룹으로 청정기술상품산업(cleaner technology and product), 오염관리, 자연관리(pollution management), 자연관리산업(resource management)으로 세분화되는데, 친환경상품의 기준을 청정상품(cleaner product)으로 하여 물질투입 절감, 에너지소비 감소, 폐기물 최소화, 사용 중 오염배출 감소 등의 효과를 하나 이상 복합적으로 발휘하는 상품으로 정의하였다. 그러나 OECD 품목 리스트는 청정제품으로서 CFSs 대체물질, 과산화수소, 수용성 접착제, 수성페인트 및 바니시, 이중 유류탱크, 저소음 압축기, 토탄 대체연료 등 8개 품목만을 제시하는 데 그치고 있다. 이후 APEC 조기 시장개방 대상 환경상품 리스트에서도 OECD 분류기준에 의하여 환경상품을 제시하였으나, 청정기술제품 그룹 가운데 세부 품목 제시는 없었다. 환경부, 『WTO 도하개발아젠다 환경협상 대응방안 연구』, 전게서, pp.5~6.

502) 우리나라의 친환경상품에 관한 정의는 크게 일반적 정의와 법적 정의로 구분하여 이해할 수 있다. 일반적 정의로는 '친환경상품'은 일반적으로 생산·소비·폐기의 전 과정에서 환경오염을 저감하고 천연자원과 유해물질의 사용을 최소화하는 제품 및 서비스를 의미한다. 「친환경상품 구매촉진에 관한 법률」 제2조에서는 환경마크 인증제품, 우수재활용 인증제품, 환경부장관이 고시하는 대상품목별 판단기준에 적합한 제품을 친환경상품으로 정의하고 있다. 동 조 제2조는 같은 용도의 다른 제품 또는 서비스에 대하여 자원의 절약에 기여하고 환경오염을 줄일 수 있는 상품으로, 환경기술 개발 및 지원에 관한 법률 제20조 1항에서는 환경표지의 인증을 위한 대상목록으로서 인증을 얻은 상품 또는 동법 제20조 3항의 규정에 의하여 환경부장관이 정하여 고시하는 대상품목별 인증기준에 적합한 상품으로, 자원의 절약과 재활용촉진에 관한 법률 제33조 및 산업발전법 제26조의 규정에 의하여 산업자원부장관이 정하여 고시하는 재활용제품의 품질인증 대상품목으로서 인증을 얻은 상품 또는 인증기준에 적합한 상품으로, 기타 환경친화성을 가진 상품으로서 환경부장관이 산업자원부장관과 협의하여 고시하는 대상품목별 판단기준에 적합한 상품으로 규정하였다. 환경부, 『(친환경상품의)환경·경제적 편익분석 4』 (2009), p.9.

503) WTO, UNCTAD's Work on Environmental Goods and Services: Briefing Note-Paragraph 31 (iii), TN/TE/INF/7 (October 2004); UNCTAD 친환경상품 분류에 관해서는, 상게서, pp.6~7 참조.

물자원 혹은 자연분해가 가능), 재생가능상품(환경보호), 생물농약
(환경보호), 수목이 아닌 삼림(생물자원과 정통적인 지식에 근거한
상품), 자연염색을 사용한 상품(유독성이 없음) 등을 포함해야 한다
고 주장한다. 또한 환경친화상품의 분류범주에 '원래 환경친화적 상
품'(inherently environment-friendly products)이 협상의 범위 안에 포
함될 것을 주장했는데, 이러한 상품들이 새로운 비관세 무역장벽을
야기하지 않고, 추가적인 비용이 소요되지 않아야 한다는 단서가 있
다.504) 2003년 11월 UNEP과 UNCTAD 합동 친환경상품 특별 워크
숍505)에서는 1995년 UNCTAD가 규정한 바 있는 EPPs에 대한 정의
를 확인하였다. UNCTAD는 친환경제품의 유형을 전 과정에서 발생
하는 환경오염에 관한 모든 사항을 고려하는 관점에서 제시하였다.
친환경상품이란 동종의 물품이나 서비스에 비해 상대적으로 환경부
하가 적은 물품 및 서비스를 의미한다. 이는 제품의 내재적 특성(생
분해성, 재활용성 등)이나 생산·소비·폐기방식에 의한 것이다. 제
품의 환경영향은 제품의 전 과정에 걸쳐 특정 단계 또는 복수 단계
에 걸쳐 발생하는 것으로 보았다.506)

## 10.4 지속가능한 개발 관점에서의 쟁점사항

개별국가의 지속가능한 개발에 관한 관심과 협상의 당사자들 간

---

504) WTO, UNCTAD's Work on Environmental Goods and Services: Briefing Note, TN/TE/INF/7
   (10 May 2004) 참조.

505) "Environmentally Preferable Goods and Services", at Workshop on Trade, Environment and
   Sustainable Development for Caribbean Countries, 27~28 Nov. 2003. Kingston, Jamaica,
   http://www.unep-unctad.org/cbtf/events/jamaica.asp.

506) UNCTAD, Environmentally Preferable Products (EPPs) as a Trade Opportunity for Developing
   Countries, UNCTAD/COM/70 (1995) 참조.

의 이해관계를 반영하게 되는 환경상품에 관한 무역규정은 DDA의 전체적인 협상 결과가 고려되어야 한다. 이는 전체적인 협상을 통해 추구되어야 할 목표인 지속가능한 개발을 위한 비용과 편익에 따른 총체적인 부담이 가중되기 때문이다. 이러한 이유 때문에 환경상품의 도입을 정당화하는 환경보호와 지속가능한 개발목표는 다른 분야의 협상과 상호 유기적으로 부합되는 방향에서 진행되어야 한다. 'Doha 선언' para.51에서 다음과 같이 언급한다.

> 무역과 개발위원회 및 무역과 환경 위원회는 각각의 협상범위 내에서 지속가능한 개발이 적절하게 반영된 목표를 추구하기 위하여 협상의 개발적 및 환경적 측면을 정립하고 토의하기 위한 토론의 장을 조성한다.

개발도상국이 주장하는 환경친화상품의 관세 축소가 인정된다고 하여도, 'TBT 협정'과 'SPS 협정'상의 기준이 개발도상국의 이해에 부합하지 않는 방향에서 규정이 정립된다면 실질적인 이익을 기대하기 어렵다.[507] 수출시장의 확대가 절실한 개발도상국의 입장에서는 환경상품의 관세 축소 및 철폐에 관한 협상이 긍정적인 무역이익의 증대를 기대하는 것이 쉽지 않기 때문에, 환경상품보다는 다른 분야에서 수출의 다변화 검토가 필요하다. 하지만 지속가능한 개발목표의 측면에서 환경상품의 저변확대는 계속 진행될 것이고 비환경상품은 시장에 진입하기 전에 차별적인 조치에 따라 그 경쟁력을 잃어가게 될 것이다. 즉, 환경상품의 대상을 확정하는 것이 현재는 일차적인 관심이지만, 향후 계속해서 친환경기술이 발전하게 되면 이에 따라 상품시장의 변화는 불가피하게 될 것이다. 환경상품에 관

---

507) Mahesh Sugathan, *Trade in Environmental Goods and Services and Sustainable Develop*ment: Domestic Considerations and Strategies for WTO Negotiations, ICTSD, 2007, p.68.

한 논의의 시작은 단기적인 이익의 관점에서뿐만 아니라 장기적인 이익의 관점에서도 바라봐야 하는 이유이다. 지속가능한 개발의 목표를 실현하는 것은 현 세대만을 위한 것이 아닌, 미래세대를 위한 준비작업도 동시에 진행하는 것이다. 환경상품의 논의가 상품무역의 급히 일부분을 차지하게 되지만, 소비자의 소비패턴변화와 생산구조의 변화가 수반되면서 점차 확대될 것이다. 상품무역시장의 변화는 상품에 관한 판별기준, 즉 동종상품의 개념과 관련 규정의 적용의 기준의 해석의 변화를 요구하게 될 것이다. 이러한 측면에서 환경상품에 관한 협상은 단순한 양허협상에 그치는 것이 아닌, 그와 관련된 부문의 협상도 중요한 영향을 미치게 되는 것이다.

## 10.5 비관세장벽에 관한 불확실성

비관세장벽에 관한 EU 제안서는 가능한 수단을 향상시켜야 하는 필요성을 요구한다. 구체적으로 동 제안서에서는 당사국들이 분쟁해결기구에 관계없이 상호적으로 받아들일 수 있는 해결방안에 합의할 수 있도록 수출 촉진요인을 포함하는 수평적 메커니즘의 설립을 제안한다.[508]

환경상품의 비관세장벽에 관한 축소 및 제거는 DDA 협상을 통해서 완전한 협상결과에 이르게 하는 것은 불가능하다. 환경상품에 관한 양허협상이 이루어진다고 하여도, 관련 비관세장벽에 관한 규제가 효과적으로 통제될 수 없다면 이는 불균형적인 무역환경을 계속 유지하게 되는 결과가 발생될 것이다. 더욱이 환경상품에 관한 쟁점

---

508) WTO, Negotiating Proposal on WTO Means to Reduce the Risk of Future NTBs and to Facilitate their Resolutions, TN/MA/W/11/Add.8 (1 May 2006) 참조.

은 협정상의 규정에서 비관세조치에 관한 통제가 효과적으로 이루어질 수 없다는 점이다.

구체적으로 'TBT 협정'과 관련하여 제기된다. 재생 가능한 에너지 혹은 재생가능 기술에 관한 무역장벽을 형성하는 특정기술규정은 환경적 보호의 합법성을 보장받기 위해서 필수적이다. 다음으로 동종성의 주요기준은 상품 간의 경쟁적 관계에 있다. 에너지와 연료 효율성이 경쟁력에 영향을 미칠 수 있는 정도에서 당해 상품은 '1994년 GATT' 제3조에 의해서 동종상품이 아닌 것으로 판단될 수 있다. 결국 그러한 차이는 물질적인 특성의 차이를 수반하게 된다. 이러한 시장에서 소비자들은 에너지 혹은 연료 효율성 상품을 선호하는 데 환경적 혹은 경제적인 지배적인 이유를 가질 것이다. 하지만 제3조에서 동종상품으로 판정된다 하여도, 환경 혹은 지속가능한 개발의 중요성에 의해서 다른 규제 혹은 세금부과를 정당화하거나, 규제나 세금이 정부의 실질적 목표에 부합하는 경우에는 정당화된다. 지속가능성의 기준과 규제와 관련 무역에서의 중요성이 높아지고 있기 때문에 지속가능성의 기준은 '1994년 GATT' 제20조 내지 'TBT 협정'에서 정부의 목표, 환경적 목표에 부합할 경우에는 합법적인 수단으로 받아들여질 가능성이 있다. 그러나 이는 보호주의적 수단으로 악용될 수 있다는 점을 유념해야 한다.

## 10.6 환경상품과 비환경상품 간의 차별성 문제

### 10.6.1 비무역적 가치와 무역조치

높은 관세의 수준 유지와 특정상품의 수입조건의 제약은 특혜관세 혹은 수입할당제를 제공받는 소수국가에게만 일정한 특혜를 보장하는 것이다. 환경상품의 관세 축소 및 폐지는 기존의 일반상품 관세제도에서 허용되어 온 차별적 특혜관세의 붕괴를 수반하여 수혜국은 곤란에 처하게 될 수 있다. 수혜국에 속한 국가들은 환경상품의 시장접근 증진은 그동안 지탱해오던 자국의 산업경쟁력이 상실하기 때문에 기존의 제도 변화에 반대한다. 환경상품과 비환경상품 간 차별화에 따른 관세변화는 대체능력이 부족한 수혜국의 입장에서는 쉽게 수용할 수 없는 이유가 될 수 있다.

환경상품과 같은 특정 상품이 기존의 관세체제에서 일반상품과 같은 방식으로 관세적용을 받을 경우, 기존에 동종상품으로 분류되었던 상품을 재설정하고, 상품 간의 차별성의 이유를 제시할 수 있는 새로운 원칙이 정립되어야 한다. 환경상품은 비환경상품과의 차별적 관세적용이 수반될 것이며, 이는 결국 관세의 차별화라는 새로운 구조가 기존의 체제상에서 성립되어야 하는 문제를 가져오기 때문이다. 환경상품과 비환경상품의 차별적 관세분류는 동종상품의 판정여부에 민감하게 적용될 것이다. 상품의 관세분류란 개개의 물품을 품목분류표상의 특정품목으로 분류하는 절차를 말한다.[509] WTO 패널판정은 상품의 동종성 판단에서 물질적 특성, 최종용도, 관세분

---

509) 국가마다 상이한 품목분류제도는 그 자체가 무역장벽으로 기능할 수 있다. 최승환, 『국제경제법』, 전게서, p.259; 예컨대 소주와 맥주를 각 국가들이 상이하게 분류할 경우, '동종상품' 판정기준의 일관성이 없기 때문에 분쟁이 야기되는 것이다.

류, 소비자 기호 및 습관이라는 체계화된 기준을 적용해왔다.510) 동종상품에 관해 상이한 관세분류 판정이 적용되면, 이는 관세분류상의 동종상품 간에 차별성을 야기하는 것이다. 정당성이 부여되지 않는 차별은 허용되지 않는다는 원칙에 위반되는 것이다.

환경상품과 비환경상품 간의 개념과 대상상품의 분류가 명확하지 않게 되면, 그로 인한 혼란은 가중될 것이며 동종상품의 차별성 논란에 관한 논쟁이 계속될 것이다.

또한 무역과 관련한 환경보호, 건강 등에 관한 비경제적 목표를 수용하고 있다. 국가들은 자국의 환경보호와 안전, 건강 등에 관한 자체 기준을 정립할 수 있으며, 이는 WTO법의 비무역적 목표에서 정당성을 인정받을 수 있다.511) 이는 상품 간의 차별성을 합법화하는 것이 될 수 있기 때문에 동종상품이라도 그 성격에 따른 차별이 최혜국대우와 내국민대우 원칙을 위반하였어도 비경제적 목표에 관한 예외규정에 의해서 위법성이 조각될 수 있게 된다. 환경상품의 관세축소 내지 무관세는 비환경상품과의 차별성이 인정될 것이며, 이는 결국 관세의 차별적 구조 성립여부에 관한 논쟁이 수반된다.512) WTO 회원국들은 분류상에서 이러한 논리를 거부할 수도 있

---

510) European Communities-Measures Affecting Asbestos and Asbestos Containing Products, WT/DS135/AB/R, para.84 et seq., referring to the GATT Working Party Report Border Tax Adjustments of 2 December 1970, BISD 18S/97.

511) 비무역적 가치(non-trade value) 혹은 목표란 무역 이외에 환경, 인권, 노동과 같은 가치들을 포괄하는 개념으로 사용한다.

512) 모든 경제부문과 상품에 관한 환경규제의 영향을 동일하게 받는 것은 아니며, 환경요건의 적용을 받고 소비자의 관심이 집중되는 산업은 개발도상국의 수출에서 많은 부분을 차지하고 있는 산업들, 그리고 비교우위가 선진국에서 개발도상국으로 옮겨가고 있는 섬유 및 의복, 피혁 및 피혁제품, 신발류, 목재, 가구, 종이, 수산품 등이라고 할 수 있다. Environment, International Competitiveness and Development: Lessons form Empirical Studies, The Policy debate on trade, environment and development, Report by the UNCTAD Secretariat to the UNCTAD Ad Hoc Working Group on Trade, Environment and Development, TD/B/WG.6/10 (September 1995); 나아가 개발도상국의 수출품목은 일반적으로 한정된 소수의 제품과 부문에 특화 집중되어 있다. 따라서 개발도상국은 특정부문에서 경쟁력 상실을 다른 부문의 경

고, 환경상품의 관세철폐는 수락하지만, 이에 비해 비환경상품의 관세가 높아져야 한다는 논리는 거부할 수 있다. 특정목적에 따른 관세분류체제에 미치는 영향은 환경상품에 관한 실제 적용상의 문제를 낳고 있는 것이다.[513)

## 10.6.2 환경상품에 관한 비차별성 요건의 정당성

### 10.6.2.1 내국민대우

내국민대우 원칙에 따라 환경상품의 개념 정립과 관세 철폐 내지 축소를 위한 양허관세는 상대방 국가의 수출상품에 국내상품보다 불리한 대우를 하여서는 안 된다. 국내상품을 보호하기 위하여 경쟁조건을 수입제품보다 유리하게 변경하는 것은 내국민대우에 저촉되는 것으로 간주될 수 있다. 또한 회원국은 자격요건, 절차, 기술기준, 허가요건 등에 관한 국내적 규제의 권리를 가진다. 회원국이 국별 양허표에서 구체적 이행을 약속한 부문에 있어서는 그들의 정책을 합리적이고 객관적이며 공정한 방법으로 이행하도록 하여야 한다. 또한 그들의 기준이나 허가요건이 객관적이고 투명한 기준에 기초하도록 하여야 하며, 환경상품의 질을 확보하는 데 필요한 것보다

___

쟁력 우위로 보상하는 것이 어렵다는 특징을 갖고 있다. 특정 개발도상국이 환경규제로 인해 입게 되는 영향의 정도는 환경규제가 엄격한 시장에 대한 수출 집중도와 수출구성품목에 의해 달라진다. UNCTAD/UNDP의 브라질에 대한 연구에 따르면, 브라질이 OECD 국가에 수출하는 양의 25～30%는 환경규제가 이미 시행되고 있는 부문에 속하는 것으로 나타났다. TD/B/WG.6/Misc.9; TD/B/WG.6/Misc.6 ; TD/B/WG.6/Misc.7;TD/B/WG.6/Misc.10; TD/B/WG.6/Misc.8; TD/B/WG.6/10/Rev.1 참조.

513) 예컨대 리스트렌(polystyrene)은 주택의 에너지 효율성을 향상시키고 환경적 목적을 제공하는 단열재(insulation panels)를 생산하기 위해서 사용된다. 그러나 이 물질은 단열재의 원료로 사용되는 것 외에, 커피잔과 같은 일반 다른 목적을 위해서도 사용될 수 있다. 이러한 경우, 폴리스트렌(polystyrene)은 환경상품으로 분류되어야 하는가의 가치판단이 필요하게 된다.

과중되어서는 안 된다. 시장접근과 내국민대우에 관한 사항 외에 자격요건, 표준, 허가에 관련되는 문제를 포함한 환경상품에 관한 문제에 영향을 미치는 제반 조치에 관한 협상을 할 수 있으며, 이러한 약정은 각 회원국의 양허표에 상세하게 기술되어야 한다. 구체적 약정에 관한 협상은 기존 양허표에 기재된 상품 외에 추가적으로 제공될 상품에 관한 협상의 노력을 필요성을 명시해야 한다. 또한 환경보호기술이라고 판단되었던 정보가 추후에 환경친화성이 없다는 것이 과학적 증거로 입증되면, 기존의 환경상품양허에 기재된 상품은 삭제되어야 함을 '분명하게' 명시해야 한다. 환경상품의 모호성을 충분히 반영하여, 주기적으로 환경상품에 관한 자세한 논의가 이루어져야 한다. 이러한 일련의 과정들은 환경상품 무역이 국가들 간의 보호무역수단으로 악용되는 것을 방지하고, 상대방 국가들의 수입상품에 대한 불공정한 대우가 되는 것을 차단하여 무역자유화의 근본적 목표를 침해하거나 훼손하는 것을 방지하기 위한 것이다.

## 10.6.2.2 최혜국대우

'1994년 GATT' 제1조에 의하면, "회원국의 모든 관련 상품은 다른 회원국의 상품보다 불리한 대우를 받지 않아야 한다"고 규정한다. 그러나 회원국이 부속서에 명시한 경우 최혜국대우에 대한 일정한 예외와 면제를 허용하게 된다. 일방국가가 환경상품의 관세 축소 및 폐지와 관련하여 상대방 국가에게 부여한 모든 이익이나 혜택·특권·면제는 아무런 조건 없이 다른 모든 회원국에게 부여되어야 한다. 내국민대우의 적용과 유사하게 설정된 국제최소기준은 최혜국대우원칙에 의하여 WTO의 모든 회원국에게 적용되어야 한다. 이와 같은 규정은 일반상품뿐만 아니라 환경상품에도 유사하게 적용될 수 있다. 그러나 문제는 환경상품을 판별하는 기준에 따라 일반상품과의 차별성 인정여부가 최혜국대우를 준수해야 하는 국가들의 의무에 수정이 가해질 수 있다. 이와 관련한 문제는 첫째, 환경상품의 개념이 일반상품과 차별화될 수 있는 기준에 관한 것이다. 환경상품의 범위에 있어서 '환경성의 정도'에 관한 국가 간의 의견이 다르고 각기 상이한 경쟁조건의 원인이 되는 환경기술력의 차이로 인한 환경상품의 구별방식에 있어 문제가 제기될 수 있다. 둘째, 최혜국대우에 규정된 동종성 판정에 있어서 환경기준의 적용 시 나타날 수 있는 규정상의 모순에 관한 판단 근거가 미비하다는 점이다. 이는 상품들 간의 양허적용 문제가 비관세무역장벽에 관한 분쟁으로 확대될 수 있다. 왜냐하면 환경기술의 취약성을 가진 개발도상국의 시장접근 기회를 차단할 수 있기 때문에, 선진국과 개발도상국 간의 갈등이 증폭될 가능성이 있다.

### 10.6.3 최종용도에 의한 차별 인정여부

환경적 최종용도 혹은 직접적 사용에 관한 의존은 환경상품의 확인을 위한 실질적 기준이 될 수 있다. 특별한 환경적 목적 혹은 중간물로 사용되는 상품은 환경상품 리스트에 포함되어야 한다. 관심대상은 이러한 상품의 이중 혹은 다용도 사용에 관한 것이다. 다용도 상품은 환경상품의 환경목적이 아닌 일반 용도로 사용될 수 있는 상품을 의미한다. 개발도상국들은 환경상품 논의에서 다용도보다 단일용도의 상품에 더 중점을 두어야 한다고 주장한다. 어느 상품은 환경적 용도보다 일반 용도에 더 비중을 두고 있는 상품도 있을 수 있기 때문이다.[514] 하지만 협상 진행에서 살펴보면 단일 용도로 환경

목적에 사용되는 상품은 거의 없는 것으로 판명되었다. 선진국들은 이러한 이유에서 환경 목적을 위해 사용될 수 있는 상품을 환경상품으로 간주해야 한다는 입장을 보이고 있다. 환경 목적을 위한 상품과 일반상품의 구별은 기존 동종상품에 관한 차별대우를 허용하는 것으로, 관련 쟁점에 관한 논의가 반복되는 현상이 나타나는 것이다.

특히 환경적 유용성에 관한 관점의 상대성의 관점에서 다용도 상품에 관한 쟁점은 환경보호를 위한 환경 목적에 사용되는 상품에 관한 국가 간에 가치판단이 상이하기 때문에 논란이 있다. 국가마다 자국의 경쟁력에 유리한 상품을 환경친화성이 있다고 주장하고 있는데, 이는 환경보호 목적을 가장한 자국 산업의 진출 기반을 마련하여 시장접근의 확대를 위한 수단이 될 수 있다.[515] 환경기술력을 앞세운 전기자동차, 재생에너지를 생산하는 풍력, 수력, 태양력 발전설비, 오염도가 낮은 대중교통 등 선진국이 시장 우위를 확보할 수 있는 상품이 우세하기 때문에 개발도상국의 반발을 야기한다. 환경개선, 환경 보호를 위한 상품에 관한 논의가 무역자유화를 통한 시장 확대수단으로 간주될 수 있다. 환경적 유용성, 환경개선, 친환경성 등 환경보호 관련 개념정립의 부재로 인해 가치판단에 의존하는 상황이 환경상품에 관한 논의의 진전을 어렵게 만드는 이유가 된다.

---

514) WTO, Integrated Proposal on Environmental Goods for Development-Submission by Argentina, TN/TE/W/62 (October 2005).

515) 개발도상국의 수출품은 부가가치가 낮은 제품으로서 국제시장에서 가격경쟁을 위주로 거래되고 있다. 실제로 개발도상국 수출의 많은 양을 차지하고 있는 천연자원 집약 산업의 산출물들은 그 정도가 더 높다. 따라서 환경표준을 달성하기 위한 투자지출이 필요한 경우 개발도상국의 생산자는 이를 충족시키기 어려운 것이다. 사회기반시설, 자본, 원자재의 부족, 기술접근의 한계, 숙련 노동자의 부족 등이 개발도상국 산업개발의 큰 장애요인이 되고 있다. 개발도상국 내에서 환경친화적 상품에 대한 수요가 충분한 규모에 이르지 못하는 사실도 이들 국가에서 초기투자비를 회수할 수 있을 정도의 생산이 일어나지 못하는 주요 요인이 되고 있다. 나아가 선진국에서 시행되는 환경표준이 개발도상국의 환경보호에 반드시 적합한 것은 아니라는 의견이 제기되고 있기도 하다. 강상인 · 박준영, 『국제환경규제 강화가 국제교역상 시장접근에 미치는 영향에 관한 연구』 (한국환경정책평가연구원, 1999), p.76.

## 10.6.4 기술지원의 필요성

환경적 장치, 기술 등의 수출은 유럽과 미국, 일본을 포함하는 선진국에 집중되어 있다고 지적한다. 시장접근의 관점에서, 환경상품에 관한 관세 및 비관세장벽의 제거는 개발도상국의 입장에서 선진국에 이익이 집중될 수밖에 없다는 점이 우려된다.516) 환경상품의 원활화를 위한 가장 중요한 직접적이고 긍정적인 수단은 기술이전 정책에 기초하는 것이다. 환경상품의 무역을 확산시킬 수 있는 가장 중요한 수단은 개발도상국에 대한 기술이전이 될 것이다. 아프리카와 같은 저임금 국가의 무역흐름의 부족은 선진국이 이러한 국가들에 대한 지원을 거의 하지 않기 때문일 가능성도 크다. 환경상품 무역의 증가는 그러한 기술이전에 관한 정책의 개발과 밀접하게 연관될 것이다.517)

## 10.7 사회경제적 요인의 수용여부

환경상품의 관세제도 적용에 관한 사회경제적(socio-economic) 고려가 있어야 하는지 여부에 관한 논란이 있다.518) 이것은 환경상품 협상은 기존의 동종상품 간의 차별과 관세인정의 추가적 부담이라는 결과로 발생할 수 있다는 우려에서다.519) 상품무관련 PPMs 문제는 이러한 쟁점의 연계선상에 있다. PPMs 문제와 관련하여 미국, 호

---

516) Mahesh Sugathan(2007), *supra* note 507, p.63.

517) UNCTAD, Promoting poles of clean growth to foster the transition to a more sustainable economy, Trade and Environment Review, 2009/2010, p.199.

518) Harald Hohmann(ed.)(2008), *supra* note 455, p.174.

519) *Ibid.*

주 등은 환경상품 정의에 포함할 수 없다는 입장을 나타냈다. 반면, EU는 PPMs 문제를 환경보호와 환경상품의 무역확대 차원에서 긍정적으로 고려해보자고 제안하였다.[520] 환경상품 정의와 분류의 불확실성은 국가 간의 협상에 의해 그 정의가 결정되어야 하는데, 선진국과 개발도상국 모두에게 중요한 이익이 존재하기 때문에 합의가 어렵다. 환경상품의 무역자유화가 개발도상국에 확실한 이익을 가져다줄 수 있다면, 개발도상국이 협상을 주저할 이유는 없을 것이다. 환경상품의 특수성은 무역자유화를 위한 관세협상에만 집중되어서는 안 되는 특수한 사항들이 복합적으로 존재한다.[521]

특히 개발도상국들의 개발목표와 국가능력을 고려하여 몇몇 개발도상국들은 환경상품에 관한 무역자유화는 환경 분야에 있어서 국가능력의 발전정도에 따른 환경기술 및 관련 노하우를 포함하는 환경관련 제반기술에 관한 이전을 제공해야 한다고 주장한다.[522] 환경과 개발에 관한 상호이익을 얻기 위해서는 다양한 요인들이 고려되어야 한다. 첫째, WTO체제에서 논의되고 있는 환경상품에 관한 개

---

520) 산업자원부, 『WTO 환경협상 결과보고』, (2003), p.3.

521) 개발도상국이 수출하는 상품 중에 환경에 민감한 기타 상품으로는 피혁, 섬유, 종이가 있다. 피혁의 보존을 위해 투여하는 특정 화학약품의 사용을 금지하거나 섬유제품에 대해서 특정 염료의 사용을 금지하는 것은 생산자에게 대체품을 사용하도록 강요하게 되고, 이로 인해 생산비용이 인상될 수 있다. 예컨대 인도에서는 제혁부문에서 국제적 표준을 달성하기 위해 요구되는 비벤젠계 염료의 사용에 따른 비용은 현재 사용되고 있는 벤젠계 염료비용에 비해 3배나 더 높았다. 또한 펜타클로로페놀(PCP)의 사용금지로 10배 더 비싼 대체품인 BUSAN 39를 사용하게 되어 제혁비용이 높아졌다고 인도의 수출업자들은 보고하였다. 반대로 아르헨티나에서는 PCP 사용금지 처분이 큰 비용인상을 초래하지는 않은 것으로 보고되고 있다. 이러한 차이는 대체 화학물질 수입에 대한 인도의 관세와 아르헨티나의 환율 때문이었다. 이는 동일한 환경규제의 무역파급효과가 각국의 관세정책에 따라서도 달라질 수 있다는 사실을 보여주는 것이다. 인도의 중소기업은 피혁수출량의 70%, 섬유 의복수출의 63%를 생산하고 있는데, 이들 기업은 새로운 환경기준에 적응하는 데 필요한 재정과 기술이 부족하여 외국의 규제에 매우 취약한 것으로 판명되고 있다. 강상인·박준영, 『국제환경규제 강화가 국제교역상 시장접근에 미치는 영향에 관한 연구』, 전게서, p.81.

522) WTO, Communication from Cuba, Negotiating Proposal on Environmental Services, S/CSS/W/14222 (9 March 2002).

념과 분류에 관한 접근방식은 개발도상국에 이익이 되는 수출상품을 거의 포함하지 않는다. 다른 한편으로 환경상품의 리스트는 다수의 다용도 상품을 포함하고 있다. 둘째, 다수의 개발도상국들은 여전히 국가 능력을 배양할 수 있고, 기술이전을 증진하고, 효율성과 경쟁력을 강화할 수 있는 국내정책과 규제적 틀을 고안할 것을 필요로 한다. 셋째, 개발도상국들은 국가수준에서 시장접근의 한계를 평가할 수 있는 체계화되어 있는 기관을 수립할 것을 필요로 한다.[523] 따라서 환경상품에 관한 협상은 개별국가의 발전정도와 국가 정책의 목표를 존중하면서 무역이 환경과 개발에 기여할 수 있는 방향이 모색되어야 한다.

아울러 몬트리올의정서와 기후변화협약과 같은 MEAs에 따라 도입된 국제기준을 포함한 국제적 환경기준의 확산은 환경상품 시장의 창출에 긍정적인 영향을 주었다.[524] 친환경적 상품생산구조로의 전환은 국제환경협약상의 환경보호와 지속가능한 개발의 목표를 달성하는 데 유용한 작업이 된다. 따라서 MEAs와의 관계에서 적합성 문제에서 발생하는 상호중첩 문제를 해결할 수 있는 중요한 의제가 될 수 있으며, MEAs에서 언급되는 'S&D 대우'에 관한 고려도 환경상품 논의에서 필요하다.

---

523) UNCTAD, TD/B/COM.1/EM.21/2 (12 April 2005), p.4.

524) *Ibid.*, p.7.

# 11. 기술이전과 능력배양 지원

## 11.1 기술협력에 관한 유엔차원의 논의

모든 국가의 사회적 경제발전에 기술의 중요성을 인식하고, 특히 개발도상국의 개발을 촉진하는 데 기술의 가치와 필수적 역할을 인정한다.525) 기술은 범지구적 발전의 핵심적 요소이며, 모든 인간의 생활수준의 향상을 위한 중요한 수단이 되기도 한다. 기부형식으로 수행되는 노하우의 이전을 통하여, 기술협력의 제1차 목적은 수혜국가가 자신들의 경제적 자원을 가장 효율적으로 사용할 수 있도록 하는 것이다.526) 초기단계, 즉 1946년에서 1960년대 초에, 대부분의 개발도상국들의 경우 미래가 불명확했고 운영체제도 없었으며, 선진국들의 저항도 있어서 유엔 내에 기술협력 형식이 수립되었지만, 심각한 개발도상국 문제들을 다루는 데 전혀 적합하지 않았다. 기술지원계획(technical assistance programme: TAP)을 수립함으로써527) 그러한 문제에 대처하였다. 이 계획은 유엔헌장 제17조 2항에서 규정하고 있는 제도, 즉 총회의 강제적 예산배정권를 통해서 자금을 지원받

---

525) UNCTAD, Draft International Code of Conduct on the Transfer of Technology (1985 version).

526) 금융적 측면의 개발협력은 세계은행의 범주 내에 있는 기구로 국제개발기구(IDA)가 조직되었다. 이러한 협력 유형은 빈국의 금융재원을 확보하기 위한 자본동원이 목적이다. 기술협력과 달리 이는 기부형식으로 수행되지 않고 세계시장에서 일반적인 조건보다 더 유리한 조건으로 후진국들에게 대출하는 방식으로 한다.

527) 1948년 12월 4일 총회결의 제200(III)호.

았는데, 주로 전문가와 기술자들을 개발도상국에 파견하고, 장학금을 수여하며, 훈련 및 연구센터 설치에 중점을 두었다. 추후에 1946년 11월 유엔 총회[528]는 '기술지원확대계획'(Expanded Programme of Technical Assistance: EPTA)을 수립하였다. 이 계획은 회원국들이 자발적으로 기탁한 특별기금을 재원으로 하였다. 이 계획에 따라 제공된 지원은 주로 전문가 자문, 현지인 개별 훈련, 기술정보 제공 및 확산, 그리고 전시용 장비제공이 관한 것이었다.

1950년대 말에서부터 1960년대 초에, 개발도상국이 생산하는 제1차상품의 가격은 세계시장에서 지속적으로 하락하는 한편, 개발도상국들이 수입해야 하는 완제품 혹은 반제품 가격은 지속적으로 상승하였다. 이에 따라 세계경제질서의 변화가 필요하였다. 이러한 맥락에서 UN총회는 1965년 11월 22일 결의 제2029-XX호에 따라 UNDP를 설치하였다. 이 계획은 EPTA 그리고 특별기금을 대체한 것인데, 유엔 특별기구들이 이전에 제공하였던 지원을 조절하고 간소화하기 위한 설치였다. 이는 현재 유엔 내에서 가장 커다란 개발지원 자원이며, 지원조절을 맡고 있는 주 기관이기도 하다. 주요 법률이 1994~1995년 사이에 집행이사회에서 통과된 이후, 현재 UNDP의 최우선 목표는 (1) '지속가능한 인간개발'을 통하여 빈곤을 제거하고, (2) '선한 지배구조'(good governance)를 위한 능력을 구축하는 것이다.[529]

기술발전의 격차로 인한 개발[530]의 불평등성을 개선하기 위하여

---

528) 1946년 11월 16일 총회결의 제304-IV호.

529) Antonio Cassese(2001), *supra* note 118, p.672.

530) 개발은 UNCTAD 행위법전 작업의 주요 동기이다. 이 이념은 첫째로 개발도상국의 특수한 욕구, 즉 경제적 체제의 개선과 생활수준의 향상을 위해 대체기술에 대한 풍부한 정보제공 등으로 기술정보의 흐름을 개선하고, 적절한 기술을 자유로이 선택하는 것 등을 공정하게 평가해주는 것으로 구체화된다. 행위법전의 서문은 개발도상국에 대한 특혜대우요구를 명

개발협력531)을 강화하고자 UNCTAD532)에서 추진된 기술이전에 관한 행위법전533) 작업에서 77그룹의 초안은 기술을 인류의 공동유산으로 간주해 자연법적 사상에 근거하여 모든 국가는 그 어떠한 기술에도 접근할 권리가 있다고 주장하였다. 반면, 선진국의 초안은 기술을 민간경제활동의 산물로서 사적 소유로 간주하여, 기술의 개발과 유용성은 사경제 주체에 의해서 적극적으로 촉진될 수 있기 때문에 정부주도가 아닌 사경제 주체들에게 유리한 분위기를 조성해주는 것이 주요한 과제라고 주장하였다. 선진국과 개발도상국 간의 입장대립은 WTO체제에서 무역관련 의무이행을 위한 능력배양과 관련 갈등에서 그 연속성을 가진다. WTO법의 일부로 수용한 개발도상국에 대한 개발지원의 약정에 관한 논의에서 개발 촉진을 위한 중요한 수단으로 기술이전의 필요성에 관한 강력한 요구에 대한 선진국과의 갈등이 심화되고 있다. 개발도상국들은 기술지원과 능력배양

시함으로써 개발이념을 실현시키고자 하는 것이다. 이장희, "기술이전에 관한 국제법적 연구: UNCTDA의 기술이전에 관한 행위법전과 국제공업소유권보호협약을 중심으로,"『국제법학회논총』(통권 제61호, 1987.10), pp.147~187.

531) 개발협력이라는 개념은 흔히 더 산업화된 국가들이 더 낙후한 국가들의 경제발전을 촉진하기 위하여 행하는 모든 활동을 대상으로 한다. 국가들이 국제기구의 틀 속에서 이러한 활동을 수행하는 경우, 개발협력은 모든 국가들이 자신의 외교정책 목표를 추구할 때 양자적 수준에서 수행할 수 있는 협력과 대조되는 다자간 협력의 성격을 띠게 된다. Antonio Cassese(2001), *supra* note 118, p.672.

532) 유엔 내에서 개발도상국에 대한 기술지원도 UNCTAD를 통해서 제공되었는데, 이 기구의 주요 목적은 개발도상국의 '무역, 투자, 그리고 개발기회를 극대화하는 것'이다. UNCTAD는 현재 100개 이상의 국가에서 300개 이상의 기술지원사업을 시행하고 있다. *Ibid.*

533) 기술이전행위법전은 신국제경제질서를 향한 발판으로 평가된다. 처음부터 행위법전은 보편적으로 적용될 것을 기대하고 있었다. 행위법전의 기술적 측면에서의 개발문제는 이 행위법전 전체의 일관된 주장이다. 동시에 행위법전은 국가의 독립, 안정, 평화의 차원에서 국제협력을 증진한다는 요구도 수렴해야 한다. 이에 기본이념은 보다 원활한 기술정보의 유통으로 국가 간 기술이전을 위해 원활한 기술정보의 유통을 증진시켜주고, 모든 국가들은 상호이익을 위해 이 기술정보유통에 동등하게 참여하는 것이다. UNCTAD는 1980년 5월 6일 각 그룹의 수정안을 모아 행위법전의 Draft Code를 작성했다. 이 Draft Code에는 각 그룹이 의견의 일치를 보인 부분과 안 보인 부분을 그대로 수록하고 있다. 이 Draft Code를 중심으로 각 그룹은 온전한 행위법전작성을 위해 계속 협상을 진행하였다. 이장희, "기술이전에 관한 국제법적 연구: UNCTDA의 기술이전에 관한 행위법전과 국제공업소유권보호협약을 중심으로," 전게논문, pp.147~187.

프로그램이 한시적이고 협상의 수단으로 받아들여지고 있다는 점에 부정적이었다.534)

## 11.2 기술협력과 능력배양에 관한 WTO체제에서의 논의

### 11.2.1 IBRD 및 IMF의 개발도상국 지원에 관한 비판

IMF나 세계은행과 같은 국제기관들은 이미 타결된 협정 내용이 개발도상국들에 부과할 구조조정 비용, 예컨대 관세 수입 충당, 직업 훈련 등에 따른 비용을 새로운 정책이 정착될 때까지 지원하는 역할을 담당해야 한다고 지적한다.535) 국제통화기금의 '무역 통합 메커니즘'(Trade Integration Mechanism)의 관련 규정들은 개발도상국의 지원과 같은 임무를 수행하도록 고안된 것이지만, 그러한 규정들은 개발도상국의 입장에서는 충분히 시행된 적이 없다고 본다.536) 따라서 제 역할의 수행과 더불어 국제통화기금은 개발도상국들에게 추가적인 지원조건(conditionality)을 요구하지 않는 방식으로 운용되도록 변화가 필요하다.537)

---

534) Gregory C. Shaffer, Ricardo Melendez-Ortiz (ed.), *Dispute settlement at the WTO: the developing country experience* (New York; Cambridge, UK: Cambridge University Press, 2010).

535) Kevin P. Gallagher, "Measuring the Cost of Lost Policy Space at the WTO", *IRC Americas Program Policy Brief*, 2007, p.5.

536) *Ibid.*

537) *Ibid.*

## 11.2.2 기술이전에 관한 WTO 능력배양 정책에 관한 비판

WTO체제에서의 기술협력의 목적은 (1) 수혜국가가 합의된 국제 무역규칙을 양해하고 시행하도록 지원하고, (2) 이들이 다자간 무역 제도에 충분히 참여할 수 있도록 하며, (3) 기술지원으로 인적 자원 개발 그리고 제도적 능력을 향상시켜 공정성을 확보하기 위한 목적 에서 이행되어야 한다.

### 11.2.2.1 개발도상국의 개발정책과 일치성 여부

기술이전 정책은 임의성을 가지며, 통합적 정책의 성격을 가지고 있지 않다. 공여자는 지원 정책의 공여부분에 대한 공을 인정받고 싶어 하기 때문에, 국제기구를 통해 지속적인 기금을 제공하는 방식 을 선호하지 않는다.[538] 영국 국제개발부 Susan Prowse는 각기 다른 기관은 수평적 협조(horizontal coordination)에 관계없이 무역관련 지 원계획(trade-related assistance initiatives)의 수직적 다양성(vertical multiplicity)을 선호한다고 지적하였다.[539] 주요 과제는 개발도상국과 저개발국을 포함하는 수혜국의 개발정책의 성격을 고려하여 무역관 련 기술지원 정책의 일관성을 확보하는 것이다. 하지만 대부분의 정 책은 지속기간이 단기적이고, 현실적인 기술개발과 능력배양보다는 정보전달의 수준 정도에 머물고 있다는 비판이 있다. 초기 WTO 의 기술이전 보고서는 주로 예컨대 세부정보 제공(present detailed

---

538) WTO, Interview with a developed country representative to the WTO, (June 2004), p.254.

539) S. Prowse, "The Role of International and National Agencies in Trade-Related Capacity Building", 25 *World Economy* 1235, 2002, p.1239. (citing OECD, Building Trade Policy Capacity in Developing Countries and Transition: A Practical Guide to Planning Technical Cooperation Programmes, 2001).

information), 정부에 통지(inform government), GATS의 구조 설명 (explain the structure)과 같은 방식으로 정책의 구체적 활동을 중심으로 기술하였다. 2003년 WTO의 기술이전 보고서에서는 기술이전 계획은 협조문제가 시급한 과제로 남아 있다고 인정하였고, 많은 시급한 요구와 체계적이지 않은 사무국 대응을 비판하였다.[540] 능력배양 목표를 개념화하는 것은 이러한 목표를 실행하는 것보다는 쉬운 일이다. 제공된 기술지원을 조직화하여 받아들일 수 있는 국가의 능력이 요구되는데 목표를 이행하는 데 어려움은 그러한 능력의 부재에 있다. 개발 분석가 Devendra Panday에 의하면, 그러한 지원이 국가의 핵심정책과제로 일관성 있게 통합하되, 이를 바탕으로 실질적인 이행에 옮기는 것 자체도 그들에게는 어려운 일이라고 지적하였다.[541] 이러한 이유로 몇몇 국가들은 '국내 기술지원 요구를 정립하기 위한 기술지원의 필요성'을 WTO 사무국에 전달해왔다.[542] 또한 제공된 지원을 관리하기 위한 재원을 요구하기도 한다. 수혜국들은 광의적 의미에서의 능력을 계발하기 위한 것이 그러한 지원의 목표라면, 세미나 혹은 워크숍 등은 큰 가치가 없을 것이고 하였다.[543] 또 다른 측면에서 무역관련 기술지원 계획을 이행하는 것은 WTO 협상과 분쟁해결의 역학에 따라야 한다.

---

540) WTO, Coordinated WTO Secretariat Annual Technical Assistance Plan 2003, WT/COMTD/W/104 (3 October 2002), p.8.

541) Sakiko Fukuda-Parr, Carlos Lopes, Khalid Malik (ed.), *Capacity for Development: New Solutions to Old Problems (executive summary)*, (UNDP, 2002), p.79.

542) WTO, Committee on Trade and Development, Coordinated WTO Secretariat Annual Technical Assistance Plan, WT/COMTD/W/104 (3 October 2002) p.8.

543) WTO, High Level Briefing/Meeting on Technical Cooperation and Capacity Building for Capital-Based Senior Officials, WT/COMTD/43 (20 September 2002), p.21.

## 11.2.2.2 공여국 중심의 지원방식

수혜국에 효과적인 능력배양 프로그램을 창설하기 위한 과제는 개발목표가 공여국의 권력을 지고 있는 유권자의 이익과 갈등할 수 있다는 점이다. 모든 국가의 정부 관계자는 수출 지향적 성향이든 보호주의적 성향이든 각 유권자의 요구에 따른다. 공여국은 타방 국가의 개발 우선순위에 상관없이 민감한 부분에 대한 접근을 차단하고 지적재산권의 즉각적인 이행 내지 기타 다른 조건에 대한 압력을 가하는 내부 유권자의 요구에 따른다. 공여국들은 국가 기업에 이익을 주는 지원과 자문을 결부시킬 수 있다. 결과적으로 기술지원은 무상지원이 될 수 없는 것이다.[544] 이런 면에서 개발도상국이 WTO '기술지원' 계획의 수혜국인지에 여부에 관한 의문이 생길 수 있다. 몇몇 선진국에 의해 요구된 방식으로 지적재산권 보호에 관한 이행은 저개발국의 우선적 고려사항이 아닌 것이다. 하지만 WTO가 기술지원의 제공을 위한 '협력 협정'(Cooperation Agreement)을 체결한 첫 번째 기구가 WIPO이다.[545] 1998년 7월, WTO와 WIPO는 'TRIPS 협정'에 부합하도록 하는 개발도상국의 이행약정 만료일인 2000년 1월 1일을 충족시키기 위해 개발도상국을 지원하기 위한 새로운 공동계획을 공식 발표했다.[546] 유사하게 다른 초기 WTO 능력배양 계획도 관세평가, 무역구제, 'TRIPS 협정', 관세율의 변경 등의 분야에서 WTO 협정에 맞게 국내 이행입법과 규정을 채택하도록 개별국을 지원하는 데 목적을 둔 기술지원 업무에 관해 지속적으로 언급하였

---

544) Gregory C. Shaffer(2010), *supra* note 534, p.256.

545) WTO, A New Strategy for WTO Technical Cooperation: Technical Cooperation for Capacity Building, Growth and Integration, WT/COMTD/W/90 (21 September 2001), p.3.

546) WTO Press Release 108, (21 July 1998).

다.[547) 2003년 칸쿤 각료회의에서 대부분의 지원계획이 '싱가포르 이슈'(Singapore Issues)에 관한 것이었다.[548) 물론 그러한 기술지원에 관계없이, 개발도상국은 싱가포르 이슈 협상에 참여하는 데 덜 효과 적일 수 있다는 이유로 타당성이 있는 반대가 가능하다.[549) 중요한 점은 능력배양 지원이 규정을 증진하는 데 목적을 두지 않고 규정을 명확히 하고 제약을 두지 않는(open-ended) 방식으로 실행한다면 보 다 효과적일 수도 있을 것이다.[550) EU는 WTO 사무국이 기술지원의 필요와 수요를 정립하는 데 어려움을 겪고 있는 국가들을 지원하는 데 보다 전향적이고 전략적인 역할을 수행해야 한다는 입장을 지지 하였다. 수혜국은 사무국이 투명한 방법으로 그들의 요청을 해결해 주기를 요구한다. 예컨대 인도는 기술이전은 수요자 중심으로 이행 되어야 한다고 주장하였고,[551) 모로코 또한 기술이전에 대한 사무국 의 접근방식에 있어 많은 재량권을 부여했다는 점을 비판했다.[552) 이 와 비슷한 이유로 코스타리카도 국가 활동을 결정하는 데 개별국가 에게 보다 많은 유연성을 부여하는 것이 필요하다고 지적했다.[553) 케 냐 역시 이러한 입장을 지지했다.[554)

개발정책 성공의 척도는 지원의 양적인 확산이 아니라, 수혜국이 정책을 통해서 어느 정도의 이행실현을 이룰 수 있는지에 달려 있

---

547) WTO, Committee on Trade and Development, High Level Briefing/Meeting on Technical Cooperation and Capacity Building for Capital-Based Senior Officials, WT/COMTD/43 (20 Sep. 2002), p.29.

548) Technical Assistance and Capacity-building, TCTSD Doha Round Briefing Series (February 2003), p.3.

549) Gregory C. Shaffer(2010), *supra* note 534, p.257.

550) *Ibid.,* p.258.

551) WTO, WT/COMTED/M/46 (23 October 2003), p.18.

552) *Ibid.,* p.12.

553) *Ibid.,* p.23.

554) *Ibid.,* p.26.

다. OECD 지침에 따르면, 공여국이 더 이상 지원을 하지 않을 때, 수혜국이 자립적으로 이행능력을 강화할 수 있는 접근방식의 필요성을 언급했다.[555]

### 11.2.2.3 지원의 지속성 과제

공여국은 공여정도에 따른 이익을 보장받기를 원한다. 무역관련 기술지원이 바람직한 결과가 도출이 되지 않는다면, 이러한 정책은 지속성을 갖기 힘들게 된다. 현재 진행되는 협상과 결부하여, DDA 협상이 타결되는지 여부에 따라 현재 추진되고 있는 기술지원과 능력배양프로그램의 성공여부를 판정할 수 있는지에 관한 쟁점부터 판단해봐야 한다. 그러한 지원의 결과로, 개발도상국의 DDA 협상의 적극적 참여를 유도하고, 요구하는 분야의 시장접근성을 높였는지 여부와 개발도상국의 능력배양이 향상되었는지 여부를 섣불리 판단하기엔 무리가 있을 것이다. 더욱 중요한 점은 기술이전과 능력배양 프로그램이 WTO체제에서 제도화되어 그러한 지원이 장기적 관점에서 목표를 창출해왔는지에 관한 것이다. 단지 DDA 협상의 타결이 개발도상국의 무역관련 지원의 요구에 마침표를 찍을 수는 없을 것이다. 물론 WTO 능력배양 계획과 DDA 협상의 타결을 연관 지으려 하는 압력이 존재한다.[556] 예컨대 제공된 기술지원은 싱가포르 이슈를 포함한 협상을 개시하기 위한 조건으로, 개발도상국의 '명시적 내지 묵시적' 동의에 따른 보상의 성격으로 부여된 것이다. 싱가포르 이슈 중의 세 가지 쟁점이 2004년 7월에 협상에서 제외되었을

---

555) OECD, *The DAC Guidelines: Strengthening Trade Capacity for Development*, (Paris: OECD, 2001), p.17.

556) Gregory C. Shaffer(2010), *supra* note 534, p.260.

때, 공여기금의 미래는 불투명한 상태에 놓여 있었다. 칸쿤회의 결과는 기술지원 우선순위의 재평가를 요구하고, 향후 DDA 협상범위가 명확하기 않을 것이므로 회원국들은 이러한 지원의 범위를 재설정해야 할 것이다.[557) 이와 대조적으로 개발도상국은 '기술협력과 능력배양은 WTO의 기본적인 활동으로 고려'되어야 한다고 주장했다. WTO 고위급 회담에서, 미국 대표는 능력배양은 'WTO의 지속적인 임무'로 되어야 한다는 점에 동의했다.[558) 그럼에도 WTO 능력배양 정책의 효과에 관한 공여국의 인식에 따라 지원과 미래 기금이 형성될 수밖에 없는 구조적 한계를 갖고 있다. WTO법의 이행능력을 강화하기 위한 기술이전에 관한 다양한 정책은 연속성이 없을 뿐만 아니라 수혜국의 요구에 따른 지원이 제대로 이루어지고 있는지에 관한 평가도 부족하다. 무역자유화 촉진을 위한 기술 및 재정지원 문제점에 관한 비판과 환경가치의 수용으로 인한 환경규제 강화는 개발도상국의 비용부담을 가중시키는 결과가 초래되고 있다는 것은 언급된 바에서 드러났다. 지원의 지속성에 관한 문제는 WTO 체제상의 정책상 제고되어야 하는 측면도 있지만, 더불어 법적 및 제도적 차원에서도 논의가 고려되어야 한다. 각 국가의 역량과 세부적인 지원책에 관한 세부적인 검토는 실제 운용상에 이루어져야 하지만, 국가들 간의 무역자유화가 원활히 이루어질 수 제도적 장치의 마련을 위한 논의는 규범적 차원에서 WTO법상의 공정성 확보라는 근본적인 목적을 추구하기 그 구체적 이행형태의 개발 논리가 필요하다.

---

557) WTO, Note on the Meeting of 16 and 23 October 2003, WT/COMTD/M/46 (24 Nov.2003), p.14.

558) WTO, Report to the Secretariat, High Level Briefing/Meeting on Technical Cooperation and Capacity Building for Capital-Based Senior Officials, WT/COMTD/43 (20 September 2002), p.26.

## 11.2.2.4 환경보호와 개발 연계성 부족

개발도상국의 개발목표에 필요한 지원을 제공하고, 이로써 WTO 체제에서의 의무이행을 잘 수행하기 위한 능력배양을 위한 목적에서 지원정책이 출발하였다면, 이제는 그 능력배양의 범위에 환경보호를 위한 정책도 포함되어야 한다. 선진국들이 환경보호 강화를 주장하면서 개발도상국들은 개발목표에 관한 정책의 추진과정에서 혼란을 겪게 되었다. 환경의제의 중요성이 강조되면서 개발도상국들은 구조적 개혁을 요구한다. 지원정책이 한시적으로 시행되는 데 따라 근본적인 지원책이 제공되지 못하고, 선진국의 무역시장을 확대하는 데 급급한 지원은 개발도상국의 적극적인 참여를 유도하는 데 실패하였다. 지속가능한 개발의 기여와 환경보호를 위한 무역 자유화를 촉진시키기 위한 과정에서, WTO체제가 보다 공정하게 정립되기 위해서는 불평등한 경제구조의 개선을 위한 제도화가 필요하며, 이는 임시방편적인 성격의 지원이 아니라 낙후된 국가의 경쟁력을 향상시키고 지속가능한 개발에 기여라는 공정한 무역규범이 추구하는 목적을 추구할 수 있는 수단이 되어야 한다.

# 12. 「공정한 개발 메커니즘」 정립 방향성

## 12.1 메커니즘의 제안 배경

'Doha 선언' para.44는 다음과 같은 내용을 명시한다.

첫째, WTO 협정상의 일부로 'S&D 대우' 규정을 인정한다.

둘째, 개발도상국이 직면한 특정한 제약을 다루는 데 있어서 그들의 원하는 운용방식을 고려한다.

셋째, 몇몇 회원국들이 제시한 'S&D 대우'에 관한 기본협정(Framework Agreement on Special and Differential Treatment)을 채택하여 'S&D 대우'를 재구성하는 내용을 참작한다.[559]

넷째, 'S&D 대우' 규정이 보다 정확하고, 효과적이고, 운용 가능하게 강화하기 위한 검토의 필요성에 합의한다.

　S&D 대우는 선진국과 개발도상국 간의 경제적 관계에 그 격차를 부분적으로 보상하기 위한 법규범 및 정책이행을 허용하여 '형평'(equity)을 도입하는 데 목적을 둔다.[560] S&D 대우의 존재이유는 상이한 개발단계에 있는 국가들의 실제적 격차를 줄이고, 동시에 국

---

559) WTO, WT/GC/W/442 (19 September 2001).

560) Manuela Tortora, "Special and Differential Treatment and Development Issues in the Multilateral Trade Negotiations: the Skeleton in the Closet", UNCTAD, WEB/CDP/BKGD/16 draft, pp.3〜4.

제사회의 책임을 부과하는 데 있다.561) 이러한 맥락에서 DDA는 개
발도상국의 개발관심을 적극적으로 검토하고 효과적인 운용을 위한
논의의 목적을 가지고 있다. 하지만 본래 취지에 따른 협상이 제대
로 이루어지지 못하고 있으며, 그 이유는 선진국과 개발도상국 간에
서로 상반된 가치를 추구하려는 데 따른 의견대립에 있다.

 'S&D 대우' 관련 CTD에서의 논의는 '이행에 관한 결정'(Decision
on Implementation) para.12에 따라, 'S&D 대우'는 의무적인 성격을
가지는 규정들과 비강제적 규정들을 정립하고, 'S&D 대우'가 보다
효과적으로 이행될 수 있는 추가적인 방안들(additional ways)을 검토
하고, 'S&D 대우'가 WTO법상의 일부로 포섭될 수 있는 접근방안
에 중점을 두고 진행하고 있으나,562) 협상진행이 순조롭게 이루어지
지 않고 있다. 이 과정에서 소수의 선진국들은 'S&D 대우' 규정들
은 대상협정들에 분산되어 있기 때문에 구체적으로 관련 분과에서
진행하는 것이 타당하다고 주장한 바 있다.563) 'S&D 대우' 원리가
WTO 협정상의 155개의 조항으로 명시되어 있다는 점은 WTO법상
의 일부를 구성하는 것으로 볼 수 있다. 그럼에도 'S&D 대우'는 개
발도상국에 특혜를 부여하는 것을 주요 특징으로 하였기 때문에,
WTO법상에서 주요원칙으로 정하고 있는 비차별적주의와 상호주의
원칙과는 상반되는 것으로 'S&D 대우'는 원칙으로 정립될 수 없다
는 견해가 있다.564)

---

561) *Ibid.*

562) WTO, Implementation of Special and Differential Treatment Provisions in WTO Agreement
and Decisions, WT/COMTD/W/77/Rev.1 (21 Sep. 2001) 참조.

563) "At this stage, it is difficult to assess the progress made in relation with the implementation
issues became: (i) the Decision encompasses eleven agreements, each one including several
pending 'issues and concerns', and (ii) many of these issues are being treated by the relevant
WTO bodies in a fragmented and still ongoing process, according to different deadlines"
UNCTAD, Trade and Development Board, TD/B/49/12 (11 September 2002), para.24.

그러나 WTO법질서에 추구하려는 공정성의 관점에서 바라보았을 때, 'S&D 대우'를 어떠한 형태로 다루어져야 하는가에 대한 문제가 제기될 수 있다. 비차별적 원칙을 주요원칙으로 하여 공정성 기준을 판단하는 것은 형식적 공정성의 접근이라 할 수 있다. 반면, 동등하지 아니한 국가들 간의 관계를 다루기 위한 형평의 원리를 존중할 경우에는 공정성 판단은 실질적 공정성 기준에 따라야 한다. 이러한 경우에 형식적 공정성과 실질적 공정성의 이론적 접근은 공정성 개념을 일정한 기준에 따라 구분한 것인가, 혹은 양자 간의 관계를 성질이 상이한 것으로 구별하고 상호 보완적인 관계를 갖는 것으로 봐야 하는 것인가에 관한 논의가 필요하다. WTO법질서가 선진국과 개발도상국, 그리고 저개발국을 포함하는 상이한 여건을 가진 국가들 간의 상호협력을 바탕으로 형성되었다는 점을 고려하면, 형식적 공정성과 실질적 공정성은 상호 보완적으로 유지하는 것이 WTO법상의 공정성 원칙의 확립하기 위한 접근으로 타당하다고 본다.

위와 관련 WTO법상 국가들 간의 갈등이라는 실제적 측면과 공정성의 이론적 측면의 논의를 바탕으로, 실질적 공정성을 확보하기 위한 방안을 제안해보고자 한다. 'S&D 대우'에 관한 법적 목적과 필요성 그리고 '지속가능한 개발'의 목표, 'S&D 대우'를 위해 다루어져야 할 주요 쟁점은 현재 DDA에서 진행되고 있는 환경상품 협상에서 개발도상국이 주요 논거로 제시한 공통적인 관심쟁점을 토대로 하여 구성한 것이다. DDA에서의 환경상품 논의는 상품의 무역 자유화를 위한 관세 축소 및 철폐에 관한 무역협상만을 의미하는 것이 아니라, '환경'가치를 가진 상품을 협상의 대상으로 삼고 있기 때문에, 개발도상국은 선진국의 국내환경정책과 관련지어 환경상품이

---

564) Amin-Alavi(2009), *supra* note 450, pp.25~73 참조.

비관세장벽의 주요 원인이 될 수 있다는 가능성을 우려한다. 이러한 배경에서 선진국과 개발도상국들은 갈등을 완화시킬 전환점을 찾지 못하고 있으며, 서로 상반되는 기준의 적용을 이유로 이견대립을 보여주고 있다. 그런데 이러한 갈등은 기존 우루과이라운드 무역협상에서 보여준 선진국과 개발도상국 간의 갈등의 본질과 유사한 면이 있다고 본다. 특히 'S&D 대우'에 관한 관점의 차이는 공정성 기준을 바라보는 관점의 차이를 반영하고 있다고 여겨진다. 이러한 분석을 토대로 다음과 같이 'S&D 대우'를 WTO법상의 일부로 효과적인 이행이 가능할 수 있도록 선진국과 개발도상국 간의 상호협력을 유도하여 메커니즘565)으로 정립해야 할 필요성에서 그 '방향성'을 제시한다.

## 12.2 메커니즘의 법적 성격

### 12.2.1 필요성

'공정한 개발 메커니즘'의 필요성은 동등하지 아니한 국가들 간의 실질적 공정성을 확보하기 위한 방안으로 개발도상국이 WTO법상 이행능력을 제고하고, 무역협상에 보다 적극적으로 참여하여, 경제적 이익을 확보하기 위한 수단으로써 활용하기 위한 것이다. 특히 개발도상국의 개발목표를 실현하기 위한 목적에서 '공정한 개발 메커니즘'(fair development mechanism)의 방향성 제안은 WTO법의 실질적 공정성을 확보하기 위한 법 제도적 측면에서 논해볼 수 있다.

---

565) 메커니즘(mechanism)은 WTO법상의 'S&D 대우' 원리에 입각한 실질적 공정성 원칙을 제고하기 위한 법제도적 접근으로 이해한다; 'S&D 대우'의 잠정적 예외성, 한시적 성격보다는 WTO체제를 구성하는 한 부분으로 볼 필요성이 주장되며, 이러한 견해에 따르면 'S&D 대우'의 기능과 독립성이 강조된다. 한국국제경제법학회, 전게서, p.568.

WTO 협정상의 'S&D 대우' 규정들에 관한 수정 내지 개정을 위한 작업은 국가들 간의 갈등으로 경성법적인 형태로 발전하기 위한 합의가 힘들다는 점을 고려한 것이다. 다시 말해 선진국과 개발도상국 간의 협력의 제도화와 같은 접근방식을 통해 기존의 갈등을 완화하고, WTO체제에서의 자유롭고 공정한 무역질서를 위한 하나의 방안이다. 동 메커니즘의 필요성에 관한 보다 세부적인 내용은 다음과 같이 제시해보고자 한다.

첫째, WTO법상 공정한 무역질서의 확립이라는 궁극적 목표에 기여하고, 실제적 차원에서 국가 간의 실질적 이익의 균형을 유지하는 데 보완적 수단의 하나로 개발도상국에 대한 'S&D 대우'의 보장을 위한 것이다. WTO 설립협정 전문에서 언급된 목표는 무역자유화를 달성하는 것뿐만 아니라, 선진국과 개발도상국 간의 조화와 협력을 유도하고, 개발도상국의 개발목표를 존중하고, 상이한 개발단계에 있는 국가들의 사정을 고려하는 환경보호를 추구하려는 것이다. 특히 지속가능한 개발의 기여라는 비무역적 가치의 존중도 중요한 목표의 일부로 고려되어야 한다. 아울러 '상이한 개발수준에 따른'에 관한 문구를 사용한 것은 동등하지 아니한 조건을 가진 국가들 간의 관계도 인정하는 것이며, 상이한 여건을 가진 국가들 간의 실질적 이익의 균형을 이루기 위한 노력이 필요한 것임을 의도한 것으로 여겨진다. 예컨대 임시적으로 계획되어 집행되는 정책의 활용이나 지원의 협력을 약정만으로는 개발도상국의 실질적 이익을 확보하기가 용이하지 않다. 물론 강제력을 가진 권리의무를 창설하려는 시도는 국가들의 합의에 의존해야 한다는 본질적인 한계를 가지고 있다. 그러나 WTO법상의 'S&D 대우' 원리에 관한 이행력 제고는 동 체제의 지속성을 확보하고, 공정성을 제고하기 위해서 반드시 수반되어야 하는 것이다. 이에 'S&D 대우'에 관한 이행력 강화는 선진국과 개발도상국 간의 조정과 실질적 협력이 요청된다.

이러한 맥락에서 개발도상국 개발목표를 위한 이행관련 규범적 목적과 기능을 보장하고, 분쟁상의 판정에 주요지침이 될 수 있도록 추후 DDA 협상에서는 WTO 설립협정 전문에 "개발도상국의 개발목표에 비추어 'S&D 대우'를 고려하는"(Considering differential treatment with regard to development dimensions of developing countries) 문구의 도입에 관한 논의가 이루어져야 한다.

둘째, 국가 간의 불평등성에 대한 시정과 실질적 공정성을 제고하기 위한 것이다. 실질적 공정성을 제고를 위한 S&D 대우에 관한 이행력 확보 차원에서 동 메커니즘의 필요성이 강조된다. 특히 무역에서 차지하는 환경가치의 중요성이 점차 확대됨에 따라, 선진화된 친환경 무역생산구조를 구축한 선진국은 높은 수준의 환경기준을 무역대상국들에 적용하려는 움직임이 강화되고 있다. 상대적으로 환경기술이 취약하거나 낮은 환경기준을 적용하고 있는 상대방 국가들은 상대방 국가의 이러한 일방적 규제조치를 보호주의적 수단의 사용으로 간주한다. 그러나 지속가능한 개발에 기여하는 것은 환경보호를 위한 강력한 무역정책을 수립하고 이행하는 것뿐만 아니라, 국가들 간의 협력을 통해 환경보호라는 보편적 가치를 존중하려는 것도 포함된다. 즉, 지속가능한 개발에 내포된 '공평한 사용'과 '세대 간의 균형을 위한 형평원리'의 구체적 실현도 요구된다. 실질적 형평성의 제고라는 측면에서 개발도상국에 대한 'S&D 대우'의 이행력 강화는 이러한 지속가능한 개발의 목표를 실현하는 데 필수적인 그러한 원리들의 이행과 밀접한 관련성을 가진다고 본다.

더불어 WTO법상의 개별국가들은 환경보호관련 정책이행의 예외적 허용을 이용하여 상대방 국가들의 시장접근성의 축소 내지 무역이익의 감소를 조장해서는 안 된다. 예컨대 선진국들의 높은 수준의 국내 환경기준을 개발도상국에 적용하여 불필요한 무역제한의 영향을 주어서는 안 된다. 이러한 맥락에서 환경보호와 무역가치의 조화를 위한 접근은 선진국에 비해 개발도상국의 기술력과 능력이 현저히 저하되어 있음을 고려한 'S&D 대우'가 필요하다. 또한 WTO법질서에서 변화의 방향성에 관한 논의의 필요성이 제기되는 가운데, 미래지향적인 체제로의 발전을 위한 수단의 하나로, 선진국뿐만 아니라 개발도상국의 이익도 보호할 수 있도록 개발도상국에 대한 'S&D 대우'의 이행가능성을 확보할 수 있는 메커니즘이 정립되어야 한다고 본다. 이는 WTO법상의 공정한 대우를 보장하기 위한 실질적 공정성 기준을 활용하는 것이 되어야 한다.

## 12.2.2 법적 기능

첫째, WTO법상의 'S&D 대우'에 관한 이행력 강화를 위해서 다수 개발도상국의 요구를 수용하는 과정에서, 그들의 요구에 관한 공통된 요소들을 찾아내고, 이러한 요소들의 일반화를 통해 최소 이상의 규범적 범주를 확보하는 것이다. 규범적 범주의 세분화된 내용은 선진국과 개발도상국 간의 구체적인 논의에서 결정되어야 할 것이나, 개발도상국이라는 '해당 국가들에게 실체적 권리를 부여하는 것'을 목표로 하여 이에 따른 규범적 성질을 내포한 요소들을 포함해야 한다. 그러한 실체적 권리를 인정하는 기초 위에서 'S&D 대우'를 보다 효과적으로 운용하기 위한 방안으로는 i) 협정별 접근방안, ii) 국가별 접근방안이 다음과 같은 내용으로 제안된 바 있으며, 그 자

세한 내용은 다음과 같다.[566] 전자는 협약의 이행여부를 결정하는
데 있어서 개별협정의 이행 가능한 국가들을 선별하여 해당기준을
적용한다. 이는 당해 WTO 협정상의 의무에 대한 국가행동계획에
개발목표와 기술지원 규정을 연계할 필요가 있다고 본다. 동 접근방
안은 이행감시 관련 협상이 필요하며, 무역관련 개발지원은 그러한
협상의 중심의제가 되어야 한다. 후자는 무역개혁 우선순위를 국가
별 개발단계를 고려하는 방안이다. 무역관련 개혁의 방향을 고려하
면서 점진적으로 국가들이 지원받을 수 있는 협력의 틀을 마련하고
다자간 감시 및 검토기능을 활용할 수 있도록 하는 것이다. 이러한
접근방안은 WTO 협정상의 의무이행요건만을 주요대상으로 삼지
않는다는 장점이 있다. 아울러 개발도상국이 자발적으로 무역개혁
관련 의제를 관리 및 운용할 수 있도록 지원이 가능하다. 이러한 경
우에 개발관점에서는 필요한 사안에 해당하지만, WTO상의 협상과
정에서 'S&D 대우'에 포함하기 곤란한 사정도 있을 수 있기 때문에
모든 개발목표 관련 요소들이 강제적 이행을 수반될 수 없음을 고려
해야 한다. 이러한 다각적 방안들이 제시한 목적은 'S&D 대우'에 관
한 이행 가능성을 높이는 것인데, 개발도상국의 개발목표와 연계된
사항들을 지속적으로 보장하기 위해서는 동 메커니즘의 정립이 적
절한 대응방안이 될 수 있다고 본다.

둘째, 'S&D 대우'는 비차별적 원칙의 예외가 아닌 실질적 공정성
을 제고하는 데 주요원리로 정립되어야 한다. 같은 것은 같게, 다른
것은 다르게라는 전통적인 원리를 적용하면 동등하거나 유사한 국

---

566) Bernard Hoekman, "Operationalizing the Concept of Policy Space in the WTO: Beyond Special
and Differential Treatment", Presented at the Third Annual Conference on Preparing the Doha
Development Round-WTO Negotiators Meet the Academics, European University Institute, July
2~3, 2004 (October 2004), pp.8~9.

가 간의 대우와 동등하지 아니한 국가 간의 대우는 구별되어야 하며, 공정성 기준은 그 구별된 성질에 따라 적용되어야 한다. 현 시점에서는 'S&D 대우'를 보다 정확하고 효과적으로 운용하고 실효적 이행을 확보할 수 있는 방안으로의 기본 틀을 개발하는 것이 DDA 협상 및 추후 라운드에서 논의되어야 할 주요 대상이 되어야 한다.

셋째, 'S&D 대우'는 실질적 이행을 통한 실효성 확보가 필요하다. 분쟁해결을 위한 노력 및 상호 간의 협력 강화와 법적 의무는 명확히 구분되어야 한다. 국가 간의 합의가 선결조건이 되는 국제법 형성의 특성상, 특히 경제적 이익이 직결되는 부문에서는 'S&D 대우'의 강제적 의무를 부여하기 위한 입법 작업은 논란의 대상이 될 것이다. 분쟁해결과정에서 법적 효과를 확보할 수 있고 직접적으로 적용 가능한 법적 근거로 활용가능성을 고려해야 한다.

요컨대 공정한 개발 메커니즘의 핵심은 WTO법상의 실질적 공정성을 제고하기 위한 'S&D 대우'의 실질적 이행을 확보하는 것이다. 공정한 개발 메커니즘은 무역자유화의 확대와 WTO 대상협정의 실체적 의무이행의 부준수의 곤란을 제거하고 개발도상국들의 WTO법상의 참여를 촉진하고 개발이익의 실현을 지원하기 위한 제도적 성격을 갖는다. 공정한 개발 메커니즘은 WTO법상의 다양한 논의에 따른 지원 범위 및 대상의 선정과 세부 내용을 구성한다. 실질적으로 개발도상국의 지원이 주된 목적이지만, 궁극적으로 무역자유화를 증진하는 데 선진국과 개발도상국 간의 갈등을 줄이기 위한 주요 수단으로 작용할 수 있다고 본다. 법 제도적인 접근에서 시도된 '공정한 개발 메커니즘'은 WTO법상의 실질적 공정성을 제고한다는 이론적 근거를 바탕으로 'Doha 선언' para.44에 따른 보다 구체적인 이행을 보장하기 위한 방안을 모색하는 데서 출발한다. 그러나 궁극적으로는 이러한 접근에서 도입되어 국가들 간의 조정에 따른 시행을 위한 단계적 과정을 거쳐 WTO법상의 '공정한 개발을 위한 협정(가칭)'과 같은 법률을 제정하여 법적 실효성을 확보하고 보다 엄격한 지원체제를 갖추어 나감으로써, 특혜대우에 따른 갈등을 완화시키고, 개발도상국에 S&D 대우와 관련 실체적 권리를 부여하되 객관적이고 합리적인 기준에 따른 지원이 가능하도록 해야 할 것이다. 아울러 'S&D 대우'에 관한 분쟁의 보다 합리적인 해결이 이루어질 수 있도록 메커니즘의 제도적 틀에서 제반여건이 조성되도록 국가들 간의 단계적 협력이 요청된다.

## 12.3 기본원리

이러한 메커니즘을 구축하는 데 적용되는 '완화된 상호주의'와 'S&D 대우'는 실질적 공정성의 판단기준을 마련하고, 'S&D 대우'의 이행력 강화를 확보하여, 공정한 대우를 보장하기 위한 기본원리이다. 구체적으로 동등하지 아니한 주체들 간의 무역자유화 목표를 실현하기 위한 취지에서 설립된 WTO법상의 실체적 규정의 입법과 적용과정에서 경제적·환경적·기술적 차이로 이행능력을 발생시키는 기본적인 갈등원인을 줄이기 위한 것이다.

한편 'S&D 대우'가 비차별주의 원칙과 상반되는 가치를 내포하고 있다는 점에서, 선진국과 개발도상국 간의 이견대립이 있어 논의의 진전을 어렵게 하기도 한다. 상반되는 양자관계의 정립은 선진국과 개발도상국이 조정과 절충을 통해 합의에 이르지 못하면 요원한 것이다. 그러나 WTO 협정상의 일부로 'S&D 대우'가 포함되어 있다고 하여도 그러한 원리가 실질적인 기능을 찾지 못한다면 보충적 원리로의 성격이 강조될 것이며, 실질적 공정성 기준은 보충적인 판단 근거로서만 적용될 가능성이 크다.[567] 이는 형식적 공정성과 실질적 공정성은 상호 보완적인 관계 속에서 유지되어야 한다는 논리에는 맞지 않는 적용방식이 될 수 있다. 다만 'S&D 대우'는 무역자유화의 본질을 훼손하는 수단이 되어서는 안 되기 때문에, 'S&D 대우'의 적용상 '일정한 정도 내에서'라는 한계를 설정해야 한다는 점을 고려하면서 보다 합리적인 방안을 모색해야 한다. WTO법상 'S&D 대우'의 원칙론에 관한 시도와 논쟁보다는 메커니즘이라는 제도적 방안을 통해 보다 체계화된 접근으로 점진적이고 단계적인 과정 속에서 구현하는 것이 타당하다고 판단된다.

## 12.3.1 상호주의의 완화

무역질서에서의 상호주의는 국제무역에서 국가 간의 비교우위 패턴을 유지하고 강화하는 데 이론적 기초가 된다. 완화된 상호주의는 상호주의의 파생적 개념이다. 하지만 상호주의의 개념이 정립되어 있지 않기 때문에, 완화된 상호주의 또한 확립된 개념은 아니다.[568] 다만, 완화된 상호주의는 개발도상국의 이행조건의 차등화와 유연성 부

---

567) 새로운 원칙들은 중요한 사안에 대한 국가 간의 상충하는 견해의 표현이자 그 결과이다. 현재 국가들은 자신의 확고한 반대 태도의 견지로 인해 특정의 구체적인 행동기준에 동의할 수 없지만 자신의 행동에 대해 어느 정도의 기초적 지침을 필요로 하는 경우에는 원칙에 의존하는 경향이 있다. 원칙이란 일반적이고 유연하며 다면적 성격을 지니고 있어 어느 정도는 모호함을 가질 수 있다고 하였다. 새로운 원칙들은 중요한 사안에 대한 국가 간의 상충하는 견해의 표현이자 그 결과이다. 현재 국가들은 자신의 확고한 반대 태도의 견지로 인해 특정의 구체적인 행동기준에 동의할 수 없지만 자신의 행동에 대해 어느 정도의 기초적 지침을 필요로 하는 경우에는 원칙에 의존하는 경향이 있다. 원칙이란 일반적이고 유연하며 다면적 성격을 지니고 있어 어느 정도는 모호함을 가질 수 있다고 하였다. Antonio Cassese(2001), *supra* note 118. p.104.

568) Neo Jingjie Fu, "Impasse in the DDA NAMA Sectoral Negotiations and Possible Solutions", 44 *Journal of World Trade* 847, 2010, p.850.

여의 이론적 뒷받침이 될 수 있을 것이다. 예컨대 환경상품의 관세축소 내지 철폐를 통한 시장접근 향상은 그러한 상품을 개발하고 생산할 수 있는 국가들 간의 무역이익만을 보장할 수 있게 된다. 협상에서의 상호주의는 국제합의를 바탕으로 입법 작업이 진행되는 국제법질서를 형성하는 데 최선의 수단으로 적용될 수 있으나, 다자무역체제를 구성하는 데 한계가 있다. 특히 경제적 이익을 위한 법질서를 창출하는 데 있어서, 일방적인 그룹에 우호적인 협상수단을 원칙으로 적용하는 것은 형평에 맞지 않을 수 있다. 그러나 WTO체제의 근본목적인 다자간 차원의 무역자유화에 역행할 수 있다는 주장이 선진국들에 의해서 제기될 수도 있다.569) 또한 비상호주의 특혜로부터 적은 혜택을 받는 개발도상국들은 최혜국대우에 의한 자유화의 향상을 위해서 완화된 상호주의에 의한 특혜가 WTO체제 밖에서 존재해야 한다고 주장한다.570) 하지만 무역자유화를 위한 국가 간의 호혜적 관계는 국가 간 경쟁이 가능한 동등한 조건이 갖추어질 때 가능할 수 있다는 점에서 유연성이 고려된 상호주의가 제고되어야 한다.571)

## 12.3.2 차등대우

WTO 협정상 'S&D 대우'에 관한 규정은 공정하고 공평한 기준을 정립해가기 위한 목적이지만, 그러한 대우는 최혜국대우와 내국민대

---

569) 강문성, 전게논문, p.122.

570) Harald Hohmann(2008), *supra* note 455, p.50.

571) DDA 비농산물협상에서 개발도상국들은 'S&D 대우'와 완화된 상호주의(less than full reciprocity)원칙을 고려하기 위해서는 관세율의 차등화 혹은 새로운 관세 축소에서의 배제와 같은 유연성이 전제가 되어야 한다고 요구한다. 선진국과 동등한 수준으로 이행할 수 있는 능력의 부재는 고관세의 유지라는 유연성과 관련되어 있다. 또한 자국의 산업을 발전시킬 수 있는 재정이 선진국에 비해 부족하기 때문에, 보조금 내지 이와 유사한 상여금의 지급과 같은 개발의 원동력이 되는 자금부족도 고관세의 유지에 정당성을 부여하고자 한다.

우에 포함된 상대적 기준과는 달리 특별한 환경에 따라 결정되는 기준과 같은 성격을 가진다. WTO 협정상 'S&D 대우'에 관한 해석은 입법과정상의 역사적 배경, 전후의 맥락, 입법 취지에 의해서 형성된 규정상의 특정한 용어에 의해서 영향을 받게 된다. 하지만 그러한 기준의 규범적 내용을 명확하게 하기 위한 시도는 거의 없었다. 또한 그러한 대우관련 문구의 모호성은 분쟁해결과정에서 그러한 대우관련 규정이 포함된 협정의 전체적인 목적을 달성하기 위해 필요로 하는 정도의 범위를 정할 수 있는 재량권한이 패널에 부여될 수밖에 없는 것이다. 또한 여전히 선진국으로부터의 특혜부여가 제공되어야만 수혜국이 될 수 있다는 형식과 내용의 모호성에 비판이 제기된다. 예컨대 선진국의 일방적인 특혜를 특정 개발도상국에게 집중적으로 부여할 경우, 배제된 다른 개발도상국은 시장접근의 무역장벽을 형성한 것으로 간주될 수 있다. 하지만 긍정적 측면에서 개발도상국의 경제여건을 고려한 특혜대우는 실질적 공정성을 실현하기 위한 제도적 성격을 지니고 있다. 일반적으로 개발도상국에 대한 'S&D 대우'는 실질적 공정성에 부합할 수 있는 논리로 이를 뒷받침 할 수 있다.[572] 같은 맥락에서 이러한 접근방식은 환경상품 논의에서도 개발도상국들은 실질적 특혜부여를 강조한다.[573] 기술적, 재정적으로 연구개발에 투자할 수 있는 여건을 보면, 개발도상국은 선진국 수준에 미치지 못한다. 환경상품의 '무역자유화'에만 치우친 논의는 선진국과 개발도상국 간의 환경무역에 있어서의 무역불균형, 즉 비대칭적 구조의 반복적 형성의 결과를 가져올 것이다. 또한 개

---

572) 최승환, 전게서, pp.313~314.

573) GATT 관세 및 무역에 관한 일반협정 제4부에서 체약국들로 하여금 개발도상국들의 경제개발을 지원하기 위한 '적극적 노력' 또는 '모든 노력'을 경주할 것을 요구하는데 그 지침으로서 조약의무를 지극히 추상적이고 막연하게 만들었다. 김석현, 전게논문, p.28.

발도상국이 가지는 큰 우려는 환경기술력의 빈약함으로 시장접근성이 떨어지고, 결국 국가경쟁력의 상실로 인한 선진국의 '환경적 경제속국'이 될 수도 있다는 점이다. 이러한 단점을 극복하기 위해서 'S&D 대우'는 개발도상국이 WTO체제에 효과적으로 참여하기 위해 소요되는 협상비용의 부담경감, 무역기회 증진을 위한 능력배양지원, 대상협정의 이행의 유예기한 허용과 한시적인 예외인정, 시장접근의 허용, 일정한 수준 내에서 산업정책에 관한 재량적인 보조금 지급에 관한 규정을 포함하는 것이어야 한다. 즉, 인적자원의 불충분, 재정 및 기술수준의 낮은 경쟁력 등에 대한 고려가 있어야 한다. 선진국의 관점에서가 아니라 개발도상국의 이해와 우선순위를 고려한 '점진적 자유화'(gradual liberalization)를 이룰 수 있도록 해야 한다. 선진국의 단순한 호혜를 제공한다는 차원의 의미가 아니라, 개발도상국 혹은 저개발국에게 경제발전을 돕고, 환경보호에 동참할 수 있는 기회를 열어준다는 의미로 상호 간의 이해와 공조를 통한 국제적 차원의 균형 발전을 이루기 위한 성질로 받아들여야 한다. 선진국의 배려는 정치적 의미에서 해석되어야 하는 것이지, 법적 측면에서의 효과는 없는 것이다. 다자협력체제의 구축은 선진국과 개발도상국 간의 모두 이익이 충족되는 방향에서 진행되어야 하는 것이며, 이는 일방의 배려로써 해결될 수 있는 문제가 아닌 것이다. 그 동안의 무역협상에서 선진국의 양보를 얻어내는 차원의 성격으로 논의가 진행되어 왔다면, 이제는 보다 명료하고 객관적인 법적 근거로 실질적인 이익균형에 접근될 수 있는 합의(안)가 도출되어야 한다.

### 12.3.3 조화의 원리

법적인 영역에서의 '조화'(harmonization)의 개념은 확고하게 정립되지는 않았다.[574] 조화의 개념을 넓게 해석해서 "각기 다른 관할권에 있거나 적용규범이 상이할 때 서로 간의 규제 조건을 동일하게 혹은 유사하게 형성하는 것"으로 정의하거나[575] 좁은 의미에서 실질적으로 같은 조건으로 만드는 과정으로 이해하기도 한다.[576] 또한 규제 간의 양립가능성을 좁히기 위한 방안으로 접근되기도 한다. 그 예로 투명성, 비차별적 요건, 최소한의 규제 요건을 들 수 있다.[577] 다만 조화의 원리는 추상적인 개념이기 때문에 실질적으로 적용될 수 있는 개념이 되기 위해서는 구체적인 합의가 필요하다.

이러한 맥락에서 조화의 원리는 서로 상반되는 영역의 규범 간 갈등의 범위를 제한하거나 상반되는 원칙들 간의 갈등을 제한하는 기능을 수행하는 것이 가능할 것이다. 예컨대 비차별적 원칙과 'S&D 대우'에 관한 관계를 정립하는 데 서로 간의 적용상의 우선순위에 대한 논쟁을 줄이고 공존할 수 있는 방안으로 접근하는 것이다. 구체적으로 개발도상국의 'S&D 대우'에 관한 목적과 범위 및 한계를 명확히 하여 비차별적 원칙과의 조화를 모색하는 것이다.

---

574) Lukasz Gruszczynski, *Regulating Health and Environmental Risks under WTO Law: a Critical Analysis of the SPS Agreement* (Oxford: Oxford University Press, 2010), pp.76~77.

575) David W Leebron, "Lying Down with Procrustes: An Analysis of Harmonization Claims" in Jagdish Bhagwati and Robert Hudec (eds), Fair Trade and Harmonization: Prerequisites for Free Trade?, (Cambridge, Mass: MIT Press, 1996), p.43.

576) Alan O Sykes, "The (Limited) Role of Regulatory Harmonization in International Goods and Services Markets", 2 *Journal of International Economic Law* 49, 1999.4, p.50.

577) 예컨대 'TBT 협정'과 'SPS 협정'에서 국제기준의 언급은 규제의 성격과 내용의 상이함으로 인한 충돌을 방지하고 보다 효율적이고 합리적인 법규체제가 될 수 있도록 하기 위한 장치이다. *Ibid.*

## 12.4 지속가능한 개발목표

WTO체제에서 지속가능한 개발목표를 충족할 수 있는 공평, 지속성, 개발 등을 포괄하는 통합적 사고의 조건은 상호 간의 협력과 조화를 위한 노력에 있다. 국가들 간의 갈등요인과 실체적 규정의 적용상 현실에서 상호적 협력에 의한 무역자유화가 실현될 수 있도록 법체계에서의 불균형성을 시정하기 위한 접근이 요구된다. 더불어 무역자유화의 촉진을 목적으로 하지만 비경제적 영역에도 관심을 가져야 한다. 이는 무역의 전반적인 영역에 관련되어 있을 뿐만 아니라, 선진국과 개발도상국 간의 협상에서 합의된 원칙을 도출하기 위한 중요한 요인이 될 수 있기 때문이다. 이러한 측면에서 지원에 관한 논의는 WTO법질서에서 '실질적 형평성'을 추구하는 데 필요한 수단으로 WTO법 영역 밖에서 다루어져야 한다는 논리는 타당하지 않다.

### 12.4.1 자원의 최적사용과 환경보호

국가들마다 자국이 보유하고 있는 자원을 관리하고 사용할 수 있는 주권적 권한을 행사한다. 하지만 환경오염 문제의 심각성이 국제적으로 크게 대두되면서, 자원의 사용권에 일정한 제한을 가할 수 있는지 여부에 관한 논의와 환경훼손을 방지하는 차원에서 지속가능한 사용을 권장하려는 움직임이 확대되고 있다. WTO 설립협정전문의 천연자원의 최적사용에 관한 규정은 환경보호와 지속가능한 개발에 기여하는 방향에서 운용되어야 할 사항이 선언적으로 표현된 것이며, '1994년 GATT' 제20조상의 예외적 사항은 천연자원의 지속가능한 사용이라는 합목적성을 가진 개별국의 규제를 정당화한다. 단, 지속가능한 개발과 환경보호의 필요성을 간접적으로 규제하고 있으나, 그 규율대상에 관한 불분명성은 일방국가의 보호주의 무역조치와의 구별이 모호하기 때문에 분쟁의 대상이 되어왔다. WTO 법상의 천연자원의 최적사용 여부에 관한 판단은 개별국의 몫으로 무역에서 관세 및 비관세조치를 통해 개별국가에 자율규제를 존중해왔다. 그 무역대상이 되는 상품에 관한 친환경성 여부 판정이 실질적으로 어렵고 무역자유화를 목적으로 하는 무역규범상의 제재는 논란을 가져오기도 하였다.

'Doha 선언'에서 강조하고 있는 환경의제는 이러한 제재에서 나타나는 불투명성과 예측 불가능성을 최소화하기 위해 애매모호하고 추상적인 규정을 보다 명확하게 하기 위한 취지를 담고 있다. 그러나 국가들의 환경관련 무역조치에 대한 의견이 상이하다. 또한 환경보호에 관한 사회적으로 통용되는 개념을 그대로 적용하고 있고, '환경' 개념으로 규율할 수 있는 부문이 불명확하고, 그러한 특정 용어의 사용이 제한되어 있기 때문에, 특히 무역규범에서 환경에 관한 규율범위를 정립하는 것은 매우 어려운 작업이다.

무역자유화 접근에서 환경상품에 관한 논의의 곤란성도 이러한 이유와 밀접하게 연관되어 있다. 하지만 'Doha 선언'은 환경과 인간·동식물에 관한 보호를 위한 개별국가의 규제가 WTO법에 부합하는 일정한 조건하에서 허용하고, 자발적인 이행에 따르도록 하고 있다. 또한 무역정책에 관한 환경평가를 이행하도록 노력할 것을 장려하고 있다.[578] 이것은 지속가능한 개발의 목표를 위한 천연자원의 최적사용을 존중해야 한다는 점을 인정하는 것이다. 그러한 의무의 존중은 곧 공공의 이익을 위해 무분별한 천연자원의 이용에 따른 제한

---

578) WTO, WT/MIN(01)/DEC/1, para.6.

을 의미하는 것이다. 이는 지속가능한 개발에 함의된 주요원리로 삼고 있는 공평한 사용접근에 관한 논의가 무역규범상의 환경관련 쟁점과 연관성을 갖게 된다. 예컨대 환경상품과 비환경상품 간의 차별조치는 환경자원의 제약을 기술과 재정으로 극복할 수 있는 선진국과 그러한 역량이 부족한 개발도상국 간의 쟁점이 무역에 관한 제반조건에 관한 다툼에서 심화될 수밖에 없다.

### 12.4.2 공평·형평원리의 수용

지속가능한 개발원칙에서 중요하게 여겨지는 '형평원리'(principle of equity)의 존중과 빈곤의 완화 및 해소에 관한 쟁점은 WTO법에서 무역자유화를 촉진해서 얻고자 하는 궁극적인 목표로 경제성장과 빈곤의 경감여부를 평가하기 위한 가장 중요한 부문으로 연계될 수 있다. 우선 평등의 원칙은 무역증진을 위한 기회의 평등과 관련되어 있다. 무역원활화는 개발도상국의 경제성장을 촉진하는 원동력이 된다. 또한 안정되고 예측 가능한 규범체제의 틀 속에서 시장접근의 기회의 향상으로 경제성장을 통한 수입의 증대와 삶의 질적 향상을 증대할 수 있다는 명분을 무역자유화를 강조하는 가장 큰 이유로 제기한다. 두 번째는 평등원칙을 분배적 평등의 시각에서 조명해 보는 것이다. 실질적인 빈곤의 감소를 위해서는 WTO 설립전문 협정에서의 취지는 전체적인 무역의 혜택으로부터 배분적 정의에 부합하는 실질적 형평성의 실현에 관한 논의와 밀접한 관련성을 가진다.

무역자유화는 그 자체가 유일한 목적이기보다는 WTO법의 정립을 위한 주요한 원칙의 하나로서, 무역규범체제의 통합적이고 존속가능한 형태로 나아가기 위한 다른 주요한 원칙들과의 유기적 상관관계 속에서 존재의 의의가 있는 것으로 보아야 한다. 현재의 추세라면, 이는 지속가능한 경제성장에 도달하기 위한 긍정적인 결과를 가져올 수 있어야 하는 필요조건에 부합해야 한다.

이와 관련하여 실제적으로 선진국들은 친환경적 무역에 관한 제반조건에 관한 재정개입을 통한 기술개발이 오랫동안 진행되어 왔으며, 무역구조의 전환에 유기적으로 대응이 가능하다. 환경문제를 심각한 의제로 계속해서 상정하는 것도 이러한 준비가 높은 수준에 도달하였기 때문에 가능한 것이다. 친환경적 상품의 생산구조를 확대하고, 기존의 환경적이지 못한 상품에 관한 내국세의 차등화는 환경보호에 관한 합리적 조치로 긍정되는 범위가 점점 확대될 가능성이 있다.

### 12.4.3 차등대우

지속가능한 개발의 이행을 확보하기 위한 수단으로 차등적 공동책임 원칙을 강조한다. 이와 관련 WTO 협정에는 'S&D 대우'에 관한 규정을 포함하고 있다. 그러한 대우는 무역증진을 위한 상호적이고 동등한 의무로부터 면제된다는 것을 의미한다. 법적 질서에서 동등한 대우를 부여할 의무는 상호적인 법적 의무를 동등하게 제공하는 것을 의미하지만, 이는 주체의 성격을 정치적 주체로 가정한 경우에 한한 것이다. 반면, 경제적 주체들 간의 관계는 부의 효과에 따른 관계이기 때문에, 동등한 대우를 부여하는 것이 동등하지 않은 대우를 부여하는 것과 같은 효과를 발생시킬 수 있다. 지속가능한 개발에서 함의하는 차등적 공동책임은 사회적 및 경제적 요인을 고려한 공평한 대우를 위한 중요한 원칙이다. 'Doha 선언'에서 담고 있는 'S&D 대우'에 관한 보다 명료하고 운용 가능한 실질적인 규정이 되어야 한다는 점을 강조하는 것은 공정성의 관점에서 개발도상국의 환경적 제약을 고려하는 차등대우를 중요한 원칙으로 삼고자 하는 것이다. WTO법상 'S&D 대우' 규정의 명료성이 부족하고, 분쟁해결과정에서 패널도 그러한 규정을 쟁점을 해결하기 위한 법적 근거로 제대로 활용하지 못하였다는 점은 법적 개선이 필요하다. 개별국가의 개발단계의 수준에 관한 일률적인 판단이 불가능하기 때문이기도 하지만, 규정상에 쓰인 용어나 문구가 추상적이어서 명료한 해석을 차단한다. 'Doha 선언' para.37과 para.38은 개발도상국에 대한 선진국의 기술지원과 능력배양에 관한 책임을 언급한다. 이는 'S&D 대우'를 위한 중요한 수단이 될 수 있을 것이다. 하지만 아직 그러한 협력을 위한 구체적 규정에 관한 합의는 이루어지지 않았다. WTO법상의 'S&D 대우'에 관한 실현 가능성은 지속가능한 개발을 추구하기 위한 지원의 일환으로써 협력을 위한 메커니즘 정립 논의 진전 여부의 잠재성에 놓여 있다고 보아야 한다.

### 12.4.4 무역, 환경, 개발 간의 연관관계

모든 측면의 의사결정 과정에서 개발과 환경보호, 경제성장의 통합은 지속가능한 개발의 기반이 된다. 지속가능한 개발의 국제법에 관한 ILA 위원회는 지속가능한 개발은 통합의 원리가 적절하고 완전하게 이행될 경우에 실현될 수 있는 것이라고 언급한다.[579] 국제적 수준에서 통합은 모든 의사결정이 경제적, 사회적, 재정적, 환경적, 인권에 관한 관심의 상호의존성을 반영하는 경우에 지속가능한 개발을 위한 개념적 틀로 간주한다. 통합은 기구 간의 혹은 기구 내

---

579) ILA, *Report of the Committee on the International Law on Sustainable Development*, Toronto Conference, 2006 참조.

의 세부적 정책 간의 기능적으로 이루어질 수도 있다. 법적인 측면에서는 지속가능한 개발원칙은 판정의 실질적인 근거로 원용되거나 적용 가능한 법으로 지속가능한 개발의 원칙을 통합하는 것이 가능할 수 있다. 그러한 관심은 사회적·환경적 고려가 WTO법질서 내부로 통합되는 정도의 여부에 따라 상이해질 수 있다. 'Doha 선언'을 통해 무역, 환경, 개발은 상호 관련성을 가져야 한다는 것에 국가들 간의 합의가 존재한다.[580] 이에 관한 국가들 간의 확고한 인식은 지속가능한 개발원칙의 WTO법으로 통합의 필요성을 인정하는 것이지만, 그럼에도 그러한 원칙의 실질적인 통합은 앞으로 논의되어야 할 과제로 남아 있다. 규범적 관점에서의 통합은 무역규범에 사회적 및 환경적 고려요인을 표면상에서 다루는 것을 합법화해야 하기 때문에 복잡한 과정이 필요하다. 다만 환경가치에 관한 고려를 포함한 무역관련 제반 영역을 포섭하고자 하는 무역규범의 대상범위의 확대노력이 공정성을 제고할 수 있는 지속가능한 개발의 원칙과 부합하도록 논의가 된다면 이는 점진적으로 WTO법의 긍정적인 변화를 유도할 수 있는 계기가 될 수 있다.

## 12.5 법적·경제적 이익 존중

### 12.5.1 개발도상국의 개발목표

WTO체제의 출범은 단순히 무역자유화를 위한 기구가 아닌, 세계경제질서의 한 축으로 건전하고 지속적인 개발, 개발도상국의 능력배

---

580) WTO, WT/MIN(01)/DEC/1, para.6.

양, 빈곤퇴치, 무역원활화, 협력과 통합을 증진하기 위한 국제사회의 일정부분에 관한 책임을 수행하고, 공정한 규범의 확립을 통해 국가 간의 균형적 발전을 위한 목적을 실현하기 위함이다. 특히 여기서 '개발'은 국가의 거시적 경제지표를 향상시켜 국가경쟁력을 높이는 데 정책목표의 방향을 설정하고 추진하는 원동력이 되어왔다. '1994년 GATT'의 제4부 '무역과 개발'에 관한 도입은 개발도상국이 경제성장을 이루는 데 무역규범의 적용이 불리하게 적용되는 측면을 개선하기 위한 목적에서 상호주의에 따른 협상방식의 배제와 무역요건의 완화를 위한 협력과 노력을 담고 있다. 즉, '1994년 GATT' 제4부를 도입한 것은 불균형성으로 인한 갈등을 방지하기 위한 법적 기초를 제공하는 것이다.[581] Cottier가 지적한 바와 같이 개발도상국의 지원은 법적 구속력을 가진 조치가 아닌 노력을 한다는 것에 그쳤지만, '1994년 GATT' 제35조, 제36조, 제37조에 언급된 개발도상국의 지원에 관한 노력의무는 계속적으로 최소한 낙후된 국가의 지원문제를 무역협상에서 수용하였다는 점은 긍정할 만하다.[582] 이는 WTO법상의 개발목표에 관한 법적 개념을 정의하고, 보다 명료하고 구체적인 내용을 위한 협상에 근거로 적용할 수 있게 되었다. 그런데 그러한 개발의 목표가 환경오염의 심각성이 일방국가의 역내에 그치는 것이 아니라, 인접한 국가들에 손해를 야기하거나 환경훼손을 가져오는 등 국제적 차원의 쟁점으로 등장함에 따라 그동안 추진되어 왔던 방향에 수정을 가하지 않을 수 없게 되었다.[583] 이는 성장의 질적 변화의

---

581) Antonio Cassese(2001), *supra* note 118, pp.672~674.

582) Thomas Cottier, et al., "*Constitutional Functions of the WTO and Regional Trade Agreements*", in *Regional Trade Agreements and the WTO Legal System*, L. Bartels, et al.(eds) (Oxford: Oxford University Press, 2006), pp.43~76.

583) UN 환경개발회의를 통해 국제사회는 개발방식에 대한 비판과 환경을 훼손하지 않은 새로운 개발방식의 필요성에 합의되었다는 점에서 진전을 이루었다. 하지만 국제사회의 이러한

추구를 요구하는 것이기 때문에, 접근방식을 수정하려는 제반작업이 요구되며, 개발목표는 그 속에서 재조정되어야 한다. 이와 관련 앞에서 언급한 바와 같이, UN은 개발이라는 일반적 개념의 포괄적 접근으로 지속가능한 개발의 관점을 제시한다. 여기서 개발은 모든 인간의 삶의 질을 개선하기 위한 다각적 임무로 본다. 경제적 발전, 사회적 발전, 환경보호는 상호의존적이며, 지속가능한 개발의 요인들을 강화시킨다는 것이다. 이러한 맥락에서 '경제개발의 증진과 빈곤으로부터 벗어나기 위한 그리고 환경보호를 위한' 국제무역의 역할을 논하는 '개발'의 관점에서, WTO법질서는 참여하는 모든 국가가 무역으로부터 창출되는 기회와 복지증진의 혜택을 얻을 수 있도록 지속가능한 개발이 이루어지도록 해야 한다.

## 12.5.2 동등하지 아니한 국가들 간의 차등의무의 가능성

환경보호에 대한 선진국의 책임은 산업화를 아직 확립하지 못한 국가보다 크고, 오염도에 미친 영향도 개발도상국과 저개발국에 비할 바가 아니다.[584] 환경상품의 중요성이 점차 커짐에 따라 그 논의가 필요한 것은 분명하지만, 논의의 방향이 무역자유화에 있다는 것은 협상의 제약요인이 된다. 환경상품의 관세 축소 내지 철폐에 관한 접근은 국가별로 제시된 상이한 접근방안을 충분히 고려하는 것이 불가능하다. 환경보호, 지속가능한 개발의 기여를 위한 목적에서

---

노력과는 별개로, WTO체제에서 개발방식 변화의 필요성에 관한 직접적인 논의가 필요한지 여부와 친환경적 무역을 위한 새로운 개발목표 설정에 필요한 법규적 요건의 생성 논의의 정당성 여부에 관한 합의는 아직 이루어지지 않았다고 볼 수 있다.

[584] "기후변화에 영향 받는 국가들이 반드시 이러한 변화를 일으킨 책임을 수반해야 하는 것은 아니다." Javier Solana, "High Representative for the European Union Common Foreign and Security Policy", in "Before the flood", *Guardian* (10 March 2008).

환경상품의 논의는 국가들 간의 형평을 고려해야 한다. 즉, 무역자
유화 이익을 무시하지 않고, 제반 여건이 상이한 주체들 간에 차등
적 책임을 고려하는 것이다. 환경관련 무역규제는 순수한 의미에서
개별국가의 환경수준을 높이기 위한 정책이므로, 상대방 국가에 무
역제재를 가하려는 것이 일차적 목적은 아니지만, 개별국가의 환경
정책에 따른 무역조치는 동등한 수준을 갖추지 못한 국가에 대한 부
당한 차별 내지 압력으로 행사될 수 있기 때문에, 이를 방지해야 할
책임도 따르는 것이다. 쿠바는 'S&D 대우'에 관한 제안서에서 'Rio
선언' 원칙7[585])을 강조하면서, "동등하지 않은 국가들 간에 동등한
대우를 거부하고 국가들의 발전수준에 따른 차등적 공동책임"(common
but differentiated responsibilities)을 언급하고 있다. 또한 환경상품에
대한 논의는 단지 관세협상이어서는 아니 되며, "지속가능한 개발을
이루기 위한 하나의 수단으로 '개발'과의 연계성"을 주장한다.[586])

지속가능한 개발은 성장 내용의 질적 변화를 요구하고 환경적 한
계의 발생에 따른 부담도 공정하게 부담할 것을 요구한다. WTO 설
립협정 전문의 내용에서 세계자원의 최적사용과 관련하여 지속가능
한 개발의 인정은 무제한적이고 비규제적 자원의 이용을 제한하려
는 것으로 이해할 수 있다. 지속가능한 개발에 함축된 '자원의 최적
사용'은 환경적·사회적·경제적 조정을 의미한다. 또한 이는 환경
보호 기능에 방해요인이 되는 것을 차단하고 자원이용으로 환경적

---

585) 'Rio 선언' 원칙7의 원문은 다음과 같다: States shall cooperate in a spirit of global partnership
to conserve, protect and restore the health and integrity of the Earth's ecosystem. In view of the
different contributions to global environmental degradation, States have common but differentiated
responsibilities. The developed countries acknowledge the responsibilities that they bear in the
international pursuit of sustainable development in view of the pressures their societies place on
the global environment and of the technologies and financial resources they command.

586) WTO, The Development Dimension as an Integral Part of the Negotiations on Environmental
Goods: The Principle of Special and Differential Treatment-Submission by Cuba, TN/TE/W/69
(June 2006), p.2.

혹은 사회적, 경제적 부문의 부정적인 결과가 초래되는 것을 방지한다. 그러한 긍정적 효과는 각기 상이한 경제개발 단계의 수준에서 나타나는 개별적 관심과 요구를 절충하는 과정에서 만들어지는 것이다. 아울러 환경가치의 존중의무와 국가의 경제개발 수준이 깊은 연관성을 가지게 되는데, 이에 따라 의무와 권리의 기준은 실질적 형평성을 고려해야 한다.

## 12.6 비관세장벽에 관한 대응지원의 필요성

비관세장벽의 위험성을 줄이는 것은 정보 공유, 협의, 통보, 투명성 조치를 강화하는 것이다. 무역정책검토를 통해 실시하는 협의와 통보, 정보공유는 무역정책의 명확성을 높이기 위한 방안인 반면, 분쟁해결기관을 통한 비관세장벽에 관한 접근방안은 비관세장벽 조치를 취함에 따라 국가가 받아야 하는 불이익을 비용과 시간적 소요가 적은 방법으로 해결을 모색하기 위한 것이다.[587] 그러나 비관세장벽의 경우 WTO법상의 무역협정에 관한 위반을 반드시 구성하지 않을 수 있다는 점이 제기될 수도 있다.[588] 기존의 전형적인 통상장벽에 관한 일반적인 기준만으로는 새로운 유형의 통상장벽에 대한 규범을 제시할 수 없는 경우가 발생하기 때문이다.[589] 결국 새롭게 발생하는 비관세장벽에 관한 구체적인 사안에 적용될 법규범은 존재하지 않거나 투명성과 예측가능성을 확보할 수 없는 법적 요건이

---

587) WTO, TN/TE/W/69 (June 2006), p.2.

588) 이재민, "보호무역조치에 대한 효과적 대응방안의 모색: 비관세 무역장벽을 중심으로", 『법학논총』 (제27집 제4호, 2010.12), pp.37~38.

589) 상계논문, pp.37~38.

결여된 경우가 대부분이다.590) 이러한 문제점을 해결하기 위해서는 당해 조치가 어떠한 의도를 가지고 도입되었고 실제 어떠한 효과를 발생하였는지에 관한 실증적 검토를 통해 보호무역조치 해당 여부의 판단과 WTO 무역장벽 보고서의 활용을 통해서 효과적인 대응방안을 모색하는 것도 필요할 것이다.591) 예컨대 각국의 환경조치는 동 조치의 부정적 무역효과 제거를 위해 투명성 제고 및 개방적이고, 형평하고, 비차별적인 무역체제와 양립되지 않는 방향에서 채택되어야 함을 강조한다. 개별국가의 높은 환경기준은 자원사용의 효율성을 가져와 국내 생산자의 경쟁력에 긍정적 효과를 가지고 오게 되며, 새로운 상품기술개발을 추진함으로써 새로운 시장접근의 기회를 향상시킨다는 입장을 선진국은 견지한다. 관세철폐로 환경상품의 비용감소는 환경상품의 적용의 근본적 목적을 달성하는 데 중요한 의미가 있는 반면, 비관세장벽은 이러한 상품무역에 있어서 심각한 장애요소가 될 수 있다. 비관세장벽은 환경상품의 무역을 촉진하기 위하여 최대한의 범위까지 축소되어야 한다.592) 또한 기술규정은 '환경요건을 충족하는 환경상품'의 유형에 영향을 미친다. 각기 다른 역내시장에서 환경요건이 상이하다는 것은 비관세장벽이 될 수 있다. 특히 환경기준과 환경상품의 구별요건은 환경친화상품의 무역에 영향을 미치게 된다. 새로운 시장진입을 시도하는 상품에 관한 무역은 그러한 상품의 적절한 기준의 부재로 진입장벽의 문제가 나타날 수도 있다. 따라서 비관세장벽에 관한 정기적인 검토와 모니터

---

590) 상게논문, pp.37~38.

591) 상게논문, pp.37~38.

592) WTO, Market Access for Environmental Goods-Communication from Canada, European Communities, New Zealand, Norway, Singapore, Switzerland, and the United States, TN/MA/W/70 (June 2005).

를 통한 규제가 요구된다.

이러한 맥락에서 개발도상국들은 끊임없이 비관세장벽에 관한 철폐를 요구하는 것이다. 선진국의 수준 높은 환경기준의 적용이 국내 공공정책의 목표를 실현하기 위한 조치라도 사실상 무역장벽으로 활용되는 위장된 조치일 수 있다는 것이다. 하지만 보호무역조치와의 구별이 쉽지 않기 때문에, 수입국의 요건을 충족하기 어려운 개발도상국은 시장접근의 제한으로 받아들여질 수 있는 것이다. 예컨대 '1994년 GATT' 제20조 예외조치의 허용에 관한 부문에서 선진국의 일방적 조치가 '1994년 GATT'의 위반된 조치가 아니더라도, '자의적이거나 위장된 조치'에 해당하는지 여부에 관한 판단은 개발도상국의 이행 가능성에 대한 고려라는 측면에서 'S&D 대우'와 연계하여 위반여부를 결정하는 데 결정적인 요건의 하나로 요구될 수 있다. 더 나아가 비관세조치 대응방안으로 개발도상국에 대한 여타 인센티브, 기술이전, 재정지원 및 무역지원과의 연계성을 고려할 수 있다.

## 12.7 재정·기술지원의 통합적 접근의 필요성

기술과 개발과의 관계에 관해, 첫째, 기술은 새로운 부를 창출하는 중요한 원천이며, 둘째, 기술은 그 소유자들이 여러 형태로 사회통제를 할 수 있는 수단이며, 셋째, 기술은 결정과정의 형태에 결정적 영향을 미치며, 넷째, 기술은 사회의 중요한 특징에 영향을 미친다고 밝혔다.[593] 이 중에서 개발과 관련한 진술은 첫 번째 내용에

---

593) Denis Goulet, "The Uncertain Promise: Value Conflicts in Technology Transfers", N. Y., 1997, p.7; 이장희, "기술이전에 관한 국제법적 연구: UNCTDA의 기술이전에 관한 행위법전과 국제공업소유권보호협약을 중심으로", 전게논문, p.149.

관한 것으로, 기술은 생산성을 향상시킴으로써 물질적인 생활수준을 높이는 생산요체의 하나로 간주되는 것이다.594) 더 나아가 오늘날은 환경보호에 관한 관심의 증대와 함께 환경산업이 급진적으로 발전함에 따라 환경기술의 유용성과 가치에 관한 민감성이 증가해왔다. 즉, 기술이 생산성의 향상과 부의 증대에 결정적인 기여를 해왔다면, '친환경적'이라는 문구가 중요시되면서 무역상품의 가치를 결정짓는 데 중요한 역할을 하고 있다. 소위 환경상품에 관한 소비자들의 인식변화는 환경적으로 위해하지 않은 상품소비로의 전환으로 점차 상품무역 시장의 판도변화를 예상할 수 있을 정도다. 즉, '친환경적 개발'을 위한 기술력의 중요성은 무역전반에 결정적인 영향력을 행사하게 될 것이다. 그러한 기술에 관한 법적 보호의 요청은 너무도 당연한 권리행사이지만, 보편적 가치의 존중이라는 견지에서 기술에 관한 소유와 이전문제를 발생시키지 않을 수 없다.

기술이전영역에서 고려해야 할 요소를 살펴보면 다음과 같다. 첫째, 선진국의 주도적 지위로부터 운용되는 관계에서뿐만 아니라 개발도상국의 공통된 동의에 기초한 규범의 안정성과 예측 가능성을 필요로 한다. 특히 이것은 서로 교류하는 국가들의 상이한 정도를 개발 상황을 극복해야 하는 것이 중요하다. 둘째, 환경보호라는 측면에서 기술의 가치를 전환하는데 각 국가들에게 세부지침을 제공해야 한다. 특히 지속가능한 개발의 측면에서 환경보호를 위한 기술에 관한 이전이 요구된다.595) 개발도상국의 정치적, 사회적, 경제적,

---

594) 상계논문, pp.37~38.

595) 지속가능한 개발을 위해서는 상품생산, 재생에너지 체계 그리고 오염규제 부문에서 신기술을 개발하고 널리 보급하기 위한 조직적인 노력이 필요하다. 장비개선, 기술이전협정, 전문가 육성, 공동연구 등 국제적인 기술교환을 중심적인 과제로 삼아야 한다. 따라서 무역에 영향을 미치는 절차와 정책을 통해 기술혁신을 자극하고, 환경적으로 건전한 기술에 손쉽고 포괄적으로 접근할 수 있도록 해야 한다. 과학기술적인 능력의 격차는 생명공학과 유전자공학, 새로운 에너지원 개발, 신물질과 대체물질 개발 그리고 폐기물 오염을 적게 발생시

문화적 여건이 상이한 가운데 일률적인 방식의 기술이전은 불필요
한 소모가 되기 때문이다. 이러한 적절한 기술에 대한 현실적인 접
근방법은 각 개발도상국들이 갖고 있는 기술차이의 본질과 중요성
을 분석하고, 투입되어야 하는 정도에 관해 확인 후, 개발도상국의
각기 다른 요구와 능력을 주의 깊게 분석하는 것이다.[596]

현재 WTO법상에서는 직접적인 재정지원 또는 기술이전을 할 수
있는 메커니즘이 결여되어 있다. 기술이전에 관한 유형은 무역정책
을 이행할 수 있는 능력배양, 참여의 확대를 위한 지원, 무역규범의
이해도를 높이기 위한 지원 등의 다양한 기능을 포함한다.[597] 이와
관련 기술지원 관련 WTO 프로그램은 WTO하에서 개발도상국이
의무를 순조롭게 이행할 수 있도록 지원하는 것과 다자무역체제에
적극적으로 동화될 수 있도록 하려는 두 가지 목표를 가지고 있었
다. 하지만 그러한 기술지원이 단순한 선언에 그치지 않고 법적으로
의미 있는 규정이 되어 실질적으로 개발도상국의 이익보호를 위한
것이 될 수 있는가는 의문시되어 왔다.[598] 이에 무역촉진을 위해서
는 개발도상국의 참여를 활성화하고, 실현가능한 메커니즘이 되기
위해서는 개발도상국이 주장하는 물적 및 인적 자원 부족의 두 가지
사항이 충분히 고려되는 접근이 필요하다. 즉, 개발도상국이 협정의
무를 이행할 수 있도록 인적 및 물적 자원을 지원하여 비교적 쉽게

---

킬 수 있는 기술 특히 지속가능한 개발의 목표와 직접적으로 관련되어 있는 영역에서 크게
나타나게 된다. WCED, *supra* note 222, pp.122~123.

596) 이장희, "기술이전에 관한 국제법적 연구: UNCTDA의 기술이전에 관한 행위법전과 국제공
업소유권보호협약을 중심으로", 전게논문, p.152; UNCTAD는 적절한 기술의 적합성 여부
에 관해 기술의 적합성은 만들어진 생산품과 그 생산품의 특징, 그리고 자원들이 생산과정
에서 결합되고, 변형되는 방식에 따라 평가된다고 언급하였다. UNCTAD, Transfer of
Technology-Its implications for development and environment, TD/B/C, 6/22, 1978, p.33.

597) WTO, A New Strategy for WTO Technical Cooperation: Technical Cooperation for Capacity
Building, Growth and Integration, WT/COMTD/W/90 (21 September 2001).

598) 김대원, 전게논문, p.39.

의무를 이행할 수 있도록 해야 한다. 더불어 무역과 환경 간의 충돌의 해결수단으로 무역제한조치보다는 환경개선을 위한 재정지원이 보다 효과적일 수 있을 것이다.

지속가능한 개발은 자원이용, 기술발전, 투자의 방향설정과 법제도적인 변화가 조화를 이루는 방향에서 현재와 미래의 잠재성을 높여나가려는 과정을 의미한다고 하였다. 이러한 일련의 과정에서 기술의 방향은 재설정되어야 하며, 기술개발은 환경적 요인에 밀접하게 관계하여 친환경적인 방향에서 재조정되어야 한다. 이러한 측면에서 개발도상국의 기술능력의 향상을 위한 지원이 필요하다. 'TRIPS 협정'의 기술이전 약정에 관한 선진국과 개발도상국의 입장 차이에서 들어나듯이, 선진국이 제공하는 기술수준이 언제나 개발도상국의 사회적 및 환경적 조건에 바로 적용될 수 있는 것은 아니다. 또한 선진국이 지니고 있는 환경 친화적인 혁신기술에 관해서는 개발도상국의 요구에 부합하도록 충분히 그 지원이 이루어지지 않고 있다. 차등적 개발 우선순위만으로는 충분하지 않으며, '차등적 공동책임'의 자체만을 주장하는 데 그쳐서는 안 된다. 개발도상국들 중에 신흥 경제국들에서 기후 친화적 기술의 이용에 관한 충분한 정치적 의지가 중요할 것이다. 기술이전은 기금조성과 이로 인한 프로그램에 의해서 직접적으로 영향을 받게 될 것이다. 'TBT 협정'의 'S&D 대우' 규정, 'TRIPS 협정'의 'S&D 대우' 규정에서 선진국은 개발도상국의 특별한 개발, 재정적 요구, 무역요구를 고려해야 한다고 규정한다.[599)]

'Doha 선언' para.41의 이행지원 제공의무는 WTO체제에서 개발목적을 위해 필요한 경우 기술지원을 제공해야 한다고 언급한다.[600)]

---

599) 'SPS 협정' 제9조; 'TBT 협정' 제11조 2항~6항, 12조 3항, 제12조 7항; 관세평가협정 제20조 3항; 'TRIPS 협정' 제67조.

600) WTO, WT/MIN(01)/DEC/1, paras.16, 21, 24, 26, 27, 33, 38-41, 42, 43.

기술이전은 저개발국과 체제전환국을 포함하는 개발도상국으로 분류된 모든 국가가 향유할 수 있도록 제공되어야 한다. 선진국들은 직접적으로 기술이전을 제공하거나, WTO사무국의 기술협력프로그램에 의해서 제공할 수 있다.[601] 하지만 그 규정들은 '약정'의 형식으로 선진국에 권리적 성격을 부여하는 데 한계점을 드러냈다. 실제로 TRIPS 협정의 이행을 위해 개발도상국이 필요로 하는 지원형태가 제대로 갖추어지지 않았다. 선진국의 법형식과 유사한 구조로의 전환은 특정국가의 특수한 사항을 제대로 반영하지 못하는 단점이 있고, 선진화된 법의 수입이 그들의 변화를 촉진하는 유인이 될 수는 없을 것이다.

WTO체제는 대상협정의 의무이행을 위하여 능력이 부족한 개발도상국의 요구를 수용해야 한다.[602] 이러한 문제에 접근하기 위해서 기술이전에 관한 규범은 WTO 협정상의 의무이행을 위한 목적에 무역자유화 협상의 동등한 주체가 될 수 있도록 개발도상국의 능력부재, 개발목표의 불충족과 같은 기본원인에서 오는 요인들을 고려해서 실질적으로 동등한 지위가 확보되도록 의무이행을 위한 지원과 무역자유화를 위한 지원이 결합적인 형태를 갖추어야 한다. 다만 이러한 노력은 개발도상국의 적극적인 의지와 다른 회원국들과의 협력의무를 소홀히 하는 경우에는 배제되어야 할 것이다.

---

601) WTO web pages on Technical Cooperation at
(http://ww.wto.org/english/tratop_e/devel_e/teccop_e/s_and_d_eg_e.htm).

602) Elimma C. Ezeani, *The WTO and Its Development Obligation: Prospects for Global Trade* (New York: Anthem Press, 2010), p.100.

## 12.8 실질적 공정성 제고

WTO법상의 무역자유화의 실현을 위해서 국가들 간의 보호적 무역규제를 차단하고, 공정한 무역체제의 확립을 위해서 WTO 차원에서의 공정성 논의는 중요하다. 이는 개별국가의 무역제한조치에 대한 국가 간의 갈등이 야기되고, 분쟁의 주요대상이 되고 있다는 점에서 확인할 수 있다. 예컨대 선진국은 환경산업에 적극적 투자와 높은 수준의 기술을 위한 연구개발을 통해 확보하고, 이를 바탕으로 환경정책을 채택하여 상대방 국가에게 차별적 무역제한조치를 적극적으로 활용하고자 하는 반면, 개발도상국은 이러한 규제는 불합리한 차별이라고 반발한다. 이로써 선진국과 개발도상국 간의 대립적 이해관계를 해결하는 것이 중요한 쟁점이 되고 있다. 이에 관해 개발도상국들은 선진국의 이러한 차별적 조치와 WTO 협정상의 의무의 특수성에 대응방안으로 기술지원, 협력 등의 'S&D 대우'의 확보가 이러한 갈등을 개선할 수 있는 수단이 된다고 보고 있다. 하지만 'S&D 대우' 관련 이행은 이러한 무역질서의 단점을 보완하기 위한 예외적인 것으로 간주되어 왔다. 이와 관련 WTO법의 변혁의 방향성에 대하여, 능력배양 지원, 재정지원, 기술지원을 통한 궁극적으로 참여의 민주주의 실현 등의 견해가 제시되고 있다. 물론 구체적 방안은 논의과정에서 달라질 수 있다. 이러한 변혁의 필요성이 제기되는 이유는 국가들 간의 경제적 불평등성의 완화를 위한 상이한 경제적 요건을 고려해야 한다는 점에서 찾을 수 있다.

WTO 설립협정 전문은 "균형 있는 성장과 안정, 분배, 건전한 시장질서 확립, 국가 간의 조화를 통한 경제의 민주화, 개발도상국 및 최빈 개발도상국의 보호, 소비자 보호" 등 국제무역질서에 추구되어야 할 목표를 명시적으로 규정함으로써, 국제통상질서에서 제고되어야 할 '공동의 이익'을 구체화한다. 하지만 현실적으로 국가 간의 갈등이 지속되는 것은 WTO체제에서 안고 있는 쟁점을 바라보는 다양한 견해 차이가 존재하거나, 추구하는 가치가 상이하기 때문이기도 하다. 이러한 갈등을 바라보는 사고의 차이는 공정성이 구현되는 형식과 내용에 대한 시각차와 유사한 관점을 가진다고 볼 수 있다. 이와 관련 동등하지 아니한 주체 간의 동등한 경쟁조건은 형식적 공정성에 입각한 공정성 실현을 의미하는 반면, 시장지배력뿐 아니라 재정적 문제나 기술발달의 현저한 격차로 인한 협상력의 차이 등을 고려하는 동등하지 아니한 주체 간의 동등한 경쟁조건을 부여하기 위한 접근은 실질적 공정성에 입각한 것이다. 다만 후자의 공정성 관념에서 동등하지 아니한 국가들 간의 관계를 지나치게 강조하는 것은 무역자유화의 가치를 훼손할 수 있다는 점도 충분히 고려되어야 한다.

실질적 공정성 제고에 관한 논의가 요청되는 것은 WTO체제는 공정한 무역질서를 구축하기 위한 국제기구로서의 역할과 기능에 충실해야 한다는 점에 기인한다. 이러한 맥락에서 실질적 공정성에 기초한 공정한 경쟁조건을 위한 논의는 국제통상질서체제의 확립에 유의미한 결과를 가져올 수 있을 것이다. 특히 지속가능한 개발의 기여라는 측면에서, 환경문제가 무역과 직결되고 개발측면에 관한 고려도 동시에 다루어져야 하는 현재의 WTO법질서에서의 과제는 국가들 간의 이견 대립을 완화하고 무역자유화를 위한 공정한 틀을 형성하기 위해서 국가들 간의 협력을 이끌어내고 합의점에 도달하는 것에 있다. 이에 실질적 공정성의 제고는 무역자유화를 실현하기 위한 요건의 정당성을 확보하고, 선순환 구조의 안정화된 WTO체제에서 국가 간의 경제관계가 지속적 안정과 발전에 기여할 수 있을 것이라는 점에서 의의를 가지며, WTO법상의 중요한 판단기준이 되어야 한다.

# V. 결론

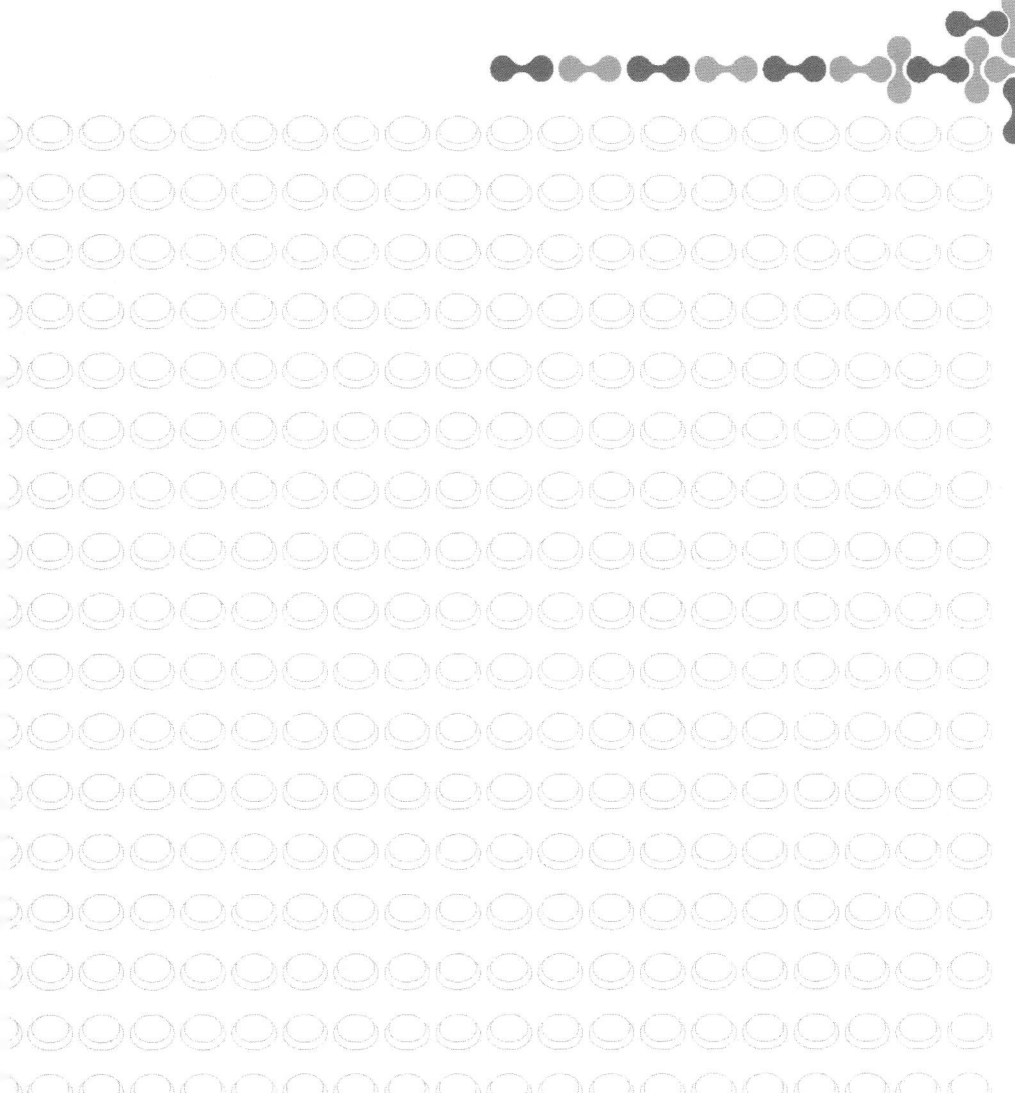

국제무역은 경제성장과 빈곤완화 그리고 개발증진이라는 중요한 목적을 가진다. 국제무역규범의 역할은 국가들 간의 공정한 무역질서를 확립하여 자유무역으로부터 얻게 되는 경제적 이익을 통해 삶의 질적 향상, 실질 소득의 증대, 사회복지 향상에 기여하기 위한 것이다. 하지만 다양한 경제적 이해관계를 가지고 있는 국가들 간의 협력과 경제적·법적 이익에 관해 논하는 것으로 매우 어려운 과제이다. 이와 관련하여 동등하지 아니한 국가들 간의 '일률적인 방식'(one size does not fit all)에 의한 무역규범의 입법과정에서 드러난 갈등, WTO 협정상 실체적 의무이행, 현재 DDA 협상의 부진 등에서 제기될 수 있는 근본적 문제는 바로 '공정성'의 쟁점에 관한 근본적 문제의 제기로부터 방안을 모색해볼 수 있다. 상이한 여건을 가진 국가들 간에 적용되는 비차별적 권리의무이행이 개별국가의 수행능력에 따라 좌우될 수 있다는 점에서, 시장접근성과 그 결과로써 무역이익의 확보가 상이할 수 있다. 이에 WTO법질서의 목표는 협정들 속의 실체적 의무존중과 비차별적 원칙에 기초한 동등한 경쟁조건을 중요시하는 공정성의 확보와 더불어 국가들마다 상이한 개발단계의 수준을 반영하는 합리적 차별의 수용가능성에 대한 법리의 검토가 요청된다. 예컨대 개발도상국들은 시장접근 제한을 비롯한 선진국의 보호주의적 조치로 경제성장의 잠재적 가능성을 현실화하기 어려운 상황에 직면하게 된다. 즉, 동등하지 아니한 국가들 간에 일률적인 법규범 적용상에서 나타난 불평등성의 우려가 국가들 간의 갈등이 완화되지 못하는 원인으로 작용한다.

이러한 관점에서 실질적 공정성의 제고를 논하는 첫 번째 이유는 상호주의와 비차별적 원칙을 주요원칙으로 하는 WTO 협정상 규율 내용이 동등하지 아니한 주체들 간에 적용될 경우, 비합리적인 차별 내지 불공정할 수 있다는 점이다. 두 번째 이유는 WTO 협정상 명시된 'S&D 대우'가 실효적 이행과 그 결과로 법적 효과를 보장하는 데 한계점을 드러냈다는 점이다. 따라서 무역자유화라는 시장경제의 원리에서뿐만 아니라, 법질서의 정의 관념에서 기회의 균등과 배분적 정의에 기초한 합리적 차별을 법리를 수용하는 차원의 실질적 공정성을 확보하는 것이 WTO법이 발전 지향적인 규범이 되기 위한 주요한 과제가 되어야 한다. 이러한 취지에서 WTO법상 상이한 여건을 가진 국가들 간의 불평형성 문제를 완화하기 위해서는 공정한 경쟁과 공평한 대우의 고려에서 차등대우의 검토와 구체적 논의가 필요하다. 이에 본 연구는 WTO법상 지속가능한 개발의 목표를 실현하고, 진정한 무역자유화를 실현하기 위한 방안의 일환으로, 실질적 공정성에 기초한 공정한 개발 메커니즘의 방향성을 제시해보고자 하였다.

첫째, WTO법상 실질적 공정성 제고를 위한 관련 원칙에 관한 이론적 검토이다. 국가들 간의 통상관계는 빈곤, 경제성장, 부의 증대와 같은 국가 간의 불평등성과 밀접하게 연계되어 있다. 이에 정의 관점이 경제적 불평등성에 기초한 현실적인 분쟁들을 해결하는 데 이용될 수 있다는 관점에서 공정성 개념에 접근한다. 기회의 균등과 배분적 정의를 포함하는 관념으로서 법질서의 근본이념인 정의 관념을 이해하고, 일차적으로 이러한 논리적 바탕 위에서 WTO법상 실질적 공정성 제고를 위한 법리를 살펴보는 것이다. 우선 상호주의는 불합리적 법규범의 정립을 위해서 무역협상의 주요원리로 적용되어 왔다. 그러나 동등하지 아니한 국가들 간의 상호주의는 불합리적 차별의 원인이 되기 때문에, 유연성을 고려한 '완화된 상호주의' 적용이 요청된다. 이는 동등하지 않은 국가들에 대한 차등대우의 정당성을 가지게 되며, 형평성에 기초한 공평한 대우의 확보가 가능하다고 본다. 즉, 동등하지 아니한 대우가 비합리적인 차별을 구성하는 것이 아닌 불공정성을 시정하기 위한 이행장치로 이해한다면, 합리적인 차별을 구성하는 차등대우에 정당성을 부여하는 논리로 그 의미해석이 가능하다고 본다. 같은 맥락에서 WTO 설립협정 전문의 지속가능한 개발에 함축된 상호협력, 공평·형평의 원리는 동등하지 아니한 국가들 간의 의무와 책임을 인정하는 차등대우 규정의 이론적 근거로 이용되어야 한다. 비차별적이고 공정한 무역질서의 확립을 위한 노력은 지속가능한 개발의 개념 속에 내포된 원칙과 이행수단의 수용 그리고 국가들 간의 협력과 조정을 위한 노력으로 달성될 수 있을 것이다. 특히 지속가능한 개발에 내포된 공평·형평의 원리를 동등하지 아니한 국가들 간의 합리적 차별을 정당화하는 실체적 규정의 해석기준으로 적용되어야 한다.

둘째, WTO법상 개발도상국에 대한 차등대우의 실효적 이행에 관한 검토이다. 법적 구속력이 약한 'S&D 대우' 규정은 관련 당사국의 법적 이익을 보호하기 위한 실효적 이행을 확보하지 못한다는 것을 의미한다. 특히 WTO 협정상 'S&D 대우'의 실효성 판단은 합리적 차별을 긍정하는 논리 위에서 형평의 원리에 기초한 실질적 공정성을 확보하는 데 이행수준에 관한 것이다. 구체적으로 자국의 환경정책을 집행하는 개별국가의 무역규제활동이 예외적으로 허용 가능한 조치로 인정됨에 따라, 관련 당사국 간에 차별적 규제조치로 남용되거나 악용될 소지를 가져오기도 한다. 이러한 이유에서 '1994년 GATT' 제20조의 개별국가의 재량적으로 제정한 허용가능한 조치의 인정에서 그러한 조치가 동 조 Chapeau의 문리적 해석에서 상이한 요건을 가진 국가들 간에 합리적 차별을 인정하는 법리를 적용하는 것이 필요하다. 기존 '미국-개질휘발유 사건', '미국-새우/바다거북 사건', 'EC-석면제품 사건'의 판정은 WTO법상의 무역자유화와 환경문제에 관한 개별국가의 공공정책 간의 관계에서 개별국가의 재량권에 의한 불합리한 차별을 구성하지 않아야 한다는 균형적 관점에서 검토되었다. 그런데 '1994년 GATT' 제20조상의 예외로서 개별국가의 무역규제조치를 인정하는 것이 정당성을 갖는지 여부에서 동등하지 아니한 주체 간의 문제를 판정의 요건으로 중요하게 다루지 않았다. 동등하지 아니한 국가들 간의 차등대우를 고려하는 것은 실질적 공정성을 제고하는 데 있어서 공정한 대우를 이끌어내기 위한 법리적 해석에서 타당성을 가질 수 있다. 이에 비차별적 원칙의 예외로써 '1994년 GATT' 제20조상 개별국가의 조치에 관한 정당성을 판정하는 데 있어서 동일한 조건을 가진 국가들 간의 관계를 전제로 한 차별조치의 정당성 여부와 동등하지 아니한 조건을 가진 국가들 간의 관계를 전제로 한 차별조치의 정당성 여부를 구별하는 것은 정당하지 아니한 또는 위장된 제한조치에 관한 판단요건의 일부로 고려되어야 한다. 아울러 동등하지 아니한 조건을 가진 국가들이 수입국의 국내 기준을 충족하기 위한 적절한 정보의 제공과 기술의 이전과 같은 수단을 이용하여 차등대우가 실질적으로 이행될 수 있어야 한다. 전술한 이론적 원리를 검토하여, WTO법상 지속가능한 개발의 목표와 일치하는 방향에서 이루어져야 한다는 것을 상기하면서, '1994년 GATT' 제20조의 조건을 충족하는 예외적 조치에 관한 판정에서 '공평·형평의 원리'가 주요 기준으로 적용되는 것을 필요로 한다.

최근 '미국-Tuna Ⅱ 사건'에서 개별국가의 환경규제를 수행하는 목적이 무엇인지, 규제의 목적이 정당성을 가지는지 여부, 정당한 목적을 가진다 하여도 그러한 규제가 무역 제한적 성격을 갖는지 여부에 관해, 'TBT 협정'상 실체적 규정해석과 관련하여 비례의 원칙에 입각한 판정의 요청이라는 민감한 문제를 해결하는 데 있어 DSB는 중대한 임무를 가진다. '1994년 GATT' 제20조상 예외적 허용조치의 정당성 여부에서 검토한 법리해석과 유사하게, 공정성을 확보하기 위한 동등하지 아니한 국가들 간의 관계에서 규범적 기준의 적용을 검토하는 것이 요청된다. 환경보호와 지속가능한 개발의 목표의 달성은 선진국의 환경정책의 존중과 동시에 개발도상국의 여건도 충분히 고려되어야 한다. 다시 말해 지속가능한 개발의 환경보호는 선진국의 권리를 존중하는 것뿐만 아니라, WTO 설립협정 전문에 명시된 개발도상국의 상이한 개발단계를 고려한 환경보호의 필요성까지 양자 간에 적절하고도 균형적인 시각에서 고려되어야 한다. 지속가능한 개발의 목표는 단순히 환경보호를 위한 개별국가의 높은 수준의 환경기준 적용의 재량권에 정당성을 부여하는 것 이상의, 환경적으로 지속가능한 개발에 함축된 공평·형평의 원리도 존중되어야 하기 때문이다. 예컨대 환경보호를 위한 개별국가의 환경기준이 인정된다 하여도, 이것이 동등하지 아니한 국가들 간의 공평한 대우를 받을 권리가 훼손될 가능성이 있는지 여부에 관한 면밀한 분석이 이루어져야 한다. 따라서 동등하지 아니한 국가들 간의 관계를 적절히 고려하여, 합리적 차별을 정당화하는 공평·형평의 원리

위에서 환경보호를 위한 개별국가의 무역규제정책이 불합리한 차별을 구성하지 않아야 한다는 점이 충분히 판단요건의 일부로 참작되어야 한다. 즉, 환경보호라는 개별국가의 정당한 정책목표를 실행하기 위한 재량적 권리를 주장하는 데 있어서 상대방 국가들의 상이한 여건을 고려하였는지에 관해서도 검토가 필요하다. 상이한 여건의 고려라 하면 상품을 생산하고 판매하는 방식의 차이를 인정할 수 있는지 여부, 그 생산방식의 차이가 본래의 정책 목적을 훼손하는지 여부, 상이한 여건이 지배하는 국가들 간의 관계에는 경제적 여건의 상이함으로 인한 기술력의 차이를 반영할 수 있는지 여부, 이러한 요건을 기초로 하여 경제적 여건과 기술력 개발의 차이의 연관관계가 일정부분 용인된다면, 합리적 차별에 의한 차등대우의 적용이 가능할 것이다.

셋째, WTO 분쟁해결과정에서 'S&D 대우'에 관한 실효적 이행을 보장하고 있는지 여부에 관한 것이다. 개발도상국에 대한 특별한 고려를 위한 'S&D 대우' 관련 규정은 판례의 경향에서 실효성에 한계가 있다는 것을 이해할 수 있다. 예컨대 보조금 협정상 'S&D 대우'는 법적 구속력이 약한 연성법으로 적용되기 때문에, 실질적 이행의 법적 근거로 활용하는 것이 용이하지 않았다. 이와 관련 개발도상국의 보조금 지급의 정당성 여부와 보조금허용 인정범위가 선진국의 제시기준에 따라 상이할 수 있는데, 현재 이를 판별할 적절한 준거가 없다는 한계를 갖는다. 더욱이 'S&D 대우'가 계속해서 실효성 없는 근거규정에 의한 적용 및 판정의 결과를 기대할 수 있는 것이 아닌, '정치적 고려'에 근거한 결과가 나올 수밖에 없다는 한계를 배제할 수 없다. 물론 법적 강제성을 부여하는 것만이 규범적 성질을 갖고 있다고 단정지울 수는 없지만, 적어도 분쟁의 법적 근거로 적용될 수 있는 규정이라면 분쟁해결과정에서 규정상의 법적 효과가 예견되거나 일관성을 가져야 한다.

　마지막으로 위와 같이 WTO법상 이론적 검토 및 실체적 규정에 관한 분석을 통해서 도출해보고자 하는 법제도적 대안으로 차등대우의 목적과 필요성, 그리고 이행가능성을 확보하기 위한 '공정한 개발 메커니즘'의 방향성 제안을 해보고자 한다. 현재 진행되고 있는 DDA 협상은 개발도상국의 개발관심을 적극적으로 검토하고 효과적인 운용을 위한 논의의 목적에서 출범하였으나, 본래적 취지의 협상이 제대로 이루어지지 못하고 있다. 이는 선진국과 개발도상국 간에 서로 상반된 가치를 추구하려는 데 제 원인이 되고 있다고 본다. 이를 공정성과 합리적 차별의 수용이라는 관점에서 살펴보고, 차등대우를 어떠한 접근방식으로 구체화해야 할 것인가에 관해 법제도화의 접근에서 그 방안을 모색해보는 것이다. 즉, '차등대우'의 이행을 확보하기 위한 메커니즘의 방향성은 지속가능한 개발의 목표를 전제로 하여 그 필요성과 법적 성격을 포함하고 대략적인 범위를 설정해 보는 것이다. 본 연구에서 제시된 그 대상범위(안)는 현재 DDA에서 진행되고 있는 환경상품 협상에서 개발도상국이 주요 논거로 제시한 합리적 차별의 수용과 공정성에 관한 공통적인 관심쟁점 및 주장을 정리하여 구성한 것이다. 예컨대 개발도상국은 선진국의 환경정책과 관련지어 환경상품이 비관세장벽의 주요 원인이 될 수 있다는 가능성을 우려하여 서로 상반되는 기준을 제시하면서 의견대립을 보이고 있는데, 이러한 갈등은 본 연구에서 기존에 계속 제기되어 왔던 동등하지 아니한 국가들 간의 갈등의 본질과 유사하다고 보인다. 즉, 이러한 분석을 토대로 국가들 간의 상호협력을 유도하여 공정성을 확보할 수단으로 '공정한 개발 메커니즘'의 정립을 제안하는 것이다. WTO법질서는 국가들 간의 협력을 바탕으로 형성된 체계이다. 본질적으로 법규범의 정립과 의무이행의 목적은 이러한 관계가 보다 투명하고 예측가능성이 보장되어 국가들의 이익이 보호될 수 있도록 하는 데 있다. 상이한 경제적 여건을 갖고 있는 동등하지 아니한 주체들 간의 합목적성을 추구하기 위해 법규범은 경제적 의미에서의 국가 간의 공평한 대우를 위한 공정성의 제고에 무게를 두어야 한다. 그 수단으로 차등대우의 이행 및 지원을 위한 메커니즘의 창설과 같은 국가들 간의 협력을 유도할 수 있는 제도적 수단을 확보하는 데 노력해야 한다. 이것은 협력의 바탕 위에서 국가들 간의 갈등을 이해하고 실현 가능한 해결수단을 강구하기 위한 접근으로서, 국가들 간의 유기적 관계를 구축해가기 위한 동력으로 작용할 수 있으며 선순환 구조의 확보도 가능케 할 것이다. 이는 곧 WTO법상 궁극적인 목표인 공정한 질서의 유지와 발전을 추구하기 위한 하나의 방법론이 될 것이다. 이러한 맥락에서 'S&D 대우'의 규범적 기능을 강화할 수 있도록 WTO 설립협정 전문의 "상호적인 이익을 얻기 위한 경제협력"의 바탕 위에서 "합리적 차별과 공평한 대우에 기초한 차등대우를 고려하는"(Considering differential treatment based on rationale discrimination and fair treatment)에 관한 부문이 언급될 수 있도록 추후 협상에서 논의를 필요로 한다.

결론적으로 WTO법상 차등대우 관련 실체적 규정의 적용과 법적 효과에 관한 국가들 간의 대립은 공정성 원칙에 관한 이론적 접근과 법리적 해석기준으로 이용될 수 있는 판단근거의 마련이라는 법적 과제로 제시될 수 있다. 이와 같은 접근은 실질적 공정성 이론에 기초하여 구체화된 것이라 할 수 있는데, WTO법상 실체적 권리의무의 창설과 적용상 공평·형평의 원리 위에 기초한 법리적 접근을 존중한다면 형식적 공정성의 관점에서도 동등하지 아니한 국가들 간의 상이한 기대치가 존중될 수 있으며, 이로써 실질적 공정성은 구현될 수 있다고 본다. 생각건대 WTO법상 무역자유화의 실현을 위한 공정성 원칙은 규범의 정당성 확보를 위해서 요청되며, 형식적 공정성과 실질적 공정성의 양자 간의 관계는 방법론적인 시각에서 논하는 것이 가능하다고 본다. WTO법상 공정하고 공평한 경쟁조건의 형성을 위한 노력과 협력은 국가들 간의 갈등을 완화하고 공정성을 확보하는 기초가 될 것이다.

# 참고문헌

## I. 단행본

## 1. 국내문헌

1) 학술 단행본

강상인·박준영, 국제환경규제 강화가 국제교역상 시장접근에 미치는 영향
　　　에 관한 연구, 한국환경정책평가연구원, 1999.
김기흥, 무역과 환경, 집문당, 2004.
김대순, 국제법론, 삼영사, 2011.
김성준, WTO법의 형성과 전망 제1권, 삼성출판사, 1996.
김정건, 국제법, 박영사, 2004.
김정균·성재호, 국제법, 박영사, 2006.
김진현, 지속가능한 발전의 원리와 적용, 한국학술정보, 2006.
노명준, 신국제환경법, 법문사, 2003.
박재영, 국제관계와 NGO, 법문사, 2003.
성재호, 국제경제법, 박영사, 2005.
이상윤, 국제경제법: 국제통상법을 중심으로, 중앙경제사, 1995.
이장희, 국제통상과 WTO법, 아시아사회과학연구원, 1996.
＿＿＿, 환경보호와 국제법 질서, 아시아사회과학연구원, 1997.
이준호·김태식, 교토의정서 발효 등 환경규제 강화에 따른 중소기업의 대
　　　응 과제, 중소기업연구원, 2005.
이태재, 법철학사와 자연법론, 법문사, 1984.
이한기, 국제법강의, 박영사, 2002.
정인섭, (신)국제법강의: 이론과 사례, 박영사, 2011.
조용균, 도하개발아젠다(DDA) 협상 전망: 개도국의 입장을 중심으로, 외교
　　　통상부 외교 안보연구원(편), 2003.
차하순, 형평의 연구: 17·18세기 유럽정치사상을 중심으로, 일조각, 1983.

채형복[외], 국제경제법, 영남대학교 출판부, 2005.
최승환, 국제경제법, 법영사, 2006.

2) 기관 간행물

법무부, 국제환경법과 무역, 1995.
외교통상부, WTO 각료회의 결과 보고서 제7차, 2010.
외무부 국제경제국, 지구환경동향과 환경외교, 1992.
한국국제경제법학회, 국제경제법, 박영사, 2006.
환경부, WTO 도하개발아젠다 환경협상 대응방안 연구, 2004.
_____, WTO/DDA 협상의제 쟁점 분석과 한국의 통상협상 전략, 2006.
_____, 국가 지속가능한 발전지표 개발 및 활용방안 연구, 2001.
_____, 청정개발체제를 통한 온실가스 저감 공동사업 추진 타당성 조사,
        2000.
_____, 환경백서, 2008.
_____, (친환경상품의)환경·경제적 편익분석4, 2009.
_____, 지구환경동향보고, 2009.

3) 번역서

Antonio Cassese (강병근·이재완 飜譯), International Law (Oxford: Oxford
        University Press, 2001).
John Croome (김의수 역), 세계무역의 신기원: 우루과이라운드 협상사, 한국
        무역협회 국제통상부 통상정보과, 1999.
John H. Jackson 저 (한국무역협회 역), GATT해설, 한국무역협회, 1988.
박덕영·이재형, 국제경제법 기본조약집(Basic Documents in International
        Economic Law), 박영사, 2010.
산업자원부, WTO 환경협상 결과보고, 2003.
외교통상부, 우루과이라운드 다자무역협상결과: 국문협정문집, 2000.
조형준·홍성태(역), The World Commission on Environment and Development,
        Our Common Future (우리의 공동미래), 새물결, 1994.

## 2. 외국문헌

Alavi, Amin, *Legalization of Development in the WTO: between Law and Politics*, Wolters Kluwer Law & Business, 2009.

Alessandrini, Donatella, *Developing Countries and the Multilateral Trade Regime: the Failure and Promise of the WTO's Development Mission*, Portland, Or., Hart Pub., 2010.

Asian Development Bank, *Technical Assistance(financed by the Japan Special Fund) for Capacity Building for Developing Memeber Countries on the World Trade Organization Trading System*, Manila, ADB, 2002.

Axelrod, Robert, *Evolution of Cooperation*, Basic, 1984.

Balassa, Bela, *Liberalising Trade between Developed and Developing Countries, The Importance of Trade for Developing Countries, New Directions in the World Economy*, New York University Press, 1989.

Barton, John H.(et al), *The Evolution of the Trade Regime: Politics, Law, and* Economics of the GATT and the WTO, Princeton University Press, 2006.

Baughen, Simon, *International Trade and the Protection of the Environment*, Routledge-Cavendish, 2007.

Bernasconi-Osterwalder and N., et al., *Environmental and Trade: A Guide to WTO Jurisprudence*, Earthscan, 2006.

Birnie, Patricia and Alan Boyle and Catherine Redgwell, *International Law and the Environment*, Oxford University Press, 2009.

Bossche, P. van den, *The Law and Policy of the World Trade Organization*, Cambridge University Press, 2005.

Boyle, Alan and David Freestone, *International Law and Sustainable Development: Past Achievements and Future Challenges*, Oxford University Press, 1999.

Brownlie, Ian, *Principle of Public International Law*, 6th ed., Oxford University Press, 2003.

Bulajic, Milan, *Principles of International Development Law*, Martinus Nijhoff Publishers, 1986.

Chantal Thomas, Joel P. Trachtman(ed.), *Developing Countries in the WTO Legal System*, Oxford University Press, 2009.

Conrad, Christiane R., *Processes and Production Methods (PPMs) in WTO Law: Interfacing Trade and Social Goals,* Cambridge University Press, 2011.

Cottier, Tomas and P. C. Mavroidis(eds), *Regulatory Barriers and the Principle of Non-discrimination in World Trade Law,* University of Michigan Press, 2000.

Cottier, Tomas, *The Challenge of WTO Law: Collected Essays,* Cameron May, 2007.

Donatella Alessandrini, *Developing Countries and the Multilateral Trade Regime: the Failure and Promise of the WTO's Development Mission,* Hart Pub., 2010.

Epps, Tracey and Andrew Green, *Reconciling Trade and Climate: How the WTO can Help Address Climate Change,* Edward Elgar, 2010.

Ezeani, Elimma C., *The WTO and its Development Obligation: Prospects for Global Trade,* Anthem Press, 2010.

Frank, Thomas, *Fairness in international Law and Institutes,* Clarendon Press, 1995.

Frederickson, H. George, *Social Equity and Public Administration: Origins, Developments, and Applications,* Sharpe, 2010.

French, D., *International Law and Policy of Sustainable Development,* Manchester University Press, 2005.

Freund, Caroline(ed.), *The WTO and Reciprocal Preferential Trading Agreements,* Edward Elgar, 2007.

Garforth, K., *When Biosafety Becomes Bindings: A Decision Maker's Guide,* CISDL, 2004.

Gehring, Markus W. and Marie-Claire Cordonier Segger(ed.), *Sustainable development in World Trade Law,* Kluwer Law International, 2005.

George A. Bermann and Petros C. Mavroidis(ed.), *WTO Law and Developing Countries,* Cambridge University Press, 2011.

Ginther, Konrad and Erik. Denters and Paul J. I. M. Waart(ed), *Sustainable Development and Good Governance,* Martinus Nijhoff Pub., 1995.

Goyal, Anupam, *The WTO and International Environmental Law: towards Conciliation,* Oxford University Press, 2006.

Gregory C. Shaffer and Ricardo Melendez-Ortiz(ed.), *Dispute Settlement at the WTO: the Developing Country Experience,* Cambridge University Press,

2010.

Gruszczynski, Lukasz, *Regulating Health and Environmental Risks under WTO Law: a Critical Analysis of the SPS Agreement,* Oxford University Press, 2010.

Guha-Khasnobis, Basudeb(ed.), *The WTO, Developing Countries and the Doha Development Agenda: Prospects and Challenges for Trade-led Growth,* Palgrave Macmillan, 2004.

Haggard, Stephan, *Developing Nations and the Politics of Global Integration,* The Brookings Institution, 1995.

Harald Hohmann (ed.), *Agreeing and Implementing the Doha Round of the WTO,* Cambridge University, 2007.

Hudec, *Developing Countries in the GATT Legal System,* London, Trade Policy Research Centre, 1987.

Hudec, Robert E., *Developing Countries in the GATT Legal System,* [foreword by] Joseph Michael Finger, Cambridge University Press, 2011.

International Law Association, *Report of the Committee on the International Law on Sustainable Development,* Toronto Conference, 2006.

Jackson, John H., *The World Trading System: Law and Policy of International Economic Relations,* MIT Press, 1998.

Jha, Veena and Anil Markandya and René Vossenaar, *Reconciling Trade and the Environment: Lessons from Case Studies in Developing Countries,* Edward Elgar, 1999.

Jones, Kent, *The Doha Blues: Institutional Crisis and Reform in the WTO,* Oxford University Press, 2010.

Kelly, Trish, *The Impact of the WTO: the Environment, Public Health and Sovereignty,* Edward Elgar, 2007.

Kim, Dae-Won, *Non-Violation Complaints in WTO LAw: Theory and Practice,* Peter Lang, 2005.

Kiss, Alexandre C. and Dinah Shelton, *International Environmental Law,* 2nd ed., 2000.

Lee, Donna and Rorden Wilkinson, *The WTO after Hong Kong: Progress in, and Prospects for, the Doha Development Agenda,* Routledge, 2007.

Lee, Jang Hie, *Regionales Wirtschafts-intergrationsrecht als Teil des Entwick-

*lungsvölkerrechts in den Entwicklungsländern Ostasiens,* Universitätsverlag Dr. N. Brockmeyer Bochum 1991.

Long, Oliver, *Law and its Limitations in the GATT Multilateral Trade System,* Graham & Trotman, 1987.

Lowenfeld, Andreas F., *International Economic law* 2nd ed., Oxford University Press, 2008.

Lukasz Gruszczynski, *Regulating Health and Environmental Risks under WTO Law: a Critical Analysis of the SPS Agreement,* Oxford University Press, 2010.

Matsushita, Mitsuo and Thomas J. Schoenbaum and Petros C. Mavroidis, *The World Trade Organization: Law, Practice and Policy,* International Economic Law Series, Oxford University Press, 2003.

Mauss, Marcel, *The Gift,* Norton, 1967.

Mavroidis, Petros C., George A. Bermann, Mark Wu, *The Law of the World Trade Organization(WTO): Documents, Cases & Analysis,* St. Paul, MN, Thomson/West, 2010.

Mitchell, Andrew D., *Legal Principles in WTO Disputes,* New York, Cambridge, Cambridge University Press, 2008.

Moore, Geoff(ed), *Fairness in International Trade,* New York, Springer, 2010.

Nath, Kamal, Grant Hewison(ed), *Trade, Environment and Sustainable Development: a South Asian Perspective,* New York, St. Martin's Press, 1997.

Page, Sheila, *"Doing Doha for Development: A Development Perspective",* in M. Fratianni, P. Savona and J. J. Kirton(eds.), *Financing Development: The G8 and UN Contribution,* Aldershot, Ashgate, 2007.

Pauwelyn, Joost, *Conflict of Norms in Public International Law: How WTO Law Relates to Other Rules of International Law,* Cambridge University Press, 2003.

Petersmann, Ernst-Ulrich(ed.), *Reforming the World Trading System: Legitimacy, Efficiency, and Democratic Governance,* Oxford University Press, 2005.

Rawls, John., A *Theory of Justice,* Harvard University Press, 1971.

Sahlins, *Stone Age Economics,* Aldine-Atherton, 1972.

Sampson, G., *The WTO and Sustainable Development,* United Nations University Press, 2005.

Sampson, Gary P. and W. Bradnee Chambers(ed.), *Developing countries and the WTO: Policy Approaches,* United Nations University Press, 2008.

Sampson, Gary P., *The WTO and Sustainable Development,* United Nations University Press, 2005.

Sands, Philippe, *Principles of International Environmental Law* 2nd ed., Cambridge University Press, 2003.

Schrijver, Nico, *The Evolution of Sustainable Development in International Law: Inception, Meaning and Status,* Leiden, Martinus Nijhoff Publishers, 2008.

Segger, M. C. Cordonier and A. Khalfan, *Sustainable Development Law: Principles, Practice and Prospects,* New York, Oxford, Oxford University Press, 2004.

Shaffer, Gregory C. and Ricardo Melendez-Ortiz(eds), *Dispute Settlement at the WTO: the Developing Ccountry Experience,* Cambridge University Press, 2010.

Stiglitz, Joseph E. and Andrew Charlton, *Fair Trade for All: How Trade Can Promote Development,* Lightning Source Inc., 2007.

Taylor, Ian and Karen Smith, *United Nations Conference on Trade and Development (UNCTAD),* Routledge, 2007.

The World Commission on Environment and Development, *Our Common Future,* Oxford University Press, 1987.

Themaat, P. van, *The Changing Structure of International Economic Law,* Martinus Nijhoff Publishers, 1981.

Thomas, Chantal and Joel P. Trachtman(ed.), *Developing Countries in the WTO Legal System,* Oxford University Press, 2009.

Thomson, David, *equality,* Cambridge University Press, 1949.

Verschuuren, J., *Principles of Environmental Law: The Ideal of Sustainable Development and the Role of Principles in International, European and National Law,* Baden Baden, Nomos, 2003.

Voigt, Christina, *Sustainable Development as a Principle of International Law: Resolving Conflicts between Climate Measures and WTO Law,* Martinus Nijhoff Publishers, 2009.

Vranes, Erich, *Trade and the Environment: Fundamental Issues in International Law, WTO Law, and Legal Theory,* Oxford University Press, 2009.

Waart, Paul De, Paul Peters and Erik Denters(eds.), *International Law and*

*Development*, Martinus Nijhoff Publishers, 1988.

Wilber, Charles K. and Amitava Krishna Dutt(eds), *New Directions in Development Ethics: Essays in Honor of Denis Goulet,* University of Notre Dame Press, 2010.

WTO,_*From GATT to the WTO: the Multilateral Trading System in the New Millennium,* Kluwer Law International, 2000.

Young, H. Peyton, *Equity: in Theory and Practice,* (Princeton University Press, 1995).

Zleptnig, Stefan, *Non-economic Objectives in WTO Law: Justification Provisions of GATT,* GATS, SPS and TBT Agreements, (Leiden, Boston, Martinus Nijhoff Publishers, 2010).

## II. 논문

## 1. 국내논문

강문성, "개도국 특혜침식", OECD Focus, 통권 제11호, 2004.1.

강상인, "탄소세와 GATT/WTO 국경세조정 규정에 관한 소고", 국제법무연구 제2호, 1999.6.

권숙표, "리우 환경개발회의", 외교 23, 1992.9.

김규태, "도하개발아젠다(DDA)에서의 보조금협정 개정논의 동향과 대응방안", KIET산업경제 통권 45호, 2002.6.

김대원, "WTO법상 개발도상국의 법적 지위에 관한 고찰", 국제법학회논총 제97호, 2003.12.

_____, "WTO법상 필요성 심사의 쟁점과 전망: Taking Necessity Seriously!", 경영법률 제17집 제1호-하권, 2006.10.

_____,"환경마크(Eco-labels)와 WTO법: 제품무관련 생산방법(NPR-PPM)을 어떻게 포섭할 것인가?", 국제법학회논총 제115호, 2009.12.

_____,"국제경제법 방법론 연구 1: 일방적 공정성(Unilateral Fairness)과 다자적 공정성(Multilateral Fairness) 개념을 중심으로", 국제법학회논총 통권 제108호, 2007.8.

김석현, "국제법에 있어서 soft law," 국제법평론 8, 1997.8.

_____, "국제법상 대세적 권리 의무의 확립", 국제법학회논총 통권 제94

호, 2002.12.

김의주, "국제통상레짐의 변화에 관한 연구: WTO를 중심으로", 의정자료 24, 1997.4.

김진현, "지속가능한 개발의 개념적 고찰", 외법논집 제12집, 2002.8.

김태천, "국제개발법의 기본원리I", 법조 제437호, 1993.2.

_____, "국제개발법의 기본원리II", 법조 제438호, 1993.2.

류병운, "WTO TRIPs 협정과 기후변화협약 기술이전의 촉진", 통상법률 제 98호, 2011.4.

박대위, "국제무역에서 비관세장벽의 왜곡현상", 경상논총 제9호, 1985.3.

백종국, "자유무역, 공정무역과 국제체제: 19세기 유럽무역체제 분석을 통한 한국적 의의 고찰을 중심으로", 한국과 국제정치 제16권, 1992.12.

서원상, "WTO 협정과 지속가능한 개발", 국제경제법연구 제6권, 2008.12.

서철원, "WTO에서의 환경보호를 이유로 한 무역제한조치: WTO규범의 개 선방법을 중심으로", 국제법학회논총 통권 제92호, 2002.6.

안완기, "미국: 새우 수입제한조치", 통상법률 통권 제26호, 1999.4.

윤주한, "WTO 보조금협정의 개선방향에 관한 연구", 기업법연구 제9집, 2002.4.

윤창인, "한미 FTA 이행대상 다자환경협약의 무역규제조치와 시사점", 대 외경제연구 제9권 3호, 2009.3.

이성형·전정기, "WTO체제 하에서 환경마크제도의 적합성에 관한 연구", 국제상학 제24권 제4호, 2009.12.

이영찬, "WTO체제하의 선진국 및 개도국의 무역이익에 관한 연구", 생산 성논집 통권 제12호, 1995.6.

이원복·강승구, "공정성과 국제무역시스템", 경제경영연구 제1호, 2002.8.

이장희, "국제개발법의 개념과 법적기준", 국제법학회논총 통권 제58호, 1985.12.

_____, "신국제경제질서와 국제개발법", 안동대학 논문집 제4집, 1982.12.

_____, "환경관련 무역규제와 법적 대응", 국제법학회논총 통권 제77호, 1995.6.

_____, "기술이전에 관한 국제법적 연구: UNCTAD의 기술이전에 관한 행 위법전과 국제공업소유권보호협약을 중심으로", 국제법학회논총 통 권 제61호, 1987.10.

이재민, "최근 WTO분쟁해결절차에서 확인된 국제법 기본원칙 및 법리",

국제법학회논총 통권 제119호, 2010.12.

이해영, "신자유주의와 FTA", 진보평론 제23호, 2005.3.

정경수, "현대 국제관습법의 형성과정에서 나타난 변화와 안정성: 국제기구의 결의에 기초한 국제관습법의 형성문제를 중심으로", 국제법학회논총 통권 제94호, 2002.12.

조용만, "법학적 관점에서 본 차별의 개념", 인권과 공익법, 2007.

최병선, "국제무역에 있어서의 상호주의 고찰", 통상법률 통권 제14호, 법무부, 1997.4.

최승환, "공정성 개념이 국제통상법발전에 미친 영향", 서울국제법연구 제6권 2호, 1999.12.

_____, "국제통상규범의 발전에 있어서 과학의 역할과 한계", 국제법학회논총 통권 제98호, 2004.6.

_____, "그린라운드의 배경과 의의", 도시문제 352, 1998.3.

_____, "유전자변형생물체(LMO)책임복구 추가의정서의 법적 쟁점과 법적·제도적 대응 방향", 통상법률 통권 제96호, 2010.12.

_____, "GATT체제상 환경보호를 위한 통상규제의 법적고찰", 사회과학논문 제5호, 1993.12.

최원기, "기후변화 대응 국제협력체제에 대한 국제법적 검토: 주요국 포럼(Major Economies Forum)을 중심으로", 서울국제법연구 제31호, 2009.12.

한국국제협력단 정책연구실, "도하 개발재원 평가회의 결과: 몬테레이 합의 이행 점검을 위한 개발재원 관련 후속 국제회의", 국제개발협력 2009년 제1호, 2009.3.

Mushtaq Ahmad Jan, "WTO 자유무역체제의 불공정성", 농협조사월보 통권 572호, 2005.5.

## 2. 외국논문

Bartels, "Applicable Law in WTO Dispute Settlement Proceedings", *Journal of World Trade* Vol. 35, 2001.

Cottier, T., "From Progressive Liberalization to Progressive Regulation in WTO Law", *Journal of International Economic Law* Vol. 9(4), December 2006.

Czincota, "Us Trade Policy and Congress", *Columbia Journal of World Business*

Vol. 20(4), 1986.

Ehring, L., "De facto Discrimination in World Trade Law: Nation and Most-Favoured Treatment-Or Equal Treatment?", *Journal of World Trade* Vol. 36(5), 2002.

French, D., "Developing States and International Environmental Law: The Importance of Differentiated Responsibilities", *International & Comparative Law Quarterly* Vol. 49(35), 2000.

Gaines, "The WTO's Reading of the GATT Chapeau: A Disguised Restriction on Environmental Measures", *University of Pennsylvania Journal of International Economic Law* Vol. 22(4), 2001.

Gaines, S. E., "International Trade, Environmental Protection and Development as a Sustainable Development Triangle", *RECIEL* Vol. 11(3), 2002.

Hilf, Meinhard, "Power, Rules and Principles-which Orientation for WTO/GATT law?", Journal of International Economic Law vol. 4(1), 2001.

Howse, Robert, "The Appellate Body Rulings in the Shrimp-Turtle Case: A New Legal Baseline for the Trade and Environment Debate", *Columbia Journal of Environmental Law* Vol. 27, 2002.

Hufbauer, G. C. and J. S. Erb and H. P. Starr, "The GATT Codes and the Unconditional Most-Favoured-Nation Principle", Law & Pol'y Int'l Bus., Vol. 12, 1980.

Keohane, Robert O, "Reciprocity in international Relations in international organization", *International Organisation* vol. 40(1), 1986.

McRae, "The Contribution of International Trade Law to the Development of International Law", *Recueil des Cours* Vol. 260, 1996.

Michael, Finger, J., "The Unbalanced Uruguay Round Outcome: The New Areas in Future WTO Negotiations", *World Economy* Vol. 25(3), 2002.

Nicholaides, "How Fair is Fair Trade?", *Journal of World Trade Law* Vol. 21(4), 1987.

Pangestu, Mari., "Special and Differential Treatment in the Millennium: Special for Whom and How Different?", *The World Economy* vol. 23(9), 2000.

Pauwelyn, "The Role of Public International Law in the WTO: How Far Can We Go?", *AJIL,* 2001.

Petersmann, E., "International Trade Law and International Environment Law",

*Journal of World Trade* vol. 27(43), 1993.

Prowse, S., "The Role of International and National Agencies in Trade-Related Capacity Buildin", *World Economy* vol. 25, 2002.

Prowse, Susan, "The Role of International and National Agencies in Trade-Related Capacity Building," *World Economy* vol. 25(9), 2002.

Robinson, N. A.(ed), "Agenda 21: Earth's Action Plan", *IUCN Environmental Policy & Law Paper* No. 27, 1993.

Sands, P., "International Courts and the Concept of Sustainable Development", *Max Planck UNYB* 3, 1999.

Verwey, W., "The Principle of Preferential Treatment for Developing Countries", *Indian Journal of International Law* vol. 23, 1983.

Weiss, E. Brown, "Environment and Trade as Partners in Sustainable Development: A Commentary", *AJIL* vol. 86(4), 1992.

Winters, L. Alan, "Doha and the World Poverty Targets", presented at the 14th *Annual Bank Conference on Development Economics* Washington DC., 2002.

Yusuf, A., "Differential and More Favourable Treatment: The GATT Enabling Clause", *Journal of World Trade Law* vol. 14, 1980.

## 3. 국제문서자료

Hafner, Risks Ensuing from the Fragmentation of International Law, in Report of the International Law Commission on the Work of Its Fifty-Second Session, 2000.

Koskenniemi, Marti, Fragmentation of International Law: Difficulties Arising from the Diversification and Expansion of International Law, ILC, UN Doc. A/CN.4/L.682, 2006.

OECD, The DAC Guidelines: Strengthening Trade Capacity for Development, WT/COMTD/M/46 (2001).

_____, The global Environmental Goods and Services Industry (1998).

UNCTAD, Draft International Code of Conduct on the Transfer of Technology (version, 1985).

_____, Environement, International Competitiveness and Development: Lessons

Form Empirical Studies, The Policy Debate on Trade, Environment and Development, Report by the UNCTAD Secretariat to the UNCTAD Ad Hoc Working Group on Trade, Environment and Development, TD/B/WG.6/10.

_____, Promoting Poles of Clean Growth to Foster the Transition to a more Sustainable Economy, Trade and Environment Review, (2009/2010).

_____, Environmentally Preferable Products (EPPs) as a Trade Opportunity for Developing Countries, UNCTAD/COM/70 (1995).

World Bank, Finger, Michael, Ulrich Reinch & Adriana Castro, Market Access Bargain in the Uruguay Round, Rigid or Relaxed Reciprocity. World Bank Policy Research Working Paper 2258 (1999), (15 August 2009).

WTO, A New Strategy for WTO Technical Cooperation: Technical Cooperation for Capacity Building, Growth and Integration, WT/COMTD/W/90 (21 September 2001).

_____, A New Strategy for WTO Technical Cooperation: Technical Cooperation for Capacity Building, Growth and Integration, WT/COMTD/W/90 (21 September 2001).

_____, Committee on Trade and Environment, Report of the Meeting Held on 6 July 2005, WT/CTE/M/40 (2 September 2005).

_____, Committee on Trade and Environment, Trade in used and retreaded Tyres, Submission by Brazil, WT/CTE/W/241 (12 July 2005).

_____, Contribution on Paragraph 31(1) of the Doha Ministerial Declaration, Submission by the Separate Customs Territory of Taiwan, Penghu, Kinmen and Matsu, TN/TE/W/11 (3 Octorber 2002).

_____, Coordinated WTO Secretariat Annual Technical Assistance Plan 2003, WT/COMTD/W/104 (3 October 2002).

_____, Draft Programme of Work for 1995 (Revision), WT/COMTD/W/2/Rev.1.

_____, Environmental Project Approach-Compatibility and Criteria, TN/TE/W/67 (13 June 2006).

_____, High Level Briefing/Meeting on Technical Cooperation and Capacity Building for Capital-Based Senior Officials, WT/COMTD/43 (20 September 2002).

_____, Implementation of Special and Differential Treatment Provisions in WTO Agreements and Decisions, WT/COMTD/W/77Rev.1 (January

2003).

_____, Market Access for Non Agricultural Products: Market Access for Environmental Goods, Communication from Canada, European Communities, New Zealand, Norway, Singapore, Switzerland, and the United States, TN/MA/W/70 (9 may 2006).

_____, Multilateral Environmental Agreements (MEAS) and WTO Rules; Proposals Made in the Committee on Trade and Environment (CTE) from 1995～2002, TN/TE/S/1 (23 May 2002).

_____, Multilateral Environmental Agreements (MEAS): Implementation of the Doha Development Agenda, TN/TE/W/1 (21 March 2002).

_____, Preparations for the 1999 Ministerial Conference-Trade, Environment and Sustainable Development, Paragraph 9(d) of the Geneva Ministerial Declaration, Communication from Cuba, WT/GC/W/387 (15 November 1999).

_____, Report by the chairperson of the Special Session of the Committee on Trade and Environment to the Trade Negotiations Committee, TN/TE/11 (14 March 2005).

_____, Report by the Chairperson of the Special Session of the Committee on Trade and Environment to the Trade Negotiations Committee, TN/TE/3 (2 December 2002).

_____, Report to the Secretariat, High Level Briefing/Meeting on Technical Cooperation and Capacity Building for Capital-Based Senior Officials, WT/COMTD/43 (20 September 2002).

_____, Report to the Secretariat, High Level Briefing/Meeting on Technical Cooperation and Capacity Building for Capital-Based Senior Officials, WT/COMTD/43 (20 September 2002).

_____, Sub-paragraph 31(I) of the Doha Declaration, Submission by the United States, TN/TE/W/20 (10 February 2003).

_____, Summary Report on the First Meeting of the Committee on Trade and Environment Special Session, TN/TE/R/1 (19 April 2002).

_____, Summary Report on the Second Meeting of the Committee on Trade and Environment Special Session, TN/TE/R/2 (25 July 2002).

_____, The Doha Round and Climate Change, Submission by Argentina,

TN/TE/W/74 (23 November 2009).

_____, The Relationship between Existing WTO Rules and Specific Trade Obligations Set Out in Multilateral Environmental Agreements (MEAS), TN/TE/W/10 (3 October 2002).

_____, World trade report 2006 Exploring the Links Between Subsidies, Trade and WTO, 2006.

_____, Report (1999) of the Committee on Trade and Environment, WT/CTE/4 (14 October 1999).

_____, Draft Singapore Ministerial Declaration, WTO Document, WT/MIN(96)/DEC/W (13 December 1996).

# APPENDIX I

## Agreement Establishing the World Trade Organization (Preamble)

The *Parties* to this Agreement,

*Recognizing* that their relations in the field of trade and economic endeavour should be conducted with a view to raising standards of living, ensuring full employment and a large and steadily growing volume of real income and effective demand, and expanding the production of and trade in goods and services, while allowing for the optimal use of the world's resources in accordance with the objective of sustainable development, seeking both to protect and preserve the environment and to enhance the means for doing so in a manner consistent with their respective needs and concerns at different levels of economic development,

*Recognizing* further that there is need for positive efforts designed to ensure that developing countries, and especially the least developed among them, secure a share in the growth in international trade commensurate with the needs of their economic development,

*Being desirous* of contributing to these objectives by entering into reciprocal and mutually advantageous arrangements directed to the substantial reduction of tariffs and other barriers to trade and to the elimination of discriminatory treatment in international trade relations,

*Resolved*, therefore, to develop an integrated, more viable and durable multilateral trading system encompassing the General Agreement on Tariffs and Trade, the results of past trade liberalization efforts, and all of the results of the Uruguay Round of Multilateral Trade Negotiations,

*Determined* to preserve the basic principles and to further the objectives underlying this multilateral trading system,

*Agree* as follows:

# APPENDIX Ⅱ

## WORLD TRADE

## ORGANIZATION

WT/MIN(01)/DEC/1
20 November 2001

(01-5859)

MINISTERIAL CONFERENCE
Fourth Session
Doha, 9 - 14 November 2001

### MINISTERIAL DECLARATION

Adopted on 14 November 2001

1.    The multilateral trading system embodied in the World Trade Organization has contributed significantly to economic growth, development and employment throughout the past fifty years. We are determined, particularly in the light of the global economic slowdown, to maintain the process of reform and liberalization of trade policies, thus ensuring that the system plays its full part in promoting recovery, growth and development. We therefore strongly reaffirm the principles and objectives set out in the Marrakesh Agreement Establishing the World Trade Organization, and pledge to reject the use of protectionism.

2.    International trade can play a major role in the promotion of economic development and the alleviation of poverty. We recognize the need for all our peoples to benefit from the increased opportunities and welfare gains that the multilateral trading system generates. The majority of WTO Members are developing countries. We seek to place their needs and interests at the heart of the Work Programme adopted in this Declaration. Recalling the Preamble to the Marrakesh Agreement, we shall continue to make positive efforts designed to ensure that developing countries, and especially the least-developed among them, secure a share in the growth of world trade commensurate with the needs of their economic development. In this context, enhanced market access, balanced rules, and well targeted, sustainably financed technical assistance and capacity-building programmes have important roles to play. -

3.    We recognize the particular vulnerability of the least-developed countries and the special structural difficulties they face in the global economy. We are committed to addressing the marginalization of least-developed countries in international trade and to improving their effective participation in the multilateral trading system. We recall the commitments made by Ministers at our meetings in Marrakesh, Singapore and Geneva, and by the international community at the Third UN Conference on Least-Developed Countries in Brussels, to help least-developed countries secure beneficial and meaningful integration into the multilateral trading system and the global economy. We are determined that the WTO will play its part in building effectively on these commitments under the Work Programme we are establishing.

4.    We stress our commitment to the WTO as the unique forum for global trade rule-making and liberalization, while also recognizing that regional trade agreements can play an important role in promoting the liberalization and expansion of trade and in fostering development.

5.    We are aware that the challenges Members face in a rapidly changing international environment cannot be addressed through measures taken in the trade field alone. We shall continue to work with the Bretton Woods institutions for greater coherence in global economic policy-making.

6.    We strongly reaffirm our commitment to the objective of sustainable development, as stated in the Preamble to the Marrakesh Agreement. We are convinced that the aims of upholding and

1.

safeguarding an open and non-discriminatory multilateral trading system, and acting for the protection of the environment and the promotion of sustainable development can and must be mutually supportive. We take note of the efforts by Members to conduct national environmental assessments of trade policies on a voluntary basis. We recognize that under WTO rules no country should be prevented from taking measures for the protection of human, animal or plant life or health, or of the environment at the levels it considers appropriate, subject to the requirement that they are not applied in a manner which would constitute a means of arbitrary or unjustifiable discrimination between countries where the same conditions prevail, or a disguised restriction on international trade, and are otherwise in accordance with the provisions of the WTO Agreements. We welcome the WTO's continued cooperation with UNEP and other inter-governmental environmental organizations. We encourage efforts to promote cooperation between the WTO and relevant international environmental and developmental organizations, especially in the lead-up to the World Summit on Sustainable Development to be held in Johannesburg, South Africa, in September 2002.

7. We reaffirm the right of Members under the General Agreement on Trade in Services to regulate, and to introduce new regulations on, the supply of services.

8. We reaffirm our declaration made at the Singapore Ministerial Conference regarding internationally recognized core labour standards. We take note of work under way in the International Labour Organization (ILO) on the social dimension of globalization.

9. We note with particular satisfaction that this Conference has completed the WTO accession procedures for China and Chinese Taipei. We also welcome the accession as new Members, since our last Session, of Albania, Croatia, Georgia, Jordan, Lithuania, Moldova and Oman, and note the extensive market-access commitments already made by these countries on accession. These accessions will greatly strengthen the multilateral trading system, as will those of the 28 countries now negotiating their accession. We therefore attach great importance to concluding accession proceedings as quickly as possible. In particular, we are committed to accelerating the accession of least-developed countries.

10. Recognizing the challenges posed by an expanding WTO membership, we confirm our collective responsibility to ensure internal transparency and the effective participation of all Members. While emphasizing the intergovernmental character of the organization, we are committed to making the WTO's operations more transparent, including through more effective and prompt dissemination of information, and to improve dialogue with the public. We shall therefore at the national and multilateral levels continue to promote a better public understanding of the WTO and to communicate the benefits of a liberal, rules-based multilateral trading system.

11. In view of these considerations, we hereby agree to undertake the broad and balanced Work Programme set out below. This incorporates both an expanded negotiating agenda and other important decisions and activities necessary to address the challenges facing the multilateral trading system.

## 2. WORK PROGRAMME

IMPLEMENTATION-RELATED ISSUES AND CONCERNS

12. We attach the utmost importance to the implementation-related issues and concerns raised by Members and are determined to find appropriate solutions to them. In this connection, and having regard to the General Council Decisions of 3 May and 15 December 2000, we further adopt the Decision on Implementation-Related Issues and Concerns in document WT/MIN(01)/17 to address a number of implementation problems faced by Members. We agree that negotiations on outstanding implementation issues shall be an integral part of the Work Programme we are establishing, and that

agreements reached at an early stage in these negotiations shall be treated in accordance with the provisions of paragraph 47 below. In this regard, we shall proceed as follows: (a) where we provide a specific negotiating mandate in this Declaration, the relevant implementation issues shall be addressed under that mandate; (b) the other outstanding implementation issues shall be addressed as a matter of priority by the relevant WTO bodies, which shall report to the Trade Negotiations Committee, established under paragraph 46 below, by the end of 2002 for appropriate action.

## AGRICULTURE

13.     We recognize the work already undertaken in the negotiations initiated in early 2000 under Article 20 of the Agreement on Agriculture, including the large number of negotiating proposals submitted on behalf of a total of 121 Members. We recall the long-term objective referred to in the Agreement to establish a fair and market-oriented trading system through a programme of fundamental reform encompassing strengthened rules and specific commitments on support and protection in order to correct and prevent restrictions and distortions in world agricultural markets. We reconfirm our commitment to this programme. Building on the work carried out to date and without prejudging the outcome of the negotiations we commit ourselves to comprehensive negotiations aimed at: substantial improvements in market access; reductions of, with a view to phasing out, all forms of export subsidies; and substantial reductions in trade-distorting domestic support. We agree that special and differential treatment for developing countries shall be an integral part of all elements of the negotiations and shall be embodied in the Schedules of concessions and commitments and as appropriate in the rules and disciplines to be negotiated, so as to be operationally effective and to enable developing countries to effectively take account of their development needs, including food security and rural development. We take note of the non-trade concerns reflected in the negotiating proposals submitted by Members and confirm that non-trade concerns will be taken into account in the negotiations as provided for in the Agreement on Agriculture.

14.     Modalities for the further commitments, including provisions for special and differential treatment, shall be established no later than 31 March 2003. Participants shall submit their comprehensive draft Schedules based on these modalities no later than the date of the Fifth Session of the Ministerial Conference. The negotiations, including with respect to rules and disciplines and related legal texts, shall be concluded as part and at the date of conclusion of the negotiating agenda as a whole.

## SERVICES

15.     The negotiations on trade in services shall be conducted with a view to promoting the economic growth of all trading partners and the development of developing and least-developed countries. We recognize the work already undertaken in the negotiations, initiated in January 2000 under Article XIX of the General Agreement on Trade in Services, and the large number of proposals submitted by Members on a wide range of sectors and several horizontal issues, as well as on movement of natural persons. We reaffirm the Guidelines and Procedures for the Negotiations adopted by the Council for Trade in Services on 28 March 2001 as the basis for continuing the negotiations, with a view to achieving the objectives of the General Agreement on Trade in Services, as stipulated in the Preamble, Article IV and Article XIX of that Agreement. Participants shall submit initial requests for specific commitments by 30 June 2002 and initial offers by 31 March 2003.

## MARKET ACCESS FOR NON-AGRICULTURAL PRODUCTS

16.     We agree to negotiations which shall aim, by modalities to be agreed, to reduce or as appropriate eliminate tariffs, including the reduction or elimination of tariff peaks, high tariffs, and

3.

tariff escalation, as well as non-tariff barriers, in particular on products of export interest to developing countries. Product coverage shall be comprehensive and without *a priori* exclusions. The negotiations shall take fully into account the special needs and interests of developing and least-developed country participants, including through less than full reciprocity in reduction commitments, in accordance with the relevant provisions of Article XXVIII *bis* of GATT 1994 and the provisions cited in paragraph 50 below. To this end, the modalities to be agreed will include appropriate studies and capacity-building measures to assist least-developed countries to participate effectively in the negotiations.

TRADE-RELATED ASPECTS OF INTELLECTUAL PROPERTY RIGHTS

17.      We stress the importance we attach to implementation and interpretation of the Agreement on Trade-Related Aspects of Intellectual Property Rights (TRIPS Agreement) in a manner supportive of public health, by promoting both access to existing medicines and research and development into new medicines and, in this connection, are adopting a separate Declaration.

18.      With a view to completing the work started in the Council for Trade-Related Aspects of Intellectual Property Rights (Council for TRIPS) on the implementation of Article 23.4, we agree to negotiate the establishment of a multilateral system of notification and registration of geographical indications for wines and spirits by the Fifth Session of the Ministerial Conference. We note that issues related to the extension of the protection of geographical indications provided for in Article 23 to products other than wines and spirits will be addressed in the Council for TRIPS pursuant to paragraph 12 of this Declaration.

19.      We instruct the Council for TRIPS, in pursuing its work programme including under the review of Article 27.3(b), the review of the implementation of the TRIPS Agreement under Article 71.1 and the work foreseen pursuant to paragraph 12 of this Declaration, to examine, *inter alia*, the relationship between the TRIPS Agreement and the Convention on Biological Diversity, the protection of traditional knowledge and folklore, and other relevant new developments raised by Members pursuant to Article 71.1. In undertaking this work, the TRIPS Council shall be guided by the objectives and principles set out in Articles 7 and 8 of the TRIPS Agreement and shall take fully into account the development dimension.

RELATIONSHIP BETWEEN TRADE AND INVESTMENT

20.      Recognizing the case for a multilateral framework to secure transparent, stable and predictable conditions for long-term cross-border investment, particularly foreign direct investment, that will contribute to the expansion of trade, and the need for enhanced technical assistance and capacity-building in this area as referred to in paragraph 21, we agree that negotiations will take place after the Fifth Session of the Ministerial Conference on the basis of a decision to be taken, by explicit consensus, at that Session on modalities of negotiations.

21.      We recognize the needs of developing and least-developed countries for enhanced support for technical assistance and capacity building in this area, including policy analysis and development so that they may better evaluate the implications of closer multilateral cooperation for their development policies and objectives, and human and institutional development. To this end, we shall work in cooperation with other relevant intergovernmental organisations, including UNCTAD, and through appropriate regional and bilateral channels, to provide strengthened and adequately resourced assistance to respond to these needs.

22.      In the period until the Fifth Session, further work in the Working Group on the Relationship Between Trade and Investment will focus on the clarification of: scope and definition; transparency;

non-discrimination; modalities for pre-establishment commitments based on a GATS-type, positive list approach; development provisions; exceptions and balance-of-payments safeguards; consultation and the settlement of disputes between Members. Any framework should reflect in a balanced manner the interests of home and host countries, and take due account of the development policies and objectives of host governments as well as their right to regulate in the public interest. The special development, trade and financial needs of developing and least-developed countries should be taken into account as an integral part of any framework, which should enable Members to undertake obligations and commitments commensurate with their individual needs and circumstances. Due regard should be paid to other relevant WTO provisions. Account should be taken, as appropriate, of existing bilateral and regional arrangements on investment.

INTERACTION BETWEEN TRADE AND COMPETITION POLICY

23.     Recognizing the case for a multilateral framework to enhance the contribution of competition policy to international trade and development, and the need for enhanced technical assistance and capacity-building in this area as referred to in paragraph 24, we agree that negotiations will take place after the Fifth Session of the Ministerial Conference on the basis of a decision to be taken, by explicit consensus, at that Session on modalities of negotiations.

24.     We recognize the needs of developing and least-developed countries for enhanced support for technical assistance and capacity building in this area, including policy analysis and development so that they may better evaluate the implications of closer multilateral cooperation for their development policies and objectives, and human and institutional development. To this end, we shall work in cooperation with other relevant intergovernmental organisations, including UNCTAD, and through appropriate regional and bilateral channels, to provide strengthened and adequately resourced assistance to respond to these needs.

25.     In the period until the Fifth Session, further work in the Working Group on the Interaction between Trade and Competition Policy will focus on the clarification of: core principles, including transparency, non-discrimination and procedural fairness, and provisions on hardcore cartels; modalities for voluntary cooperation; and support for progressive reinforcement of competition institutions in developing countries through capacity building. Full account shall be taken of the needs of developing and least-developed country participants and appropriate flexibility provided to address them.

TRANSPARENCY IN GOVERNMENT PROCUREMENT

26.     Recognizing the case for a multilateral agreement on transparency in government procurement and the need for enhanced technical assistance and capacity building in this area, we agree that negotiations will take place after the Fifth Session of the Ministerial Conference on the basis of a decision to be taken, by explicit consensus, at that Session on modalities of negotiations. These negotiations will build on the progress made in the Working Group on Transparency in Government Procurement by that time and take into account participants' development priorities, especially those of least-developed country participants. Negotiations shall be limited to the transparency aspects and therefore will not restrict the scope for countries to give preferences to domestic supplies and suppliers. We commit ourselves to ensuring adequate technical assistance and support for capacity building both during the negotiations and after their conclusion.

TRADE FACILITATION

27.    Recognizing the case for further expediting the movement, release and clearance of goods, including goods in transit, and the need for enhanced technical assistance and capacity building in this area, we agree that negotiations will take place after the Fifth Session of the Ministerial Conference on the basis of a decision to be taken, by explicit consensus, at that Session on modalities of negotiations. In the period until the Fifth Session, the Council for Trade in Goods shall review and as appropriate, clarify and improve relevant aspects of Articles V, VIII and X of the GATT 1994 and identify the trade facilitation needs and priorities of Members, in particular developing and least-developed countries. We commit ourselves to ensuring adequate technical assistance and support for capacity building in this area.

WTO RULES

28.    In the light of experience and of the increasing application of these instruments by Members, we agree to negotiations aimed at clarifying and improving disciplines under the Agreements on Implementation of Article VI of the GATT 1994 and on Subsidies and Countervailing Measures, while preserving the basic concepts, principles and effectiveness of these Agreements and their instruments and objectives, and taking into account the needs of developing and least-developed participants.    In the initial phase of the negotiations, participants will indicate the provisions, including disciplines on trade distorting practices, that they seek to clarify and improve in the subsequent phase.    In the context of these negotiations, participants shall also aim to clarify and improve WTO disciplines on fisheries subsidies, taking into account the importance of this sector to developing countries. We note that fisheries subsidies are also referred to in paragraph 31.

29.    We also agree to negotiations aimed at clarifying and improving disciplines and procedures under the existing WTO provisions applying to regional trade agreements. The negotiations shall take into account the developmental aspects of regional trade agreements.

DISPUTE SETTLEMENT UNDERSTANDING

30.    We agree to negotiations on improvements and clarifications of the Dispute Settlement Understanding. The negotiations should be based on the work done thus far as well as any additional proposals by Members, and aim to agree on improvements and clarifications not later than May 2003, at which time we will take steps to ensure that the results enter into force as soon as possible thereafter.

6.

TRADE AND ENVIRONMENT

31.    With a view to enhancing the mutual supportiveness of trade and environment, we agree to negotiations, without prejudging their outcome, on:

   (i)    the relationship between existing WTO rules and specific trade obligations set out in multilateral environmental agreements (MEAs). The negotiations shall be limited in scope to the applicability of such existing WTO rules as among parties to the MEA in question. The negotiations shall not prejudice the WTO rights of any Member that is not a party to the MEA in question;

(ii)    procedures for regular information exchange between MEA Secretariats and the relevant WTO committees, and the criteria for the granting of observer status;

(iii)   the reduction or, as appropriate, elimination of tariff and non-tariff barriers to environmental goods and services.

We note that fisheries subsidies form part of the negotiations provided for in paragraph 28.

32.    We instruct the Committee on Trade and Environment, in pursuing work on all items on its agenda within its current terms of reference, to give particular attention to:

(i)     the effect of environmental measures on market access, especially in relation to developing countries, in particular the least-developed among them, and those situations in which the elimination or reduction of trade restrictions and distortions would benefit trade, the environment and development;

(ii)    the relevant provisions of the Agreement on Trade-Related Aspects of Intellectual Property Rights; and

(iii)   labelling requirements for environmental purposes.

Work on these issues should include the identification of any need to clarify relevant WTO rules. The Committee shall report to the Fifth Session of the Ministerial Conference, and make recommendations, where appropriate, with respect to future action, including the desirability of negotiations. The outcome of this work as well as the negotiations carried out under paragraph 31(i) and (ii) shall be compatible with the open and non-discriminatory nature of the multilateral trading system, shall not add to or diminish the rights and obligations of Members under existing WTO agreements, in particular the Agreement on the Application of Sanitary and Phytosanitary Measures, nor alter the balance of these rights and obligations, and will take into account the needs of developing and least-developed countries.

33.    We recognize the importance of technical assistance and capacity building in the field of trade and environment to developing countries, in particular the least-developed among them. We also encourage that expertise and experience be shared with Members wishing to perform environmental reviews at the national level. A report shall be prepared on these activities for the Fifth Session.

ELECTRONIC COMMERCE

34.    We take note of the work which has been done in the General Council and other relevant bodies since the Ministerial Declaration of 20 May 1998 and agree to continue the Work Programme on Electronic Commerce. The work to date demonstrates that electronic commerce creates new challenges and opportunities for trade for Members at all stages of development, and we recognize the importance of creating and maintaining an environment which is favourable to the future development of electronic commerce. We instruct the General Council to consider the most appropriate institutional arrangements for handling the Work Programme, and to report on further progress to the Fifth Session of the Ministerial Conference. We declare that Members will maintain their current practice of not imposing customs duties on electronic transmissions until the Fifth Session.

SMALL ECONOMIES

35.    We agree to a work programme, under the auspices of the General Council, to examine issues relating to the trade of small economies. The objective of this work is to frame responses to the trade-

related issues identified for the fuller integration of small, vulnerable economies into the multilateral trading system, and not to create a sub-category of WTO Members. The General Council shall review the work programme and make recommendations for action to the Fifth Session of the Ministerial Conference.

TRADE, DEBT AND FINANCE

36.     We agree to an examination, in a Working Group under the auspices of the General Council, of the relationship between trade, debt and finance, and of any possible recommendations on steps that might be taken within the mandate and competence of the WTO to enhance the capacity of the multilateral trading system to contribute to a durable solution to the problem of external indebtedness of developing and least-developed countries, and to strengthen the coherence of international trade and financial policies, with a view to safeguarding the multilateral trading system from the effects of financial and monetary instability. The General Council shall report to the Fifth Session of the Ministerial Conference on progress in the examination.

TRADE AND TRANSFER OF TECHNOLOGY

37.     We agree to an examination, in a Working Group under the auspices of the General Council, of the relationship between trade and transfer of technology, and of any possible recommendations on steps that might be taken within the mandate of the WTO to increase flows of technology to developing countries. The General Council shall report to the Fifth Session of the Ministerial Conference on progress in the examination.

TECHNICAL COOPERATION AND CAPACITY BUILDING

38.     We confirm that technical cooperation and capacity building are core elements of the development dimension of the multilateral trading system, and we welcome and endorse the New Strategy for WTO Technical Cooperation for Capacity Building, Growth and Integration. We instruct the Secretariat, in coordination with other relevant agencies, to support domestic efforts for mainstreaming trade into national plans for economic development and strategies for poverty reduction. The delivery of WTO technical assistance shall be designed to assist developing and least-developed countries and low-income countries in transition to adjust to WTO rules and disciplines, implement obligations and exercise the rights of membership, including drawing on the benefits of an open, rules-based multilateral trading system. Priority shall also be accorded to small, vulnerable, and transition economies, as well as to Members and Observers without representation in Geneva. We reaffirm our support for the valuable work of the International Trade Centre, which should be enhanced.

39.     We underscore the urgent necessity for the effective coordinated delivery of technical assistance with bilateral donors, in the OECD Development Assistance Committee and relevant international and regional intergovernmental institutions, within a coherent policy framework and timetable. In the coordinated delivery of technical assistance, we instruct the Director-General to consult with the relevant agencies, bilateral donors and beneficiaries, to identify ways of enhancing and rationalizing the Integrated Framework for Trade-Related Technical Assistance to Least-Developed Countries and the Joint Integrated Technical Assistance Programme (JITAP).

40.     We agree that there is a need for technical assistance to benefit from secure and predictable funding. We therefore instruct the Committee on Budget, Finance and Administration to develop a plan for adoption by the General Council in December 2001 that will ensure long-term funding for

WTO technical assistance at an overall level no lower than that of the current year and commensurate with the activities outlined above.

41.    We have established firm commitments on technical cooperation and capacity building in various paragraphs in this Ministerial Declaration. We reaffirm these specific commitments contained in paragraphs 16, 21, 24, 26, 27, 33, 38-40, 42 and 43, and also reaffirm the understanding in paragraph 2 on the important role of sustainably financed technical assistance and capacity-building programmes. We instruct the Director-General to report to the Fifth Session of the Ministerial Conference, with an interim report to the General Council in December 2002 on the implementation and adequacy of these commitments in the identified paragraphs.

LEAST-DEVELOPED COUNTRIES

42.    We acknowledge the seriousness of the concerns expressed by the least-developed countries (LDCs) in the Zanzibar Declaration adopted by their Ministers in July 2001. We recognize that the integration of the LDCs into the multilateral trading system requires meaningful market access, support for the diversification of their production and export base, and trade-related technical assistance and capacity building. We agree that the meaningful integration of LDCs into the trading system and the global economy will involve efforts by all WTO Members. We commit ourselves to the objective of duty-free, quota-free market access for products originating from LDCs. In this regard, we welcome the significant market access improvements by WTO Members in advance of the Third UN Conference on LDCs (LDC-III), in Brussels, May 2001. We further commit ourselves to consider additional measures for progressive improvements in market access for LDCs. Accession of LDCs remains a priority for the Membership. We agree to work to facilitate and accelerate negotiations with acceding LDCs. We instruct the Secretariat to reflect the priority we attach to LDCs' accessions in the annual plans for technical assistance. We reaffirm the commitments we undertook at LDC-III, and agree that the WTO should take into account, in designing its work programme for LDCs, the trade-related elements of the Brussels Declaration and Programme of Action, consistent with the WTO's mandate, adopted at LDC-III. We instruct the Sub-Committee for Least-Developed Countries to design such a work programme and to report on the agreed work programme to the General Council at its first meeting in 2002.

43.    We endorse the Integrated Framework for Trade-Related Technical Assistance to Least-Developed Countries (IF) as a viable model for LDCs' trade development. We urge development partners to significantly increase contributions to the IF Trust Fund and WTO extra-budgetary trust funds in favour of LDCs. We urge the core agencies, in coordination with development partners, to explore the enhancement of the IF with a view to addressing the supply-side constraints of LDCs and the extension of the model to all LDCs, following the review of the IF and the appraisal of the ongoing Pilot Scheme in selected LDCs. We request the Director-General, following coordination with heads of the other agencies, to provide an interim report to the General Council in December 2002 and a full report to the Fifth Session of the Ministerial Conference on all issues affecting LDCs.

9.    SPECIAL AND DIFFERENTIAL TREATMENT

44.    We reaffirm that provisions for special and differential treatment are an integral part of the WTO Agreements. We note the concerns expressed regarding their operation in addressing specific constraints faced by developing countries, particularly least-developed countries. In that connection, we also note that some Members have proposed a Framework Agreement on Special and Differential Treatment (WT/GC/W/442). We therefore agree that all special and differential treatment provisions shall be reviewed with a view to strengthening them and making them more precise, effective and operational. In this connection, we endorse the work programme on special and differential treatment set out in the Decision on Implementation-Related Issues and Concerns.

## ORGANIZATION AND MANAGEMENT OF THE WORK PROGRAMME

45.     The negotiations to be pursued under the terms of this Declaration shall be concluded not later than 1 January 2005. The Fifth Session of the Ministerial Conference will take stock of progress in the negotiations, provide any necessary political guidance, and take decisions as necessary. When the results of the negotiations in all areas have been established, a Special Session of the Ministerial Conference will be held to take decisions regarding the adoption and implementation of those results.

46.     The overall conduct of the negotiations shall be supervised by a Trade Negotiations Committee under the authority of the General Council. The Trade Negotiations Committee shall hold its first meeting not later than 31 January 2002. It shall establish appropriate negotiating mechanisms as required and supervise the progress of the negotiations.

47.     With the exception of the improvements and clarifications of the Dispute Settlement Understanding, the conduct, conclusion and entry into force of the outcome of the negotiations shall be treated as parts of a single undertaking. However, agreements reached at an early stage may be implemented on a provisional or a definitive basis. Early agreements shall be taken into account in assessing the overall balance of the negotiations.

48.     Negotiations shall be open to:

(i)     all Members of the WTO; and

(ii)    States and separate customs territories currently in the process of accession and those that inform Members, at a regular meeting of the General Council, of their intention to negotiate the terms of their membership and for whom an accession working party is established.

Decisions on the outcomes of the negotiations shall be taken only by WTO Members.

49.     The negotiations shall be conducted in a transparent manner among participants, in order to facilitate the effective participation of all. They shall be conducted with a view to ensuring benefits to all participants and to achieving an overall balance in the outcome of the negotiations.

50.     The negotiations and the other aspects of the Work Programme shall take fully into account the principle of special and differential treatment for developing and least-developed countries embodied in: Part IV of the GATT 1994; the Decision of 28 November 1979 on Differential and More Favourable Treatment, Reciprocity and Fuller Participation of Developing Countries; the Uruguay Round Decision on Measures in Favour of Least-Developed Countries; and all other relevant WTO provisions.

51.     The Committee on Trade and Development and the Committee on Trade and Environment shall, within their respective mandates, each act as a forum to identify and debate developmental and environmental aspects of the negotiations, in order to help achieve the objective of having sustainable development appropriately reflected.

52.     Those elements of the Work Programme which do not involve negotiations are also accorded a high priority. They shall be pursued under the overall supervision of the General Council, which shall report on progress to the Fifth Session of the Ministerial Conference.

# 약어표
# 〈ABBREVIATIONS〉

## I. 국제기구

| | |
|---|---|
| ACP | African, Caribbean and Pacific Associcables (아프리카 카리브 해 태평양 지역 국가) |
| CTD | Committee on Trade and Development (무역개발위원회) |
| CTE | Committee on Trade and Environment (무역환경위원회) |
| DDA | Doha Development Agenda (도하개발아젠다) |
| DSB | Dispute Settlement Body (분쟁해결기구) |
| DSU | Understanding on Rules and Procedures Governing the Settlement of Disputes (분쟁해결규칙 및 절차에 관한 양해) |
| EC | European Community (유럽 공동체) |
| ECJ | European Court of Justice (유럽사법재판소) |
| ECOSOC | United Nations Economic and Social Council (유엔 경제사회이사회) |
| EU | European Union (유럽연합) |
| G77 | Group of Development Countries within UN (유엔 개발도상국가집단) |
| IBRD | International Bank for Reconstruction and Development (국제부흥개발은행) |
| IEA | International Energy Agency (국제에너지기구) |
| IFIs | International Financial Institutions (국제재정기구) |
| IMF | International Monetary Fund (국제통화기금) |
| IPCC | Intergovernmental Panel on Climate Change (기후변화에 관한 정부 간 패널) |
| ITO | International Trade Organization (국제무역기구) |
| OECD | Organization for Economic Cooperation and Development (경제협력개발기구) |

| UN | United Nation (국제연합) |
|---|---|
| UNCTAD | United Nations Conference on Trade and Development (UN무역개발협의회) |
| UNDP | UN Development Programme (유엔개발계획) |
| UNITAR | United Nations Institute for Training and Research (UN훈련조사연구소) |
| WCED | World Commission on Environment and Development (세계환경개발위원회) |
| WTO | World Trade Organization (세계무역기구) |

# Ⅱ. 조약

| GATT | General Agreement on Tariffs and Trade (관세 및 무역에 관한 일반협정) |
|---|---|
| ITA | Information Technology Agreement (정보기술협정) |
| MEAs | Multilateral Environmental Agreements (다자간환경협약) |
| NIEO | New International Economic Order (신국제경제질서) |
| SPS | Sanitary and Phytosanitary Measures (위생검역조치) |
| TBT | Technical Barriers to Trade (기술무역장벽) |
| TRIPs | Trade-Related Aspect of Intellectual Property Rights (무역관련지적재산권) |
| UNFCCC | United Nations Framework Convention on Climate Change (유엔기후변화협약) |

# III. 잡지명

| AJIL | American Journal of International Law |
|------|------|
| BISD | Basic Instrument Selected Document |
| ILM | International Legal Materials |
| RECIEL | Review of European Community and International Environmental Law |
| UNSWLJ | University of New South Wales Law Journal |

# IV. 용어

| ADP | Anti-Dumping Practices (반덤핑관행) |
|------|------|
| CDM | Clean Development Mechanism (청정개발체제) |
| BTA | Border Tax Adjustment (국경세 조정) |
| EPTA | Expanded Programme of Technical Assistance (기술지원 확대계획) |
| EVSL | Early Voluntary Sectoral Liberalization (분야별자발적조기자유화) |
| GSP | Generalized System of Preferences (일반특혜관세제도) |
| HS | Harmonized Commodity Description and Coding System (표준화된관세분류체계) |
| IPR | Intellectual Property Right (지적재산권) |
| MFN | Most Favoured Nation (최혜국) |
| NGO | Non-Governmental Organization (비정부기구) |
| NTBs | Non-Tariff Barriers (비관세장벽) |
| ODA | Official Development Aid (공적개발원조) |
| PPMs | Process and Production Methods (공정 및 생산방법) |
| S&D | Special and Differential (특별하고 차등적인) |

# GATT/WTO 패널 및 상소 보고서

| 약칭(Short Title) | 패널 및 상소 보고서 인용 |
|---|---|
| 미국 – 참치 II<br>(US-Tuna II ) | Panel Report, WT/DS381/R (15 September 2011)<br>Appellate Body Report, WT/DS381/AB/R (16 May 2012) |
| 브라질 – 재생타이어<br>(Brazil-Retreaded Tyres) | Panel Report, WT/DS332/R (17 December 2007)<br>Appellate Body Report, WT/DS332/AB/R,<br>(17 December 2007) |
| EC – 특혜대우<br>(EC-Preferences) | Panel Report, WT/DS246/R (1 Dec. 2003)<br>Appellate Body Report, WT/DS/246/AB/R (7 April 2004) |
| EC – 석면<br>(EC-Asbestos) | Panel Report, WT/DS135R (18 Sept. 2000)<br>Appellate Body Report, WT/DS135/AB/R (12 Mar. 2001) |
| 미국 – 새우<br>(US-Shrimp) | Panel Report, WT/DS58/R (15 May 1998)<br>Appellate Body Report, WT/DS58/AB/R (12 Oct. 1998) |
| 미국 – 개질휘발유<br>(US-Gasoline) | Panel Report, WT/DS2/R (20 May 1996)<br>Appellate Body Report, WT/DS2/AB/R (20 May 1996) |
| 일본 – 알코올 II<br>(Japan-Alcoholic II ) | Panel Report, WT/DS8/R, WT/DS9/R, WT/DS10/R<br>(1 November 1996) |
| 미국 – 참치 I<br>(US-Tuna I ) | DS21/R (3 September 1991) |
| 태국 – 담배<br>(Thailand-Cigarettes) | DS10/R, BISD 37S/200 (7 November 1990) |
| 일본 – 알코올 I<br>(Japan-Alcoholic I ) | L/6216-34S/83, BISD 34S/83 (10 November 1987) |

김나영

한국외국어대학교 대학원 졸업(박사, 국제법)
한국외국어대학교 법과대학 강사
현) 한국외국어대학교 법학연구소 초빙연구원(국제관계법센터 연구원, 국제협력)
　　(사)아시아사회과학연구원 연구원
　　한국법제연구원 인턴연구원
　　환경부 FTA/DDA 연구원
　　환경부장관 표창(2008)

# WTO법상
## 실질적 공정성

초판인쇄 ｜ 2013년 8월 1일
초판발행 ｜ 2013년 8월 1일

지 은 이 ｜ 김나영
펴 낸 이 ｜ 채종준
펴 낸 곳 ｜ 한국학술정보㈜
주　　소 ｜ 경기도 파주시 문발동 파주출판문화정보산업단지 513-5
전　　화 ｜ 031) 908-3181(대표)
팩　　스 ｜ 031) 908-3189
홈페이지 ｜ http://ebook.kstudy.com
E-mail ｜ 출판사업부  publish@kstudy.com
등　　록 ｜ 제일산-115호(2000. 6. 19)

ISBN　　978-89-268-4410-6 93360 (Paper Book)
　　　　978-89-268-4411-3 95360 (e-Book)